全球化与中国经济

QUANQIUHUA YU ZHONGGUO JINGJI

（第六辑）

邓达　张弛 ◎ 主编

数字经济理论与实践
城市化与乡村振兴
公有经济与企业发展
产业发展与结构调整
法与经济学
马克思主义经济学与中国经济
他山之石

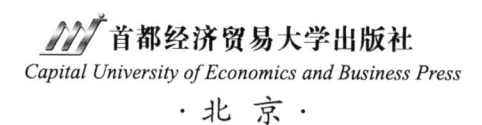

首都经济贸易大学出版社
Capital University of Economics and Business Press
·北京·

图书在版编目（CIP）数据

全球化与中国经济. 第六辑 / 邓达，张弛主编. 北京：首都经济贸易大学出版社，2024. 8. -- ISBN 978-7-5638-3736-6

Ⅰ. F124

中国国家版本馆 CIP 数据核字第 2024AY1607 号

全球化与中国经济（第六辑）

邓 达 张 弛 主编

责任编辑	彭伽佳
封面设计	砚祥志远·激光照排 TEL：010-65976003
出版发行	首都经济贸易大学出版社
地　　址	北京市朝阳区红庙（邮编 100026）
电　　话	（010）65976483　65065761　65071505（传真）
网　　址	http://www.sjmcb.com
E-mail	publish@cueb.edu.cn
经　　销	全国新华书店
照　　排	北京砚祥志远激光照排技术有限公司
印　　刷	北京九州迅驰传媒文化有限公司
成品尺寸	170 毫米×240 毫米　1/16
字　　数	416 千字
印　　张	22.5
版　　次	2024 年 8 月第 1 版　2024 年 8 月第 1 次印刷
书　　号	ISBN 978-7-5638-3736-6
定　　价	98.00 元

图书印装若有质量问题，本社负责调换

版权所有　侵权必究

前　言

全球化是当今时代的一个基本特征，也是未来人类社会无法阻挡的一种历史发展趋势。人类社会自古以来就不乏远距离的经济往来和文化交流。有人把古代中国通往西方的丝绸之路视为东西方跨区域联系的典范；也有人把15和16世纪的地理大发现看作全球化的开端，因为在随后的几个世纪里，全球范围的人员流动、商品贸易以及思想文化的传播呈现出加速发展的态势。19世纪初期，蒸汽机的发明和应用、铁路的修建以及通信技术的进步，大大缩短了全球交往的空间距离。20世纪初期以后，汽车和飞机等交通运输工具的使用，使得世界范围的交往速度大为提高；80年代以来，随着电子通信技术的广泛应用，特别是移动电话和互联网的普及，数以亿计的大众以一种全新的方式被裹挟着进入全球化的新时代。

全球化问题是一个国际性的研究课题，吸引了国内外众多研究者前赴后继，持续展开跟踪研究，也吸引了不同国家的政治家和环保人士的关注。1897年，美国学者查理·泰兹·罗素把当时美国的大企业和大型垄断公司看作全球化的主要载体。1930年，在一部有关新教育的出版物中，"全球化"作为一个名词概念开始使用。1951年，美国的词典中第一次提及全球化问题。20世纪60年代，"全球化"这一术语开始被经济学家和社会学家所使用。不过，直到80年代中后期，这一概念才被大众主流媒体广泛关注，有关全球化的思想才得到了真正的传播。20世纪90年代初期，关于全球化问题的学术研究论著在美国国会图书馆的分类目录中不过几十本，但是2000年以后，每年出版的相关图书都超过1 000本。各国的政治学家、历史学家、社会学家以及经济学家等都参与了这一问题的研究和讨论。

无论愿意与否，支持还是反对，全球化都是一个现实的发展状态，已不同程度地渗透到我们日常生活的方方面面，这是任何个人、民族、国家以及经济体都无法回避的。因此，无论是从现实还是从理论层面看，全球化都是一个正在"进行时"的时代，需要我们全方位地了解和认识。

过去的几年时间里，新冠疫情席卷全球，成为百年不遇的全球公共卫生危机，给世界经济带来前所未有的巨大冲击。疫情初期，很多分析家指出，

"后疫情时代"最大的改变将是全球化的全面逆转，逆全球化因素会因这场疫情而变本加厉。随着时间的推移，我们也看到，全球疫情大流行让各国更深刻地认识到人类社会高度祸福相依，没有国家能成为独善其身的孤岛；同时，人们的经济活动与社会活动越来越多地依托互联网与数字化，加速了数字经济的创新与发展，引爆全球范围5G基础设施建设的需求，能够有效追踪与控制病毒扩散的社会治理创新模式也在加速推广。

这场百年不遇的疫情更彰显了"人类命运共同体"的倡议是符合时代潮流的。新冠疫情带给世界真正的教训并非全球化流动带来的卫生、社会与经济方面的风险，而是当前全球治理机制与共同体意识严重落后于经济全球化。未来真正的趋势不是让经济全球化逆转，而是更加深刻地认知全人类命运的祸福相依，克服狭隘的国家和地区本位思维。

2023年，中国宏观经济持续恢复，高质量发展扎实推进。2024年实现良好开局，一季度GDP超预期增长5.3%，工业生产、服务消费和制造业投资多维支撑，中国宏观经济向好回升，为全球化注入新的动力，有助于世界经济走出新冠疫情导致的严重衰退。在此背景下，作为全球最大的发展中国家，中国面临怎样的新问题？中国经济将以什么样的方式获得可持续发展？数字经济对我们有怎样的机遇和挑战？……凡此种种，都是我们所关注的，这也是我们编辑这一本论文集——《全球化与中国经济》的初衷。本书中，中国政法大学商学院的师生们从不同的角度对这些问题开展了持续研究，试图用不同的理论加以解释，并提出相应的政策建议。编者将论文分为七个部分：数字经济理论与实践、城市化与乡村振兴、公有经济与企业发展、产业发展与结构调整、法与经济学、马克思主义经济学与中国经济，以及他山之石。

"全球化与中国经济"是一个长期的动态发展课题，难有一个最终的答案。构建"人类命运共同体"的理念为本课题打开了更加开放和广阔的研究前景。本书中的研究观点和成果权且当作抛砖引玉。受知识水平和研究领域所限，偏颇之处或陋见在所难免，恳请各方面专家和读者批评指正。

编者
2024年5月

目 录

数字经济理论与实践

数字经济促进高质量发展作用机制与实现路径研究
………………………………………………… 邓　达　赵于钧/3
数字普惠金融对经济高质量发展的影响及内在机制研究
………………………………………………… 黄立君　蔡雨颖/16
数字经济对经济高质量发展的影响
　　——基于2011—2020年省份数据的实证分析
………………………………… 司海平　靳耀祖　李成宇/32
数字经济时代用户数据产权界定初探
………………………………………………………… 邓　达/46
数字经济发展对高龄就业群体的影响及其应对措施
　　——基于就业规模和就业质量的双重视角
………………………………… 陈明生　冀　源　靳耀祖/54
数字经济时代的政府治理变革
　　——基于政务信息化项目管理的创新
………………………………………………… 张　弛　李素云/73

数字经济发展对财政可持续性的影响初探
.... 邓　达/82
数据要素经济理论体系初探
.... 张　弛/92

城市化与乡村振兴

治理城市空气污染
　　　——基于机动车限行政策的视角 …… 刘婷文　冀　源/101
中国农业现代化含义的多层次分析
.... 齐　勇/118

公有经济与企业发展

中国省际共同富裕水平的测度及时空演变格局
.... 陈明生　杨思敏/127
国企市场化改革的经济绩效研究
　　　——基于31个省份面板数据的分析
.... 司海平　李成宇　靳耀祖/144
政府与社会资本可持续合作机制研究
　　　——对PPP新机制的变动分析
.... 陈明生　孙天奇　靳耀祖/156

产业发展与结构调整

绿色信贷对我国商业银行经营绩效影响的实证研究
.... 邓　达　李鹏举/171
绿色债券的发行对上市公司劳动投资效率影响的研究
.... 刘婷文　申晨笛/186

企业数字化转型对收入分配的影响机制研究
.... 邓　达/201

碳排放权交易对产业结构优化的影响
　　——基于双重差分法的实证研究
.... 黄立君　蔡雨颖/211

智慧城市视角下的京津产业关联效应比较
.... 邓　达/224

财政政策助推企业数字化转型的思考
.... 邓　达/235

法与经济学

"四位一体"法经济学人才培养模式创新实践与经验研究
.... 黄立君　张国栋/243

我国高校法经济学人才培养体系的现状与优化策略研究
.... 司海平/254

马克思主义经济学与中国经济

当前我国失业问题的马克思主义分析
.... 齐　勇/265

马克思-古德温视角下的内生经济波动分析
.... 赵文睿/272

用马克思劳动价值论指导、促进我国当前经济增长
.... 齐　勇/283

他山之石

流动人口教育回报率的性别差异分析
.... 周敏丹　屈昱诺/291

家庭金融风险偏好影响职业代际向上流动吗？
——基于 CFPS（2018）的实证研究
………………………………… 张 弛 李炳念 解 影/308
中国主动型股票基金是否可以获得 alpha 收益？
………………………………………… 刘婷文 兰兴平/320
职业教育对劳动者教育回报的影响
………………………………………… 周敏丹 刘 烨/337

数字经济理论与实践

数字经济促进高质量发展作用机制与实现路径研究

邓 达 赵于钧[*]

摘要：新时代下，数字经济呈现蓬勃发展的态势，为中国扎实推进高质量发展提供了重要的战略机遇。本文在梳理我国数字经济发展特征的基础上，从微观、中观、宏观三个层面探讨了数字经济与经济增长的关系及其促进经济高质量发展的具体路径，数字经济能够有机融入经济、政治、社会、文化、生态环境领域，以创新驱动充分发展，推动高质量发展。同时，本文将现有理论进行实证性的匹配和分析，发现在微观生产领域，现有理论对数字经济不同发展阶段作用的研究存在不足。因此，本文将数字经济发展对生产端的作用细分为前期规模递减和后期规模递增两个阶段，并揭示数字经济发展前期可能出现人均产出负增长的问题。对此，本文提出政府应该将产业数字化作为发展数字经济的主要领域，发挥平台企业的引领带动作用，不断培育壮大数据要素市场，规范数字经济运行秩序等政策措施。本文构建了数字经济与高质量发展的多层次分阶段作用机制，将理论与实践相结合，充实了现有数字经济促进高质量发展的相关理论研究。

关键词：数字经济；高质量发展；多层次分阶段；实现路径

一、引言

目前，中国经济正面临"需求收缩、供给冲击、预期转弱"三重压力。创新经济增长方式，提高经济运行效率，培育经济增长新动能，从而推动经济高质量发展，不仅是满足人民日益增长的美好生活需要的内在要求，也是解决发展不平衡不充分问题的必然选择。在此背景下，数字经济成为提高实

---

[*] 邓达，中国政法大学商学院教授；赵于钧，中国政法大学商学院西方经济学专业硕士研究生。

体经济发展质量的重要机遇和创新驱动经济发展的主攻方向。中国数字经济发展迅速，国家互联网信息办公室发布的《数字中国发展报告（2021年）》显示，2017年到2021年，我国数字经济规模从27.2万亿元增至45.5万亿元，总量稳居世界第二，年均复合增长率高达13.6%，占GDP的比重从32.9%提升至39.8%，毫无疑问，数字经济已经成为驱动中国经济增长新旧动能转换的重要力量以及新动能的主要构成部分。《中国数字经济发展白皮书（2022）》显示，2021年，我国数字经济规模达到45.5万亿元，比上年增长16.2%，高于同期GDP名义增速3.4%，占GDP的比重达到39.8%。

当前，中国正处于转变发展方式、优化经济结构、转换增长动力的攻关期，经济由高速增长阶段转向高质量发展阶段。深入分析数字经济的特殊属性，并在此基础上从微观、中观和宏观三个维度系统解析数字经济引领经济高质量发展的机制机理，不仅有助于掌握数字经济的核心要义，实现数字经济的快速发展及其与实体经济的深度融合，而且对于跨越经济发展阶段关口，提高经济增长的包容性和可持续性，进而完成现代化经济体系的建设至关重要。现有研究围绕数字经济的内涵特征、发展机制等内容做了大量的理论和实证分析。数字经济发展速度很快，需要从理论高度来准确认识和把握其发展规律，但目前还存在理论支撑不足和滞后问题。对于数字经济与高质量发展的相互关系和影响机制，一些学者从宏观经济、产业发展、企业转型等不同视角进行了分析和探讨。在理论层面，"动力说"是目前最为流行的观点。一些研究认为，数字经济是宏观经济实现高质量发展的驱动力，数字经济可以赋能、驱动或者促进制造业乃至宏观经济的高质量发展。在新时期，更加需要深刻厘清数字技术与数据要素推动数字经济发展的逻辑机制，加强对数字经济的理论研究，努力把握数字经济发展的规律，理解数字经济与高质量发展之间的深层逻辑。因此，本文试图将实践中出现的相关问题在理论层面进一步进行研究，通过实践去检验、修正和完善理论，在已有研究的基础上进一步丰富和充实相关理论研究，搭建更能指导和符合实践的理论体系。

本文后续文本安排如下：第二部分梳理学界已有研究并阐述本文理论框架，第三部分是数字经济对于高质量发展作用的微观机制，第四部分是数字经济对于高质量发展作用的中观机制，第五部分是数字经济对于高质量发展作用的宏观机制，第六部分即最后一部分是对本文进行总结并提出有针对性的建议。

二、文献综述和理论框架

（一）数字经济影响高质量发展的理论框架研究

数字经济的兴起引发经济发展方式的巨大变革。新经济作为一种全新的经济形态，它的发展是推动新时代中国经济高质量发展的必然要求。任宝平、李佩（2020）认为数字经济推动我国经济高质量发展，需要从提高供给体系质量、提升全要素生产率这两条路径出发，而供给结构的优化与效率的提升离不开数字经济的支持，数字经济已成为推动经济高质量发展的关键动力。数字经济对实体经济发展的助推作用体现在其极强的渗透性和融合性上，数字经济几乎作用于社会再生产过程的各个环节。为此，有些学者的研究集中于数字经济与资本运行规律的结合是怎样作用于生产、分配、交换和消费的。荆文君等（2019）分别从微观和宏观两个层面进行分析，首先明确了数字经济对于生产发展的微观机理，再进一步从宏观上分析各种新兴技术及新经济形态的广泛渗透如何为生产力进步提供新动力。数字经济对于社会再生产环节的另一个重要影响就是分配问题。王敏等（2020）运用税收征管行为理论，研究了数字经济发展对税收征纳主体的行为影响，并分析了如何在数字经济发展下优化相关税收征纳行为以及实现社会再分配治理现代化。李晓华（2019）从新旧动能转化机制切入，阐述了传统产业如何通过数字经济实现动能转化并影响资本市场的运行模式，由此来分析数字经济新动能的形成和发展机制。

（二）数字经济影响高质量发展的作用机制研究

学界对于数字经济如何影响高质量发展的作用机制进行了多角度、多层次和分阶段的研究。一些学者从高质量的内涵（效率、公平与可持续发展）出发，探讨数字经济对实体经济高质量发展的助推作用。针对高质量发展中公平与效率这一核心要义，有学者从社会的包容性增长角度出发，阐述这二者的平衡运动关系如何在数字经济下得以推进。张勋等（2019）调研了我国数字金融的发展情况，立足城乡收入差距问题，运用包容性增长理论，指出数字金融的推行有助于低物质资本或低社会资本家庭的创业发展。人民群众是社会物质财富的创造者，解决好民生问题是我国高质量发展的重要任务。戚聿东等（2020）从社会分工理论和马克思劳动理论、技术变革与劳动力需求理论和"配第-克拉克定理"、森（Sen）的可行能力理论三个层面分析了数字经济发展对就业结构、就业质量的影响及其机理。

杨佩卿（2020）从数字经济有助于推进产业转型升级、提升公共服务水平和促进新业态发展的角度出发探讨如何影响高质量发展，同时强调产业数字化对数字经济和实体经济的融合作用，数字化治理对于改善民生和提升公共服务的作用。郭晗（2020）也强调了数字经济与实体经济融合中的制约因素，研究了数字经济通过范围经济、资源整合、降低交易成本和生产能耗以及提升国家竞争力等角度与实体经济进行深度融合，推动高质量发展。

宋洋（2019）研究发现，数字经济通过"外在表现"和"内在动力"两个维度对经济高质量发展产生影响。刘淑春（2019）从创新能力、信息孤岛和数据烟囱等问题出发，立足数字产业化和产业数字化，讨论了数字经济的高质量发展问题。数字经济能够发挥中国超大市场规模优势，促进供给侧改革，释放内需和推进新基建对高质量经济发展产生影响（左鹏飞和陈静，2021）。葛和平和吴福象（2021）通过理论上对 Feder 两部分模型的推演和实证上的数据拟合，发现数字经济可以直接通过对经济效率的提升、经济结构的优化，促进高质量发展。王德祥（2023）通过数字经济的网络效应、平台效应、长尾效应和零边际成本等特点，阐释如何实现知识积累分享、提高劳动质量、优化产业结构、推动技术进步和制度创新，从而显著提升全要素生产率。

数字经济通过溢出、协同、共生和倍增效应，实现五位一体的融合发展，推进共同富裕的共建机制；通过普惠、扩散、空间、匹配效应，解决不平衡不充分发展中的问题，实现共同富裕的共享机制（师博和胡西娟，2022）。

（三）理论框架

为深入分析数字经济对高质量发展的作用机制，需要先厘清数字经济的概念和理论内涵。大量文献在这方面进行了相关研究，形成了四种主要的理论视角。一是从经济活动的角度理解数字经济。例如，2016 年的《G20 数字经济发展与合作倡议》提出："数字经济是指以使用数字化的知识和信息作为关键生产要素、以现代信息网络作为重要载体、以信息通信技术的有效使用作为效率提升和经济结构优化的重要推动力的一系列经济活动。"这类观点认为数字是数字经济的核心要素，强调信息网络和通信技术在数字经济中的基础性作用，也认识到数字经济对经济发展的积极作用，但这类研究通常缺乏数字经济对经济发展作用机制的深入研究。二是从投入产出的过程分析数字经济，认为数字经济是各种数字化投入所带来的全部经济产出，数字化投入包括技能、设备和其他中间数字化产品。这种观点对数字经济的产出过程进行了分析，有助于厘清不同类别数字化产品在数字经济运行过程中的作用，但未能对数字经济的本质属性进行深入分析，因此难以系统概括数字经济的主要经济学特征。三是从组织结构的角度研究数字经济，例如，有文献指出，数字经济可以看作基于互联网、移动通信设备等数字技术所实现的全球化网络，这类观点强调数字经济的组织形态，为在微观层面分析数字经济提供了理论启发，但对数字经济的要素构成、运行效率、产品效用等主要经济学概念缺乏深入分析。四是从经济效率角度分析数字经济，提出数字经济是基于信息技术，以资源配置优化为导向的人类经济活动，这类观点强调数字经济对经济效率的提升，体现了数字经济最重要的属性，对进一步分析数字经济在促进高质量发展中的作用提供了重要理论启示。

关于高质量发展理论的内涵，经济高质量发展这一政策性目标被提出后，许多学者从"质量"的概念出发进行了深入研究。任保平对经济增长质量进行了长期研究，认为经济增长质量是在数量增长到一定阶段时，经济的效率、结构、稳定性、福利分配、创新能力等方面得到提升，从而促进经济长期增长的结果。钞小静和任保平将经济增长质量的外延界定为"与经济增长紧密相关的经济方面的内容"，并从经济增长的结构、稳定性、福利变化和成果分配、资源利用和生态环境这四个维度设计指标体系进行量化研究。还有文献从经济学的基础理论提出质量的含义，"是指产品能够满足实际需要的使用价值"。通过对已有研究的梳理可以看出，对经济质量层面的理解，当前主流观点通常认为要从多个方面进行分析，即经济发展质量的理论内涵具有多样性和丰富性的特点，并且经济发展质量更多地要关注经济活动的实际价值。

关于数字经济推动高质量发展的作用框架（见图1），从理论分析层面阐述了数字经济的价值体现在数字经济与新发展理念的内在要求高度契合，数字经济是实现高质量发展的动力源泉，数字经济有助于推动产业转型升级、促进新业态蓬勃发展、提升公共服务水平；新经济时代数字经济发展的重点和方向在于以数字产业化丰富信息产业发展模式，以产业数字化助推数字经济与实体经济深度融合，促成新业态蓬勃发展。在系统总结数字经济的概念内涵与核心特征的基础上，立足"微观—中观—宏观"分析框架，探讨了数字经济驱动经济高质量发展的内在机理。在微观层面，互联网、移动通信、大数据、云计算等新兴技术可以形成兼具规模经济、范围经济及长尾效应的经济环境，在此基础上更好地匹配供需，形成更完善的价格机制，由此提高经济的均衡水平。在中观层面，可以构建数字经济与传统产业深度融合的生态系统，建立健全监管体系，加强市场公平竞争。并且可以优化供应链管理与全球合作，深度融合上下游产业链，推动经济高质量发展。在宏观层面，数字经济不仅可以通过丰富要素来源、改善要素配置效率和资本深化效应促进经济增长，而且通过技术创新和扩散效应提高全要素生产率，推动经济高质量发展。数字经济的高质量发展能够实现价值共创和价值共享、优化产业结构、协同技术进步和制度创新，促进有效市场和有为政府的构建，对构建新发展格局、加速全国统一大市场建设具有重要意义。

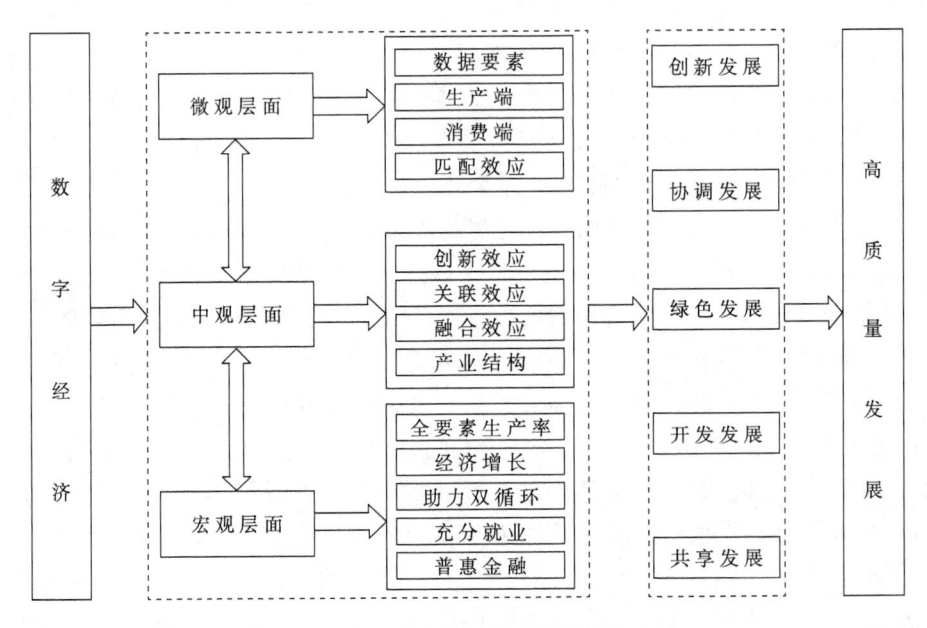

图1 数字经济促进高质量发展作用机制

数字经济 → 微观层面（数据要素、生产端、消费端、匹配效应）、中观层面（创新效应、关联效应、融合效应、产业结构）、宏观层面（全要素生产率、经济增长、助力双循环、充分就业、普惠金融）→ 创新发展、协调发展、绿色发展、开放发展、共享发展 → 高质量发展

三、数字经济对高质量发展的微观作用机制

（一）数据要素

数据价值化主要体现在数据要素层面，[①] 数据要素与传统的劳动、资本、土地要素有所不同：一方面，数据要素有其自身的价值，数据中蕴含大量丰富且有价值的信息，数据不仅能够创造出独特的数字化产品，诸如云演出、虚拟资产、虚拟画像、代码等，具有易传播、低污染、易分享等特点，而且通过大数据、云计算等技术，可以对数据进行有效整合，从而获取商业信息、用户画像、行为预测等更为精准且有价值的信息，具备高效和精准等特点；另一方面，数据要素能够提升要素配置效率（丁志帆，2020；李宗显、杨千帆，2021），传统部门由于分工造成了传输中的损失，一旦采购部门、设计部门、生产部门等部门的生产计划施行，对于生产计划的调整会造成原材料、半成品、完成品等浪费，而数据要素能够实现企业各部门信息的开放和共享，将上下游厂商进行连接，实现要素之间的自由流动，通过数据分析对要素之

[①] 赵剑波. 数字经济高质量发展：理论逻辑与政策供给 [J]. 北京工业大学学报（社会科学版），2023，23（04）：78-92.

间的配比进行更为合理和高效的安排，使生产计划的调整代价更低、反应更快，能够更好地适应市场变化。

（二）生产端

生产端主要从生产数量和生产质量两个层次进行分析。在生产数量层面，对于数字经济对生产端的影响，有学者借助改进的 Feder 两部门模型进行了推导，却忽略了人均产出增长和数字经济部门分阶段投入的不同特征。[①] 本文仍旧参考改进的 Feder 两部门模型，将生产函数分为企业传统部门 Y 和数字经济部门 D，数字经济部门生产分两个阶段，其原因是，相对于传统部门，数字经济存在前期高成本和中后期低边际成本的显著特点，因此，有必要将其进行分阶段讨论。生产函数如下：

传统部门： $Y = K^{\alpha} D^{\beta} L^{[1-(\alpha+\beta)]}$，$0 < \alpha, \beta < 1$，$\alpha + \beta = 1$

数字经济部门： $D = \begin{cases} K^{\gamma} L^{\theta}, & 0 < \gamma, \theta, \gamma+\theta < 1 \\ K^{\gamma} L^{\theta}, & 0 < \gamma, \theta, \gamma+\theta > 1 \end{cases}$

对生产函数两边同时除以 L，得到单位产出函数：

$$y = k^{\alpha} d^{\beta}$$

$$d = k^{\gamma} L^{[(\gamma+\theta)-1]}$$

对资本、劳动进行假设：①假设资本的变化是由储蓄（s）所引起，并且不存在折旧；②劳动以 n 的速率增长。

$$\dot{K} = sY$$

$$\dot{L} = nL, \quad n > 0$$

在经济处于均衡时，满足索洛模型中人均资本为零的假设，即：

$$\frac{\dot{k}}{k} = \frac{\dot{K}}{K} - \frac{\dot{L}}{L}$$

$$\dot{k} = sy - nk$$

$$\dot{k} = 0, \quad sy = nk$$

（1）当 $\gamma + \theta < 1$ 时，$(\gamma+\theta) - 1 < 0$，即数字经济部门发展前期存在诸如研发、测试、技术应用等高成本，劳动和资本量投入大，但是回报极低，无法直接实现市场价值：

$$\frac{\dot{d}}{d} = \gamma \frac{\dot{k}}{k} + [(\gamma+\theta)-1] \frac{\dot{L}}{L} = [(\gamma+\theta)-1] n < 0$$

$$\frac{\dot{y}}{y} = \alpha \frac{\dot{k}}{k} + \beta \frac{\dot{d}}{d} = \beta \frac{\dot{d}}{d} = \beta [(\gamma+\theta)-1] n < 0$$

[①] 葛和平，吴福象. 数字经济赋能经济高质量发展：理论机制与经验证据 [J]. 南京社会科学，2021（01）：24-33. DOI：10.15937/j.cnki.issn1001-8263.2021.01.003.

数字经济发展前期，数字经济部门会出现严重人均产出负增长，从而影响整个生产部门，使整体人均产出出现负增长。

（2）当 $\gamma+\theta>1$ 时，$(\gamma+\theta)-1>0$，即数字经济部门发展中后期存在低边际成本甚至零边际成本，生产极易复制，存在显著的规模效应：

$$\frac{\dot{d}}{d}=\gamma\frac{\dot{k}}{k}+[(\gamma+\theta)-1]\frac{\dot{L}}{L}=[(\gamma+\theta)-1]n>0$$

$$\frac{\dot{y}}{y}=\alpha\frac{\dot{k}}{k}+\beta\frac{\dot{d}}{d}=\beta\frac{\dot{d}}{d}=\beta[(\gamma+\theta)-1]n>0$$

该情形下，无论是数字部门还是整体部门，都会出现明显人均产出正增长，为企业带来巨大的收益。考虑劳动加强型的技术进步率（AL），假设技术进步率以 g 的速度增长，它并不会不影响该结果：

$$\dot{A}=gA, \ g>0$$

$$\frac{\dot{d}}{d}=\gamma\frac{\dot{k}}{k}+[(\gamma+\theta)-1](\frac{\dot{L}}{L}+\frac{\dot{A}}{A})=[(\gamma+\theta)-1](n+g)$$

$$\frac{\dot{y}}{y}=\alpha\frac{\dot{k}}{k}+\beta\frac{\dot{d}}{d}=\beta\frac{\dot{d}}{d}=\beta[(\gamma+\theta)-1](n+g)$$

对于生产质量层面，数字经济有助于推动供给侧改革。首先，数字经济通过范围经济、网络经济提升生产效率，实现"数量—种类—价格"的多元、动态均衡（丁志帆，2020）。数字经济使企业容易实现对于上下游业务和多元化业务的开辟，利用范围经济的优势降低交易成本；同时，随着大量企业进行数字化转型，数字经济借助网络效应、空间溢出效应，能够使生产端创造更大的价值。其次，数字经济有助于扩大市场范围，发挥企业家精神，提升创业活跃度。[①] 一方面，数字经济能够有效利用长尾效应，发挥集中的优势，扩大市场范围；另一方面，数字经济提供了更多的创业机会，新增市场主体的增长速度在不断增加。最后，数字经济能够优化劳动配置，扩充现有知识存量，加速知识分享，提高劳动质量，提高人均"连接红利"与人均真实收入。[②]

（三）消费端

数字经济有助于消费升级，[③] 具体来看，它是通过促进消费内容、消费方

[①] 余东华，王梅娟. 数字经济、企业家精神与制造业高质量发展 [J]. 改革，2022（07）：61-81.
[②] 郑小碧，庞春，刘俊彤. 数字经济时代的外包转型与经济高质量发展：分工演进的超边际分析 [J]. 中国工业经济，2020（07）：117-135. DOI：10.19581/j.cnki.ciejournal.2020.07.018.
[③] 左鹏飞，陈静. 高质量发展视角下的数字经济与经济增长 [J]. 财经问题研究，2021（09）：19-27. DOI：10.19654/j.cnki.cjwtyj.2021.09.003.

式升级和保障消费者主权三方面内容展开。对于促进消费内容升级，产业数字化下，利用数字经济的长尾效应能够丰富各类消费群体对于多样化产品的需求；数字产业化下，数字产品的快速更新迭代能够满足不同层次消费者的偏好。数字经济赋予了产品更多的内容和可能性，个性化定制、虚拟体验等充实了消费内容。对于消费方式升级，主要体现在支付业务和信贷业务方面。[1] 一方面，数字经济下支付方式的巨大转变使得消费不局限于口袋和背包的容量，不限制于地理距离，电子支付极大便利化了支付过程，网购增加了消费者对于产品的选择，几乎能满足用户所有的购物需求；另一方面，电子信贷业务的发展扩大了消费者的当期预算集，更容易实现消费者跨期消费决定，增加了消费的可能性。对于消费者主权，数字经济下对于消费者保障的力度更大，平台化交易使得只有消费者收货后满意并经过确认后厂商才能收到货款，买卖双方间的纠纷可以通过平台进行调解，对于态度恶劣的问题厂家，消费者可以通过信誉评价降低平台评分，督促厂商提升货物和服务质量。

（四）匹配效应

数字经济的匹配效应[2]同时释放了消费和生产活力。以往的经济活动中，由于存在高昂的运输成本、信息成本、交易费用等，导致交换和消费严重受制于地域限制，消费产品的选择被空间分割，难以打破空间的桎梏。交通运输的便利化虽然降低了运输成本，但仍旧难以克服信息成本和交易费用的难题，厂家和消费者的沟通渠道有限且真假难辨，消费始终受制于生产端，消费活力难以释放。厂商、批发商、零售商多层级下产品价格的叠加，较大程度地限制了消费能力不足的用户。数字经济通过匹配效应，消除以往经济活动中存在的限制消费的诸多因素，厂家可以直接通过平台与消费者建立联系，消费者仅需手机输入、搜索便可寻找意愿商品，甚至可以与厂商协商个性化定制产品，同时直接跳过中间商，能够获取性价比更高的产品。生产与消费的匹配，上下游的原材料或成品、半成品的灵活订单方式，减少了厂商库存压力；消费者参与生产，减缓了对于产品创新的压力，厂商生产出的商品能够匹配消费者的需求，实现了灵活精准生产。

四、数字经济对高质量发展的中观作用机制

目前，数字经济已经从数字技术创新与融合发展、数字技术应用与产业

---

[1] 田鸽，黄海，张勋. 数字金融与创业高质量发展：来自中国的证据 [J]. 金融研究，2023 (03)：74-92.

[2] 师博，胡西娟. 高质量发展视域下数字经济推进共同富裕的机制与路径 [J]. 改革，2022 (08)：76-86.

化发展转向数字经济与实体经济深度融合发展阶段。中观层面数字经济"赋能效应"明显，不仅能实现数字技术的产业化发展，还有助于推动传统产业的数字化、网络化和智能化转型，以及通过产业融合形成新模式、新产业、新业态，数字经济可以通过产业创新效应、产业关联效应和产业融合效应实现产业结构调整和转型升级。

数字经济的发展能够优化产业结构，进而对经济高质量发展产生影响。[①] 数字经济融合了通用技术性、范围经济性、平台生态性、融合创新性等特征。[②] 数字经济的兴起和长足发展对经济增长质与量的促进作用首先体现在产业结构层面，包括信息产业等在内的数字产业的快速发展，推动了数字经济的整体规模日益扩大，数字经济的发展带动了一大批高科技产业形成，且在产业结构中的占比不断提高，显著推动了产业结构的转型升级，成为经济增长新动能的重要组成部分。除此之外，数字经济还具有高渗透性和强融合性的典型特征，数字化知识和信息渗透至传统产业，有助于提高传统产业的运行效率，从而推动传统产业的数字化进程甚至数字化转型，进而实现产业结构的升级和新旧动力的转换。

五、数字经济对高质量发展的宏观作用机制

在宏观层面，新时代经济社会发展的重要方向是协调发展、均衡增长与全民共享，数字经济的产生与发展为上述目标的实现提供了重要契机。数字经济与高质量发展的逻辑一致性已得到广泛认可。在数字经济条件下，新技术、新要素、新产业注入高质量发展过程中，从经济运行系统、生产效率、创新能力、就业水平等方面促进我国经济发展提质增效。

依据前述对模型的推理，整体生产函数增长率满足：

$$\frac{\dot{Y}}{Y}=\frac{\dot{y}}{y}+\frac{\dot{L}}{L}=n+\beta\frac{\dot{d}}{d}=n+\beta[(\gamma+\theta)-1]n=\{1+\beta[(\gamma+\theta)-1]\}n>0$$

考虑技术进步因素则有：

$$\frac{\dot{Y}}{Y}=\frac{\dot{y}}{y}+\frac{\dot{L}}{L}+\frac{\dot{A}}{A}=n+g+\beta\frac{\dot{d}}{d}=g+\{1+\beta[(\gamma+\theta)-1]\}n>0$$

数字经济提升经济绩效，促进经济增长。数字经济的发展对经济绩效的提升具有促进作用，表现在：一是数字经济具有高成长性，企业规模的增加

[①] 徐晓慧. 数字经济与经济高质量发展：基于产业结构升级视角的实证 [J]. 统计与决策, 2022, 38 (01): 95-99.

[②] 左鹏飞, 陈静. 高质量发展视角下的数字经济与经济增长 [J]. 财经问题研究, 2021 (09): 19-27.

有利于企业获取更多信息资源,在信息边际收益递增的驱动下,能够促使快速吸引大量资本,从而带动经济增长。二是数字经济能产生规模经济和范围经济效应,有助于繁荣消费市场,通过增加实际需求拉动经济增长。三是数字经济通过产业融合提高传统经济的数字化和智能化程度,进而提高整个经济体系的运行效率,这也促进了经济绩效的提高。四是数字经济通过降低交易成本,克服市场的信息不对称,增加市场良性竞争,使优质产品和服务被广泛获取,并对劣质产品产生挤压效应,逐渐提升优质产品的盈利空间,从而对经济绩效的提高产生积极影响。

六、结论与建议

数字经济在微观、中观及宏观层面均展现出显著影响力。在微观领域,数字经济展现了其显著优势,促进生产要素的自由流通,有效降低交易成本,并充分激发企业家的创新精神与活力,显著提升创业活动的频率与活力,推动上下游产业链及多元化业务的拓展,扩大市场范围,优化劳动力资源的配置效率,提升了劳动力的综合素质与技能水平。此外,数字经济还通过支付与信贷业务的创新发展,积极引领消费模式的转型升级,充分释放了消费与生产两大领域的潜在活力。在中观领域,数字经济的整体规模正呈现出持续扩大的趋势,推动加速产业结构的深度调整与优化升级,提升传统产业的运营效率与竞争力,实现新旧动能的有序转换与接续,为经济的长远发展注入了强劲动力。在宏观领域,数字经济通过改善要素配置效率与强化资本深化效应,为经济增长提供了坚实支撑。同时,依托技术创新与扩散效应的持续发力,数字经济还有效提升了全要素生产率水平,进而推动了经济的高质量发展进程,为充分就业提供有力支撑,推动普惠金融发展,进一步践行协调、绿色、开放、共享的新发展理念,从而推动经济社会实现高质量发展。

然而,当前数字经济的作用机制中仍面临诸多瓶颈与障碍,这些堵塞点若不加以疏通,将制约其潜力的充分发挥。疏通数字经济作用机制中的堵塞点,是确保数字经济持续健康发展、实现经济社会高质量发展的关键环节。

第一,政府应当因类施策,针对各地区企业发展的实际情况,政府应采取差异化的政策措施。对于数字经济发展相对滞后及处于初创阶段的企业,政府应适度干预市场,防止因初期盲目巨额投入而引发不良后果。为此,政府需加大数字基础设施的建设力度,并通过政策手段引进基础性数字技术、数字发展经验及顶尖数字人才,同时为企业提供优惠措施,激励其加快数字化转型步伐。此外,政府还应强化人才培养机制,提升地区数字人才的数量与质量,助力地区与企业平稳过渡。对于数字经济发展已处于领先地位及成熟阶段的企业，政府的工作重心应转向规范市场运行，防止市场垄断现象的出现，即避免单一企业占据绝对优势地位。在此基础上，政府应鼓励并激发社会创新活力，促进市场的持续健康发展。

第二，完善相关制度体系，保障数字经济作用机制通畅。尽快规范和解决数字产品确权、定价、交易和数据保护等问题，保障数字支付业务安全问题，引导网络信贷业务健康发展，建立与数字经济相适应的收入分配制度，完善数字经济下的消费者权益保障、市场反垄断体系以及金融监管体系。

第三，提升数字化治理水平，提高数字经济的稳定性、便利性和安全性。数字治理水平的提升能够提升政府公共服务效率，推进社会治理的科学化、精细化、高效化，助力社会治理现代化。推进政务"一网通办"办事流程数字化服务，避免企业、百姓来回跑的问题，推广"云出庭"，加快争议解决和便利当事人出庭，优化"线上医疗"，高效利用医疗资源，加强交通、电力、排给水、管网等公用领域的物联网应用和基础设施智能化升级等，高效配置社会资源，更好对接群众需求。

参考文献：

[1] 姚登宝,俞旭海.数字金融能推动区域经济高质量发展吗？[J].沈阳工业大学学报（社会科学版）,2023,16(02):154-163.

[2] 姜松,周鑫悦.数字普惠金融对经济高质量发展的影响研究[J].金融论坛,2021,26(08):39-49.DOI:10.16529/j.cnki.11-4613/f.2021.08.006.

[3] 蒋长流,江成涛.数字普惠金融能否促进地区经济高质量发展?：基于258个城市的经验证据[J].湖南科技大学学报（社会科学版）,2020,23(03):75-84.DOI:10.13582/j.cnki.1672-7835.2020.03.009.

[4] 郭晗.数字经济与实体经济融合促进高质量发展的路径[J].西安财经大学学报,2020,33(02):20-24.DOI:10.19331/j.cnki.jxufe.2020.02.004.

[5] 茹少峰,张青.数字经济赋能经济高质量发展[M].北京：人民出版社,2022.

[6] 严宇珺.数字经济驱动高质量发展的内在逻辑、作用机制及实现路径[J].技术经济与管理研究,2023(07):1-5.

[7] 高星,李麦收.数字经济赋能经济绿色发展：作用机制、现实制约与路径选择[J].西南金融,2023(2).

[8] 邓宇.基于国际比较视角探讨中国经济发展前景、现实挑战及转型路径[J].西南金融,2023(4).

[9] 李娟,刘爱峰.数字经济驱动中国经济高质量发展的逻辑机理与实现路径[J].新疆社会科学,2022(3):47-56.

[10] 任保平,李培伟.数字经济背景下中国经济高质量发展的六大路径[J].经济纵横,

2023(07):55-67. DOI:10.16528/j.cnki.22-1054/f.202307055.

[11] 任保平,何厚聪. 数字经济赋能高质量发展:理论逻辑、路径选择与政策取向[J]. 财经科学,2022(04):61-75.

[12] 杨佩卿. 数字经济的价值、发展重点及政策供给[J]. 西安交通大学学报(社会科学版),2020,40(02):57-65,144. DOI:10.15896/j.xjtuskxb.202002007.

[13] 宋洋. 经济发展质量理论视角下的数字经济与高质量发展[J]. 贵州社会科学,2019(11):102-108. DOI:10.13713/j.cnki.cssci.2019.11.017.

[14] 刘淑春. 中国数字经济高质量发展的靶向路径与政策供给[J]. 经济学家,2019(06):52-61. DOI:10.16158/j.cnki.51-1312/f.2019.06.006.

[15] 刘维林,王艺斌. 数字经济赋能城市绿色高质量发展的效应与机制研究[J]. 南方经济,2022(08):73-91.

[16] 杨凌,陈嘉盈. 推动数字经济与绿色经济协同发展[N]. 学习时报,2022-08-17(A2).

[17] 韩文龙. 数字经济赋能经济高质量发展的政治经济学分析[J]. 中国社会科学院研究生院学报,2021(02):98-108.

[18] 姜松,周鑫悦. 数字普惠金融对经济高质量发展的影响研究[J]. 金融论坛,2021,26(08):39-49. DOI:10.16529/j.cnki.11-4613/f.2021.08.006.

[19] 葛和平,吴福象. 数字经济赋能经济高质量发展:理论机制与经验证据[J]. 南京社会科学,2021(01):24-33. DOI:10.15937/j.cnki.issn1001-8263.2021.01.003.

[20] 余东华,王梅娟. 数字经济、企业家精神与制造业高质量发展[J]. 改革,2022(07):61-81.

[21] 左鹏飞,陈静. 高质量发展视角下的数字经济与经济增长[J]. 财经问题研究,2021(09):19-27. DOI:10.19654/j.cnki.cjwtyj.2021.09.003.

[22] 田鸽,黄海,张勋. 数字金融与创业高质量发展:来自中国的证据[J]. 金融研究,2023(03):74-92.

[23] 师博,胡西娟. 高质量发展视域下数字经济推进共同富裕的机制与路径[J]. 改革,2022(08).

[24] 徐晓慧. 数字经济与经济高质量发展:基于产业结构升级视角的实证[J]. 统计与决策,2022,38(01):95-99.

[25] 蔡跃洲,马文君. 数据要素对高质量发展影响与数据流动制约[J]. 数量经济技术经济研究,2021(03).

[26] 李冬,杨万平. 面向经济高质量发展的中国全要素生产率演变:要素投入集约还是产出结构优化[J]. 数量经济技术经济研究,2023(08).

数字普惠金融对经济高质量发展的影响及内在机制研究

黄立君 蔡雨颖[*]

摘要：我国经济已由高速增长阶段转向高质量发展阶段，数字普惠金融作为近年来金融领域的重要发展趋势，在高质量发展中扮演着重要角色。本文基于2011—2020年中国31个省（自治区、直辖市）的面板数据，分析了中国数字普惠金融的发展趋势，并进一步通过熵权法构造经济高质量发展指标，借鉴使用《北京大学数字普惠金融指数（2011—2020年）》的数据，建立多元线性回归模型和中介效应模型，实证分析了数字普惠金融对于经济高质量发展的影响，并得出研究结论如下：①中国的数字普惠金融业务在2011—2020年实现了跨越式发展，近年来开始由高速增长向常态增长过渡。②数字金融使用深度已经是数字普惠金融指数增长的重要驱动力。③数字普惠金融推动了中国经济高质量发展。④创新驱动、结构优化、绿色发展、民生共享是数字普惠金融影响经济高质量发展的重要渠道。在此基础上，提出相应的政策建议：①深化金融机构改革，提高数字普惠金融水平。②科技赋能数字普惠金融发展，提升数字金融使用深度。③因地制宜设计各地区数字普惠金融发展模式。

关键词：数字普惠金融；经济高质量发展；中介效应

一、引言

党的二十大报告指出，高质量发展是全面建设社会主义现代化国家的首要任务。2023年10月中央金融工作会议进一步指出，金融要为经济社会发展

---

[*] 黄立君，中国政法大学商学院副教授；蔡雨颖，中国政法大学商学院政治经济学专业硕士研究生。

提供高质量服务，做好科技金融、绿色金融、普惠金融、养老金融、数字金融五篇大文章，推进普惠金融高质量发展，构建高水平普惠金融体系，引领扩大普惠金融覆盖面，提升金融机构普惠金融服务的能力和水平，更好满足人民群众和实体经济的金融需求。

普惠金融作为一种新型的金融服务体系，强调以合理、可负担的成本致力于使所有群体尤其是贫困弱势群体能享有低门槛和公平性的金融服务。新时代数字经济的高速发展以及基础设施的建立健全，为数字普惠金融发展创造了良好条件。数字普惠金融通过数字技术提高了金融服务的可及性和便利性，为全球范围内尤其是偏远地区和经济欠发达地区的人们提供了更多的金融机会和选择，对于促进经济高质量发展起着至关重要的作用。学术界围绕数字普惠金融与经济高质量发展展开了深入的研究，为寻求实现高质量发展的途径，首先要科学认识高质量发展的内涵。杨伟民（2018）认为，高质量发展是低要素投入、高生产率、高效益的可持续经济发展，能够很好地满足人民日益增长的需要的发展。随着对经济发展质量研究的深入，相关研究逐渐从定性分析转向定量分析，陈景华等（2020）和鲁邦克（2019）运用熵权法等方法构建了中国经济高质量发展评价指标体系。随着数字普惠金融的不断推广，北京大学数字金融研究中心发布的数字普惠金融指数被广泛采用。利用这一指数，学者们研究了数字普惠金融对于经济增长或者经济某一维度的影响。王尹君和曹允春（2022）基于 2011—2018 年中国 287 个城市的面板数据，实证检验数字金融对经济增长产生显著的驱动作用。姜松和周鑫悦（2021）通过构建面板数据模型，研究发现数字普惠金融对经济高质量发展的影响表现为倒 N 形，具有抑制效应。贺健和张红梅（2020）基于我国省级面板数据，采用系统 GMM 及门槛效应，验证了数字普惠金融对我国经济高质量发展有着正向促进作用，并在不同地区有着不同的效果。Wang（2022）将省级数字普惠金融指数与沪深股市上市公司微观数据进行匹配，研究了数字金融对企业金融风险的影响及其机制，得出中国数字金融的发展显著降低了企业财务风险的结论。

基于上述成果，本文选取 2011—2020 年中国 31 个省（自治区、直辖市）的面板数据展开研究。首先，构建数字普惠金融对经济高质量发展的理论机制和研究假设；其次，基于熵权法构造经济高质量发展指标，分析中国数字普惠金融发展趋势；最后，实证检验了数字普惠金融对于经济高质量发展的影响效应，并考察了创新驱动、结构优化、绿色发展、民生共享在数字普惠金融影响经济高质量发展过程中的中介作用，对于建设金融强国，以高质量发展为主题，为经济社会发展提供高质量金融服务具有重要的现实意义。

二、理论分析与研究假设

（一）数字普惠金融对经济高质量发展的影响效应

经济高质量发展的宏观目标是提升国民经济整体质量，促进产业结构从低级向高级转变，满足人民美好生活需要。数字普惠金融缓解了"金融排斥"问题，提升了金融供给服务效率，维持了经济的稳定增长，为经济高质量发展提供了动力；其依托互联网技术，形成跨时空的价值交换，优化资源配置，促进经济合理发展，为高质量发展奠定了基础。基于此，本文提出假设：

H1：数字普惠金融促进经济高质量发展。

（二）数字普惠金融影响经济高质量发展的作用机制

经济高质量发展具有多维特性，具体体现在创新驱动、结构优化、绿色发展、民生共享上。作为传统金融补充的数字普惠金融也是一个多维度的概念，包括金融服务的广度、使用的深度、数字化程度等，这些都会对经济高质量发展产生相应的影响。

（1）数字普惠金融通过创新驱动影响经济高质量发展。数字普惠金融通过促进创新驱动助推实现高质量发展。创新作为高质量发展的重要驱动力已得到广泛认可，但对于市场主体而言，投资大、周期长、不可逆等特点在一定程度上凸显了企业面临的资金限制。数字普惠金融利用自身的融资和服务能力，将企业的创新和研发活动置于更广阔的背景之下。一方面，数字普惠金融利用数字技术消除了投融资过程中供给双方的信息不对称；另一方面，数字普惠金融还利用其应用深度，有效地将大量小额投资者纳入资本供应链，提高了资本的流动性。鉴于此，本文提出假设：

H2：创新驱动在数字普惠金融影响经济高质量发展过程中起到中介效应。

（2）数字普惠金融通过结构优化影响经济高质量发展。数字普惠金融通过促进结构优化助推实现高质量发展。产业协同、城乡联动是高质量发展的重要内涵，也是支持产业体系健康发展、彰显制度效益的必然要求。数字金融的包容性和普惠性将资金投向弱势产业和地区，利用数字技术对这些产业和地区的融资者量身定制金融支持，使不同地区获得相同的金融服务，促进区域间协调发展。鉴于此，本文提出假设：

H3：结构优化在数字普惠金融影响经济高质量发展过程中起到中介效应。

（3）数字普惠金融通过绿色发展影响经济高质量发展。数字普惠金融通过推动绿色发展助力实现高质量发展。经济高质量发展建立在人与自然和谐发展的基础上，通过数字普惠金融平台，将绿色金融资源引向绿色生产生活方式、绿色企业和产业经济，并在数字金融平台的基础上建立绿色金融资源分配和管理的生态系统，将环境数据传递给政府环保部门，从而实现绿色发展。鉴于此，本文提出假设：

H4：结构优化在数字普惠金融影响经济高质量发展过程中起到中介效应。

（4）数字普惠金融通过民生共享影响经济高质量发展。数字金融可促进民生共享，助力实现高质量发展。高质量发展的目标是满足人民日益增长的美好生活需要，而评价发展质量的一个重要标准是发展成果能否让全体人民共享。数字金融的一个重要属性就是普惠金融，即通过提供普惠金融服务，实现各阶层人民的包容性增长，这与高质量发展的终极目标息息相关。鉴于此，本文提出假设：

H5：民生共享在数字普惠金融影响经济高质量发展过程中起到中介效应。

三、数字普惠金融发展趋势分析

本文以北京大学数字金融研究中心发布的《北京大学数字普惠金融指数（2011—2020年）》为数据来源（如表1所示），从覆盖广度、使用深度和数字化程度三个维度，共选用33个指标，构建了数字普惠金融指数体系，以中国31个省（自治区、直辖市）为例，选取2011—2020年省级数字普惠金融指数、分指数以及数字普惠金融指数分布进行分析。

表1　数字普惠金融指标体系

一级维度	二级维度	具体指标
覆盖广度	账户覆盖率	每万人拥有支付宝账号数量
		支付宝绑卡用户比例
		平均每个支付宝账号绑定银行卡数
使用深度	支付业务	人均支付笔数
		人均支付金额
		高频度（年活跃50次及以上）活跃用户数占年活跃一次及以上比
	货币基金业务	人均购买余额宝笔数
		人均购买余额宝金额
		每万支付宝用户购买余额宝的人数
	信贷业务	每万支付宝成年用户中有互联网消费贷的用户数
		人均贷款笔数
		人均贷款金额
		每万支付宝成年用户中有互联网小微经营贷的用户数
		小微经营者户均贷款笔数
		小微经营者平均贷款金额

续　表

一级维度	二级维度	具体指标
使用深度	保险业务	每万支付宝用户中被保险用户数
		人均保险笔数
		人均保险金额
	投资业务	每万人支付宝用户中参与互联网投资理财人数
		人均投资笔数
		人均投资金额
	信用业务	自然人信用人均调用次数
		每万支付宝用户中使用基于信用的服务用户数（包括金融、住宿、出行、社交等）
数字化程度	移动化	移动支付笔数占比
		移动支付金额占比
	实惠化	小微经营者平均贷款利率
		个人平均贷款利率
	信用化	花呗支付笔数占比
		花呗支付金额占比
		芝麻信用免押笔数占比（较全部需要押金情形）
		芝麻信用免押金额占比（较全部需要押金情形）
	便利化	用户二维码支付的笔数占比
		用户二维码支付的金额占比

如图1所示，2011—2020年，我国数字普惠金融实现了跨越式发展，2011年全国数字普惠金融指数中位值为33.6，2020年增至334.8。2020年省级数字普惠金融指数中位值是2011年的近10倍，年均增长率达到29.1%，表明我国数字普惠金融发展迅猛。从增速来看，近年来数字普惠金融指数增速有所放缓，这在一定程度上表明：随着数字普惠金融市场的日趋成熟，行业开始从高速增长转向常态增长。

如图2所示，2011—2015年的分指数中，数字化指数增长最快，其次是使用广度指数，使用深度指数增长最慢。然而，2016—2018年间数字化使用深度指数的增长往往超过数字化使用广度指数的增长。2016—2020年有4年使用深度指数的增速超过了覆盖广度指数的增速，数字金融的使用深度已经成为数字普惠金融指数增长的重要驱动力。当数字普惠金融的广度和深度的支持达到一定程度,其进一步拓展的空间有限,数字金融未来的发展主要取决于能否提高使用深度。

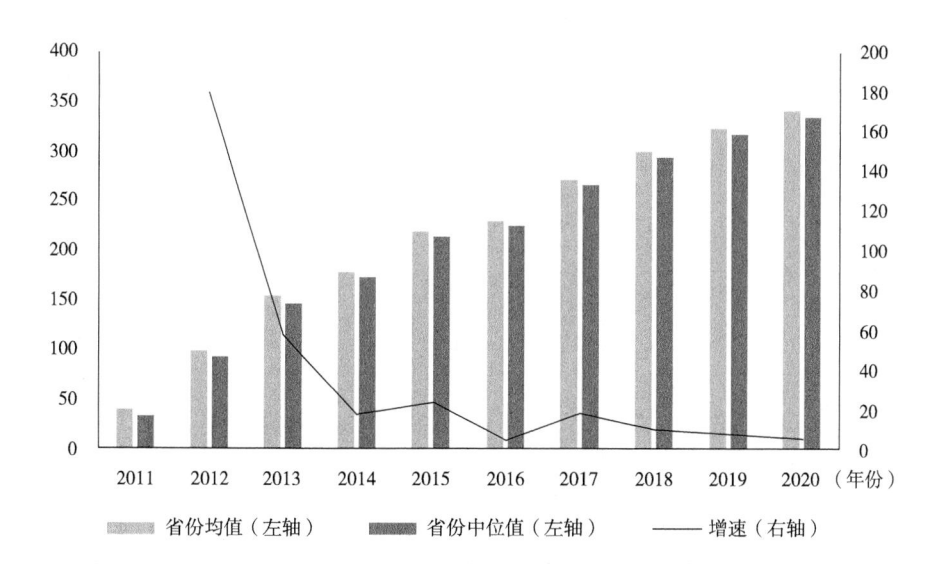

图1 2011—2020年省级数字普惠金融指数的均值、中位值和增速(%)
数据来源:北京大学数字普惠金融指数。

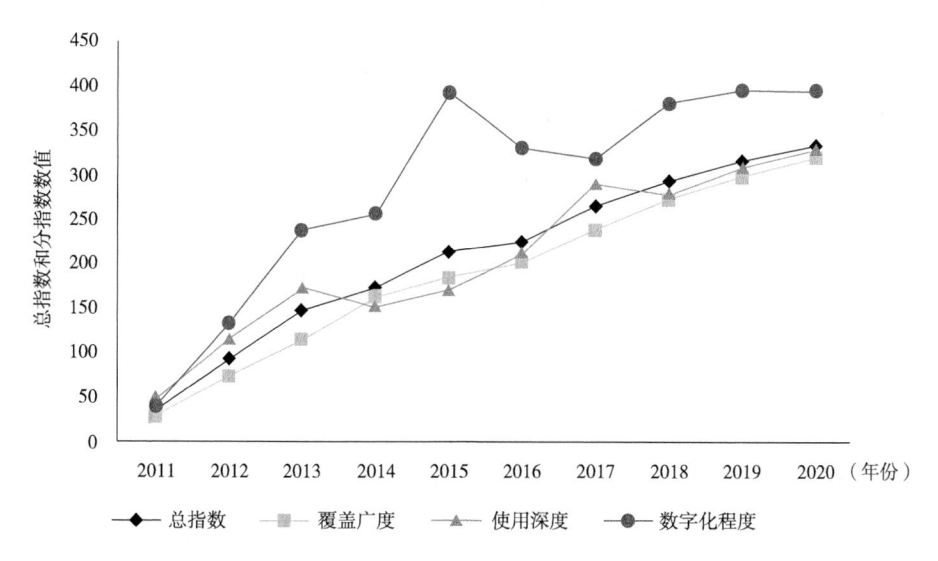

图2 2011—2020年数字普惠金融指数及分指数的省级中位值
数据来源:北京大学数字普惠金融指数。

如图 3 所示，数字经济发展活跃的上海市、北京市和浙江省处于第一梯队，数字普惠金融发展水平远高于其他地区；而排在西藏之后的省份均位于西部或东北地区，数字普惠金融发展水平远低于其他地区；其他东部和中部省份位于上述两个梯队的中间。

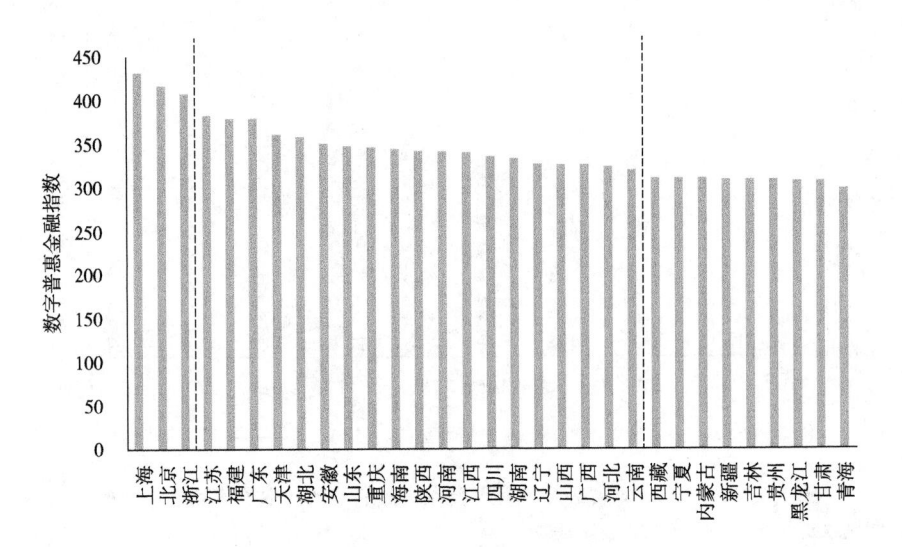

图 3　2020 年各省数字普惠金融指数分布

数据来源：北京大学数字普惠金融指数。

四、数字普惠金融对经济高质量发展影响的实证分析

（一）计量模型和方法

1. 基准回归模型

为评估数字普惠金融对经济高质量发展的直接影响，本文双向固定了时间和地区效应，构建的基准回归模型如下：

$$\ln EQ = \alpha_0 + \alpha_1 \ln DIF + \sum_{i=4}^{I} \alpha_i X_{it} + \mu_t + \eta_i + \varepsilon_{it} \tag{1}$$

2. 中介效应模型

本文采用中介效应模型对数字普惠金融影响绿色全要素生产率的内在机制进行探究，建立的回归模型见公式（1）、公式（2）及公式（3）：

$$M_0 = \beta_0 + \beta_1 \ln DIF_{it} + \sum_{i=4}^{i} \beta_i X_{it} + \mu_t + \eta_i + \varepsilon_{it} \tag{2}$$

$$\ln EQ_{it} = \gamma_0 + \gamma_1 \ln DIF_{it} + \gamma_2 M_{it} + \sum_{i=4}^{i} \gamma_3 X_{it} + \mu_t + \eta_i + \varepsilon_{it} \tag{3}$$

式（1）中，i 代表省份，$i = 1, 2, 3, \cdots, 31$；t 代表时间，$t = 2011$，

2012，…，2020；lnEQ 为被解释变量，代表 i 省份在 t 年时的经济高质量发展水平；lnDIF 为解释变量，代表 i 省份在 t 年时的数字普惠金融指数；M_{it} 表示中介变量，包括创新驱动（TE）、结构优化（ID）、绿色发展（GD）、民生共享（SW）；$\sum_{i=4}^{l}\alpha_i X_{it}$ 代表控制变量组；η_i 和 μ_t 代表地区固定效应和时间固定效应。

（二）变量说明

1. 被解释变量：经济高质量水平 DIF

现有学者测度经济发展质量主要有两种思路：一是单一指标法；二是指标体系法。在单一指标法方面，学者一般用全要素生产率 TFP 来表示经济发展质量（贺晓宇、沈坤荣，2018）。该指标代表的是微观层级的质量问题，与宏观经济发展质量存在统计口径偏离。指标体系法能系统全面反映经济发展质量，但存在"信息重叠"问题，需要运用技术手段予以克服。综合权衡，本文选择借鉴贺健和张红梅（2020）的做法，构建经济高质量发展指标体系（如表2所示）。

表2 经济高质量发展指标体系

一级指标	二级指标	指标计算方法	指标性质
经济质效（GDP）	人均 GDP	GDP/总人口数	正
	GDP 增速	社会消费品零售总额/GDP	正
	消费贡献率	社会消费品零售总额/GDP	正
创新驱动（TE）	专利申请数	专利申请数	正
	R&D 经费投入强度	R&D 经费支出/GDP	正
结构优化（ID）	城乡居民人均可支配收入比	城镇居民人均可支配收入/农村居民人均纯收入	正
	第三产业与第二产业产值比	第三产业产值/第二产业产值	正
绿色发展（GD）	自然保护区覆盖率	自然保护区面积/辖区面积	正
	建成区绿化覆盖率	建成区绿化覆盖率	正
民生共享（SW）	人均可支配收入	居民人均可支配收入	正
	人均卫生机构人员数	卫生机构人员总数/人口总数	正

2. 解释变量：数字普惠金融 DIF

本文使用的是北京大学数字金融研究中心颁布的《北京大学数字普惠金

融指数（2011—2020年）》。

3. 控制变量

本文参考冯锐等人（2021）、王尹君和曹允春（2022）相关文献的做法，选取4类控制变量，其含义与指标说明见表3。

表3 变量说明

变量名称	变量符号	指标说明
人力资本	H	城镇单位就业人员（万人）
固定资产投资规模	FA	固定资产形成总额（亿元）
政府调控水平	GOV	地区政府一般预算支出（万元）
产业结构	IS	第三产业生产总值占GDP的比值

4. 中介变量

依据前文理论机制分析内容，本文选取中介变量如下，参考贺健和张红梅（2020）对经济高质量发展指标的构建，采用熵权法计算出创新驱动（TE）、结构优化（ID）、绿色发展（GD）、民生共享（SW）的权重与综合得分。

(三) 回归变量的描述性统计

回归变量的描述性统计详见表4。

表4 变量描述性统计

变量名	样本量	均值	标准差	最小值	最大值
DIF	310	216.24	97.03	16.22	431.93
EQ	310	53 483.70	27 547.51	16 165.00	164 889.00
H	310	552.15	399.89	23.30	2 064.60
GOV	310	4 952.34	2 842.56	705.91	17 484.67
FA	310	11 866.06	7 932.98	547.50	38 390.80
IS	310	5.21	0.68	2.79	6.07
TE	310	4.33	0.96	-0.53	6.50
ID	310	8.56	0.94	5.90	10.67

续表

变量名	样本量	均值	标准差	最小值	最大值
GD	310	5.62	0.71	3.39	7.40
SW	310	4.47	0.96	1.63	7.03

(四) 基准回归

本文根据多元线性回归模型来探究数字普惠金融对经济高质量发展的影响，由于使用面板数据，因此在回归中选择双向固定个体效应和时间效应，结果如表5所示。

表5 基准回归结果

变量	模型 (1)
	lnEQ
lnDIF	0.057**
	(2.59)
ln$H$	0.208***
	(5.07)
lnFA	0.122***
	(4.52)
lnIS	−0.548***
	(−7.60)
lnGOV	0.023
	(0.41)
Constant	8.350***
	(19.67)
Number of id	310
R-squared	0.96

注：括号中的值为t值；*、**、***分别表示估计系数在10%、5%、1%水平上显著。

1. 数字普惠金融指数

模型（1）中数字普惠金融指数（DIF）的回归系数为0.057，且在5%的水平上显著，说明数字普惠金融指数能够有效促进经济高质量发展，这验证了机制分析中数字普惠金融可以通过多渠道影响促进经济高质量发展的结论。

2. 人力资本

模型（1）中人力资本（H）的回归系数为 0.208，且在 1% 的水平上显著，说明人力资本这一指标对于经济高质量发展也有着推动作用。

3. 固定资产投资规模

模型（1）中固定资产投资规模（FA）的回归系数为 0.122，且在 1% 的水平上显著，说明固定资产投资规模与经济高质量发展呈现正相关关系。

4. 产业结构

模型（1）中产业结构（IS）的回归系数为 -0.548，且在 1% 的水平上显著，说明产业结构在一定程度上抑制了经济高质量发展。

（五）中介效应检验

中介效应检验结果详见表 6。

表 6　中介效应检验结果

模型	创新驱动 (2) $\ln TE$	创新驱动 (3) $\ln EQ$	结构优化 (4) $\ln ID$	结构优化 (5) $\ln EQ$	绿色发展 (6) $\ln GD$	绿色发展 (7) $\ln EQ$	民生共享 (8) $\ln SW$	民生共享 (9) $\ln EQ$
$\ln DIF$	0.25*	0.15***	0.44*	0.04*	0.14*	0.04**	0.40*	0.04**
	(1.89)	(13.21)	(-2.42)	(2.88)	(1.76)	(2.81)	(1.88)	(2.65)
$\ln TE$		0.01*						
		(1.76)						
$\ln ID$				0.00*				
				(1.89)				
$\ln GD$						0.03*		
						(1.67)		
$\ln SW$								0.00*
								(1.65)
$\ln H$	-0.00	-0.01**	-1.07	0.05	-0.32	0.06	-1.12	0.06
	(-0.98)	(-2.62)	(-1.46)	(1.02)	(-0.48)	(1.05)	(-1.34)	(1.18)
$\ln FA$	-0.00	0.00**	-0.75	0.13**	-0.00	0.13***	-0.85	0.13***
	(-0.76)	(1.54)	(-1.43)	(3.30)	(-1.20)	(3.38)	(-1.41)	(3.45)
$\ln IS$	-0.597	-0.05	-1.40	-0.02	-0.62	-0.02	-1.34	-0.00
	(-0.22)	(-0.20)	(-1.17)	(-0.24)	(-0.26)	(-0.21)	(-0.98)	(-0.11)
$\ln GOV$	-0.00	0.00***	-1.24*	0.50*	-0.00	0.51***	-1.44	0.51***

续 表

模型	创新驱动		结构优化		绿色发展		民生共享	
	（2）	（3）	（4）	（5）	（6）	（7）	（8）	（9）
	ln*TE*	ln*EQ*	ln*ID*	ln*EQ*	ln*GD*	ln*EQ*	ln*SW*	ln*EQ*
Constant	（-1.18）	（4.67）	（-1.77）	（9.79）	（-0.28）	（9.99）	（-1.80）	（9.98）
	7.60***	9.77***	28.91***	4.93***	7.97*	4.84***	27.78***	4.71***
	（7.19）	（97.21）	（5.39）	（11.85）	（1.98）	（12.13）	（4.53）	（11.54）
N	310	310	310	310	310	310	310	310
R^2	0.01	0.33	0.19	0.25	0.22	0.25	0.03	0.25
时间效应	控制	控制	控制	控制	控制	控制	控制	控制
个体效应	控制	控制	控制	控制	控制	控制	控制	控制

注：括号中的值为 *t* 值；*、**、*** 分别表示估计系数在10%、5%、1%水平上显著

1. 数字普惠金融通过创新驱动影响经济高质量发展的机制分析

根据中介效应检验的方法，表6第（2）栏探究数字普惠金融对创新驱动的影响，将中介变量创新驱动作为被解释变量，数字普惠金融的回归系数为0.25，且在10%的水平上显著为正，说明数字普惠金融能够激励企业进行技术革新，提高了数字经济水平。表6第（3）栏中创新驱动系数的估计值显著为正，说明企业技术革新提高了效率，进而提升了经济高质量发展水平。数字普惠金融系数的估计值为0.15，通过5%的显著性检验，且低于基准回归表6第（2）栏中环境规制系数的估计值0.25，说明存在部分中介效应，即创新驱动是数字普惠金融影响经济高质量发展的重要途径，且对经济高质量发展具有积极作用，验证了H2。

2. 数字普惠金融通过结构优化影响经济高质量发展的机制分析

表6第（4）栏、第（5）栏引入中介变量结构优化，当被解释变量为结构优化时，经济高质量发展的系数估计值显著为正，这说明数字普惠金融的包容性和普惠性将资金投向弱势产业和地区。进一步观察表6第（5）栏的结果，结构优化系数估计值为0.00，通过10%的显著性检验，同时，数字普惠金融的系数估计值显著为正，说明结构优化起到了部分中介作用，验证了H3。

3. 数字普惠金融通过绿色发展影响经济高质量发展的机制分析

表6第（6）栏、第（7）栏进一步研究绿色发展作用机制。表6第（7）栏反映数字普惠金融对绿色发展呈现显著的正向影响。表6第（7）栏被解释变量为经济高质量发展，绿色发展的系数估计值为0.03，通过了10%的显著

性检验，说明绿色发展推动了经济高质量发展，且解释变量数字普惠金融显著，说明绿色发展起到了部分中介的作用，验证了H4。

4. 数字普惠金融通过民生共享影响经济高质量发展的机制分析

表6第（8）栏、第（9）栏引入中介变量结构优化，当被解释变量为结构优化时，经济高质量发展的系数估计值显著为正，说明数字普惠金融的包容性和普惠性将资金投向弱势产业和地区。进一步观察表6第（5）栏的结果，结构优化系数估计值为0.00，通过10%的显著性检验；同时，数字普惠金融的系数估计值显著为正，说明结构优化起到了部分中介的作用，验证了H5。

（六）稳健性检验

前述基准回归分析初步验证了数字普惠金融与经济高质量发展之间的关系。为了保证研究结论的稳健性，本文进一步通过更换回归模型、替换核心解释变量以及内生性检验三种不同的方式进行验证（详见表7）。

表7 稳健性检验结果

	（10）更换回归模型	（11）替换解释变量	（12）内生性检验
	lneq	lneq	lneq
lndif	0.146***	0.0714***	0.0443***
	(4.27)	(4.65)	(4.12)
ln$h$	0.267***	-0.0398	-0.0191
	(5.02)	(-0.89)	(-1.58)
lnfa	0.283***	0.149**	-0.0264
	(4.51)	(3.08)	(-1.85)
lnis	-1.629***	0.367***	-0.0267
	(-15.62)	(3.42)	(-0.75)
lngov	0.433***	0.296***	0.0643***
	(5.35)	(4.59)	(3.38)
ln$eq1$			1.009***
			(64.70)
_cons	10.54***	7.039***	0.0165
	(33.97)	(21.78)	(0.10)

续 表

	（10）更换回归模型	（11）替换解释变量	（12）内生性检验
N	310	310	310
R-squared	0.695 9	0.886 9	0.964 9

注：括号中的值为 t 值；*、**、*** 分别表示估计系数在 10%、5%、1% 水平上显著。

（1）基准回归中采用的固定效应模型双向固定了年份和个体效应，为进一步验证结论的合理性，模型（10）变更了回归方式，采用 OLS 混合回归模型，核心变量的结果均稳健，与基础回归大致一致。

（2）考虑到目前对数字普惠金融水平的界定不统一，本文借鉴李瑞晶和王丽媛（2023）的经验，选取互联网普及率作为新的数字普惠金融指标，回归结果如模型（11）所示。通过替换数字普惠金融的代理变量，得到的结论与基础回归结果保持一致。

（3）潜在的内生性来自多个方面：①未纳入遗漏变量而产生的偏差。本文使用了地级市的面板数据，与省级数据相比，地级市的数据完整性较差，作者参考了相关文献以及自己的思考，尽量多地选取控制变量，以减少遗漏变量带来的偏误。②区域经济发展水平常受以往发展状况的影响。对此，模型（12）引入了一阶滞后的经济高质量发展水平指标，并将面板回归模型扩展成动态模型，以克服其内生性。经济高质量发展和数字普惠金融的系数符号与主效应显著且回归结果大致一致，部分控制变量仍然是稳健的，结论成立。

五、结论与政策建议

本文以 2011—2020 年中国 31 个省（自治区、直辖市）的面板数据为研究样本，分析了中国数字普惠金融的发展情况，并进一步构建了双向固定效应的多元回归模型，实证检验了数字普惠金融对经济高质量发展的影响，得到了如下结论：

（1）中国的数字普惠金融业务在 2011—2020 年实现了跨越式发展，近年来开始由高速增长向常态增长过渡。

（2）数字金融使用深度已经是数字普惠金融指数增长的重要驱动力。

（3）不同地区间数字普惠金融指数存在差异。

（4）数字普惠金融显著推动了中国经济高质量发展。

（5）创新驱动、结构优化、绿色发展、民生共享是数字普惠金融影响经济高质量发展的重要渠道，发挥了正向的中介作用。

基于上述结论，发展普惠数字金融，提高金融服务质量，促进经济高质

量发展,是中国金融改革的重要内容。因此,本文提出如下政策建议:

第一,深化金融机构改革,提高数字普惠金融水平。要通过不断完善金融基础设施建设,消除金融机构网点分布不均衡的现象,在已有金融机构网点的地区尽可能让这些网点向周边地区延伸金融服务。

第二,科技赋能数字普惠金融发展,提升数字金融使用深度。加强金融机构金融科技研发,利用大数据、云计算、区块链、人工智能等金融科技,改变数字普惠金融产品的开发模式、渠道模式、风险控制机制,通过技术改进实现数字技术与数字普惠金融的深度融合,改善金融的基础设施条件。

第三,因地制宜设计各地区数字普惠金融发展模式。考虑到普惠数字金融对经济质量发展的影响取决于产业结构、经济发展水平等诸多因素,各地区应依托自身的发展特点,设计合适的普惠数字金融发展模式,促进普惠数字金融与区域经济发展的良性互动,实现我国经济增长与质量提升的本质统一。

参考文献:

[1]陈景华,陈姚,陈敏敏.中国经济高质量发展水平、区域差异及分布动态演进[J].数量经济技术经济研究,2020,37(12):108-126.

[2]冯锐,陈泽锋,叶园园.普惠金融支持实体经济高质量发展:区域异质性及机制检验[J].金融经济学研究,2021,36(03):45-61.

[3]郭峰,王靖一,王芳,等.测度中国数字普惠金融发展:指数编制与空间特征[J].经济学(季刊),2020,19(04):1401-1418.

[4]贺健,张红梅.数字普惠金融对经济高质量发展的地区差异影响研究:基于系统GMM及门槛效应的检验[J].金融理论与实践,2020(07):26-32.

[5]姜松,周鑫悦.数字普惠金融对经济高质量发展的影响研究[J].金融论坛,2021,26(08):39-49.

[6]蒋长流,江成涛.数字普惠金融能否促进地区经济高质量发展?:基于258个城市的经验证据[J].湖南科技大学学报(社会科学版),2020,23(03):75-84.

[7]李林汉,李建国.数字普惠金融、经济开放对经济高质量发展的非线性效应[J].统计与决策,2022,38(11):104-108.

[8]梁岭.长三角普惠金融对经济高质量发展的影响研究[D].蚌埠:安徽财经大学,2021.DOI:10.26916/d.cnki.gahcc.2021.000085.

[9]鲁邦克,邢茂源,杨青龙.中国经济高质量发展水平的测度与时空差异分析[J].统计与决策,2019,35(21):113-117.

[10]吕家进.发展数字普惠金融的实践与思考[J].清华金融评论,2016,(12).

[11]滕磊,马德功.数字金融能够促进高质量发展吗?[J].统计研究,2020,37(11):

80-92.
- [12] 王尹君,曹允春. 数字金融、经济增长与地区经济收敛[J]. 统计与决策,2022,38(15):138-143.
- [13] 王永昌,尹江燕. 论经济高质量发展的基本内涵及趋向[J]. 浙江学刊,2019(01):91-95.
- [14] 杨伟民. 贯彻中央经济工作会议精神 推动高质量发展[J]. 宏观经济管理,2018,(02):13-17.
- [15] 北京大学数字普惠金融指数(2011—2020年),北京大学数字金融研究中心课题组,2021.
- [16] 李瑞晶,王丽媛. 数字金融、家庭财务脆弱性与返贫风险:基于中国家庭金融调查数据的实证检验[J]. 南方金融,2023(01):37-49.
- [17] DENG J, LIU Y. Does digital finance reduce the employment in the finance industry? evidence from China[J]. Finance research letters, 2022, 48:102994.
- [18] DU M, HOU Y, ZHOU Q, et al. Going green in China: how does digital finance affect environmental pollution? Mechanism discussion and empirical test[J]. Environmental science and pollution research, 2022, 29(60):89996-90010.
- [19] DURAI T, STELLA G. Digital finance and its impact on financial inclusion[J]. Journal of emerging technologies and innovative research, 2019, 6(1):122-127.
- [20] GOMBER P, KOCH J A., SIERING M. Digital Finance and FinTech: current research and future research directions[J]. Bus econ 87, 537-580 (2017).
- [21] HASAN M D., YAJUAN L, KHAN S. (2022). Promoting China's inclusive finance through digital financial services[J]. Global business review, 23(4), 984-1006.
- [22] REN B, LI L, ZHAO H, et al. The financial exclusion in the development of digital finance: a study based on survey data in the Jingjinji rural area[J]. The Singapore economic review, 2018, 63(01):65-82.
- [23] THOMAS H, HEDRICK-WONG Y. How digital finance and fintech can improve financial inclusion[M]//Inclusive Growth. The global challenges of social inequality and financial inclusion. Leeds, England: Emerald Publishing Limited, 2019:27-41.
- [24] WANG Z, ZHANG D, WANG J. How does digital finance impact the leverage of Chinese households? [J]. Applied economics letters, 2022, 29(6):555-558.
- [25] WANG Z. Digital finance, financing constraint and enterprise financial risk[J]. Journal of mathematics, 2022.

数字经济对经济高质量发展的影响
——基于2011—2020年省份数据的实证分析

司海平　靳耀祖　李成宇[*]

摘要：数字经济对于经济高质量发展具有重要的助推作用，是经济高质量发展的必经之路。本文从微观、中观和宏观三个层面对相关理论进行了深入探讨，研究了数字经济发挥作用的具体路径，以实现创新、协调、绿色、开放、共享的新发展理念，推动经济高质量发展。本文基于2011—2020年省份数据，通过采用熵值法和主成分分析法，构建出经济高质量发展和数字经济水平综合指标，并进行实证回归分析，结果显示，数字经济能够有效促进经济高质量发展，并且数字经济发展水平较高的东部地区效应更显著。本文构建了数字经济与经济高质量发展分阶段多层次的作用机制，将理论与实践相结合，提出以下建议：政府应因类施策，完善相关制度体系，保障数字经济作用机制通畅，提升数字化治理水平，提高数字经济的稳定性、便利性和安全性。

关键词：数字经济；经济高质量发展；指标构建；因类施策

一、引言

数字经济是全球共同关注的新经济形态，也是撬动世界经济的新杠杆。数字经济为中国经济高质量发展的建设提供了新的契机和方向。数字经济通过多层次的引领机制来提高经济发展的质与量，这不仅体现在微观要素配置层面，而且体现在优化产业结构、市场结构与区域结构等中观结构优化层面，

---

[*] 司海平，中国政法大学商学院讲师；靳耀祖，中国政法大学商学院硕士研究生；李成宇，中国政法大学商学院硕士研究生。

更体现在提高经济金融发展的普惠性、包容性和可持续性，经济增长等宏观均衡发展层面。发展数字经济是解决当前我国社会面临的主要矛盾的必然选择。

当前中国经济面临有效需求不足、居民消费和企业投资意愿不强、行业产能过剩和社会预期偏弱等问题。改善创新现有经济增长方式、开发新动能以及加快经济运行效率，有助于解决当前所面临的问题，推动经济高质量发展。数字经济在《政府工作报告》中的地位不断提升。从2017年第一次提出"促进数字经济加快发展"，到2022年将"促进数字经济发展"单独成段，再到2023年"大力发展数字经济"，释放了大力发展数字经济的积极政策信号。各地纷纷响应中央号召，大范围推动落实激励地方数字经济发展的相关政策文件。当前，中国正处于经济转型的关键时期，探究数字经济的特征和性质，从微观、中观和宏观三个角度分析其促进经济高质量发展的作用机制，对促进数字经济与实体经济融合和推动现代化建设具有重要意义。学界对于数字经济促进经济高质量发展的研究，已在理论层面构建了微观、中观、宏观的理论分析框架[1]，分层次多角度对相关作用机制进行了探讨。实证层面上，已有研究根据微观层面的实证数据对相关作用机制和因素进行了检验分析，但所得到的结果却出现"U"形[2]或"N"形[3]，而且在数字经济促进经济高质量发展过程中存在"门槛效应"[4]，有学者在实证中提及可能是由于数字经济发展阶段的问题[5]，但并未进一步进行理论层面的深入解释。因此，本文将在已有研究的基础上，进一步丰富和充实相关理论研究，搭建更符合并能指导实践的理论体系。

本文后续内容安排如下：第二部分梳理学界已有研究并阐述本文理论假说；第三部分是数字经济对于经济高质量发展的研究设计，说明变量来源和构建模型；第四部分是数字经济对于经济高质量发展的实证分析，该部分得出基础回归结果，并对模型进行内生性处理、稳健性检验和异质性分析；第五部分是数字经济对于经济高质量发展作用的结论与建议，总结并提出相关针对性意见。

二、数字经济与经济高质量发展的相关研究和理论假说

（一）数字经济影响经济高质量发展的理论框架研究

关于数字经济影响经济高质量发展的理论框架研究，荆文君和孙宝文（2019）从微观、宏观两个层面分析了数字经济促进经济高质量发展的机理，微观层面包含规模效应、范围经济以及长尾效应，宏观层面包含新要素投入促进经济增长、新的配置效率和新的全要素生产率[6]。任保平（2020）主要

研究了数字经济在产业层面对组织模式和产业结构的影响，以及从资源配置优化的角度说明数字经济对于经济高质量发展的引领作用[7]。丁志帆（2020）立足"微观—中观—宏观"分析框架，研究了数字经济对微观企业、中观产业和宏观经济增长等的影响，探究了数字经济推进经济高质量发展的理论机制。赵剑波（2023）在研究数字经济对经济高质量发展的作用机制中也采用微观、中观、宏观的分析框架，从数字要素和平台、产业升级和结构优化等方面进行了分析[8]。

（二）数字经济影响经济高质量发展的作用机制研究

学界对于数字经济如何影响经济高质量发展的作用机制进行了多角度、多层次和分阶段的研究。

李三希和黄卓（2022）对数字经济与经济高质量发展的内涵进行了细分，后者包含数字经济本身的经济高质量发展、数字经济与实体经济融合以及数据要素三个层面[9]。洪银兴和任保平（2023）从数据要素、数字技术、平台经济和数字共享等角度阐释了数字经济与实体经济间的深度融合[10]。数字经济能够发挥中国超大市场规模优势，促进供给侧改革，释放内需和推进新基建对高质量经济发展产生影响[11]。任保平和何厚聪（2022）从提升供给侧的质量，即提高全要素生产率的角度探讨了数字经济如何为经济高质量发展赋能[12]。

严宇珺（2023）对数字经济驱动高质量的机制进行研究，得出数字经济与创新、协调、绿色、开放和共享的发展理念高度契合，数字经济主要通过动力机制、产业融合机制、效率变革机制、普惠共享机制和治理协同机制发挥作用[13]。数字经济通过实现经济向自主和数字化创新、质量效益、产业融合、经济高质量发展战略、长期宏观调控和数字基础设施建设六个方面转变，促进经济高质量发展[14]。

郑小碧等（2020）通过外包转型下分工演进的独特视角阐释了数字经济对于经济高质量发展的影响[15]。余东华和王梅娟（2022）注重数字经济对企业家精神的影响，认为企业家精神是驱动经济增长的生力军[16]。李宗显、杨千帆（2021）则提到了数字经济发展阶段对经济高质量发展的影响存在异质性，集中讨论了数字经济通过作用于技术创新和要素配置对全要素生产率产生的影响[17]。

（三）数字经济对经济高质量发展的实证研究

数字化对于全要素生产率和技术效率存在促进作用，其中，教育水平和资本水平能够加强这一作用过程[18]。杜金柱等（2023）基于数字经济发展和双元创新理论，借助实证分析得出数字经济通过信息效应、增值效应和创新效应实现对制造业经济高质量发展的推动，其中探索式创新和利用式创新发挥中介作用，制度环境发挥调节作用[19]。王仁曾和詹姝珂（2023）用实证研究得出数字普惠金融与绿色金融协同促进经济高质量发展，通异质性分析发现，创新创业能力和环境、市场中介组织发育水平较高的地区协同效应更显著[20]。

在数字普惠金融推动经济高质量发展的过程中存在网络技术门槛，技术创新作为中介变量发挥作用[21]。姜松和周鑫悦（2021）研究发现，数字普惠金融数字化程度对经济高质量发展存在"倒N形"的影响，具有抑制作用，并得出结论：产生抑制作用的深层原因是经济结构不合理[22]。李海刚（2022）实证研究了数字新基建与经济高质量发展之间的关系，结果表明二者存在显著的空间关联和空间异质性，数字新基建存在空间溢出效应，也存在"H—H"和"L—L"的空间分布[23]。姚登宝和俞旭海（2023）分析了数字金融对于区域经济高质量发展的影响，发现二者之间存在非线性关系，并且不同区域间数字金融对于经济高质量发展的影响存在异质性[24]。刘明等（2023）发现，数字经济通过要素乘数效应直接影响经济高质量发展，同时对邻近地区存在空间溢出效应，并且异质性分析发现，数字经济对经济高质量发展的作用效果在东中西部地区依次减弱[25]。丁仕潮和张飞扬（2023）的研究也发现了区域间出现的同样差异，东部存在"高—高"集聚，而西部存在"低—低"集聚[26]。

除此之外，在数字经济开放研究平台第二次学术研讨会议上[27]，黄卓、宫笛、李梦娜等学者研究发现，数字经济在不同的法治水平、劳动结构、文化和人力资本下，对经济发展产生了不同的显著影响。

（四）理论假设

关于数字经济的定义，目前学界尚未统一，其衡量标准也大相径庭。本文采纳2016年《二十国集团数字经济发展与合作倡议》中对数字经济的定义。关于衡量标准，有学者将数字经济主要细分为产业数字化和数字产业化两个层面[28]；有学者主张从数字产业化、产业数字化和治理数字化三个角度对数字经济进行阐释[29]。相比"数字经济四化"框架而言，其衡量标准仍旧有所不足，应当从数字产业化、产业数字化、数字化治理和数据价值化等方面进行衡量。

关于经济高质量发展指标的衡量，有学者从基本面和社会结果两方面构建经济高质量发展指标，基本面包含稳定性、外向化、合理性、强度，社会结果包含人力和生态资本[30]；有学者从新发展理念的内涵出发，对经济高质量发展指标进行测量[31]。本文认为，后一种衡量方式更为具体，符合国家、社会对于经济高质量发展的认同和期待。

关于数字经济推动经济高质量发展的作用框架（见图1），本文立足于"微观—中观—宏观"分层次的视角进行分析。微观层面，数据价值化主要通过数据要素发挥作用，数字经济通过影响企业的生产端和消费端并且通过匹配效应对接企业端和消费端；中观层面，数字经济有创新、关联和融合效应，创新效应有助于产业转型升级，关联效应促进产业之间协调更加紧密，融合效应使得产业结构更加合理，从而整体上促进产业结构优化升级；宏观层面，能够提高全要素生产率、促进经济增长、助力双循环，实现充分就业，实现普惠金融。数字经济通过微观—中观—宏观三个层次实现新发展理念，从而助推经济高质量发展。

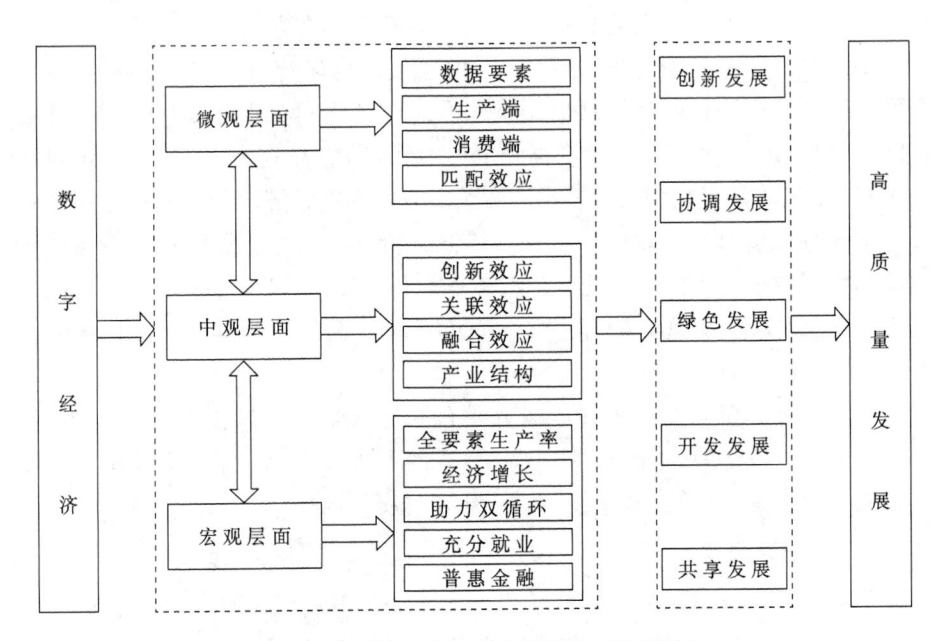

图1　数字经济促进经济高质量发展作用机制

因此，本文提出相关假说：数字经济能够促进经济高质量发展。

三、数字经济对经济高质量发展的研究设计

（一）数据来源和变量说明

经济高质量发展的相关数据（2011—2020）来源于国家统计局和各省统计局。经济高质量发展的综合指标采取熵值法进行测算，借鉴孙豪、桂河清和杨冬（2020）的研究，本文从创新、协调、绿色、开放和共享五个维度对经济高质量发展的进行测度[32]。具体测算方法如下：

第一步，对指标进行去量纲化。对具体指标采用功效函数法，此方法常用于解决多目标规划问题，能够有效区分省份之间在指标方面的相对差距。限定在40~100范围内。对于正向指标（+）与逆向指标（-）的具体计算方法如公式（1）和公式（2）。

$$X_{ij} = 40 + 60 \times \frac{x_{ij} - x_{ij\min}}{x_{ij\max} - x_{ij\min}} \tag{1}$$

$$X_{ij} = 40 + 60 \times \frac{x_{ij\max} - x_{ij}}{x_{ij\max} - x_{ij\min}} \tag{2}$$

其中，i 表示具体指标，j 表示不同省份，x_{ij} 表示对于 j 省对应的指标 i 值。X_{ij} 表示标准化后的数值。

第二步，确认综合指标的具体权重。采取等权重方法对经济高质量发展综合指标的创新、协调、绿色、开放、共享五个维度进行赋权，因为各维度具有同等重要性。

第三步，计算得出综合指数。计算方法见公式（3）。

$$Q_j = \Sigma\ (X_{ij} \times w_i) \tag{3}$$

其中，Q_j 为 j 省经济高质量发展综合指数，w_i 为 i 对应权重。

通过五个维度构建经济高质量发展综合指标体系。其中：创新发展维度包括技术交易活跃度、GDP增长率、研发投入强度三个正向指标和投资效率一个负向指标，具体指标计算方式分别为技术交易成交额/GDP、地区GDP增长率、规模以上工业企业R&D经费/GDP和投资率/GDP增长率；协调发展维度包括城乡结构、产业结构、需求结构三个正向指标和政府债务负担一个负向指标，具体指标计算方式分别为城镇化率、第三产业产值/GDP、社会消费品零售总额/GDP和政府债务余额/GDP；绿色发展维度包括单位产出的废水、单位产生的废气和能源消费弹性系数三个负向指标，具体指标计算方式分别为废水排放量/GDP、二氧化硫排放量/GDP和能源消费增长率/GDP增长率；开放发展维度包括市场化程度、对外贸易依存度、外商投资比重三个正向指标，具体指标计算方式分别为外商投资总额/GDP、地区市场化指数和进出口总额/GDP；共享发展维度包括民生性财政支出比重、居民收入增长弹性、劳动者报酬比重三个正向指标和城乡消费差距一个负向指标，具体指标计算方式分别为地方医疗卫生支出、住房保障支出、财政教育支出和就业支出占地方财政预算支出的比重、居民人均可支配收入增长率/GDP增长率、劳动者报酬/GDP和城镇居民人均消费支出/农村居民人均消费支出。

构建数字经济发展水平综合指标参考黄群慧[33]和赵涛[34]的做法，具体采用从互联网发展和数字金融普惠[35]两方面进行测度，最后通过主成分分析的方法得到数字综合发展水平指数。

控制变量（2011—2020）来源于国家统计局，主要选取地区生产总值、就业人数、固定资产投资同比、地方财政一般预算支出、居民消费价格指数、全体居民人均可支配收入和全体居民人均消费支出。

（二）模型构建

本文数据为面板数据，故采用固定效应模型和随机效应模型进行分析。具体模型如下：

模型Ⅰ：$Y_{it} = \beta_0 + \beta_i + X'_{it}\alpha + \varepsilon_{it}$，为个体固定效应模型，其中 β_i 为个体效应，ε_{it} 为随机扰动项，X_{it} 是 $n \times 1$ 向量，α 是 $n \times 1$ 向量。

模型Ⅱ：$Y_{it} = \beta_0 + \beta_i + \lambda_i + X'_{it}\alpha + \varepsilon_{it}$，为个体时点双固定效应模型，其中 β_i 为个体效应，λ_i 为时点效应，ε_{it} 为随机扰动项，X_{it} 是 $n \times 1$ 向量，α 是 $n \times 1$ 向量。

模型Ⅲ：$Y_{it} = (\gamma + \alpha_i) + X'_{it}\beta + \varepsilon_{it}$，为随机效应模型，其中 X_{it} 是 $n \times 1$ 向量，β 是 $n \times 1$ 向量，$(\gamma + \alpha_i)$ 为截距项，α_i 为个体影响（假定为随机变量），ε_{it} 为随机扰动项。

四、数字经济对经济高质量发展的实证分析

（一）变量描述性统计分析

本文将 2011—2020 年各省经济高质量发展综合指标（E_Q）、数字经济综合指标（Dig）和相关控制变量数据进行匹配，并进行了描述性统计分析。通过描述性分析结果可知，各省经济高质量发展水平的最高值为 0.786（北京）和最低值为 0.128（宁夏）；数字经济发展水平的最高值为 7.416（北京），最低值为 -1.027（西藏）。控制变量地区生产总值（gdp）、就业人数（em）、固定资产投资同比（inv）、地方财政一般预算支出（G_out）、居民消费价格指数（CPI）、全体居民人均可支配收入（inc）和全体居民人均消费支出（exp）的均值、标准差和最大最小值见表1。

表 1 变量描述性统计结果

变量名	说明	均值	标准差	最大值	最小值	样本数
	被解释变量					
E_Q	经济高质量发展	0.294	0.130	0.786	0.128	309
	主要解释变量					
Dig	数字经济发展水平	0.924	1.277	7.416	-1.027	309

续表

变量名	说明	均值	标准差	最大值	最小值	样本数
	控制变量					
gdp	地区生产总值（亿元）	24 915.7	21 726.3	124 369.7	611.5	309
em	就业人数（万人）	428.6	366.8	1 997.9	25.4	309
inv	固定资产投资同比	1.35	15.69	88	−75.5	309
G_out	地方财政一般预算支出（亿元）	5 098.2	2 972.5	18 247.0	705.9	309
CPI	居民消费价格指数	102.4	1.1	106.3	100.3	309
inc	全体居民人均可支配收入（元）	23 659.27	11 178.77	72 232	7 510	309
exp	全体居民人均消费支出（元）	16 828.68	7 147.42	45 605	5 063	309

（二）数字经济对经济高质量发展的基础回归分析

对于数字经济对经济高质量发展的影响，首先采取最小二乘法进行初步回归分析，分别采用未加控制变量和无时间地区固定的模型（1）、加入控制变量和地区固定的模型（2）、加入控制变量和时间固定的模型（3）。三个模型之结果都显著证明了数字经济发展水平能够促进经济高质量发展。模型（2）整体解释度高，采取模型（2）较好。根据模型（2）可知，每当数字经济水平提升1个单位，则经济高质量发展水平提升0.03个单位（见表2）。

表2　OSL回归结果

因变量：E_Q			
	（1）	（2）	（3）
Dig	0.07***	0.03***	0.06***
	(0.01)	(0.01)	(0.01)
$\_cons$	0.23***	0.04	−0.01
	(0.01)	(0.18)	(0.41)
地区固定	No	Yes	No
时间固定	No	No	Yes
控制变量	No	Yes	Yes

续 表

因变量：E_Q			
N	309	309	309
$r2\_a$	0.43	0.93	0.85
F	158.45	133.79	90.25

注：*、**、*** 分别表示估计系数在 10%、5%、1% 水平下显著。

进一步，由于本文数据是 2011—2020 年的面板数据，对模型应当采取个体固定效应模型（FE）、个体时点双固定效应模型（双向 FE）和随机效应模型（RE）进行分析，具体结果见表 3。双向固定效应模型的结果并不显著，其主要是受到时间固定的影响。进一步采取 hausman 检验，P 值显著低于 0.05，拒绝随机效应模型。对个体固定效应模型采取稳健性标准误结果得到最终模型（ROBUST_FE），说明数字经济能够促进经济高质量发展，验证了前面的假说。

表 3　FE 与 RE 回归结果

	因变量：E_Q			
	(1)	(2)	(3)	(4)
	FE	双向 FE	RE	ROBUST_FE
Dig	0.03***	0.02	0.01*	0.03***
	(0.01)	(0.01)	(0.01)	(0.01)
_cons	−0.36	−0.04	−0.89***	−0.36**
	(0.22)	(0.29)	(0.24)	(0.17)
时间固定	No	Yes	No	No
控制变量	Yes	Yes	Yes	Yes
N	309	309	309	309
$r2\_a$	0.12	0.43	0.21	—
F	10.2	16.41	11.09	—

注：*、**、*** 分别表示估计系数在 10%、5%、1% 水平上显著。

（三）数字经济对经济高质量发展的内生性分析

数字经济与经济高质量发展之间存在双向因果关系，即数字经济发展水平较高，能够通过已构建的微观—中观—宏观的路径影响经济的创新、协调、绿色、开放和共享发展，从而促进经济高质量发展；相反，经济高质量发展的地区具备相应的自然资源、人力、物力和财力的优势，更易投资数字经济建设，从而提高地区数字经济水平。因此，为了解决双向因果关系问题，本文采用数字经济发展水平滞后一期的做法，即：如果滞后一期后结果显著，则证明存在双向因果问题；如果并不显著，则说明是数字经济发展促进经济高质量发展。具体见表4，结果显示滞后一期后主要系数不显著，说明结果并不受双向因果的影响。

表4　内生性处理结果

	因变量：E_Q	
	(1)	(2)
	FE	滞后一期 FE
Dig	0.03***	
	(0.01)	
$L.Dig$		-0.003
		(0.01)
$\_cons$	-0.36**	-1.19***
	(0.17)	(0.32)
控制变量	Yes	Yes
N	309	277
$r2\_a$	0.21	0.18
F	11.09	7.29

注：*、**、*** 分别表示估计系数在10%、5%、1%水平下显著。

（四）数字经济对经济高质量发展的稳健性分析

稳健性分析部分主要采用更换指标构建方法、剔除样本和更换解释变量三种方法进行检验。更换指标构建方法主要是将数字经济发展水平由采取主成分分析方法更换为采取熵值法。剔除样本主要考虑受到2019年来新冠疫情的影响对结果造成的偏离，因此，剔除了2019年和2020年两年的省份数据后进行重新回归。更换解释变量是将原来衡量数字经济发展水平的综合指标更换为由郭峰（2020）构建的数字金融普惠指标。具体结果见表5，采取不同方法后结果仍旧显著，并未产生显著变化，表明数字经济对于促进经济高质量发展的结果具有一定的稳健性。

表 5　稳健性结果

	(1)	(2)	(3)
	因变量：E_Q		
	更换衡量方法	剔除样本	更换解释变量
Dig 熵权法	0.14**		
	0.05		
Dig 主成分		0.05***	37.78***
		0.01	5.87
_cons	-0.54***	-0.23	1604.44***
	0.16	0.16	172.13
控制变量	Yes	Yes	Yes
N	309	278	309
r2_a	0.2	0.28	0.96
F	9.95	14.13	688.01

注：*、**、***分别表示估计系数在10%、5%、1%水平下显著。

(五) 数字经济对经济高质量发展的异质性分析

地区不同，数字经济对经济高质量发展的影响可能存在异质性。将样本划分为数字经济发展水平较高的东部地区和其他地区进行异质性分析。具体结果见表6，结果显示：不论是在东部还是其他地区，数字经济对于经济高质量发展都有促进作用，但对于东部地区，数字经济促进经济高质量发展系数更大和更加显著，并且模型解释度也更高，因此其促进程度更高，从而验证了假说2。

表 6　异质性分析结果

	(1)	(2)
	因变量：E_Q	
	东部	其他地区
Dig	0.30***	0.11*
	(0.09)	(0.06)
_cons	-0.49	-0.40*
	(0.48)	(0.2)
控制变量	Yes	Yes

续 表

因变量：E_Q		
N	109	200
r2_a	0.24	0.21
F	30.55	6.39

注：*、**、***分别表示估计系数在10%、5%、1%水平上显著。

五、结论与建议

数字经济通过对微观—中观—宏观不同层面发挥作用：微观层面发挥数据价值，推动供给侧改革，实现消费升级，匹配生产端和消费端；中观层面提高产业创新，优化产业结构，实现产业创新、关联和融合；宏观层面提高全要素生产率，促进经济增长，推动双循环，实现充分就业，推动普惠金融发展，实现创新、协调、绿色、开放和共享的新发展理念，推动经济高质量发展。但当前数字经济作用机制中仍旧存在诸多堵塞点，疏通数字经济作用机制中的堵塞点是实现经济高质量发展的必要环节。政府应当加强发展各地数字经济，通过数字经济发展带动经济高质量发展。同时，还应当协调区域发展，避免数字经济发展领先的东部地区与其他地区间的差异逐步拉大，因此，政府要因类施策，针对不同地区的发展现状采取不同政策措施。对于数字经济发展落后的地区，政府应当介入市场，避免因前期盲目投入过大而产生严重的负向影响，加大数字基础设施建设，对于基础性数字技术、数字发展经验、顶尖数字人才等，通过政府引进，对企业给予优惠政策，鼓励企业数字化转型，加强对人才的培养，提高地区数字人才的数量和质量，帮助地区和企业过渡。但对于数字经济发展领先的地区，政府主要是规范市场运行，鼓励、激发社会创新活力，避免因一家独大，赢者通吃，形成市场垄断的局面。

参考文献：

[1] 丁志帆. 数字经济驱动经济高质量发展的机制研究：一个理论分析框架[J]. 现代经济探讨, 2020(01).

[2] 姚登宝, 俞旭海. 数字金融能推动区域经济高质量发展吗？[J]. 沈阳工业大学学报（社会科学版）, 2023(02).

[3] 姜松, 周鑫悦. 数字普惠金融对经济高质量发展的影响研究[J]. 金融论坛, 2021(08).

[4] 蒋长流, 江成涛. 数字普惠金融能否促进地区经济高质量发展？：基于258个城市的经验

证据[J].湖南科技大学学报(社会科学版),2020(03).

[5]郭晗.数字经济与实体经济融合促进高质量发展的路径[J].西安财经大学学报,2020,(02).

[6]荆文君,孙宝文.数字经济促进经济高质量发展:一个理论分析框架[J].经济学家,2019(02).

[7]任保平.数字经济引领高质量发展的逻辑、机制与路径[J].西安财经大学学报,2020(02).

[8]赵剑波.数字经济高质量发展:理论逻辑与政策供给[J].北京工业大学学报(社会科学版),2023(40).

[9]李三希,黄卓.数字经济与高质量发展:机制与证据[J].经济学(季刊),2022(05).

[10]洪银兴,任保平.数字经济与实体经济深度融合的内涵和途径[J].中国工业经济,2023(02).

[11]左鹏飞,陈静.高质量发展视角下的数字经济与经济增长[J].财经问题研究,2021(09).

[12]任保平,何厚聪.数字经济赋能高质量发展:理论逻辑、路径选择与政策取向[J].财经科学,2022(04).

[13]严宇珺.数字经济驱动高质量发展的内在逻辑、作用机制及实现路径[J].技术经济与管理研究,2023(07).

[14]任保平,李培伟.数字经济背景下中国经济高质量发展的六大路径[J].经济纵横,2023(07).

[15]郑小碧,庞春,刘俊哲.数字经济时代的外包转型与经济高质量发展:分工演进的超边际分析[J].中国工业经济,2020(07).

[16]余东华,王梅娟.数字经济、企业家精神与制造业高质量发展[J].改革,2022(07).

[17]李宗显,杨千帆.数字经济如何影响中国经济高质量发展?[J].现代经济探讨,2021(07).

[18]范合君,吴婷.数字化能否促进经济增长与高质量发展:来自中国省级面板数据的经验证据[J].管理学刊,2021(03).

[19]杜金柱,吴战勇,扈文秀,等.数字经济与制造业高质量发展:影响机制与经验证据[J].统计与决策,2023(07).

[20]王仁曾,詹姝珂.数字普惠金融与绿色金融对经济高质量发展的协同影响研究[J].现代经济探讨,2023(07).

[21]蒋长流,江成涛.数字普惠金融能否促进地区经济高质量发展?:基于258个城市的经验证据[J].湖南科技大学学报(社会科学版),2020(03).

[22]姜松,周鑫悦.数字普惠金融对经济高质量发展的影响研究[J].金融论坛,2021(08).

[23]李海刚.数字新基建、空间溢出与经济高质量发展[J].经济问题探索,2022(06).

[24]姚登宝,俞旭海.数字金融能推动区域经济高质量发展吗?[J].沈阳工业大学学报(社会科学版),2023(02).

[25]刘明,范丹雪,施子杨.空间溢出视角下数字经济与经济高质量发展[J].统计与决策,

2023(13).
[26] 丁仕潮,张飞扬. 数字技术创新与实体经济高质量发展的耦合协调评价与动态演进[J]. 统计与决策,2023(14).
[27] 数字经济与经济高质量发展:数字经济开放研究平台第二次学术研讨会会议综述[J]. 金融评论,2023(02).
[28] 杨佩卿. 数字经济的价值、发展重点及政策供给[J]. 西安交通大学学报(社会科学版),2020(02).
[29] 刘淑春. 中国数字经济高质量发展的靶向路径与政策供给[J]. 经济学家,2019(06).
[30] 姜松,周鑫悦. 数字普惠金融对经济高质量发展的影响研究[J]. 金融论坛,2021(08).
[31] 严宇珺. 数字经济驱动高质量发展的内在逻辑、作用机制及实现路径[J]. 技术经济与管理研究,2023(07).
[32] 孙豪,桂河清,杨冬. 中国省域经济高质量发展的测度与评价[J]. 浙江社会科学,2020(08).
[33] 黄群慧,余泳泽,张松林. 互联网发展与制造业生产率提升:内在机制与中国经验[J]. 中国工业经济,2019(08).
[34] 赵涛,张智,梁上坤. 数字经济、创业活跃度与高质量发展:来自中国城市的经验证据[J]. 管理世界,2020(10).
[35] 郭峰,王靖一,王芳,等. 测度中国数字普惠金融发展:指数编制与空间特征[J]. 经济学(季刊),2020(04).

数字经济时代用户数据产权界定初探

邓 达[*]

摘要：在数字经济快速发展的进程中，数据作为新的关键生产要素，发挥的作用日渐凸显。数据市场的运行离不开数据产权的保护。数据资源的使用权、排他权和处置权等各种权利在个人、企业和政府等主体之间的不同配置，将会对其使用效率产生很大的影响。本文在用户数据资源的性质与特征分析的基础上，探讨用户数据产权的合理设置。合理的数据产权安排应当让数据的生产、使用和保护最有效率，从而实现社会福利的最大化。

关键词：数字经济；数据要素；数据产权；数据资源

近年来，随着信息技术革命的进行，数据在经济活动中的重要性大大提升，成为必不可少的生产要素。随着数据的价值日渐体现，关于数据的纠纷也日渐增多。在这种背景下，界定数据产权、将因产权不清造成的外部性内部化也就变得更具有现实意义。尽管目前对数据产权问题已有一些规定，但总体来说，对于数据产权的规范未必合理、有效率，尤其是在用户数据产权界定上，改进的空间仍然很大。在这样的背景下，需要进一步探究用户数据产权问题。

一、问题的提出

近年来，数字经济快速崛起，数据作为新的关键生产要素，在数字经济中发挥的作用日渐凸显。一方面，众多产品和服务逐渐转变成数据形态，彻

---

[*] 邓达，中国政法大学商学院教授。

底改变了原有的经济性质；另一方面，数据记录设备的普及使得数据生成无处不在，累积了海量的数据资源。互联网、物联网、个人电脑、手机以及遍布全球的传感器，无一不是数据的来源或承载的方式。而且，持续产生的、大量且多样化的数据已经成为重要的价值来源，个人与企业等数据中心的逐步建立也对个人、企业、市场和政府等产生了深远影响。[①] 与此同时，数据资源正逐步渗透到国民经济的每个行业和职能领域，成为必不可少的生产要素。海量信息、即时信息和互动信息改变了企业和消费者的经济行为方式。市场主体的经济活动将更加依赖网络平台。企业核心业务的开展将日益依赖有效的数据分析。[②] 数据处理、数据挖掘和数据分析将成为企业活动的重要构成。与之对应，数据成本也将成为企业交易成本的关键。[③]

时代背景的快速转换使得既有的观念和制度未能及时适应新的变化，限制了数据资源的正常交易和利用。作为资源配置的主要方式，市场机制是最具吸引力的选项。但是，产权的清晰界定是市场经济有效运行的基础。数据资源的使用权、排他权和处置权等各种权利在个人、企业和政府等主体之间的不同配置将会对其使用效率产生很大的影响。目前，针对用户数据的产权归属处于争议之中，合理的数据产权安排应当让数据的生产、使用和保护最有效率，从而实现社会福利的最大化。[④] 本文通过归纳和分析用户数据资源的性质与特征，探讨用户数据产权的合理设置。

二、数字经济时代的用户数据资源

（一）数据资源的特性

构建合理的产权安排，需要依据资源的属性。因此，为设置合理的数据产权，有必要分析用户数据资源的性质，包括用户数据资源在内的所有数字资源，都与人力、物质两种资源类型存在较大不同。有学者指出，同后两者相比，除稀缺性等共性外，数据资源也存在伴生性、独立性、非同质性、非排他性与非竞争性等明显差别。[⑤] 具体参见表1。

数据资源伴随真实世界而生成，当数据资源指向自然环境时，数据是对客观物体的记录。数据资源与产生数据的物体可以完全分离，但一旦数据资

[①] 陈永伟. 数字经济时代，数据是怎样一种关键要素？[J]. 商业观察, 2018 (01)：82-83.
[②] JAGADISH H V, et al. Big data and its technical challenges [J]. Communications of the Acm, 2014, 57 (07)：86-94.
[③] 徐晋. 离散主义与后古典经济学 [J]. 当代经济科学, 2014 (02).
[④] 陈永伟. 数据产权应划归平台企业还是消费者？[J]. 财经问题研究, 2018 (02)：7-9.
[⑤] 魏鲁彬, 黄少安, 孙圣民. 数据资源的产权分析框架 [J]. 制度经济学研究, 2018 (02)：1-35.

源指向人类社会，就涉及对人类个体、群体属性或状态的记录。首先，数据资源与产生数据的经济个体相关联，其使用必然要受到被记录个体的约束。其次，数据资源具有独立性。人力资源无法独立于人身，个人可以及时判断是否涉及隐私，并对个人隐私予以控制；同样，可能涉及个人隐私的数据资源却具有独立于指向对象的性质。因而，数据资源的使用是否涉及个人隐私难以及时得到判断。再次，由于存在使用范围或方式不同的限制，同一数据资源的潜在价值也存在差异。因此，数据资源具有非同质性。最后，数据资源具有排他性以及技术上的非竞争性。所谓排他性，是指非公开数据资源具备排除其他个体使用数据的能力；所谓非竞争性，是指特定个体使用数据资源，不妨碍其他个体的使用。[①]

表 1 不同类型资源的性质比较

	数据资源	物质资源	人力资源
伴生性	具有	不具有	具有
独立性	具有	不具有	不具有
同质性	具有/不具有	具有/不具有	不具有
排他性	具有	具有/不具有	具有
竞争性	不具有	具有/不具有	具有

（二）数据资源的经济类型

依据不同的限定条件，数据资源可以是私人数据、俱乐部数据、准公共数据、纯公共数据中的任何一类。因此，数据产权不仅可以是公共数据产权，而且在多样化的具体情境中也可以是私人数据产权、俱乐部数据产权等其他类型。表 2 呈现的是数据资源的经济类型（是否具有竞争性或排他性）。

表 2 数据资源的经济类型

		排他性	
		具有	不具有
竞争性	具有	私人数据	准公共数据
	不具有	俱乐部数据	纯公共数据

公共数据产权是指特定国家或地域范围内，所有居民都可以享有的数据

[①] 李增刚. 新政治经济学导论 [M]. 上海：上海人民出版社，2008：47.

产权，在该范围内，数据产权没有任何排他性和竞争性；① 俱乐部数据是指允许特定范围内的经济个体使用，且不受访问容量限制的数据，具有部分排他和非竞争的特征，如非公开的科研基金数据库等。所谓俱乐部数据产权，是指满足特定条件的经济个体所构成的俱乐部拥有数据资源的产权，俱乐部成员共同协商，确定单个成员的使用权利。一般而言，俱乐部产权排除非成员的数据使用，并满足成员的合理使用需求。

私人数据是指仅允许单个经济主体使用，或一旦使用则丧失价值的数据，具有完全排他和完全竞争的特征，如软件授权使用码、折扣优惠券编码等。所谓私人数据产权，是指明确由单独个人或企业所有的数据产权。私人数据产权可以具有排他性和竞争性。实际上，由于非竞争性是数据资源的自然属性，数据资源普遍是非竞争的。而且非公开数据具有天然的排他性，但公开数据排他困难。因而，只有特定类型或特定范围内的数据资源可以同时具有排他性和竞争性。

（三）数据资源的非经济类型

根据数据生成或持有的主体划分，数据可以分为个人数据、企业数据、公众数据和政府数据等。个人数据是指由个人产生、形成或与个人相关联的数据，包括个人采集或记录的自然数据。经本人授权，个人数据可由其他经济个体采集、处理或使用，个人也可以据此获得相应的报酬或服务。企业数据就是由企业记录的、反映企业基本状况的数据，主要是指企业财务数据、运营数据以及人力资源数据，也包括企业采集或记录的自然数据。运营数据一般包括研发、采购、生产和销售等数据；人力资源数据是指通过合同授权而采集的、特定范围的员工个人数据。公众数据是指由公众群体共同产生的数据，包括对公众群体的记录以及公众的群体创作。政府数据主要是指与政府机构、政府行为以及政府工作人员相关的数据，同时也包括政府依法依规、直接或间接采集的，个人的、企业的、公众的和自然的数据。

（四）个人信息与用户数据的联系与区别

用户数据连接着个人信息与企业利益，是数据族群中性质最复杂、纠纷最频发的种类。用户数据是指和用户个人相关，能间接或直接对个人进行识别的数据，但与个人信息并非绝对等同。用户数据涉及三方主体：数据主体（用户）、数据控制者（平台）、数据使用者。数据控制者通过其提供的平台从数据主体处收集用户数据，占有并使用用户数据。数据主体的使用产生了

---

① 为了消除数据资源的排他性和竞争性，要具有满足公开访问条件的技术设施，如数据服务器等。

用户数据,但数据主体本身对于自身数据的控制有限,并在技术、资金等方面均处于劣势。数据使用者有时可能与数据控制者重合,以用户数据的某种经济性使用而得利。

有学者结合个人信息与用户数据的基本概念和技术机理,发现个人信息与用户数据主要在于以下两点差别:[①]

首先,二者在法律保护范围上不尽相同。个人信息并非全然来自数据的加工,对于互联网背景中的个人信息作为数据加工后的产品有明确的指向性,用以防止企业以获取某个人的特定信息为目的使用数据,而用户数据则对于基于部分或单个用户所产生的原始数据加以规制,二者范围有所交叉但并不相等。

其次,用户数据与个人信息倾向于保护的主体有所不同。在互联网时代,个人信息保护倾向于数据主体,指向用户的人格权,而用户数据对应的则是数据控制者的利益,即经营主体对于用户数据财产性使用的一些权利。

三、用户数据产权的初步界定

(一)用户数据产权的界定原则

根据用户数据资源性质的分析可以发现,用户数据资源具有特殊性,不同于人力资源与物质资源,其产权配置同样具有独特性。

物质资源的产权配置可以直接追求稀缺资源的利用效率,而数据资源由于具有伴生性,其产权配置强调寻求资源利用的帕累托改进,不得损害经济主体的合理利益。另外,数据资源由于具有独立性,其使用是否涉及个人隐私,难以及时得到判断。因此,数据产权的初始界定应综合如下基本条件:保护隐私、保护知识产权、维护公平以及促进效率。

数据产权的初始界定不能依据占有原则,而应依据生成或伴随原则。占有原则是指占有数据资源的经济个体拥有所占有的数据资源;生成原则是指来自人类社会以外的数据资源,[②] 由采集或记录的经济个体所有;伴随原则是指来自人类社会的数据,由数据资源的伴随对象所有。[③] 当数据资源来自人类社会时,占有原则与伴随原则具有根本性差异:除非采集或记录主体同时也是数据资源的伴随对象,否则,即使通过采集或记录而占有数据资源,也不具有数据资源的所有权。即:来自人类社会以外的数据资源,由采集或记录

[①] 司马航.用户数据的知识产权属性之辩[J].科技与法律,2019(06):32-40.

[②] 例如:天文观测数据、地质考察数据、科学试验数据等。

[③] 当数据资源的伴随对象是财产或其他具有所有主体的资源时,数据资源为相应财产或资源的所有主体所有。

数据的经济个体所有；来自人类社会的数据资源，由伴随对象或伴随对象的所有者所有；其他采集、记录或持有数据资源的经济个体，尽管也可以拥有特定范围的产权，但却取决于对应所有者的授权。

（二）用户数据产权的安排

根据上述原则，用户数据产权和企业数据产权应分别由个人和企业所有，公众数据和政府数据则应由政府管理，这样的产权安排原则避免了用户数据垄断问题。例如，各个企业搜集用户数据的能力是不同的，像腾讯、阿里这类互联网巨头，由于客户群体庞大、技术实力雄厚，其搜集数据的能力也将远远超过小企业。在这种背景下，这些公司可能形成用户数据垄断，从而造成恶劣后果。

此外，在相关产权安排的基础上，用户数据等可以充分利用市场机制，实现让渡和利用特定数据产权的目的。通过让渡这些数据给企业，帮助企业挖掘出丰富的信息，创造出巨大的价值。在产权界定研究思路上，传统法学通常遵循"事后研究"方法，依既定财产权类型和规范来解决纠纷，而法经济学则采用"事前研究"方法，假定纠纷发生后通过效率论证来重新确定各个权利束的顺位高下。在产权可自由转让的模式下，平台使用数据的自由度大大提高，将为下一步数据利用和开发奠定良好基础，从长远来看必将推动数据产业的发展，从而促进社会福利的整体提高。

此外，由于公共数据具有非排他性和非竞争性，如果由私人提供，会引起搭便车行为，导致公共数据供应不足。因此，公共数据由政府来提供更符合效率原则。政府可以通过税收进行转移支付，同时履行其公共服务职能。[①]此外，某些特定范围内的数据，只有政府有权采集，并以公共数据的形式提供。因而，在数据经济中，政府是公共数据的合理提供者。

（三）用户数据产权中的收益权探析

有学者提出，由于产权是权利集合，可以分解为所有权和使用权两部分，所以，数据产权也可以进一步分解为对应的数据所有权和数据使用权。[②] 在此基础上，还可以将用户的数据产权进一步分解为所有权、使用权与收益权。按上述产权界定的原则，用户数据产权虽被界定给个人，但可以将其让渡给企业以获得收益，同时企业也可以增加收益。例如，在分析数据的基础上，电商可以通过改善物流、开展促销活动、精准推送商品等增加收益。用户有

[①] 武长海，常铮. 大数据经济背景下公共数据获取与开放探究[J]. 经济体制改革，2017（01）：32-37.

[②] 魏鲁彬，黄少安，孙圣民. 数据资源的产权分析框架[J]. 制度经济学研究，2018（02）：1-35.

权拒绝电商使用交易数据；如果电商使用这些数据，应征得用户同意；用户有权要求电商在使用数据时给予补偿。就此标准来看，现在电商做得还不够。

用户的收益权来自数据权利。用户数据权是个人对与自身相关的数据的支配权、收益权等，应该得到保护。上文提到的用户数据与个人隐私并不是同一个东西，但同属于人格权的一部分。电商利用数据获益，就是在将作为人格权的数据权商品化，当然要让拥有者受益。数据能创造价值，西方国家较早认识到了这一点，因此，本着保护个人基本权利和自由以及维护市场竞争的原则出台了相关的法律法规，中国也需完善立法。当前数据相关产业在中国不断发展，数据的价值不断增加，而作为数据拥有者的个人也有权依法从自己所提供的数据中分得收益。

四、结语

作为资源配置的主流方式，市场机制是配置数据资源最具吸引力的选项。但是，市场经济的有效运行需要清晰界定的产权。产权的界定与市场化调整有助于消除达成合作的障碍，可以带来效率的改善。但是，产权安排要发挥上述作用，需要重视对产权的保护。数据市场的运行也离不开数据产权的保护，数据产权的保护需要数据技术的开发以及交易制度的构建。在数据交易链条中，可以通过技术手段以及制度约束，明确记录所发生的每笔交易，从而实现对数据的追踪和管理，保障数据的知识产权。但是，技术手段与制度约束具体怎样结合，仍需要深入探讨。

在谈论与保护个人隐私相关的法律时，一个重要的基本前提是法律对私人数据的保护，这是保护人的基本权利，也是维护社会的基本秩序。最好的法律一定是一方面保护私人对数据拥有的权利，另一方面，在保护的前提下，能够帮助私人交换这些数据。能够交换数据权，才使得它被整合。如果私有产权不能交换，资产就无法被整合，那么整个社会就会裹足不前。对于大量的私人数据如何在市场上交换、如何整合等一系列问题，目前人们还没有充分的认识。如何在保护隐私的同时增加社会福利，这是整个法律和制度层面的一个重大的基本问题。

参考文献：

[1] 陈永伟. 数字经济时代,数据是怎样一种关键要素？[J]. 商业观察,2018(01):82-83.

[2] 陈永伟. 数据产权应划归平台企业还是消费者？[J]. 财经问题研究,2018(02):7-9.

[3] 司马航. 用户数据的知识产权属性之辩[J]. 科技与法律,2019(06):32-40.

[4] 魏鲁彬,黄少安,孙圣民. 数据资源的产权分析框架[J]. 制度经济学研究,2018(02):

1-35.
[5]武长海,常铮.大数据经济背景下公共数据获取与开放探究[J].经济体制改革,2017(01):32-37.
[6]石丹.企业数据财产权利的法律保护与制度构建[J].电子知识产权,2019(06):59-68.
[7]杨雄文,黄苑辉.论大数据的商业秘密保护:以新浪微博诉脉脉不正当竞争案为视角[J].重庆工商大学学报(社会科学版),2019,36(04):138-145.
[8]吕炳斌.论网络用户对"数据"的权利:兼论网络法中的产业政策和利益衡量[J].法律科学(西北政法大学学报),2018,36(06):56-66.
[9]冯云廷.如何认识数据作为生产要素的经济价值[J].国家治理,2020(38):40-43.

数字经济发展对高龄就业群体的影响及其应对措施
——基于就业规模和就业质量的双重视角

陈明生　冀　源　靳耀祖[*]

摘要：数字经济蓬勃发展对就业市场的影响日益显著。与此同时，我国人口老龄化趋势加剧，高龄就业者问题逐渐凸显，亟待社会关注与深入思考。数字经济不仅为劳动力市场带来了全新的经济模式，打破了传统规则，同时也提供了更多的就业机会。然而，高龄就业者在数字经济浪潮中面临着严峻的挑战。因此，研究数字经济发展对高龄就业群体的影响具有极其重要的现实意义。本文依据 2013—2020 年的相关数据，研究数字经济对就业规模和就业质量的影响路径，实证分析结果表明，数字经济发展对于高龄就业群体就业规模的替代效应明显大于创造效应，对高龄就业者的就业质量有显著提升。因此，本文提出加快数字基础设施建设、完善高龄人力开发组织机构等措施，以期为改善高龄就业者的就业环境、提升社会稳定性，以及应对老龄化社会未来面临的用工问题提供有益参考。

关键词：数字经济；高龄就业群体；就业质量；替代效应

一、绪论

（一）研究背景

当前，数字经济发展和人口老龄化是我国受到广泛关注的两个重点话题。一方面，根据 1956 年联合国《人口老龄化及其经济社会含义》中提出的老龄化社会的相关标准，65 岁及以上人口占比超过 7% 的社会被视为老龄化，超过

---

[*] 陈明生，中国政法大学商学院教授、博士研究生导师；冀源，中国政法大学商学院政治经济学专业硕士研究生；靳耀祖，中国政法大学商学院政治经济学专业硕士研究生。

14%则称为老龄社会。国家统计局《2022年国民经济和社会发展统计公报》显示，我国65岁以上人口占比已达到14.9%，标志着我国已进入老龄社会。2005至2022年，65岁以上人口比例上升7.21%，老龄化程度持续加深，老龄化社会中的高龄就业者问题亟待关注和研究。

另一方面，数字经济发展逐渐成为各国重要的国家战略。近年来，我国加大了对数字经济的扶持力度，实施多项政策以促进其增长。根据中国信息通信研究院《全球数字经济白皮书（2022年）》，2021年，47个国家的数字经济增加值达到38.1万亿美元，同比增长15.6%，占全球GDP的45.0%。网经社的《2022中国数字经济政策及发展研究报告》总结了国家层面的数字经济政策，自2016年至2022年，国务院发布了14项相关政策，涵盖国务院、文化和旅游部、工业和信息化部等机构。地方政府也在积极实施相关政策，以促进数字经济的发展。

数字经济的发展正引起就业市场的深远变化。据中国新就业形态研究中心《中国蓝领群体就业研究报告（2022）》，数字经济的关键发展事件对蓝领群体的就业历程具有显著影响。这种影响因劳动群体不同而异，尤其在我国人口老龄化加剧的现状下，其发展对我国高龄就业群体产生的影响更加值得关注和思考。

（二）研究意义

本文的研究回应了社会所关注的两个重要话题，即数字经济和人口老龄化。数字经济对于就业影响的研究忽略了对于高龄就业群体的关注，但这部分就业群体在未来老龄社会中必须受到重视。数字经济发展带来了新的经济模式，打破了劳动力市场的规则，同时也为中国的劳动力市场提供了更多新的就业机会。对于高龄群体而言，数字经济发展可以提供更多的就业岗位和就业机会，满足更多元的就业需求。但需要认识到的是，高龄就业群体作为劳动力市场上较为特殊的人群，在劳动力市场上常常面临着收入低、工作强度高等问题。

数字经济时代的高龄就业群体虽然在国外社会引起了广泛关注，但在我国，人们对数字经济时代高龄就业群体的关注少之又少。随着我国高龄就业群体人数的增加，高龄劳动者因生理和身体素质限制常被企业忽视，多从事简单、重复或低技能工作，如保洁、保姆、保安等。在就业市场上，这一群体不具优势，难以获得稳定收入。尽管数字经济提供了更多就业选择，但高龄就业群体实际上的可选择范围有限。随着科技的进步，低技能岗位不断减少，高龄就业者面临严峻挑战。因此，研究数字经济对高龄就业群体的影响，并制定相应措施保障其利益，具有重要的现实意义。

(三) 创新之处

前人的研究主要集中于数字经济发展对宏观劳动力就业的影响，例如，聚焦于数字经济发展和技术进步特征对就业数量（蔡跃洲和陈楠，2019；Stevenson，2019），对技能、行业、区域等的就业结构（Berman et al.，1998；Acemoglu，2002；杨骁等，2020），对包括工作时间、收入水平、收入差距等在内的就业质量（Bauernschuster et al.，2014；蔡跃洲和陈楠，2019；戚聿东等，2020）等方面的影响。数字经济发展与特定群体就业关系的研究尚属空白，对数字经济发展对高龄就业者的影响机制的探索更是缺乏。

本文力图从理论模型和实证分析两方面深入研究两者的关系，提出并检验针对就业规模和就业质量视角的数字经济影响路径，进一步分析数字经济发展背景下高龄劳动者群体的就业趋势。首先，本文回顾相关文献，整合了数字经济对就业结构影响的理论，并将其应用于高龄就业者。通过构建指标和收集数据，本文旨在揭示数字经济发展对高龄就业者的就业规模和就业结构产生的实际影响，并提出改善其就业环境的策略。同时，本文希望提高社会对高龄就业者就业问题的关注，激发更多关于数字经济对高龄就业者影响的研究，并为这一群体提供有效的支持措施，保障高龄就业群体的权益。

二、文献综述与理论假说

(一) 文献综述

学者们探讨了数字经济对劳动力市场变革、就业规模和质量的影响，但关于其对高龄就业群体影响的研究尚显不足。对于"高龄者"的定义，各文献存在差异。虽然我国法律未明确使用"高龄者"一词，但《老年人权益保障法》将60岁以上公民视为老年人。随着越来越多的国家延迟退休年龄至65岁甚至更高，这一议题的重要性日益增加。

1. 高龄就业群体相关研究

国内关于高龄就业群体的研究主要是引鉴国外相关研究成果。李青（2006）介绍了法国对55岁以上就业者的支持政策；喻术红（2017）分析了50~65岁群体的就业难问题，建议完善《劳动法》《就业促进法》等相关法律，并建立专门就业服务站；虞红（2017）研究了韩国实施的"高龄者雇佣促进基本计划"，提出建立国家主导的组织和立法保障；于英顺（2021）通过日本的案例，提议提高退休年龄和加强法律保护；王健（2022）将50岁以上就业者定义为高龄，对他们在实践中遭受歧视的问题进行了研究。

2. 数字经济发展对劳动力市场变革的影响研究

数字经济发展对劳动力市场变革的影响研究涵盖特定群体、劳动力资源配置、劳动力特点等方面。马晔风和蔡跃洲（2019）指出，数字经济快速发展导致"专业型"和"复合型"ICT劳动力短缺。丛屹和俞伯阳（2020）通过研究发现，数字经济发展总体提升了中国劳动力的资源配置效率，但区域间存在差异，对东部和北方地区影响较大。高文书（2021）的研究表明，数字经济从业者通常受教育程度高、年轻、工作经验短，且接受技能培训的比例高，教育年限和技能培训对工资有正向影响，而工作经验不影响。王爱华（2022）从马克思主义政治经济学的角度展开分析，认为数字经济强化了劳动者之间的逐底竞争。

3. 数字经济发展对就业规模和就业质量的影响研究

关于数字经济发展对于就业规模的相关研究有：黄浩（2021）研究了数字经济对就业的促进效应和替代效应，提出目前数字经济发展并未带来大量吸收劳动力的就业岗位，即便长期乐观，短期仍旧存在大量结构性和摩擦性失业的问题；黄海清、魏航（2022）基于2007—2018年中国城市的面板数据进行了实证分析，结果显示，数字经济发展可以显著促进城市就业规模。

关于数字经济发展对于就业质量影响的相关研究有：司小飞和李麦收（2022）分析了数字经济、就业结构与就业质量的关系，他们建立评价体系，发现数字经济发展正向影响就业质量，数字经济发展会通过优化就业结构对就业质量产生影响。丛屹和闫苗苗（2022）探讨了人力资本投资在高质量就业中的调节效应，认为数字经济促进了高质量就业、人力资本正向调节这一关系。何苗和任保平（2023）通过其评价指标体系和分析方法，揭示了中国数字经济与就业质量之间的耦合互动逐年增强，呈现正向空间相关性。

关于数字经济对于就业多维度影响的相关研究有：戚聿东等（2020）理论分析了数字经济对就业结构和质量的影响，并建立了评价体系，证实数字经济发展提升就业质量的作用。孟祺（2021）通过面板数据分析发现，数字经济并未缩减就业规模，反而在制造业和服务业中促进了不同类型就业的增长。白争辉和原珂（2022）的实证分析显示，长期数字经济发展正面影响就业规模和质量，而产业结构升级对就业规模有负面效应，对就业质量有正面效应。

（二）理论假说

数字经济对劳动力市场带来了重大变革，影响各年龄段劳动力。尽管学者们广泛研究了数字经济对就业规模和质量的影响，但大多数学者关注的是青年群体。例如，刘翠花等（2022）利用中国家庭追踪调查数据，发现数字经济提升了青年就业质量。但是高龄就业群体的研究也不容忽视，因为他们是我国老龄社会需关注的群体。鉴于他们的身体、学习和态度等特点，需要探讨他们是否能适应数字经济的工作要求，并提出相应的对策，以引导他们在数字经济中实现高质量就业。

现有研究对数字经济对就业群体的影响持有不同观点，包括正面和负面效应。一方面，数字经济带来的新就业形态可能导致部分工作者脱离就业保障（王震，2020），技术进步可能损害部分劳动力的利益（Stevenson，2019）。本文认为，数字技术促进经济高质量增长，进而有助于改善就业。数字经济倾向于替代低技能岗位，同时创造高技能职位，增加对高技能人才的需求，推动劳动力技能结构的提升。然而，考虑到高龄劳动者面临的年龄和学习能力挑战，数字经济可能对他们的就业规模产生更大的负面效应，减少高龄就业群体的就业规模。另一方面，戚聿东等（2020）指出，数字经济发展能改善就业环境，提升就业能力、劳动报酬和劳动保护。

因此，提出本文假说：

假说1：数字经济发展对高龄就业群体的就业规模具有抑制作用。

假说2：数字经济发展对高龄就业群体的就业质量具有促进作用。

三、实证分析

（一）数字经济发展对高龄就业群体影响的指标构建和说明

随着人口老龄化的加速，老龄社会问题日益受到重视。年龄是区分高龄劳动者与其他劳动者的关键因素，也是影响高龄劳动者就业权利实现的主要障碍。日本在2006年通过法律提高了退休年龄，将65岁作为高龄劳动者的界定标准。德国《促进老年工人工作机会法》将50岁以上的工人视为老年工人，但没有设定上限年龄。鉴于我国的老龄化进程、人口结构和法定退休年龄，高龄劳动者的定义不应仅限于退休后再就业人员，还应包括大量的高龄农民和外出务工人员。在设定高龄标准时，应参考国际标准，明确高龄劳动者的概念和范围。

为确保高龄劳动者的权益和平等就业机会，促进其社会参与，建议将高龄劳动者定义为即将退休的人群，并参考美国不设定上限年龄的做法。在保持现有法定退休年龄不变的情况下，本文倾向于采用韩国《高龄人雇佣促进法》的标准，将55岁以上的群体视为高龄劳动者。

对于高龄就业者的就业规模（$W-Quantity_{>55}$）和就业质量（$W-Quality_{>55}$），相关指标的构建见表1。就业规模主要是采用线性估计的方式，以六普、七普和逐年的老龄人口比例（$Percent_{>55}$）为权重，结合就业总数（$Quantity$）得出。

$$W-Quantity_{>55} = Quantity \times Percent_{>55}$$

表 1 就业规模和就业质量指标说明

一级指标	二级指标	二级指标	三级指标	正/逆向指标
就业规模	55岁以上劳动年龄人口（万人）	—	—	-
就业质量	就业现状	就业吸纳能力	从业人员数	+
		就业结构	第二产业就业	+
			第三产业就业	+
		职业培训	普通本科招生数	+
			普通高等学校毕业生数	+
			技工学校在校学生数	+
			职业技能鉴定本年获取证书人数	+
			就业训练中心就业人数	+
	就业保障	就业保险	失业保险参保总人数	+
			基本养老保险参保总人数	+
			工伤保险参保总人数	+
		就业环境	在工作时间和工作场所内因工作原因受到事故伤害人数	-
			因公死亡人员认定工伤人数	-
	就业收入	薪资水平	城镇单位就业人员工资总额	+
		收入差距	城乡收入差距	-
	就业关系	劳动争议	劳动争议案件受理中劳动者当事人数	-
			劳动争议案件结案数	+
		谈判能力	工会会员人数占比	+
			基层工会组织数	+

就业质量主要包含就业现状、就业保障、就业收入和就业关系四个一级指标，通过熵值法得到综合指标，具体计算步骤如下：

第一步，标准化（正向化和逆向化），以正向化为例：

$$\tilde{Z}_{ij} = \frac{x_{ij} - \min\{x_{1j}, x_{2j}, \cdots, x_{nj}\}}{\max\{x_{1j}, x_{2j}, \cdots, x_{nj}\} - x_{ij} - \min\{x_{1j}, x_{2j}, \cdots, x_{nj}\}}$$

第二步，归一化处理：

$$y_{ij} = \frac{z_{ij}}{\sum_{1}^{n} x_{ij}}$$

第三步，计算每个指标的信息熵，并计算信息效用值，归一化得到每个指标公式：

$$e_j = k \sum_{1}^{n} y_{ij} \ln y_{ij}$$

第四步，计算信息熵冗余度：

$$d_j = 1 - e_j$$

第五步，计算指标的权重系数：

$$w_j = \frac{d_j}{\sum_{1}^{m} d_i}$$

对于数字经济发展的相关指标的构建见表2。数字经济发展包含发展基础、发展过程、发展结果三个一级指标，主要采用熵值法得到综合指标。

表2 数字经济发展指标说明

一级指标	二级指标	三级指标	正向/逆向指标
发展基础	数字基础设施	互联网普及率	+
		移动互联网用户	+
		长途光缆长度	+
		邮电业务总量	+
	新型生产要素	R&D人员	+
		专利申请数量	+
		研发投入金额	+
发展过程	新发展业态	电子商务交易企业数	+
		电子商务销售额	+
	新发展标准	煤炭消费量	−
		焦炭消费量	−
		生活垃圾无害化处理率	+
		突发环境事件次数	−
发展结果	新兴产业成长	信息技术服务收入	+
		软件产品收入	+
		高技术产业营业收入	+
		规模以上工业企业新产品项目数	+

续 表

一级指标	二级指标	三级指标	正向/逆向指标
发展结果	新型产品研发	规模以上工业企业新产品项目数	+
		规模以上工业企业新产品销售收入	+
		高技术产业新产品开发项目数	+
		高技术产业新产品销售收入	+

（二）数字经济发展对高龄就业群体就业规模影响的实证分析

1. 模型构建与数据说明

数字经济发展（$Score_{Digital}$）对高龄就业群体就业规模的影响，主要通过OLS回归以及面板回归逐步分析。本文的数据集主要来自各省统计局以及《中国劳动统计年鉴》等，涵盖各省2013—2020年的数据。数字经济对于高龄就业群体的就业规模（$W\text{-}Quantity_{>55}$）影响的OLS回归模型见下：

$$W\text{-}Quantity_{>55} = \alpha_0 + \beta_1 Score_{Digital} + \gamma_i Control_i + \varepsilon$$

由于数据为面板数据，进一步构建面板模型，具体如下：

个体固定效应模型：　　$W\text{-}Quantity_{>55_{it}} = \alpha_0 + \alpha_i + X'_{it}\beta + \varepsilon_{it}$

其中，X_{it} 是 $k \times 1$ 向量，β 是 $k \times 1$ 向量，α_i 为个体效应，ε_{it} 为随机扰动项。

个体时点双固定效应模型：

$$W\text{-}Quantity_{>55_{it}} = \alpha_0 + \alpha_i + \lambda_t + X_{\_\{i\}}\hat{\ }\beta + \varepsilon_{it}$$

其中，X_{it} 是 $k \times 1$ 向量，β 是 $k \times 1$ 向量，α_i 为个体效应，λ_t 为时点效应，ε_{it} 为随机扰动项。

随机效应模型：　　$W\text{-}Quantity_{>55_{it}} = (\gamma + \alpha_i) + X'_{it}\beta + \varepsilon_{it}$

其中，X_{it} 是 $k \times 1$ 向量，β 是 $k \times 1$ 向量，$(\gamma + \alpha_i)$ 为截距项，α_i 为个体影响（假定为随机变量），ε_{it} 为随机扰动项。

2. 变量描述性分析

高龄就业群体就业规模最大的省份为山东省，达到362.39万人，最小的为广西壮族自治区，仅有1.25万人。数字经济综合得分较高的省份为广东省，得分较低的为青海省。各地区的高龄就业者数量差距较大，数字经济发展水平也具有明显差异。对于数字经济发展影响高龄就业群体就业规模的控制变量，主要选取GDP、城镇化率、劳动流动率和城镇登记失业率（参见表3）。

表3 高龄就业者就业规模相关变量说明

变量名	说明和计算	均值	标准差	最大值	最小值	样本数
被解释变量						
$W\text{-}Quantity_{>55}$	高龄就业群体数量	82.06	77.89	362.39	1.25	240
主要解释变量						
$Score_{Digital}$	数字经济发展水平得分	0.197	0.182	0.960	0.034	240
控制变量						
GDP	国内生产总值	26 211.86	18 445.26	111 151.6	2 122.06	240
城镇化率	—	61.29	12.73	89.60	37.89	240
劳动流动率	—	36.14	14.99	62.60	2.19	240
城镇登记失业率	—	3.22	0.64	4.60	1.20	240

3. 回归分析

数字经济对高龄就业群体就业规模影响的OLS回归见表4。表4第（1）列仅固定了地区效应，未加入控制变量和固定时间效应，第（2）列加入了控制变量，并且固定了地区效应，模型的解释度和显著性都得到了一定程度的提升。第（3）列加入了控制变量和固定了时间效应，整体模型并不理想。第（4）列加入了控制变量，同时也固定了地区和时间效应，整体结果较好。通过OLS回归结果可知，数字经济对高龄就业群体的就业规模产生了负向的影响，即数字经济发展水平在高龄就业群体规模上带来的替代效应远高于创造效应，数字经济发展水平越高，则高龄就业群体的就业规模就越小。

表4 数字经济对高龄就业者就业规模影响的OLS回归分析

	因变量：$W\text{-}Quantity_{>55}$			
	(1)	(2)	(3)	(4)
$Score_{Digital}$	-379.14***	-243.39**	-257.72***	-349.41**
	(114.61)	(116.55)	(63.15)	(135.67)
_cons	134.17***	0.27	49.13*	101.76
	(36.49)	(69.79)	(29.25)	(69.57)
控制变量	No	Yes	Yes	Yes
时间固定	No	No	Yes	Yes
地区固定	Yes	Yes	No	Yes

续表

	因变量：W-Quantity$_{>55}$			
N	240	240	240	240
r2_a	0.68	0.69	0.36	0.7
F	49.77	56.31	8.6	45.81

注：*、**、***分别表示估计系数在10%、5%、1%水平下显著。

进一步，采取面板模型进行回归，见表5。表5第（1）列为既未加入控制变量也未固定时间的固定效应模型，第（2）列为加入控制变量的固定效应模型，第（3）列为加入控制变量和固定时间效应的固定效应模型，第（4）列为加入控制变量和固定时间效应的随机效应模型。从面板模型结果来看，并未改变OSL回归分析的结论，即数字经济发展对于高龄就业群体的就业规模具有负向影响。

表5 数字经济对高龄就业者就业规模影响的面板回归分析

	因变量：W-Quantity$_{>55}$			
	（1）	（2）	（3）	（4）
Score$_{Digital}$	-379.14***	-243.39*	-349.41**	-134.20**
	(117.8)	(128.82)	(132.08)	(59.17)
_cons	156.77***	59.61	132.77*	90.58**
	(23.21)	(63.82)	(69.06)	(44.73)
控制变量	No	Yes	Yes	Yes
时间固定	No	No	Yes	Yes
N	240	240	240	240
r2_a	0.04	0.07	0.1	
F	10.36	5.35	4.24	

注：*、**、***分别表示估计系数在10%、5%、1%水平上显著。

4. 异质性分析

在发展水平不同的地区，数字经济对于高龄就业群体的就业规模存在差异（见表6）。东部和中部地区不明显，主要原因有：一方面，东部和中部的劳动力人口年龄普遍偏低；另一方面，东部和中部的人才素质普遍较高，而数字经济发展对于高龄就业群体的替代效应主要是替代低技能劳动群体，因此，在东部和中部地区差别不明显。数字经济的增长更倾向于替代低技能劳动，而高龄就业群体中高技能人才比例较低，加之学习能力减弱，难以跟上数字经济的发展速度，从而使得替代效应在这些地区更加突出。

表6 数字经济对高龄就业者就业规模影响的异质性分析

	因变量：W-Quantity$_{>55}$						
	区域			数字经济发展水平		教育水平	
	东部	中部	西部	高	低	高	低
Score$_{Digital}$	-168.58	-127.24	-787.83*	-675.47**	-509.35**	-310.81	-607.18*
	(233.92)	(576.8)	(407.5)	(309.66)	(213.47)	(232.08)	(313.23)
_cons	32.03	204.93	84.97	407.10*	68.35	304.26	118.47
	(133.88)	(116.5)	(49.12)	(203.97)	(61.11)	(217.32)	(76.00)
控制变量	Yes	Yes	Yes	Yes	Yes	Yes	Yes
时间固定	Yes	Yes	Yes	Yes	Yes	Yes	Yes
N	77	56	77	94	146	80	160
r2_a	0.03	0.2	0.11	0.15	0.13	0.05	0.09
F	.	.	.	14.03	9.18	.	1.34

注：*、**、***分别表示估计系数在10%、5%、1%水平上显著。

5. 稳健性检验

数字经济对高龄就业者就业规模影响的稳健性检验，主要采取去除疫情影响限缩样本、缩尾处理减少异常值和滞后一期的方法进行（见表7）。去除疫情防控期间的影响，即删除2019年和2020年两年的样本，进行面板回归，所得结果并未发生明显的变化，数字经济发展对高龄就业群体的就业规模具有负向的影响关系。对1%和99%的异常值进行缩尾处理，减少异常值样本对于模型的影响，结果仍具有稳健性。滞后一期主要说明数字经济先发生的情况下对于高龄就业者就业规模的影响，排除其他变量的干扰，结果显示仍旧具有稳健性。

表7 数字经济对高龄就业者就业规模影响的稳健性检验

	因变量：W-Quantity$_{>55}$		
	去除疫情影响	缩尾处理	滞后一期
Score$_{Digital}$	-215.28*	-327.87**	
	(122.82)	(123.26)	
L.Score$_{Digital}$			-333.45**

续　表

因变量：W-Quantity$_{>55}$			
			(148.79)
_cons	133.85 *	126.64 *	114.81
	(78.45)	(69)	(79.45)
控制变量	Yes	Yes	Yes
时间固定	Yes	Yes	Yes
N	210	240	210
r2_a	0.06	0.09	0.07
F	3.6	4.73	2.07

注：*、**、***分别表示估计系数在10%、5%、1%水平上显著。

6. 结果分析

上述回归分析、异质性分析和稳健性检验等实证分析结果验证了假说1的真实性，即数字经济对高龄就业群体的就业规模的影响。由于高龄群体的精力不足，学习能力下降，对技术的适应性较弱，因此，数字经济产生的创造效应小于替代效应，从而减少了高龄就业群体的就业规模。对模型进行的稳健性检验进一步验证了假说1的可靠性。因不同地区的人力素质和数字经济发展水平等不同，数字经济对高龄就业群体的就业规模所产生的抑制效果也不尽相同。

（三）数字经济发展对高龄就业群体就业质量影响的实证分析

1. 模型构建

数字经济对于高龄就业群体的就业质量（W-Quality$_{>55}$）影响的 OLS 回归模型见下：

$$\text{W-Quality}_{>55} = \alpha_0 + \beta_1 \text{Score}_{\text{Digital}} + \gamma_i \text{Control}_i + \varepsilon$$

由于数据为面板数据，进一步构建面板模型，具体如下：

个体固定效应模型：

$$\text{W-Quality}_{>55_{it}} = \alpha_0 + \alpha_i + X'_{it}\beta + \varepsilon_{it}$$

其中，X_{it} 是 $k \times 1$ 向量，β 是 $k \times 1$ 向量，α_i 为个体效应，ε_{it} 为随机扰动项。

个体时点双固定效应模型：

$$\text{W-Quality}_{>55_{it}} = \alpha_0 + \alpha_i + \lambda_i + X'_{it}\beta + \varepsilon_{it}$$

其中，X_{it} 是 $k \times 1$ 向量，β 是 $k \times 1$ 向量，α_i 为个体效应，λ_i 为时点效应，ε_{it} 为随机扰动项。

随机效应模型：

$$W-Quality_{>55_{jt}} = (\gamma + \alpha_i) + X'_{it}\beta + \varepsilon_{it}$$

其中，X_{it} 是 $k*1$ 向量，β 是 $k*1$ 向量，$(\gamma+\alpha_i)$ 为截距项，α_i 为个体影响（假定为随机变量），ε_{it} 为随机扰动项。

2. 变量描述性分析

高龄就业群体的就业质量最高的省份为广东省，最低的为青海省。各地区的高龄就业者就业质量差距较大。对于数字经济发展影响高龄就业群体就业规模的控制变量主要选取 GDP、教育支出、公路里程、城镇化率、劳动流动率和城镇登记失业率。参见表 8。

表 8　高龄就业者就业质量相关变量说明

变量名	说明和计算	均值	标准差	最大值	最小值	样本数
被解释变量							
$W-Quality_{>55}$	高龄群体就业质量	0.306	0.162	0.808	0.072	240
主要解释变量							
$Score_{Digital}$	数字经济发展水平得分	0.197	0.182	0.960	0.034	240
控制变量							
GDP	国内生产总值	26 211.86	18 445.26	111 151.6	2 122.06	240
教育支出	—	902.75	510.71	3 510.56	121.51	240
公路里程	—	15.21	8.61	39.44	1.20	240
固定资产折旧	—	3 618.95	2 497.09	13 189.20	331.40	240
城镇化率	—	61.29	12.73	89.60	37.89	240
城镇登记失业率	—	3.22	0.64	4.60	1.20	240

3. 回归分析

数字经济对高龄就业群体就业规模的影响的 OLS 回归见表 9。表 9 第（1）列仅固定了地区效应，未加入控制变量和固定时间效应，第（3）列加入控制变量和固定了时间效应，整体模型解释度和显著性相较第（1）、第（2）列都有明显下降，第（2）列加入了控制变量并且固定了地区效应，模型的解释度和显著性都得到了一定程度的提升。通过 OLS 回归结果可知，数字经济对高龄就业群体的就业质量会产生正向的影响，即数字经济发展水平越高，则高龄就业群体的就业质量也越高。

表9　数字经济对高龄就业者就业质量影响的OLS回归分析

因变量：W-Quality$_{>55}$			
	（1）	（2）	（3）
Score$_{Digital}$	0.30*	0.39**	0.37***
	（0.17）	（0.2）	（0.07）
_cons	0.23***	0.15	−0.05
	（0.06）	（0.09）	（0.05）
控制变量	No	Yes	Yes
时间固定	No	No	Yes
地区固定	Yes	Yes	No
N	240	240	240
r2_a	0.85	0.84	0.76
F	212.56	265.12	85.61

注：*、**、***分别表示估计系数在10%、5%、1%水平上显著。

进一步，采取面板模型进行回归（见表10）。表10第（1）列为既未加入控制变量也未固定时间的固定效应模型，第（2）列为既未加入控制变量也未固定时间的随机效应模型，第（3）列为加入控制变量的固定效应模型，第（4）列为加入控制变量的随机效应模型，第（5）列为加入控制变量和固定时间效应的随机效应模型。从面板模型结果来看，并未改变OSL回归分析的结论，即数字经济发展对于高龄就业群体的就业质量具有正向影响。

表10　数字经济对高龄就业者就业质量影响的面板回归分析

因变量：W-Quality$_{>55}$					
	（1）	（2）	（3）	（4）	（5）
Score$_{Digital}$	0.30**	0.66***	0.39*	0.65***	0.52***
	（0.15）	（0.04）	（0.19）	（0.07）	（0.1）
_cons	0.25***	0.18***	0.18**	0.04	0.001
	（0.03）	（0.02）	（0.08）	（0.07）	（0.07）
控制变量	No	No	Yes	Yes	Yes
时间固定	No	No	No	No	Yes
N	240	240	240	240	240
r2_a	0.01	0.001	.	.	.

续 表

因变量：W-Quality$_{>55}$		
F	4.19	6.2

注：*、**、***分别表示估计系数在10%、5%、1%水平上显著。

4. 异质性分析

数字经济对于高龄就业群体的就业质量的异质性结果见表11。数字经济对于中部地区高龄就业群体的就业质量影响并不明显，对于东部和西部高龄就业群体就业质量影响较为明显，其中对西部地区的就业质量改进作用更大。究其原因，主要是东部地区的就业基础设施、政策保障和就业环境等都明显优于西部地区，改进的空间相较于西部地区明显更小，因而数字经济发展对于就业质量的改进不如西部明显。对于数字经济发展水平高的地区，其边际改进的效率会有所下降，不如数字经济发展水平较低地区带来的效果显著。教育水平较高的地区劳动力素质高，地区的就业情况良好，产业结构更完善，就业质量也就更高，因而数字经济所能带来的改进作用更有限。

表11 数字经济对高龄就业者就业质量影响的异质性分析

	因变量：W-Quality$_{>55}$						
	区域			数字经济发展水平		教育水平	
	东部	中部	西部	高	低	高	低
Score$_{Digital}$	0.43***	-0.15	1.21***	0.48***	0.59**	0.30*	0.57***
	-0.14	-0.2	-0.19	-0.12	-0.3	-0.15	-0.21
_cons	-0.09	-0.01	-0.07	-0.06	0.17**	0.13	0.05
	-0.14	-0.06	-0.08	-0.19	-0.08	-0.21	-0.09
时间固定	Yes	Yes	Yes	Yes	Yes	Yes	Yes
控制变量	Yes	Yes	Yes	Yes	Yes	Yes	Yes
N	88	64	88	94	146	80	160
r2_a							
F							

注：*、**、***分别表示估计系数在10%、5%、1%水平上显著。

5. 稳健性检验

数字经济对高龄就业者就业质量影响的稳健性检验，主要采取去除疫情影响限缩样本、缩尾处理减少异常值、更换被解释变量和滞后一期的方法进行（见表12）。去除疫情防控期间的影响即删除2019年和2020年两年的样本，进行面板回归，所得结果并未发生明显的变化，数字经济发展对高龄就业群体的就业质量具有正向的影响关系。对1%和99%的异常值进行缩尾处理，减少异常值样本对于模型的影响，结果仍具有稳健性。更换被解释变量，将就业质量综合指标用55岁以上失业保险的参保人数进行替代，结果仍旧表明数字经济对于高龄就业群体就业质量具有积极的促进作用。滞后一期主要说明数字经济先发生的情况下对高龄就业者就业质量的影响，排除其他变量的干扰，结果显示仍旧具有稳健性。

表12 数字经济对高龄就业者就业质量影响的稳健性检验

	因变量：$W\text{-}Quality_{>55}$			
	去除疫情影响	缩尾处理	更换被解释变量	滞后一期
$Score_{Digita}$	0.50***	0.50***	1 867.56***	
	−0.1	−0.1	−324.84	
L.$Score_{Digita}$				0.49***
				−0.11
_cons	−0.04	0	342.74**	0.02
	−0.07	−0.07	−145.83	−0.07
控制变量	Yes	Yes	Yes	Yes
时间固定	Yes	Yes	Yes	Yes
N	210	240	240	210

注：*、**、***分别表示估计系数在10%、5%、1%水平上显著。

6. 结果分析

上述回归分析、异质性分析和稳健性检验等实证结果验证了假说2的真实性，即数字经济对高龄就业群体的就业质量影响方面，由于数字经济进一步改善了就业的环境，提高了高龄就业群体的就业质量。对模型进行稳健性检验进一步验证了假说2的可靠性。不同地区的人力素质和数字经济发展水平等不同，就业质量水平有所差异，数字经济所带来的边际改善作用也遵循边际递减的规律，因此，数字经济对高龄就业群体的就业质量所产生的促进作用也不尽相同。

四、数字经济发展对高龄就业群体影响的应对措施

（一）加快数字基础设施建设

通过实证分析可知，数字经济发展水平的地区差异对高龄就业群体的就业质量产生了不同的影响。特别是对于西部地区，由于数字经济发展水平较低，就业质量提升潜力巨大。因此，加强数字经济建设，是快速提升就业质量的关键。数字基础设施是数字经济发展的基石，对推动数字经济发展具有决定性影响，为数字经济发展注入了新动力。为此，我们可以加快数字基础设施建设，提升区域协调性，发展新一代信息网络技术，加速5G基站和数据中心的建设，激发新消费需求，助力产业升级，推动5G应用拓展和新能源汽车充电基础设施建设。

（二）完善高龄人力开发组织机构

长期以来，人力资源组织侧重于青年群体，忽视了高龄就业群体的人力资源开发。随着我国步入老龄化社会，这一趋势愈发明显。因此，迫切需要国家和社会采取措施，培训高龄就业者以适应数字化产业，融入数字化社会。完善高龄人力资源开发机构，一方面能提高劳动力市场匹配度，解决结构性失业问题，特别是高龄群体的就业难题，提高劳动力资源利用效率。另一方面，随着高龄就业群体的扩大，对其人力资源开发应给予更多关注，以减轻老龄化对国家财政、社会保障和家庭赡养的压力，确保社会稳定和发展。

（三）落实高龄就业者就业促进机制

面对老龄化，国家法律倾向于通过提高退休年龄来解决老龄就业问题，但这并非根本解决之道。劳动力市场仍以市场原则为主，高龄就业者相比年轻高技能人才，市场收益较低，导致用工方可能采取变相裁员的方式来减少高龄员工。为防止此现象，应实施实质性保护政策，建立政策—培训—补贴—社会保障等一系列高龄就业促进机制，切实维护高龄就业者的权益。

五、结论与展望

老龄化问题的加重不得不使人们逐渐重视高龄就业群体的问题。高龄就业群体具有同青年就业群体截然不同的特征，面对技术迅速发展的社会，所受到的影响也不完全相同。在数字经济的快速发展下，更应重视高龄就业群体的就业情况，本文依据2013—2020年的相关数据，通过实证发现，数字经济发展对于高龄就业群体的就业规模的替代效应明显大于创造效应，对于高龄就业者的就业质量具有显著的提升。因此，本文提出加快数字基础设施建设、完善高龄人力开发组织机构和落实高龄就业者就业促进机制等措施，以

改善高龄就业者在数字经济时代的就业情况,提升社会稳定性,助力解决未来老龄化社会面临的用工问题。

参考文献:

[1] 李青. 法国政府鼓励高龄者就业[N]. 中国社会报,2006.

[2] 虞红. 韩国高龄人力资源开发体系的构建及启示[J]. 职教论坛,2017(06).

[3] 喻术红. 老龄化背景下的高龄劳动者就业促进问题[J]. 武汉大学学报(哲学社会科学版),2017(05).

[4] 马晔风,蔡跃洲. 基于官方统计和领英平台数据的中国ICT劳动力结构与数字经济发展潜力研究[J]. 贵州社会科学,2019(10).

[5] 丛屹,俞伯阳. 数字经济对中国劳动力资源配置效率的影响[J]. 财经理论与实践,2020(02).

[6] 杨骁,刘益志,郭玉. 数字经济对我国就业结构的影响:基于机理与实证分析[J]. 软科学,2020(10).

[7] 戚聿东,刘翠花,丁述磊. 数字经济发展、就业结构优化与就业质量提升[J]. 经济学动态,2020(11).

[8] 黄浩. 数字经济带来的就业挑战与应对措施[J]. 人民论坛,2021(10).

[9] 孟祺. 数字经济与高质量就业:理论与实证[J]. 社会科学,2021(02).

[10] 高文书. 数字经济的人力资本需求特征研究[J]. 贵州社会科学,2021(03).

[11] 丁英顺. 日本促进高龄劳动者就业的经验启示[J]. 人民论坛,2021(17).

[12] 胡放之. 数字经济、新就业形态与劳动力市场变革[J]. 学习与实践,2021(10).

[13] 李昌龙. 数字经济对就业结构的影响研究[D]. 大连:东北财经大学,2021.

[14] 黄海清,魏航. 数字经济如何稳就业:机制与经验分析[J]. 贵州财经大学学报,2022(01).

[15] 白争辉,原珂. 数字经济发展与产业结构升级的就业效应实证研究[J]. 兰州学刊,2022(03).

[16] 王爱华. 数字经济对就业的多维影响:基于马克思主义政治经济学视角的分析[J]. 当代经济研究,2022(03).

[17] 丛屹,闫苗苗. 数字经济、人力资本投资与高质量就业[J]. 财经科学,2022(03).

[18] 刘畅. 数字经济发展对灵活就业的影响[D]. 长春:吉林大学,2022.

[19] 王跃生,张羽飞. 数字经济的双重就业效应与更高质量就业发展[J]. 新视野,2022(03).

[20] 吴聪. 新就业形态下从业人员就业质量评价与影响因素分析[D]. 南昌:江西财经大学,2022.

[21] 李雪琴. 中部地区数字经济发展对就业影响的实证研究[D]. 南昌:江西财经大学,2022.

[22] 司小飞,李麦收. 数字经济、就业结构与就业质量:基于中国省域数据的实证分析[J].

西北人口,2022(04).

[23] 陈贵富,韩静,韩恺明. 城市数字经济发展、技能偏向型技术进步与劳动力不充分就业[J]. 中国工业经济,2022(08).

[24] 刘翠花,戚聿东,丁述磊. 数字经济时代弹性工作如何影响青年就业质量?[J]. 宏观质量研究,2022(06).

[25] 王健. 高龄劳动者就业年龄歧视之禁止:美国经验与本土建构[J]. 社会保障研究,2022(06).

[26] 何苗,任保平. 中国数字经济与就业质量的协调发展研究[J]. 经济问题探索,2023(01).

数字经济时代的政府治理变革
——基于政务信息化项目管理的创新

张 弛 李素云[*]

摘要：数字经济时代，随着政务信息化的不断发展，政务信息化项目建设和管理也面临着新的机遇和挑战。一方面，新技术的应用不断降低项目建设投资成本，提升投资建设成效，快速提升部门业务协同能力和政务服务能力；另一方面，由于传统的中央和地方分级管理模式与数据集中汇集模式的不匹配，中央政务信息化建设资金只支持中央本级建设与中央部门数据采集，需要地方政府和企业配合投入的不匹配，政务信息化项目投资建设性质与数据价值发挥过程的不匹配，政务信息化项目建设周期缓慢与信息技术飞速发展的不匹配，带来了一系列挑战。为应对这些挑战，应结合数字经济发展条件，对政务信息化项目管理模式进行相应调整，以适应数字经济时代对政务信息化发展的新要求。

关键词：数字经济；政府治理；政务信息化项目；创新模式

自20世纪80年代起，全球主要国家陆续展开了政府治理变革的公共管理革命。究其原因，既有来自公众对于公共服务需求变化的压力，又有现代化政府适应市场经济环境挑战的自我革新动力，其中也包括全球新技术革命创造的信息化、网络化、数字化、智能化的外部环境条件。在上述内外因素的共同推动下，政府治理的形式、流程、内容以及结构发生了巨大变迁。在我国，各级政府的政务信息化建设水平是检验政府治理能力现代化的重要指

---

[*] 张弛，中国政法大学商学院副教授、硕士研究生导师，主要教学研究方向为数字经济学、宏观经济学、制度经济学等；李素云，国家信息中心工程师，主要研究方向为政务信息化、信息技术标准等。本文系中国政法大学横向课题《数字经济与政府治理研究》的后期研究成果。

标之一。

一、政务信息化的发展阶段

数字经济时代，随着信息技术与政务部门职能履行的融合发展，政务信息化已成为提高政府服务效率、优化政务流程的重要手段，政务信息化项目的建设与实施也成为政府机构实现政务业务和服务信息化、治理现代化的重要途径。从"十一五"到"十三五"期间，我国各级政府在政务信息化方面投入了大量资源，落地了"两网、一站、四库、十二金"等重大政务信息化项目，完成了国家电子政务云数据中心体系、① 信息资源基础库、业务应用系统、"互联网+"政务服务平台、数据共享交换平台等一系列信息基础设施建设任务，大大提升了政务服务水平，提高了政府决策的科学性，有力推动了国家治理体系和治理能力现代化。

然而，随着数字经济时代信息技术飞速迭代更新发展，政务信息化的内涵和外延也发生了较大的变化，共经历了四个不同的发展阶段。

（一）第一阶段：电子政务1.0时代（20世纪90年代—2002年）

电子政务1.0时代以"一网三金"② 和政府网站建设为重点，完成了电子政务信息化建设探索。1993年12月，我国正式启动金桥工程、金关工程和金卡工程建设，探索性地建设了信息化基础设施，实现了不同政府部门之间的互联互通，实现了海关、金融部分业务的电子化。1994年中国正式接入互联网，为电子政务全面开花提供了统一的网络基础设施基础。2001年国务院信息化工作办公室（即国家网信办前身）成立，全国政府网站建设范围覆盖至乡镇级政府，并开始向社会发布政务信息，提供初步的政务信息服务；数字福州等具有典型创新的电子政务发展模式开始涌现，政府专网、业务系统建设开始铺开。

2002年8月，中办、国办联合下发《国家信息化领导小组关于我国电子政务建设指导意见》（中办发〔2002〕17号，以下简称"17号文"），提出统一规划、需求主导、整合资源、统一标准的建设原则，重点完成国家政务信息网络平台（即两网）、重点业务系统（即十二金）、规划和开发重要政务信息资源（即四库），以及配套的网络与信息安全保障体系、电子政务标准化体系、公务员信息化培训考核体系、电子政务法制体系，并在此基础上积极

---

① 国家电子政务云数据中心体系包括1个主节点和3个分节点，其中1个主节点指北京节点，3个分节点指南方节点、北方节点和西部节点。

② 根据国家网信办网站（http://www.cac.gov.cn/2019-12/02/c_1576821721222367.htm）进行整理。

推进公共服务。17号文是首次以中办、国办名义印发的电子政务全局性指导文件，奠定了电子政务2.0时代政务信息化飞速发展的政策基础。

（二）第二阶段：电子政务2.0时代（2002—2014年）

电子政务2.0时代以17号文规划的"两网四库十二金"① 建设为重点，全面实现了政务办理和政府职能履行。同时，中办、国办联合下发的《2006—2020年国家信息化发展战略》进一步谋划了此后15年我国电子政务发展的整体方向、基本路径、基本框架、重点领域。2014年，中央网络安全和信息化委员会正式成立，充分体现了中国全面深化改革、着力保障网络安全、推动信息化发展的决心。

（三）第三阶段：电子政务3.0时代（2014—2020年）

电子政务3.0时代以政务信息资源共享开放和一体化政务服务平台建设为重点，实现了政务事项办理"最多跑一次"、"不见面审批"、一网通办、一网统管和一网协同。

2016年，习近平总书记在网络安全和信息化工作座谈会上指出，加快推进电子政务，鼓励各级政府部门打破信息壁垒、提升服务效率，让百姓少跑腿、信息多跑路，解决办事难、办事慢、办事繁的问题。2018年3月，李克强总理在《政府工作报告》中明确提出，要深入推进"互联网+政务服务"，使更多事项在网上办理，必须到现场办的也要力争"只进一扇门"、"最多跑一次"以及"加快政府信息系统互联互通，打通信息孤岛"等具体要求。2018年7月，国务院印发《关于加快推进全国一体化在线政务服务平台建设的指导意见》，要求加快建设全国一体化在线政务服务平台。

（四）第四阶段：电子政务4.0时代（2020年至今）

电子政务4.0时代以数据要素流通和市场化配置改革为主线，以公共数据的汇聚共享和开放开发为重点开展探索，全面提升用数据决策、用数据管理、用数据监管、用数据服务的能力。

2020年3月，《中共中央、国务院关于构建更加完善的要素市场化配置体制机制的意见》首次提出培育数据要素市场、推进政府数据开放共享、提升社会数据资源价值，标志着数据要素市场化改革正式起步。2022年12月，《中共中央、国务院关于构建数据基础制度更好发挥数据要素作用的意见》提

---

① 根据17号文件，"两网"即政务内网和政务外网两张网，"四库"即人口基础信息库、法人单位基础信息库、自然资源和空间地理基础信息库、宏观经济数据库四大基础信息库，"十二金"即继续完善已取得初步成效的办公业务资源系统、金关、金税和金融监管（含金卡）4个工程，新建宏观经济管理（金宏）、金财、金盾、金审、社会保障（金保）、金农、金质、金水。

出，要建立公共数据的分类分级确权授权制度，推进实施公共数据确权授权机制，创新政府数据治理机制，形成有效市场和有为政府相结合的数据要素治理格局。

2023年10月，国家数据局正式挂牌成立，以协调推进数据基础制度建设、统筹数据资源整合共享和开发利用、推动信息资源跨行业跨部门互联互通、统筹推进数字中国、数字经济、数字社会规划和建设为主要职责。[1] 同年12月，以国家数据局为首的十七部门联合印发《"数据要素×"三年行动计划（2024—2026年）》（国数政策〔2023〕11号），坚持有为政府政策，在充分发挥市场机制作用的基础上，更好发挥政府作用，扩大公共数据资源供给，加强公共数据资源在工业制造、现代农业、商贸流通、交通运输、金融服务、科技创新、文化旅游、医疗健康、应急管理、气象服务、城市治理、绿色低碳等行业领域的支撑作用，营造良好的发展环境。

二、数字经济时代政务信息化项目建设面临的机遇和挑战

随着政务信息化发展进入4.0时代，政务信息化的建设重点开始向数据治理、数据要素价值挖掘、数据价值发挥转变（见图1），政府部门对于政务信息化的建设也在满足现有业务应用的基础上，开始对数据价值的挖掘提出了更多要求；在确保数据安全与合规的前提下，更加关注数据应用的愿景目标与价值实现，对数据治理体系、标准规范体系、技术体系、数据治理过程提出了更多要求，从而确保实现更加有效促进数据共享、开放、开发利用和提升公共服务体验。因此，从这个意义上看，政务信息化项目建设性质已不再单纯体现为基本建设性质，传统的基建项目管理模式对政务信息化项目建设和管理也带来了新的机遇和挑战。

从机遇方面看，主要表现在以下几个方面：

一是新技术快速发展，建设成本会趋于降低，投资建设成效更加明显；

二是新技术的应用和数据共享能更好地促进各部间的业务协同；

三是大模型的应用能更加全面地提升政务服务能力。

从挑战方面看，主要表现在以下几个方面：

（1）中央和地方分级管理模式与数据集中汇集模式的不匹配带来的挑战。[2] 一直以来，中央与地方履行职能采用分级管理的模式，传统的数据采集方式采用地方企业向地方政府部门报送数据，地方政府部门汇总后再向中央

---

[1] 关于国务院机构改革方案的说明 [EB/OL]．[2023-03-08]（2024-03-21）．https：//www.rmzxb.com.cn/c/2023-03-08/3307737.shtml

[2] 高洁．电子政务环境下政府管理方式研究 [J]．上海商业，2021（05）：84．

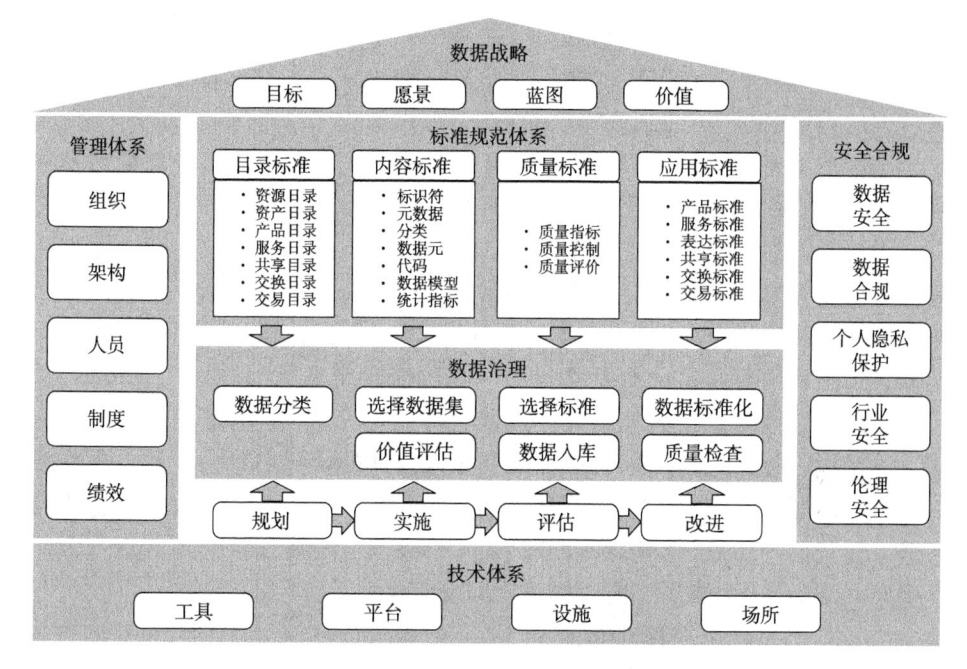

图 1　政务数据治理与数据要素价值实现架构

部门报送数据。在这种数据采集模式下，地方政府需对数据的准确性、真实性负责，中央政府部门一般只掌握汇总统计数据，不掌握详细的数据，这种模式在工业经济条件下虽然低效，但尚能满足各级政府部门职能履行、政策制定的需要。但在数字经济时代，随着大数据、大模型在政务部门的深化应用，不仅地方部门需要更细粒度的数据，中央部门出于宏观调控、行业监管、趋势监测研判和预测预警等职能的履行，也面临着对大数据、大模型的迫切需求，相对于大模型、大数据对于海量数据的处理和分析能力，传统的地方部门向中央部门报送的年度、季度、月度、旬度等低频次的汇总统计数据对于大模型、大数据而言无疑是杯水车薪，因此，中央政府部门更倾向于直接获取实时的、一手的企业数据。这就面临中央和地方分级管理模式与数据集中汇集模式的挑战，即地方企业直接向中央部门提供数据，地方部门是否还应对数据的准确性、真实性负责，以及中央部门与地方部门对数据的审核权限应如何调整等问题；尤其是对于同一家企业而言，需要同时向工商、税务、商务、发改等不同的中央部门提供数据，每个部门的数据采集系统接口遵循各自的标准，为此，企业首先需要改造不同的系统接口以满足不同部门的数据采集需求，其次需要按照各部门的要求对自身系统内的数据进行抽取、加工、整理和数据的标准化，然后再推送给各部门。按照一个开发接口 1 万至

3万元、一次数据标准化过程3万至5万元计算，企业每年的数据推送成本在4万~8万元。多个部门采集就需要在此基础上乘以相应的倍数。另外，由于数据采集是一个持续动态的过程，需要企业持续投入人力、物力和财力进行配合，这无疑也增加了企业的成本负担。

（2）中央政务信息化建设资金面临只支持中央本级建设与中央数据采集需要地方政府和企业配合投入之间面临的挑战。传统的政府投资项目建设模式是中央财政和地方财政分灶吃饭，中央部门建设由中央财政支持、地方部门建设由地方财政支持、企业按照行政命令无偿提供配合。数字经济时代，中央部门为强化监管和宏观调控，普遍倾向于采用大数据和构建大模型进行监测、预测和预警，这种监管手段和方式的变化带来了两方面的直接挑战：一是对基层企业的数据采集量大、数据实时性要求高，同时对信息系统、网络、基础设施资源的占用变大，要求企业无条件配合存在动力不足、成本较高等现实问题。二是中央部门构建大数据和大模型平台对采集数据的企业也突破了传统的行政和行业管辖范围，有时中央部门需要把手伸到其他行业的企业来"要数"，造成了部门职能与数据采集源头不匹配。

（3）政务信息化项目投资建设性质与数据价值发挥过程不匹配带来的挑战。数字经济时代，数据作为新型生产要素，其投入生产和价值发挥是一个不断更新和迭代的持续性过程，因此，对数据的采集、处理、加工、治理、应用也是一个不断迭代更新的过程，需要持续投入人力、物力和财力。按照现行政策要求，[1] 政府投资一般用于固定资产投资建设，政务信息化项目作为政府投资建设专项，也无法突破固定资产投资的限制，因此，发改部门批复的政务信息化项目要求落地的是国家基本建设资产，原则上不支持数据整合、购买、加工、处理、治理等相关费用的投资。随着数据赋能政府治理的重要性日益凸显，大数据在政务信息化项目建设的投资比重日趋增大，这就造成了政务信息化建设项目与大数据价值挖掘与价值发挥过程的不匹配。

（4）政务信息化项目批复周期长、资金拨付慢，项目建设过程缓慢与信息技术发展突飞猛进不匹配带来的挑战。[2] 按照政务信息化相关制度要求及政策实践，[3] 项目完成从框架方案、项目建议书、可行性研究报告、初步设计方案的上报与审批并进入建设实施阶段，少则需要24个月，多则需要48个月

---

[1] 《政府投资条例》规定，政府投资是指在中国境内使用预算安排的资金进行固定资产投资建设活动。

[2] 高洁. 电子政务环境下政府管理方式研究［J］. 上海商业，2021（05）：85.

[3] 《国家政务信息化项目建设管理办法》规定，国家政务信息化项目原则上包括编报项目建议书、可行性研究报告、初步设计方案等环节。对于跨部门共建共享的政务信息化项目，还应由牵头部门会同参建部门共同开展跨部门工程框架设计，形成统一框架方案后联合报国家发展改革委。

甚至更长；由于信息化建设需求变化较快，审批周期过长，无法适应需求的变化。另外，项目批复后，发改部门和财政部门对项目投资计划的下达和项目建设资金的拨付存在半年左右的时间差，[①] 这又在某种程度上造成了项目建设进度延后。

三、数字经济时代政务信息化项目创新管理模式的建议

针对以上问题进行分析可以发现，造成上述挑战的主要原因在于中央和地方政府分级管理模式、现行政策要求及实施条件、政府职能履行过程没有根据数字经济发展要求进行相应调整，导致管理模式与需求实现方式出现了偏差，应结合数字经济发展条件对政务信息化项目管理模式进行相应调整，以适应数字经济时代对政务信息化发展的新要求。

一是针对中央各部门需要面向基层相同单位重复采集数据的做法，建议进一步向上统筹，确定一个牵头单位，各部委将数据采集需求统一报送至牵头单位，由牵头单位进行统筹汇总，设计数据采集需求一张清单，并结合信息技术开发一套数据采集平台，制定数据标准规范，然后由平台根据各部委的需求再进行分发。这一方面可以提高采集效率，降低共享成本，另一方面有助于将来各部委间的信息共享、业务协同，也有助于提升数据质量，为数据资源的开发利用提供基础。

二是立足当前的现状，改变当前的投资建设模式，考虑企业报送数据时的信息化改造成本，将企业主体纳入政府投资的对象范围，以政府采购服务、一次性资金拨付等方式，为企业提供相应的系统接口改造、数据整理等费用。这一方面有助于政府低成本收集所需数据，另一方面有助于企业资产入表和变现，促进数据要素的流通。

三是鉴于在数字经济时代，数据作为新型生产要素已在企业层面确立了企业数据资源的相关会计处理规定，[②] 建议在企业实践的基础上，逐步探索政务数据资源相关会计处理规则和数据资源价值评估方法，将政务信息化项目建设期和运行期间发生的数据采集、脱敏、清洗、标注、整合、分析、可视化等服务所发生的有关支出，以及数据权属鉴证、质量评估、登记结算、安全管理等费用纳入政府投资范畴和国家资产核算体系，完善政府投资的基本建设财务管理制度。

---

① 原因是年度资金计划一年两次，因此，批复落地的项目资金计划只能放到下一次的资金计划和拨付，导致整体偏差至少一个周期，即6个月左右。

② 2023年8月，财政部发布了《关于印发〈企业数据资源相关会计处理暂行规定〉的通知》（财会〔2023〕11号），规定了企业数据资源的会计处理范围、准则，以及列示和披露要求，企业可据此开展数据资源入表活动。

四是针对政务信息化项目批复、资金拨付过程缓慢与信息技术发展速度快不匹配带来的挑战，建议压缩各环节审批时间，提高项目论证和批复效率。同时，基于信息化项目需求变化快、信息技术发展的摩尔定律等原因考虑，主动降低投资规模，实现快速建设、快速上线、快速满足业务需求，充分吸收技术发展带来成本降低红利，实现节约投资。另外，依托信息化手段，整合、优化并开发部委间业务协同流程与功能，实现部委间加强沟通，提高业务与信息同步效率。

四、结论

综上所述，政务信息化项目建设与管理模式创新依赖于三个改变：一是改变传统的政务信息化项目由中央与地方分级管理与分灶吃饭模式，依托信息技术实现中央与地方业务流程的优化、再造与协同；二是改变当前的政务信息化项目仅投资于基本建设方向，考虑信息化特点，将提供原始数据的企业主体相关支出纳入投资对象范围或政府采购范围；三是改变当前各部门间业务信息系统间相互隔离的现状，依托信息技术手段实现政务信息化项目在立项论证、建设批复、资金拨付、绩效评价、运行维护等不同阶段的业务协同。

参考文献：

[1] 中国电子政务发展历程[EB/OL].[2024-02-20]. http://www.cac.gov.cn/2019-12/02/c_1576821721222367.htm.

[2] 翟云. 改革开放40年来中国电子政务发展的理论演化与实践探索：从业务上网到服务上网[J]. 电子政务, 2018(12).

[3] 中共中央、国务院印发《党和国家机构改革方案》[EB/OL].[2024-02-20]. http://www.news.cn/politics/zywj/2023-03/16/c_1129437368.htm.

[4] 关于国务院机构改革方案的说明[EB/OL].[2024-02-20]. https://www.rmzxb.com.cn/c/2023-03-08/3307737.shtml.

[5] 国家数据局成立恰逢其时意义深远[EB/OL].[2024-02-20]. https://www.ndrc.gov.cn/wsdwhfz/202311/t20231107_1361831.html.

[6] 十七部门关于印发《"数据要素×"三年行动计划（2024—2026年）》的通知[EB/OL].[2024-02-20]. http://www.cac.gov.cn/2024-01/05/c_1706119078060945.htm.

[7] 翟云. 中国大数据治理模式创新及其发展路径研究[J]. 电子政务, 2018(08): 12-25.

[8] 翟云. "互联网+政务服务"推动政府治理现代化的内在逻辑和演化路径[J]. 电子政务, 2017(12): 6-9.

[9] 翟云. 全球在线政务服务模式创新及对中国的启示[J]. 行政管理改革, 2019(04): 57.

[10]李佩蓉,崔旭,郭斌.从电子政务到治理现代化:国内20年来数字政府研究进展[J].辽宁行政学院学报,2023(01):41-42.
[11]高洁.电子政务环境下政府管理方式研究[J].上海商业,2021(05):84.

数字经济发展对财政可持续性的影响初探

邓 达[*]

摘要：数字经济发展与财政可持续性是我国当前宏观经济领域面临的两个重要议题。本文在文献研究的基础上，在理论层面研究了数字经济发展对财政可持续性的积极影响，提出需要进一步优化促进数字经济发展的市场机制和政策支撑体系，加强数字前沿技术在财政管理中的运用，实施数字化全面预算绩效管理制度。

关键词：数字经济；高质量发展；财政可持续性

一、引言

数字经济的蓬勃发展已成为当前推动我国经济高质量发展的重要引擎。有别于农业经济与工业经济业态，数字经济对国民经济的生产、交换、分配和消费等环节都产生了颠覆性影响，大大提升了经济运行模式的效率。根据中国信息通信研究院的测算，2022 年，我国数字经济规模达到 50.2 万亿元，同比名义增长 10.3%，已连续 11 年显著高于同期 GDP 名义增速，数字经济占 GDP 比重达到 41.5%，相当于第二产业占国民经济的比重，数字经济在国民经济中的地位进一步凸显。

我国经济进入新常态之后，国内经济呈现增长速度换挡期、结构调整阵痛期以及前期刺激政策消化期"三期叠加"的严峻形势，经济增速逐渐放缓。一方面，为了深入推进供给侧结构性改革，我国从 2013 年以来持续推进减税

---

[*] 邓达，中国政法大学商学院教授。

降费政策，财政收入规模受到影响。另一方面，我国国防预算、社保支出、转移支付等呈现刚性增长态势，财政收支矛盾日益加剧。从中长期来看，人口老龄化与潜在养老金缺口、地方政府债务偿还等问题也将对我国财政可持续性带来挑战（楼继伟，2021）。2019年末以来，新冠疫情在全球产生重大消极影响，我国经济面临的内外部形势异常严峻。在数字经济时代，我国财政的平稳运行面临着很大的不确定性。然而，在疫情持续期间，数字经济以其特有的非竞争性和网络便捷性，在疫情中表现出强劲的发展态势，成为中国经济增长的新亮点。数字经济发展对促进我国经济增长和结构优化具有积极意义，经济体量的增长是夯实财政基础的先决条件，经济结构的优化是落实财政政策的重要目标。2024年国务院政府工作报告对数字经济的重视程度前所未有，指出要大力推进现代化产业体系建设，加快发展新质生产力，深入推进数字经济创新发展。为此，财政政策必须更加积极有为，精准发力，加大资金支持力度，保障这一重点领域的支出。

那么，数字经济业态的迅猛发展会对财政可持续性带来怎样的影响？作用机制是什么？这些问题尚未得到充分回答。本文主要围绕上述问题展开研究，在文献述评基础上，重点梳理相关学者在数字经济与财政可持续性两个领域及交叉领域进行的主要研究，分析探讨数字经济发展与财政可持续性的理论联系，并提出相关政策建议。

二、文献回顾

（一）数字经济研究

经济学家Don Tapscott（1996）分析了互联网对经济社会的影响，最早提出并使用了"数字经济"的概念。随着互联网和数字技术的发展，各国机构和学者分别从不同的角度定义了数字经济（Mesenbourg，2001；中国信息通信研究院，2017；Bukht & Heeks，2017）。Brynjolfsson（2002）等指出，数字经济中互联网购物极大地提升了消费者剩余。Parker（2016）提到，网络平台可以使外部生产者和消费者之间进行价值创造互动。江小涓（2017）提出，平台将相互依赖的不同群体集合在一起，形成低成本高效率的点对点连结。裴长洪（2018）认为，在梅特卡夫法则前提下，数字经济的边际收益递增、用户规模会导致规模经济和范围经济。曹静（2018）提出，数字经济中的人工智能技术对社会生产率具有极大促进作用，提高了多要素生产率（MTP）、全要素生产率（TFP）和劳动生产率。任保平（2020）指出，数字经济引领高质量发展的逻辑是在企业层面形成了新的盈利模式，实现了范围经济与规模经济的结合。

（二）数字经济与新动能效应研究

在数字经济与新动能效应研究方面，学界存在一个基本共识：数字经济有利于经济结构优化与国民经济高质量发展（Mesenbourg，2001；裴长洪等，2018；李晓华，2019；安同良、杨晨，2020；赵涛等，2020）。例如，李晓华（2019）指出，数字经济具有颠覆性创新不断涌现、平台经济与超速成长、网络效应与"赢家通吃"、"蒲公英效应"与生态竞争等新特征蕴含着数字经济新动能的形成和发展机制。此外，宋洋（2019）指出，数字经济对经济发展质量内生动力的增长动能、创新资源等六个方面具有积极影响。钞小静（2020）认为，以数字经济为主要内容的"新经济"可以从宏观、中观和微观层面为经济高质量发展提供新的动能。

（三）财政可持续性的理论与实证研究

在财政可持续内涵与理论研究方面，财政可持续对宏观经济健康运行意义重大，是政府实行积极财政政策时必须面临的约束条件（杜彤伟等，2020）。Buiter（1985）首次定义了财政可持续性，认为它是国家财政的一种存续状态或能力。刘尚希（2003）阐释了财政不可持续性的概念，从相反的角度拓宽了财政可持续性的研究范围。目前，国内外学者对财政可持续性的研究主要着眼于财政收支平衡、筹资能力、偿债能力三个领域（Buiter，1985；Wilcox，1989；余永定，2000；邓子基，2001；刘尚希，2003；Bajo-Rubio et al.，2010；邓晓兰，2013，2017；闫坤等，2020）。特别地，余永定（2000）综合既往研究，指出财政可持续应包括政府能够保持长期财政收支平衡、政府有足够能力发行国债为赤字融资、经济变量的长期互动可使财政恢复平衡等三个方面的内涵。因循上述思路，谢申祥等（2020）研究了我国各地方的财政可持续能力，并指出在研究期内地方财政可持续能力与当地经济发展水平正相关。

在财政可持续性实证研究及实现路径方面，目前对财政可持续性进行评价的实证方法包括计量检验法、代际核算法、合成指标法、跨期预算约束法等（Quintos，1995；Giammarioli et al.，2007；Ostry et al.，2010）。上述方法都有一定的优势，也有一定的缺陷。比如，计量检验法就有后顾性特征，主要利用既往数据判断过去财政政策的可持续性；合成指标法能够利用现有的财政数据评估未来财政可持续性，但是指标的设定与赋权的差异会直接影响衡量结果。随着我国经济进入新常态以及减税经费政策的持续推进，国内学者对财政可持续性的关注逐渐升温，国内文献也有对财政可持续性的量化分析（龚锋等，2015；孙正，2017；王涛等，2018；杜彤伟等，2019），但更多的是对国家现实财政可持续路径的研究。邓力平（2009）基于可持续财政理论视角，从发展性和公共性两个角度论述财政政策应当如何为"富民强省"战略服务。邓晓兰（2013）指出，在实行扩张性财政政策刺激经济增长的过程中，应该维持合理的赤字水平与国债规模，以保证财政的可持续性。吕冰洋等（2020）指出，当前财政必须采取兼顾经济社会目标和财政可持续性的"双向兼顾"策略，为此，积极财政政策可从两方面发力：一是增加收入来源，适当提高赤字率和专项债；二是提质增效，补短板和扩内需。何代欣（2020）指出，确保财政可持续性，要从扩大经济总量、扩充财力范围、防范财政风险三个角度发力。另外，强化政府资产管理和运作能力，健全转移支付分配制度，扩大各级财政可支配资源对确保财政可持续性也非常重要（杜彤伟等，2019；闫坤等，2020）。

由于缺乏系统的度量数字经济、财政可持续性的统计数据或变量，目前对数字经济与财政可持续性相关性的实证研究文献很少，国内学者的主要研究视角包括：第一，数字经济发展对税收制度带来的挑战与因应之策（郭心洁等，2015；蔡昌等，2019；李蕊等，2020；杨庆，2020）。第二，财政、税收政策如何助力数字经济发展（刘禹君，2019；樊轶侠等，2020），如樊轶侠、徐昊（2020）分析了财政助力数字经济高质量发展的主要机理体现在消费、生产、市场建设、产业发展生态等方面，并提出了促进数字经济发展的对策建议。第三，数字财政建设相关理论与实践问题研究（钱巨炎，2013；安志刚，2017；吕雯，2019；王志刚等，2020）。如王志刚（2020）指出，财政数字化转型通过改进政府公共服务决策、投入、产出与管理能力，进而全面提升政府公共服务能力。

党的十八届三中全会将财政定位为国家治理的基础和重要支柱，财政已成为保障我国政治、经济、社会、生态等诸多领域健康发展的稳定器和调节器。在数字经济时代，对财政可持续性问题的研究需要进一步深入推进。当前来看，学界对数字经济和财政可持续性的研究还处在平行阶段，本文在上述研究的基础上，着重分析数字经济发展对财政可持续性的影响，从理论角度揭示数字经济发展对财政可持续性的影响，为后续学者的研究提供可能的理论切入点。

三、数字经济发展与财政可持续性之间的内在联系

数字经济改变了国民经济的生产、消费和分配方式，提供了更加高效的经济运行模式（许宪春等，2020），并通过提高经济发展中的技术创新能力、产业融合能力、市场扩张能力推动经济高质量发展（任保平，2020）。当前，发展数字经济对内可以提高国民经济发展质量，对外可以争夺国际经济竞争

话语权。从理论上研究数字经济与财政可持续性的影响，需考虑包含总量和结构因素在内的社会宏观经济。具体逻辑如下：蓬勃发展的数字经济一方面对宏观经济增长的贡献度不断提升，另一方面对优化经济结构、促进传统产业升级转型具有重大意义，此外，还能够起到平衡区域经济发展的作用。从财政可持续性的概念及其内涵的角度来看，数字经济发展与宏观经济发展密切相关，宏观经济健康发展又会对财政可持续性产生直接影响，所以，数字经济发展与财政可持续性也有着一定的互动影响关系。图1给出了数字经济发展与财政可持续性之间的内在联系。

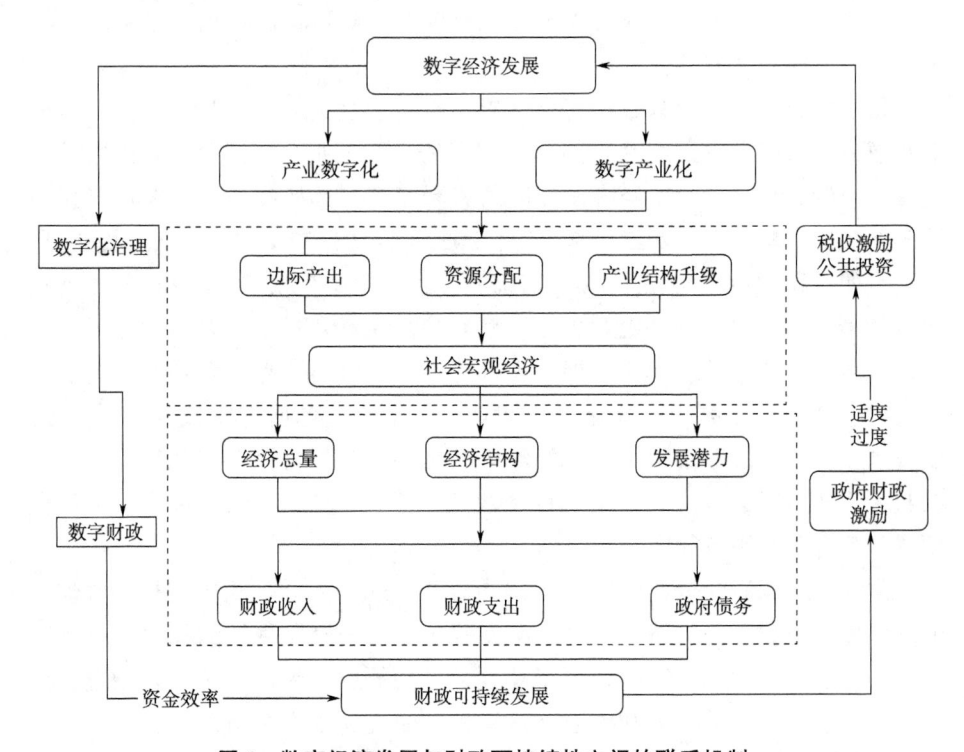

图1 数字经济发展与财政可持续性之间的联系机制

（一）数字经济发展对财政可持续性的积极影响

如图1所示，数字经济发展包含三个方面：产业数字化、数字产业化和数字化治理。产业数字化是数字经济发展的主阵地，主要涉及用数字技术改造传统产业和数字技术在经济运行与发展中的应用。数字产业化要求发展一系列信息和数字技术及产业，涉及5G、人工智能、大数据、云计算等领域。

数字经济促进社会经济发展的逻辑主要体现在：第一，数字经济部门具备相对边际产出优势，并且实现了范围经济与规模经济的有机结合，能够更高效地利用数据、知识、资本和管理等要素，单位资源可以产出更多的社会财富；第二，数字技术可以帮助社会成员跨越时空限制，在更大的时空内实现商品、服务的交易，满足不同的需求，实现更高效的社会分工，提高资源配置效率；第三，数字经济条件下，无论主动与否，更多的传统产业会转型升级，实现产业结构不断优化升级的良性运转机制。上述状况将有助于打造宏观经济实现总量提升、机构优化和发展潜力增强的局面。

延续此逻辑，数字经济发展对财政可持续性产生的影响也体现在三方面：第一，数字经济的蓬勃发展促进我国宏观经济结构的优化和总规模的提升，企业数字化转型可以提高自身生产效率，增强产品或服务的竞争力，对利润提升有积极作用，可以有效涵养税源、扩大税基，即使在当前持续性减税降费的背景下，部分因税率降低带来的税收损失会被税基扩大带来的税收增长所抵消，因而从总量上看，税收收入会呈现增长态势。政府财政收入的扩大必然会改善财政可持续状况。第二，数字经济带动的宏观经济发展，既可以大大增强经济体的债务承受能力，又可以降低政府增发债务的压力，政府的偿债规模和违约风险双双降低，保证了财政可持续状况的改善。第三，长期来看，数字经济发展可以提升居民福利水平，促进居民收入水平和自我保障能力的提升，有效缓解政府社保支出刚性增长的压力，优化财政支出结构。

另外，数字经济的快速发展要求政府利用数字技术完善治理体系，创新治理模式，不断提升国家治理体系和治理能力的数字化水平。加快财政数字化转型、积极构建数字财政，是推动现代财政制度建设、解决财政困境的关键举措，可以大幅改进公共服务提供效率，并改进宏观政策调控效果（王志刚等，2020）。一方面，数字财政可以通过提高征税效率、开征新税（如数字交易税）等手段增加收入；另一方面，数字财政将节约大量的决策、资金、人工等成本，减少开支。特别是将数字技术与全面预算绩效管理相结合，可以有效提升财政资金的透明度和使用效率。因此，数字经济发展对财政可持续性的改善具有积极意义。

（二）数字经济发展对财政可持续性的消极影响

当前，数字经济已经深度重塑了社会经济形态，对宏观经济发展的带动作用是全面的、可持续的。在当前全球宏观经济衰退与不确定性增加的大背景下，根据凯恩斯的宏观调控理论，政府可以暂时弱化财政可持续条件的约束，适当改变财政可持续状况，通过增发国债等手段筹集财政专项资金、增加数字经济方面的公共投资、适当减少相关企业的税收等手段来促进数字经济的发展，发挥财政支出与税收优惠的外溢性功效，在合理控制挤出效应的基础上带动私人投资，增加数据要素积累，提升全社会数字化水平，如图1

右边所示。由此来看，数字经济的全面发展需要政府在制定财政政策时予以倾斜性关注，利用财政支出结构、支出规模、税收优惠等手段，通过改变技术、资本、数据等要素的配置来促进数字经济发展，而财政可持续性的必要条件是要求政府在制定财政政策时，必须保证财政收支规模和结构、债务规模和结构在长期内合理化、匹配化和发展化（邓晓兰等，2013），财政支出的持续扩张会引发财政不平衡并导致政府债务不断积累，举债之后政府必然担负偿债义务，而政府偿债能力与财政可持续性是硬币的两面，所以，政府制定财政政策来激励数字经济发展会因为举债或者扩大财政支出对财政可持续性产生一定的消极影响。

另外，数字经济发展的"蒲公英效应"会在一定程度上引导地方政府脱离当地实际，过度上马数字经济项目，盲目加大财政支持力度，产生"预算软约束"现象，导致过度扶持问题。而且数字经济领域存在"赢者通吃"现象，可能会导致明星经济体垄断市场，损害竞争和创新，扩大收入差距，长期内不利于地方财政可持续发展。

（三）数字经济发展对财政可持续性的综合影响

上述分析显示，数字经济发展对地方财政可持续性有正反两方面的影响。一方面，根据内生经济增长理论，技术进步等经济体中的内生变量是长期内经济增长的决定性因素；另一方面，根据新古典增长理论，只有技术进步才能解释人均产出的长期上升。两个经典理论都强调技术进步的重要性，而当前蓬勃发展的数字经济就是技术进步的典型代表，当前新的技术经济范式正在形成，公共支出、数据、劳动、资本和技术进步等重要因素被引入经济增长模型，特别是数据，成为影响经济增长路径和速度的新的重要变量。

目前，大多数学者都认为数字经济已成为当前经济高质量发展的核心增长极与关键动力，对涵养财源、增加财政收入意义重大，而宏观经济总量的提升和结构的优化可以从根本上保障财政可持续发展。

四、政策建议

综上所述，数字经济发展对财政可持续性有着多方面的综合影响，基于此，本文提出如下政策建议：

第一，把握时代机遇，加快推进数字产业化与产业数字化，以促进数字经济业态的发展。各级地方政府特别是中西部地区政府应加快完善相关产业政策和财税、金融激励措施，促进数字经济与实体经济的深度融合，改造传统产业，提升经济效率，优化经济结构；加快推进新型数字基础设施建设，引导数字经济明星企业参与全球竞争，扩大国际影响力；通过数字经济带动经济高质量发展，全方位筑牢财政可持续发展的基础。

第二，加快推进政府治理模式的数字化转型，积极构建数字财政。注重将大数据、人工智能、互联网+等新技术运用到财政资金管理的各方面，实行数字化全面预算绩效管理制度，合理控制政府债务规模，通过提升效率、降低成本等手段改善地方财政的可持续性。

第三，实证分析显示，人口密度的增加会明显改善地区财政可持续状况。各地区应通过提升教育水平、医疗水平、收入水平等手段积极改善居民福利，提高社会平均生育率，并通过必要手段吸引外部高素质人才流入，改善地区人口密度状况。

参考文献：

[1] 许宪春,张美慧.中国数字经济规模测算研究:基于国际比较的视角[J].中国工业经济,2020(05):23-41.

[2] 刘尚希.财政风险:一个分析框架[J].经济研究,2003(05):23-31.

[3] 楼继伟.面向2035的财政改革与发展[J].财政研究,2021(01):3-9.

[4] 裴长洪,倪江飞,李越.数字经济的政治经济学分析[J].财贸经济,2018(09):5-22.

[5] 安同良,杨晨.互联网重塑中国经济地理格局:微观机制与宏观效应[J].经济研究,2020(02):4-20.

[6] 李晓华.数字经济新特征与数字经济新动能的形成机制[J].改革,2019(11):40-51.

[7] 张勋,万广华,张佳佳,等.数字经济、普惠金融与包容性增长[J].经济研究,2019(08):71-86.

[8] 宋洋.经济发展质量理论视角下的数字经济与高质量发展[J].贵州社会科学,2019(11):102-108.

[9] 余永定.财政稳定问题研究的一个理论框架[J].世界经济,2000(06):3-12.

[10] 邓晓兰,陈宝东.经济新常态下财政可持续发展问题与对策:兼论财政供给侧改革的政策着力点[J].中央财经大学学报,2017(01):3-10.

[11] 张勋,谭莹.数字经济背景下大国的经济增长机制研究[J].湖南师范大学社会科学学报,2019(06):27-36.

[12] 李晓华.数字经济新特征与数字经济新动能的形成机制[J].改革,2019(11):40-51.

[13] 龚锋,余锦亮.人口老龄化、税收负担与财政可持续性[J].经济研究,2015(08):16-30.

[14] 孙正.地方政府政绩诉求、税收竞争与财政可持续性[J].经济评论,2017(04):15-29.

[15] 邓晓兰,黄显林,张旭涛.公共债务、财政可持续与经济增长[J].财贸研究,2013(04):83-90.

[16] 谢申祥,郭健,刘金东,等.山东省财政可持续能力研究[J]公共财政研究,2020(01):20-38.

[17] 邓子基. 财政平衡观与积极财政政策的可持续性[J]. 当代财经, 2001(11): 22-25.
[18] 杜彤伟, 张屹山, 杨成荣. 财政纵向失衡、转移支付与地方财政可持续性[J]. 财贸经济, 2019(11): 5-19.
[19] 吕冰洋, 李钊. 疫情冲击下财政可持续性与财政应对研究[J]. 财贸经济, 2020(06): 5-18.
[20] 蔡跃洲. 数字经济的增加值及贡献度测算: 历史沿革、理论基础与方法框架[J]. 求是学刊, 2018(05): 65-71.
[21] 蔡昌, 赵新宇. "互联网+"背景下税收生态系统的构建[J]. 税务研究, 2019(03): 63-71.
[22] 樊轶侠, 徐昊. 财政助力数字经济高质量发展: 核心机理与经验启示[J]. 改革, 2020(08): 83-90.
[23] 王志刚, 赵斌. 数字财政助推国家治理现代化[J]. 北京大学学报(哲学社会科学版), 2020(03): 150-158.
[24] 刘军, 杨渊鋆, 张三峰. 中国数字经济测度与驱动因素研究[J]. 上海经济研究, 2020(06): 81-96.
[25] 黄群慧, 余泳泽, 张松林. 互联网发展与制造业生产率提升: 内在机制与中国经验[J]. 中国工业经济, 2019(08): 5-23.
[26] 钞小静. 新型数字基础设施促进我国高质量发展的路径[J]. 西安财经大学学报, 2020(02): 15-19.
[27] 黄茂兴, 唐杰, 黄新焕. G20数字经济发展现状及提升策略[N]. 光明日报, 2018-11-29.
[28] 荆文君, 孙宝文. 数字经济促进经济高质量发展: 一个理论分析框架[J]. 经济学家, 2019(02): 66-73.
[29] 孙超. 地方政府财政可持续吗?: 基于财政收支VAR模型和Ponzi偿债策略的分析[J] 公共财政研究, 2019(03): 41-57.
[30] 赵涛, 张智, 梁上坤. 数字经济、创业活跃度与高质量发展: 来自中国城市的经验证据[J]. 管理世界, 2020(10): 65-75.
[31] 李蕊, 李水军. 数字经济: 中国税收制度何以回应[J]. 税务研究, 2020(03): 91-98.
[32] 江小涓. 高度联通社会中的资源重组与服务业增长[J]. 经济研究, 2017(03): 4-17.
[33] 费方域, 闫自信, 陈永伟, 等. 数字经济时代数据性质、产权和竞争[J]. 财经问题研究, 2018(02): 3-21.
[34] 任保平. 数字经济引领高质量发展的逻辑、机制与路径[J]. 西安财经大学学报, 2020(02): 5-9.
[35] BAJO-RUBIO O, DÍAZ-ROLDÁN C, ESTEVE V. On the sustainability of government deficits: some long-term evidence for spain[J]. Journal of applied economics, 2010(02): 263-281.
[36] BRYNJOLFSSON E, Hu Y, Smith M D. Consumer surplus in the digital economy: estimating the value of increased product variety at online booksellers[J]. Management science, 2003

(49):1580-1596.

[37] BUITER W H. Guide to public sector debt and deficit[C]. Economy policy: a european forum, 1985,1(01):13-79.

[38] BUKHT R, HEEKS R. Defining, conceptualising and measuring the digital economy[M]. Manchester: University of Manchester, 2017.

[39] MESENBOURG T L. Measuring the digital economy[J]. US bureau of the census, suitland, MD, 2001.

[40] GIAMMARIOLI N, NICKEL C, ROTHER P. et al. Assessing fiscal soundness-theory and practice[R]. European Central Bank, Occasional Paper, 2007(26):153-170.

[41] OSTRY J D, GHOSH A R, KIM J I, et al. Fiscal space[R]. IMF Staff Position Note SPN, 2010-10-11.

[42] Parker G G, VAN ALSTYNE M W, CHOUDARY S P, Platform revolution: how networked markets are transforming the economy-and how to make them work for you[R]. W. W. Norton & Company, 2016.

[43] QUINTOS C. Sustainability of the deficit process with structural shifts[J]. Journal of business and economic statistics, 1995(13):409-417.

[44] SAUNDERS A, BRYNJOLFSSON E. Wired for innovation: how information technology is reshaping the Economy[M]. Cambridge, MA: MIT Press, 2009.

[45] WILCOX D W. The Sustainability of government deficits: implications of the present-value borrowing constraint[J]. Journal of money, credit and banking, 198921(03):291-306.

数据要素经济理论体系初探

张 弛[*]

摘要：数据要素是数字经济时代新质生产力的核心，我国已于2020年明确将数据作为与劳动力、资本、土地和技术并列的第五种要素。本文在回顾二十多年来中国数字经济发展历程的基础上，试图建构关于数据要素的价值论—生产论—分配论—增长论—文明论的一般性经济学理论框架，为数据要素市场化过程中数字经济应用领域的发展和延伸提供理论支撑并构建学科基础。

关键词：数字经济；数据要素；理论与应用

一、我国数字经济竞争的三个阶段及其特征

1. "互联化"时代：平台商业交易竞争，推动我国网络经济加速发展

二十年前，中国电商在"马爸爸"的带领下，探索在线交易平台的创新努力因遭遇"非典"契机获得成功之后，国内产业界备受鼓舞，普遍加速进入"+互联网"时代，颇具20世纪90年代美国爆发网络泡沫之前的欣欣向荣之势。其中，电子商务、在线检索和社交网络成为如火如荼的前沿领域。

很快，在大型电子商务中间商的引领下，席卷国内各大产业的互联网浪潮向交通、旅游、餐饮、金融、教育等服务行业迅速渗透，不到十年时间，就形成了劳动密集型第三产业的一种全新的服务生产模式。制造业在这波互联网的高潮中也积极寻求新的转型，从销售到采购、从仓储到物流、从设计

---

[*] 张弛，中国政法大学商学院副教授、硕士研究生导师。主要教学研究领域：宏观经济学、数字经济、制度经济学等。

到生产，每个环节都用"互联网"加持。

就市场层面涌现出来的特征而言，是商业交易愈发活跃，客户价值创造更加迅速，技术迭代日趋缩短，市场竞争主体呈现跨界特征，平台垄断初见端倪；而社会大众还在被急于获客的电商追逐，享受着第一波网络效应难以自拔。

2. "数字化"时代：云计算基础设施竞争，推动我国数字经济初具规模

2008年全球金融危机改变了国际竞争形势，中国经过四十余年的埋头苦干，潜心打造的国际循环模式陡然遭遇寒冬，上游制造业只得转战国内市场，开辟竞争新格局，随之带动大型电商平台向内循环倾斜。同时，产业转移的压力也使得产销环节纷纷瞄准带路国家和发展中经济体市场，力图倒逼国内产业升级加速。

在国内市场消费力短期内难以有效提升的前提下，产业界和实业界数字化的脚步却从未停歇。ERP、智能制造、数据中台搭建乃至整体数字化转型，成为生产性和服务性企业争相涉足的领域。与早期消费者产生的交易数据相比，企业和集团客户对云存储、云计算等数字基础设施的需求呈现爆发性增长。在线交易平台凭借能力优势，很容易将数据处理、技术支持和云服务打包，实现在线"中介"向数字软硬件供应商的华丽转身。

从市场竞争特点看，零边际成本的互联网规律不再发挥作用，有实力介入数字竞争的产业巨头并不多，企业规模经济重新回到市场竞争的主基调。平台企业潜心钻研数据开发和数据利用，数据要素的概念在其潜在价值被产业链上的各个环节逐渐感知之后浮出水面，尽管普通大众这一阶段还停留在数据隐私可能被侵犯的隐忧之下。

3. "数据化"时代：大模型文本分析竞争，推动中国智能经济跻身前沿

2022年，以OpenAI为代表的第三代大语言模型（LLMs）文本分析产品问世，震撼了全球。很快，国内智能服务方案供应商的竞争产品也相继问世，一时间，从广告传媒、音美艺术到印刷出版等内容生产行业岌岌可危，就连一向高高在上的教育行业也面临知识生产前所未有的恐慌。

生成式人工智能令人惊奇的语义输出能力，让人们终于意识到数据于智能时代，就像是工业时代被唤醒的"沉睡石油"，拥有大模型加持大数据，不知道会涌现出什么样的可能性。至少现阶段，它在量子物理、分子干预、蛋白质、材料科学等领域的应用，已经让人类取得前所未有的重大突破，AI4S获益匪浅。

对于市场反响而言，ChatGPT通过大量数据集为基础的训练，在自然语言处理方面获取技术成功的事实犹如醍醐灌顶，让各界人士都领略到数据要

素应用场景的现实魅力，绝不仅限于消费者画像和消费市场分析如此单一。数据在经济生活中创造的"乘数作用"被提出，它们不再是被沉淀在云服务器上的信息残骸，就连普通人也意识到，数据可被感知的价值远在人们意料之外。

二、数据要素经济理论体系的基本框架

1. 数据作为生产要素的价值论体系

重农主义时期，古典经济学经过长期的发展，于1848年由威廉·穆勒集各家之大成，建构了生产要素理论的框架雏形。继而，工业时代来临，马歇尔在1890年撰写有史以来最为经典的经济学教科书时，将企业家才能作为人力资本的智力要素，奠定了现代经济学要素理论的基石：狭义的生产要素是指投入生产过程的劳动、土地、资本和企业家才能，它们同时也是长期拉动经济增长的真实因素。这一时期，生产要素的价值理论体系经历了从劳动价值论到效用价值论的重大转变。

随着经济理论的发展和人们对经济规律认识的不断加深，特别是社会生活的变迁，引发了经济理论的长足进步。二战后，技术推动经济增长的能力被充分吸纳进经济模型，技术成为继狭义的生产要素之后一直隐含在生产函数之内却未被有效解释的变量，释放出强大的能量。20世纪90年代以后，随着互联网的显现和普及，信息作为生产要素参与经济活动创造新价值过程也开始被一般公众所感知。

中国是世界上第一个提出数据要素概念的国家，这足以证明21世纪以来，我国数字经济活动的规模扩大、数字相关产业的产值增加、实体经济数字化过程的加速，在全球首屈一指。对比数据和信息作为稀缺要素进入生产过程的不同之处，理论界和实务界正在努力建构数据要素的独特性，在创造经济价值方面与其他生产要素的区别。随之而来的，数据要素的竞争性和排他性、数据要素的产权属性、数据要素的类型等问题就成为数据作为生产要素的价值论体系的组成内容之一。工业革命引发了上一轮科学革命，那么，生产要素的价值理论体系会不会再次发生重大转变呢？就像效用价值论并不否定劳动创造价值一样，数据要素的价值理论同样承认理性人、资源稀缺假定下效用价值论的科学性。同时，它也提出了新的价值创造源泉的可能。

2. 数据作为生产要素的生产论体系

数据要素是一种客观存在。与传统的人力资源（包含劳动和企业家才能）、土地、资本乃至技术等生产要素相比，数据要素的生产能力需要依靠应用其生产加工出来的具体产品而被人们感知。无论农业生产、工业生产还是

数据生产，均需遵循投入产出关系，因而生产函数的基本形态并不改变。但是，随着人们对要素进入生产过程体现出的不同能力的深入认知，物质要素的边际报酬递减规律和数据要素的边际报酬递增现象便成为人们所知的支配生产过程的两种不同动力机制。

鉴于"一种要素的供给量的增加总能引起偏向这种要素的技术变化，最终导致该要素一般均衡的需求曲线是向上倾斜的"的结论（阿西莫格鲁，2007）[1]，数据要素的产出增加过程也会体现同样的规律。在技术偏向性的前提假设下，技术—资本—技术—数据的自我强化机制，数据要素投入在生产过程中不断增加，在一定程度上替代传统物质生产要素的同时，又与资本和技术形成互补。

不过，就成本而言，数据要素的存储、加工、传输等复杂的生产流程不会改变固定成本和沉淀成本双高的要素基本特征。受制于成本约束，数据要素参与生产还要依赖于规模经济的限制。因此，在不考虑市场壁垒的情况下，作为生产主体的数据要素厂商仍然呈现出寡头垄断的市场结构，即便是现阶段最受业界推崇的大模型，在未来的市场竞争中仍然只会由少数几家企业来提供具有差异化输出能力的基础模型。

3. 数据作为生产要素的分配论体系

按照市场竞争规则，当要素参与经济活动形成产出时，必然按照其机会成本获得最高的要素报酬。古典经济学对于报酬分配理论的研究可谓由来已久。生产要素所有者基于所有权归属获得要素分配的事实似乎成了铁律，直到租赁关系、委托代理关系、虚拟所有权关系演化出更为复杂的分配结果，人们逐渐意识到市场经济中也存在要素分配的其他形式。

除了直接要素收入，剩余索取权和租金是基于产权归属取得的与要素相关报酬的主要形式。现代经济学理论早就指出，市场中要素稀缺的程度会在相当程度上由"租"反映出来。当互联网时代的商业企业逐渐转向平台型经济体之后，它们同时取得提供生产和服务的报酬，以及基于平台匹配撮合独特性的租金。特别是，当向数据型企业转型时，随着自营业务相对总体规模占比下降，租金收入就成为其主要收入来源。

租金同时也是以使用权为基础的一种报酬支付形式，是数据要素参与生产活动取得的主要报酬。从权属关系上看，许多私有数据能否真正发挥有效的生产力，关键还是取决于市场主体之间就使用权交易和租金分成达成的契约的实施和履行。未来，数据要素在不同的数据型企业内循环流转并形成指

---

[1] 达龙·阿西莫格鲁. 现代经济增长导论 [M]. 上册. 北京：中信出版社，2019：621.

数增量，数据技术溯源下的"分成制"可以有效地解决数据要素分配难题。

4. 数据作为生产要素的增长论体系

所有经济活动的最终目标，是在不断优化资源要素组合效率的前提下，形成日益丰富的经济的、社会的物质和精神产出，以维持有限资源与人口增长和社会发展的需要之间的平衡。因而，经济研究的长期着眼点必然落在如何实现真实财富的有效增长。

已有学者指出，数据要素纳入生产函数，在经济部门的循环中发挥着"乘数效应"（江小娟，2024）[①]，即数据从数字经济部门向物质经济部门流动，再返回到数字经济部门的循环往复。可以类比支出或者货币在实体经济部门中的传导过程，引发消费、投资等总需求扩张或者流通中货币数量的放大，最终形成倍增但效果收敛的级数效应。

本文认为，如果数字经济的确存在对整体经济带动的乘数效应，则其发挥作用也需要具备一定的前提条件。众所周知，凯恩斯乘数理论是建立在萧条经济的背景之上的，并且乘数的作用是双向的，既可以实现经济扩张也可能造成逆向收缩。数据要素在短期内到底是"+"是"×"还是"幂律"作用，尚无定论。但是其在经济长期变化中的效果的确具备了"乘数—加速数"的性质，形成数字经济周期性的波动，成为引致实体经济起伏的一种来源。并且，中国数字经济实践也已在经验层面证实了数据要素能够全面提升全要素生产率。

5. 数据作为生产要素的文明论体系

社会科学肩负着人文使命，经济学也不例外。现有的各种经济学理论无不从哲学意义上共同指向人类文明进步、富裕美好的价值归宿。在探索消除人类贫富差距的社会实践方面，各种制度创新、道路创新和模式创新都存在一定程度的不完美，主要由于人类不同种族和群体间的情感误解、价值观冲突、合作与互信缺乏等所致。

同时，一个易被忽略的事实是，人类社会化的智能发展同时也是一个大量耗能的过程。随着数字经济发展到高级阶段，被人工智能再次赋能的人类，与数字人类、人工非人动植物、超级智能体等，将在宇宙中客观并存。人类文明的含义将被重新定义，不同生命形态在共生社会中的互动与并存，必将面临新规则的约束和调整。

跳脱人类自身认知的局限，谋求数字智能社会环境下人类自身的不断进步和文明提升时，数据要素将成为联结不同层次主体、实现可持续的全面发

[①] 江小娟. 发挥数据要素积极作用，促进经济持续向好发展［EB/OL］. ［2024 - 01 - 07］. https：//mp.weixin.qq.com/s/ymccq8XsLlBW15pKXAUKrg.

展的基础纽带。

三、数据要素经济理论的重点和难点：从微观到宏观

根据现代经济学的基本观点，生产要素只有充分流动，才能充分发现并发挥出其稀缺性的功能。因此，建立数据要素的统一大市场，推动数据要素市场的充分、规范、有序、有效竞争，成为数字经济时代的重要任务。与之相关的数据要素市场及其交易问题聚焦在以下四个方面：

1. 由数据市场供求引发的确权和定价问题

目前，数据要素市场上个人作为需求主体的情况非常罕见，数据要素的供给方集中在私人、企业和政府三大主体，由此形成数据分类上的隐私数据、商业数据和公共数据，分别对应人格权、财产权和国家主权的权利-义务关系。数据要素参与经济活动并创造市场价值，主要集中在商业数据交易这一部分。在数据要素产权明晰的前提下，科斯定理已证明市场机制能够充分实现资源的最优配置，此时数据要素的价格也由市场确定。但在数据权属发生交叉的领域，特别是数据资产的产权为一束权利时，确权时的交易成本不可避免，继而影响到数据要素定价、资产评估和入表、产权登记和存证等方面，对数据交易市场中一级市场和二级市场、场内交易和场外交易、跨境交易、数据服务中介机构和组织的培育、运行和数据市场的良性循环均至关重要。

2. 由数据要素流通和交易引发的标准问题

数据作为生产要素发挥赋能作用，离不开从数据元素、数据产品、数据服务等不同层次的数据资源，共同实行标准化这一共同前提，此即数据治理的核心内容。数据标准化作为一个复杂的公共产品，涉及制度、技术、安全、方法与流程等多个层面内容，最终体现为相关标准规范体系的制定与出台，须由政府部门和相关产业界合作共治。数据应用场景的多元化，以及数据公共服务体系建设相对于市场快速变化的滞后性，都会加大数据治理的难度。

3. 由数据要素的产出和收入引发的核算与分配问题

数据要素的非物质化特性使其在参与生产、消费等经济活动过程的投入-产出边界相当模糊，数据资产虽具备潜在的巨大价值，却又难以准确量化。某种程度上，数据要素的产出和收入受其应用场景以及投入的技术、人员等其他生产要素组合能力的影响而发生随机波动。理论界与实务界尽管早就认识到上述问题，并且进行了相当多的尝试和努力，但至今尚未寻求到一套像工业时代规范的、通行的 SNA 账户一样，能够有效计量数据要素产出的工具和方法。在数据要素分配方面，数字税收作为数字财政的基础，制约着数字经济时代公共收入再分配功能的积极发挥。然而，数据资产垄断和强势数据资本派生的算法权力,造成了税基、税率、征管等技术问题以外的新难题。

4. 由数据要素跨境流动引发的国际规则协调问题

开放经济的特点是各种经济资源跨境自由流动,尽可能少地受到人为限制、壁垒和干预。然而,国际经济交往中的所有贸易问题从未离开过关于双边或多边行为规则的协调、博弈、妥协和斡旋。现阶段数据跨境流动与合作的应用除了在商业、金融等领域取得成果以外,还在司法、环境等公共领域各有突破性进展。鉴于数据要素与传统物质生产要素存在重大区别,导致数字经济较为发达的主流国家都在拼抢国际规则的话语权。各种国际组织、区域合作组织、经济合作组织先后制定了关于数据跨境流动的指导原则。对于数据流出和数据流入的分级分类监管,涉及个人、企业、行业、产业、区域、地方以及主权国家等不同层级的主体,构成相当复杂的治理体系,这也是关于数据要素经济理论体系建构的前沿内容之一。

参考文献:

[1]于施洋,王建冬,黄倩倩. 论数据要素市场[M]. 北京:人民出版社,2023.

[2]高富平. 大数据知识图谱:数据经济的基础概念和制度[M]. 北京:法律出版社,2020.

[3]洪永淼. 数据要素与数据经济学[EB/OL]. [2024-04-13]. https://mp.weixin.qq.com/s/eqFx0jC1pu-6rEzk4bNmbw.

[4]江小娟. 发挥数据要素积极作用,促进经济持续向好发展[EB/OL]. [2024-01-07]. https://mp.weixin.qq.com/s/ymccq8XsLlBW15pKXAUKrg.

[5]阿西莫格鲁. 现代经济增长导论[M]. 上下册,北京:中信出版集团,2019.

[6]孙毅. 数字经济学[M]. 北京:机械工业出版社,2022.

[7]国家数据局. "数字要素×"三年行动计划(2024-2026)[EB/OL]. [2023-12-10]. https://baike.baidu.com/item/%E2%80%9C%E6%95%B0%E6%8D%AE%E8%A6%81%E7%B4%A0%C3%97%E2%80%9D%E4%B8%89%E5%B9%B4%E8%A1%8C%E5%8A%A8%E8%AE%A1%E5%88%92%EF%BC%882024%E2%80%942026%E5%B9%B4%EF%BC%89/63846833?fr=ge_ala.

[8]张弛,张曙光. 新经济对经济理论的挑战[J]. 学术月刊,2018(01).

城市化与乡村振兴

治理城市空气污染
——基于机动车限行政策的视角*

刘婷文 冀 源**

摘要：机动车尾气对城市空气质量有着重要影响。本文采用断点回归法，分析了杭州市机动车尾号限行政策对空气污染物的影响。实证结果表明，限行政策对不同空气污染物浓度的影响存在差异：CO、NO_2、$PM10$ 和 $PM2.5$ 浓度显著降低，O_3 浓度则显著上升。限行政策对降低空气中污染物浓度、改善空气质量有显著作用，然而，限行效果会随着时间的推移逐步减弱。本文据此提出了相应的建议。

关键词：限行政策；空气质量；断点回归

一、引言

城市空气的一个重要污染源是机动车排放的尾气（吴玥荧和仲伟周，2015），其主要污染物为碳氧化物（CO_x）、氮氧化物（NO_x）、碳氢化合物（HC）和二氧化硫（SO_2），它们能引起光化学烟雾以及空气中悬浮微粒（$PM10$、$PM2.5$）浓度的增加。[①] $PM2.5$（雾霾的主要成分）是主要危害物，因为这些颗粒直径不到 2.5 微米，能够进入人体的肺部。2017 年 10 月《柳叶刀》污染与健康委员会发布报告称："近年来每年约有 450 万人死于户外空气

---

* 最初版本发表于《工业》（2022），本版本经过了进一步的修改和润色。
** 刘婷文，中国政法大学商学院副教授；冀源，中国政法大学商学院政治经济学专业硕士研究生。
① Davis（2008）使用分时数据显示了各种污染物浓度在一天内的波动同交通流量高度相关，提供了墨西哥城空气质量对于交通流量敏感的证据。

污染引起的病症。其中有一半发生在中国和印度。"（Lelieveld 和 Pöschl，2017）。

为解决机动车引起的空气污染和交通拥堵问题，多国采用了尾号限行政策。① 这一限制某些尾号车辆在特定时间和区域行驶的政策始于19世纪70年代的布宜诺斯艾利斯，北京和天津在2008年奥运会期间首次在中国实行单双号限行，北京随后调整为每周限行一天。杭州、成都、天津、长春、济南、南昌等城市也相继实施了这一政策。② 然而，即使不考虑法理方面的质疑，对于限行政策是否有助于缓解拥堵和改善环境，学术界仍存争议。③ 为此，本文尝试对限行政策进行评估，着眼于其对空气污染的影响。

在以往的文献中，Wolff（2014）、Viard 和 Fu（2015），Carrillo 等（2016）的研究表明，限行政策有助于改善空气质量。Wolff（2014）指出，在德国的低排放区域，空气质量得到有效改善。Carillo 等（2016）发现，厄瓜多尔的限行政策使一氧化碳（CO）的浓度显著下降。Viard 和 Fu（2015）的研究表明，北京单双号和"每周一天"的限行政策使空气污染水平（空气污染指数，API）分别降低了约18%和21%，限行政策确实改善了北京的空气质量。④ 该结论与 Chen 等（2013）和 Lin 等（2011）的研究结论一致。Chen 等（2013）分析了奥运会期间北京市政府的各项措施对空气污染的影响，认为单双号限行政策是治理空气污染的两项有效措施之一，⑤ 但并未单独估计其影响。Lin 等（2011）指出，单双号限行政策对治理空气污染有效，但"每周一天"政策无效——这可能源于回归模型中对限行前后约束了相同的时间趋势。

也有学者的研究表明，限行政策无助于降低空气污染。Eskeland 和 Feyziolu（1997），Davis（2008），Wei、Lawell 和 Umanskaya（2017）分析了墨西哥城的限行政策。Eskeland 和 Feyziolu（1997）比较了限行政策实施后汽油的实际与反事实⑥消费量，发现前者显著大于后者，说明机动车使用量增加而非降低，从而使政策起到了反向效果。通过对空气污染数据的直接分析，Davis（2008）、Wei、Lawell 和 Umanskaya（2017）并未发现空气质量显著改善的证据。与 Viard 和 Fu（2015）不同，曹静、王鑫和钟笑寒（2014）认为，

---

① 其他政策包括：提高油品标准、提高汽车尾气排放标准、淘汰老旧车辆和黄标车等。
② 各城市实施限行政策的因素为：北京、杭州、成都三城一是缓解交通压力，二是减少环境污染；天津、长春二城主要是减少环境污染；济南、南昌二城主要是缓解交通压力。
③ 吴丹等（2009）、谢旭轩（2010）对限行政策能够缓解交通拥堵提出了质疑。
④ 作者也研究了限行对 PM10 的影响，其浓度分别降低了约31%和27%。
⑤ 另一项政策是关闭污染工厂。
⑥ 用政策实施之前估算的汽油价格弹性和收入弹性进行估计，但该估算忽视了时间趋势的影响。作者也估计实施后汽油的价格弹性和收入弹性，与之前相比，收入弹性变大，对价格的敏感度降低。

北京单双号和"每周一天"的限行政策并未降低空气污染，奥运会期间及之后空气质量的改善主要源于污染企业的减产或停产。然而作者并未控制2009年北京对"每周一天"政策的时间调整，[①]且其对日度数据时间趋势的过度拟合[②]低估了限行政策的影响。

限行政策无效的原因与人们的应对措施有关，包括增加非限行时段的机动车使用（替代效应）、违规出行、购买通常更便宜但污染更大的第二辆车，以及增加出租车和公共交通的使用。不过，Davis（2008）并未发现墨西哥城公共交通使用量增加的证据。在短期内，[③]限行政策的有效性更多地与替代效应与违规出行有关，因此，对政策的高遵守度（低概率违规出行）和低替代效应使限行政策在北京有效，反之，在墨西哥城失效（Viard and Fu, 2015）。长期来看，除了替代效应和违规出行外，限行政策的有效性会随着第二辆车购买量的增加而降低。[④]如果人们的应对措施主要表现为购买第二辆汽车，[⑤]那么限行政策会在短期有效长期无效或甚至为负作用（Gallego, Montero, 和和 Salas, 2013）。因此，人们应对方式的不同会使限行政策的实施效果存在差异。

本文选择以杭州市为对象，研究限行政策对空气质量的影响。与上述国内学者的研究相比，本文主要有三点不同之处：

首先，本文使用了环境空气质量指数（AQI）和多种污染物（如CO、PM2.5、PM10等）的浓度数据，提高了研究的全面性，并分析了不同污染物的影响。其他文章使用的数据皆为API数据[⑥]（API不包含PM2.5），缺乏异质性分析。

其次，本文数据为杭州11个空气质量监测站点的小时数据，除了可以更好地控制遗失变量的影响外，也可以对限行的替代效应进行初步分析。其他文章使用的数据皆为日度数据，且仅Viard和Fu（2015）使用了观测站点数据。

[①] 限行政策"每周少开一天车"自2008年10月11日开始实施，限行时间为早6点至晚9点，2009年4月11日将时间改为早7点至晚8点。

[②] 作者使用了8阶时间趋势项。Viard和Fu（2015）认为对"每周一天"限行政策的分析，2阶时间趋势项会过度拟合日度时间序列数据，使限行政策的影响不显著。Wei、Lawell、Umanskaya（2017）对小时数据使用了8阶时间趋势项。

[③] 以上文章的结果可理解为限行政策的短期影响，即使一些作者可能没有在文中说明。

[④] 需要注意的是，如果限行城市本身汽车销售增速较快，那么，即使人们没有采取任何应对措施，限行政策对空气污染的影响也会降低。

[⑤] 杭州在2014年限行政策调整之前，推出了汽车限牌政策，就是出于对该现象的考量。

[⑥] 生态环境部于2013年开始公布AQI数据，因此其他文章使用的数据均为2012年之前的API数据。

最后，本文基于监测站点位置的不同识别限行政策对空气污染的影响。选择杭州，是因为其在中国大中型城市中具代表性，经济实力强，[①] 人口接近千万，且易于选择对照组——作为研究对照组，南京在经济等多方面与杭州相似，但未实施限行政策，因此，可用作实施限行政策后杭州空气质量的反事实估计。

二、数据与计量模型

（一）数据与变量选择

1. 污染物数据

自 2000 年 6 月起，中国国家环境保护部（以下简称"环保部"，即今生态环境部）开始依据《环境空气质量标准》（GB3095-1996）发布 86 座大中型城市的"日度空气污染指数"（API）。API 数值范围为 0 到 500（若数值超过 500，则按 500 发布），[②] 高值表示严重污染，对健康有害。API 评价因子包括 $PM10$、NO_2 和 SO_2，以最大值发布，超过 50 则公布主要污染物。然而，API 评估因子较少，未包括 PM2.5。2012 年，环保部颁布新的《环境空气质量标准》（GB3095—2012）和《环境空气质量指数（AQI）技术规定（试行）》（HJ633—2012），自 2013 年开始公布 113 个城市的 AQI 数据，不再发布 API，频率由每日改为每小时。AQI 增加了 $PM2.5$、O_3 和 CO 评价因子，评估更全面。

本文数据的时间跨度为 2010 年至 2016 年，涉及从 API 至 AQI 的调整。杭州的限行政策始于 2011 年 10 月 8 日，要求机动车在指定区域内按号牌（含临时号牌）最后一位数字所对应工作日的早晚高峰时段禁止通行。早晚高峰初期为 7：00—8：30 和 17：00—18：30（简称"政策 1"），之后于 2014 年 5 月 5 日调整为 7：00—9：00 和 16：30—18：30（即"政策 2"[③]）。基于此，为确保 API 和 AQI 指标的统一性，我们将时间划分为两个阶段，分别评估政策 1 和政策 2。第一阶段和第二阶段分别为 2010 年 1 月 1 日至 2013 年 1 月 14 日和 2013 年 1 月 18 日 16 时至 2016 年 1 月 1 日 0 时。两阶段限行政策前后时间均约为 1.5 年。在第一阶段，我们使用杭州日度 API 数据。在第二

[①] 截至 2017 年 12 月 31 日，中国有 12 个城市的 GDP 超过 1 万亿元，分别为北京、上海、广州、深圳、天津、重庆、苏州、武汉、成都、杭州、南京、青岛。在这 12 个城市中，北京、天津、杭州实施了限行政策。杭州与南京经济实力、人口规模、城市级别相当，且空间距离较远。

[②] API 划分为 0~50、51~100、101~150、151~200、201~300 和 301~500 六级，分别对应空气质量的六个级别——"优"、"良"、"轻微污染"、"轻度污染"、"中度重污染"和"重度污染"。

[③] 双休日（周六周日）、节假日的 8：30 至 17：00，小型机动车在西湖风景区域道路实施单双号限行措施。

阶段，我们使用杭州 11 个监测站点污染物（AQI，NO$_2$，CO，O$_3$，PM10 和 PM2.5）[①] 的小时数据。在 11 个观测站点中，7 个站点处于限行区域之内。[②] 表 1 显示了 API、AQI 和各污染物数据的基本统计量。

表 1　变量描述性统计

变量名称	观测值	均值	标准差	Min	Max	变量名称	观测值	均值	标准差	Min	Max
污染物数据						气象数据					
API	1 110	71.06	29.44	19	500	温度	13 246	17.46	9.4	-4.4	41.2
AQI	264 368	84.28	51.29	2	500	风速	13 246	2.19	1.23	0	11
SO$_2$	261 919	19.85	19.09	1	868	相对湿度	13 246	70.94	19.49	9	100
NO$_2$	261 176	46.37	29.16	1	318	水平能见度	12 465	7.35	5.55	0.1	30
CO	261 060	0.9	0.52	0	27.14	降水量	13 246	3.57	7.52	0	101
O$_3$	258 490	58.69	51.15	1	586	大气压	13 011	758.56	6.84	732.8	777.8
PM10	230 183	92.88	61.47	1	987						
PM2.5	258 551	59.2	43.75	1	588						

数据来源：环保部，reliable Prognosis（rp5.ru）网站。

注释：CO 浓度的单位是毫克每立方米，SO$_2$、NO$_2$、O$_3$、PM10、PM2.5 浓度的单位是微克每立方米，温度的单位是摄氏度，风速的单位是米/秒，水平能见度的单位是千米，降水量的单位是毫米，大气压的单位是毫米汞柱。

2. 气象数据

在污染物浓度一定的情况下，气象条件是影响空气污染程度的重要因素，且空气质量有明显的季节模式。因此，在分析中我们会加入反映气象条件的控制变量，包括温度、风速、风向、大气压、湿度和降水量。通常情况下，

[①] 不包括 SO$_2$ 的原因为：二氧化硫（SO$_2$）的主要来源是发电厂和其他工业设施燃烧的矿物燃料，二氧化硫排放量较小的来源包括：工业过程，如从矿石中提取金属；天然来源，如火山；以及机车、轮船、其他车辆和燃烧高硫燃料的重型设备（美国环境保护署，2017）。而且 SO$_2$ 浓度受其他因素干扰较大，所以不包含在内。

[②] 11 个监测站中，和睦、西溪、卧龙桥、浙江农大、朝晖五区、云栖和滨江观测站处于限行区域之内；下沙、临平、城厢和千岛湖处于限行区域之外。

污染物浓度与温度和风速呈负相关,与相对湿度呈正相关。然而,当相对湿度达到一定水平时,湿度与污染物浓度不再呈正相关,因为湿度可能促使污染物沉降。此外,降水可以清洗空气中的污染物,对改善空气质量有积极作用。气象数据的基本统计量如表 1 所示。此数据存在缺失变量,为了与 AQI 和污染物数据匹配,我们使用插值法补齐。

(二)模型设定和参数识别策略

在杭州机动车限行期间,杭州市政府还实施了淘汰黄标车和落后产能,升级燃油车排放标准和汽油标准等政策,这些也会使空气质量得到改善,因此,若直接比较限行实施前后环境状况的变化——未剥离其他社会经济政策等因素对空气质量的影响——会对限行政策的影响产生"误读"。为此,我们的研究设计采用断点回归(regression discontinuity, RD)[1]的方法。其基本思路为:假设我们想评估某一政策的实施效果,且该政策是一种"一刀切"式的安排,这相当于在某一连续变量[称为强制变量(forcing variable)或游走变量(running variable)]上设定一个临界值,临界值一侧的个体会受到政策影响,另一侧却不会,两侧个体分别称为实施组(treatment group)和控制组(control group)。强制变量的连续性会使两组内的个体特征具有可比性,并且选择的个体越接近临界点,可比性越强。在有可比性的情况下,除政策外,其他因素——影响政策的实施效果——对两组的影响将在统计意义上无差异,即,其他因素的影响得以剥离或控制。因此,两组间的差异(treatment effect)便可作为政策实施的因果推断。[2]

基于上述思路,我们的 RD 模型为:

第一阶段:

$$\log(y_t) = \alpha + \beta policy_t + \rho' X_t + f(t) + \varepsilon_t \tag{1}$$

第二阶段:

$$\log(y_{it}) = \alpha_i + \beta policy_t + \rho' X_t + f(t) + \varepsilon_{it} \tag{2}$$

其中,y_t 和 y_{it} 分别为某一污染物在 t 时刻第 i 个监测站点所监测的水平或浓度;X_t 为控制变量,包括温度、风速、风向、大气压、湿度和降水量等气象因素以及节假日虚拟变量、周末虚拟变量、调休日虚拟变量、月份虚拟变量和小时虚拟变量(在第二阶段包括);α_i(第二阶段)为不同站点的固定效

---

[1] Lee (2008) 认为,在随机试验不可得的情况下,断点回归能够避免参数估计得内生性问题,从而真实反映出变量之间的因果关系。

[2] 例如,Thistlethwaite 和 Campbell (1960)[16] 使用断点回归研究奖学金对于未来学业成就的影响。奖学金为研究所关注的政策,奖学金由学习成绩决定,成绩为强制变量,可获得奖学金的最低成绩为临界点。获得奖学金的学生为实施组,没有获得的学生为控制组。对应到本文的研究问题,时间为强制变量,限行实施的时点为临界值。限行后的时段为实施组,限行前的时段为控制组。

应，以控制不同站点空气污染浓度的异质性特征（如附近的污染源不同）；$policy_t$ 为政策实施的虚拟变量，参数 β 衡量了限行政策对污染物浓度的短期影响。虽然杭州实施了早晚高峰限行政策，但因为污染物存在扩散和累积效应，所以该政策对所有时间的污染物水平都具有潜在影响，所以在第二阶段，$policy_t$ 在限行开始实施后的所有时点都取 1。

$f(t)$ 为时间趋势项，用以控制未包含在模型内的其他因素，这些潜在因素包括一些可能影响污染物浓度趋势的经济活动及政策因素，若它们与时间相关且未得到控制，则会使政策评估出现"误判"。我们假设时间趋势在政策实施前后存在差异，则 $f(t) = \sum_{l=1}^{L} \gamma_l (t-t_{OD})^l (1-policy_t) + \sum_{l=1}^{L} \gamma_l (t-t_{OD})^l policy_t$，$t_{OD}$ 为限行政策开始实施的时点。

参数 β 在第一阶段、第二阶段的识别条件分别为 $E[policy_t * ?_t | X_t, f(t)] = 0$ 和 $E[policy_{it} * ?_{it} | X_t, f(t), \alpha_i] = 0$。

在图 1 中，我们使用小窗口数据观察"断点"，即判断污染物浓度是否在限行政策实施的时点存在"跳跃"。图中的点为 log API，log AQI，log PM10 和 log PM2.5 分别对控制变量（X_t）回归后残差的分组均值（binned sample mean），拟合线为 2 阶多项式曲线。窗口期为政策实施前后 30 天。对于所选择的污染物，拟合线在政策实施的时点都存在一个向下的"跳跃"，说明其浓度在限行后有所降低。

在进行回归分析之前，我们提出两个研究假设：

假设 1：人们在短期对限行政策的应对措施不足以抵消政策的效果，限行政策在短期有效，空气质量得到了改善。但从中长期来看，人们的应对措施更加灵活，如够买第二辆车等方式，且除了因政策购车外，汽车保有量也会因非政策需求增长，限行政策的效果会减弱。

如果对于大部分污染物而言，参数 β 的估计值显著为负，则说明限行政策短期有效。在将回归模型中的时间趋势项去掉①后，如果估计的政策影响显著低于短期，则或可说明限行政策的中长期效果在减弱。之所以用"或"，是因为这里的参数估计会包含其他因素的影响，在回归分析部分我们会进行讨论。

假设 2：在非限行时段人们会增加机动车的使用量，以规避限行政策的约束（替代效应）。

替代效应会使人们增加非限行时段机动车的使用量，提高污染物浓度。同时，污染物的累积效应又会使非限行时段污染物浓度降低（源于限行时段

---

① 去除时间趋势项相当于是在估计政策实施前后污染物平均水平的变化。

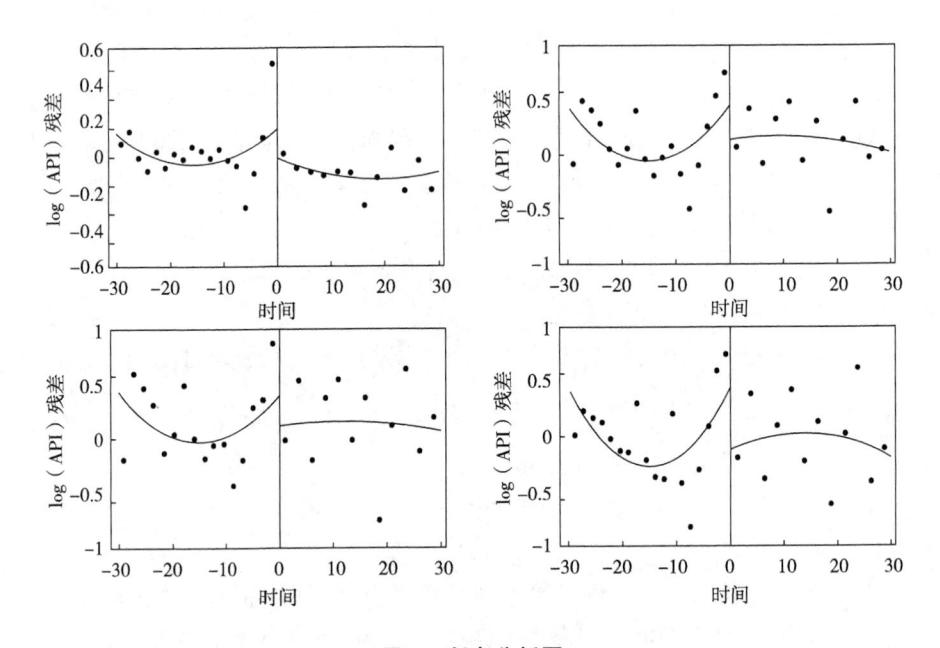

图 1　断点分析图

注：AQI，PM10，PM2.5 调整为监测站日度数据的平均值。

污染物浓度的降低）。因此，当不存在替代效应或替代效应弱于累积效应时，都会出现非限行时段污染物浓度降低的结果。换言之，若在回归模型中加入非限行时段的虚拟变量，并得到以上结果时，我们并不能否定替代效应的存在。

为了更好地识别替代效应，我们选择利用生成 O_3 的光化学反应——空气中的氧气，NOx 和挥发性有机物①（VOCs）在太阳辐射的作用下会发生反应生成 O_3——进行验证。臭氧浓度与光化学反应过程密切相关，随着太阳辐射强度的增强，光化学反应增强，臭氧浓度累积升高，并在下午 4 点至 6 点达到最高，而若忽略其他因素的影响，O_3 浓度的最高值应出现在午后（姜峰和荀钰娴，2015）。VOCs 是臭氧生成的重要前提物，其在大气中的浓度会直接影响 O_3 浓度。在城市中，机动车是 VOCs 的重要来源（鲁军等，2010）。应方等（2012）指出，"机动车排放是杭州市大气反应活性的最大贡献者"，并且 VOCs 对车流量变化较为敏感（王宇等，2010）。在早晚高峰之间的时段（早上 10 点至下午 4 点半），午后太阳辐射最强，如果替代效应使车流量增加，增加的 VOCs 会使 O_3 相应增加。因此，我们可以通过 O_3 浓度的变化来识别替代效应：如果①在早晚高峰之间时段发现 O_3 浓度上升，或者②受 O_3 累

---

① 按世界卫生组织的定义，挥发性有机化合物（VOCs）是指在 25 摄氏度蒸汽大气压大于 133.32Pa，沸点为 50~260 摄氏度的各种有机化合物（孙丽娜和刘刚，2011）。

积效应的影响,发现 O_3 的平均浓度上升,则说明存在替代效应。此外,在 VOCs 的氧化过程中,NO 会转化为 NO_2,提高 NO_2 与 NO 的比例而不影响 O_3 的浓度。这也说明,替代效应除了会使 O_3 浓度上升外,NO_2 浓度可能也会有所提高。

三、限行政策对空气污染的影响

(一) 限行效果评估

表 2 列出了模型 (1) 与模型 (2) 的回归结果。列 (1) 和列 (2) 为第一阶段限行政策的影响,就短期影响而言 [列 (2)],若其他条件不变,限行政策使 API 指数降低了 14%,且在 5% 的水平下显著。在数据期内,杭州也实施了其他治理空气污染的措施,包括对新购车辆实行国四排放标准 (2011 年 7 月 1 日)、淘汰黄标车①和淘汰落后产能,推进天然气、电力等清洁能源替代工作。这些政策的实施时点不同于限行政策且为渐进推进,其影响是逐渐产生的,即具有连续性,因此,在统计意义上,不会影响限行政策的短期效果评估。②

在中长期 [列 (1)],限行政策使 API 指数下降了 5%,且在 5% 的水平下显著。效果的减弱源于随时间变化因素的影响,如人们对政策的应对措施、政府的其他治理政策和汽车保有量的增长。人们应对限行政策的措施包括错峰出行 (替代效应) 和购买第二辆车。通过双重差分方法,我们发现杭州和南京的私人汽车保有量增速在限行政策后提高了 0.70 和 0.38 个百分点。③ 然而,与杭州私人汽车保有量增速的 20% 相比,该影响较弱。此外,政府的其他治气措施会使 API 指数降低。因此,假若政府未实施其他治气措施,回归结果可以理解为对限行政策中长期效果的高估,在人们的应对措施和汽车保有量快速增长的影响下,限行政策的效果基本已被填平。以上结论与假设 1 相符,但因为我们只有 API 数据,所以在此阶段无法验证假设 2。

列 (3) 至列 (14) 为第二阶段限行政策的影响。短期内,AQI、PM2.5、PM10、CO 和 NO_2 浓度皆因限行政策有所降低,下降幅度分别为 16%、26%、21%、7.6% 和 5.3%,且都在 1% 的水平下显著,说明限行政策对不同污染物的影响存在异质性,且汽车尾气是 PM2.5 和 PM10 的主要组成部分。需要注意的是,在限行政策实施的同时,杭州市政府还实施了"小汽车限牌"政策。虽然回归结果会叠加该政策的影响,但我们认为该政策的短期

---

① 自 2011 年 11 月 1 日,杭州将"国一"标准柴油车列入黄标车名单。
② 我们也在模型中加入了政府其他治气政策的虚拟变量,限行政策的影响没有显著变化。
③ 数据为 2007—2013 年杭州、南京和浙江私人汽车保有量。数据来源:wind 资讯。

表2 限行政策对空气质量的影响：RD（2010–2013，2013–2016）

	第一阶段						第二阶段							
	(1)	(2)	(3)	(4)	(5)	(6)	(7)	(8)	(9)	(10)	(11)	(12)	(13)	(14)
	log(API)		log(AQI)		log(PM10)		log(PM2.5)		log(CO)		log(NO_2)		log(O_3)	
Policy	-0.0522**	-0.1379**	-0.0465*	-0.1604***	-0.0466***	-0.2554***	-0.0764***	-0.2112***	-0.0252***	-0.0761***	-0.0596***	-0.0529***	0.2731***	0.1928***
	(0.0201)	(0.0418)	(0.0025)	(0.0197)	(0.0031)	(0.0239)	(0.0031)	(0.0240)	(0.0023)	(0.0181)	(0.0027)	(0.0119)	(0.0046)	(0.0361)
$f(t)$		√		√		√		√		√		√		√
R^2	0.2288	0.2364	0.2965	0.3374	0.2938	0.3447	0.3004	0.3328	0.2284	0.2639	0.3906	0.3931	0.4600	0.5000
N	1110	1110	169223	169223	148948	148948	165171	165171	167165	167165	167170	167170	167170	167170

注释：括号内为标准误差。所有模型均使用Newey-West标准误差，滞后期为1天。所有模型均控制了温度、湿度、风向、风速、大气压、降水量、节假日虚拟变量、周末虚拟变量、调休虚拟变量和月份虚拟变量。列(3)～(14)还控制了小时虚拟变量、检测站点虚拟变量。限行第一阶段所加入的时间趋势项，$f(t)$，为2阶；限行第二阶段所加入的时间趋势项，$f(t)$，为7阶。我们也检验了8阶、9阶的时间趋势项，参数估计并无显著差异。$f(t)$允许政策实施前后时间趋势不同。*** 表示在1%的水平下显著，** 表示在5%的水平下显著，* 表示在10%的水平下显著。

影响可以忽略，主要表现在两个方面：首先，杭州市政府提前公布了"限牌"政策，人们可以通过提前购车平滑此政策的影响；其次，"限牌"政策通过摇号和竞价两种方式配置车牌，在"限牌"初期，最低竞价成交价格有3个月（2014年5月、11月和12月）和规定底价（1万元）相同，若剔除9至10月份汽车销量高峰月份，2014年5月到12月的最低竞价平均价格约为1.3万元，说明"限牌"政策在初期对汽车购买并未构成较大约束。与上述污染物不同，O_3浓度上升了19%，且在1%的水平下显著，这与我们对假设2的分析相一致，说明存在错峰出行规避政策影响的行为。① 这也与NO_2浓度变化相一致，VOCs的氧化过程会提高NO_2的浓度，使其降低幅度低于其他污染物。中长期来看，"限牌"并未有助于抑制限行政策效果的减弱，这可能与上外地车牌规避"限牌"政策有关，且加之更强的替代效应，表现为O_3浓度上升幅度显著增加（27%），使限行政策效果显著降低。虽然中长期NO_2浓度与短期并无显著差异，但是其标准误差有大幅下降。以上结果与假设1和假设2相符。

（二）稳健性检验

在本部分，我们对回归结果进行稳健性检验，包括：①使用非参数局部多项式回归；②采用倍差法（difference in difference）进行实验设计。

1. 非参数局部多项式回归

Gelman和Imbens（2014）指出，在断点回归分析中，基于高阶多项式的因果推断可能具有误导性，因此，建议在估计时使用局部多项式回归。为此，我们对模型（1）与模型（2）使用非参的方法估计限行政策的短期影响，结果如表3所示。在第一阶段，限行政策使API指数下降，但并不显著。在第二阶段，所有污染物浓度皆有所下降，与表2相比，O_3浓度降低而非提高，且AQI、PM10和PM2.5浓度的降幅显著增加。因此，限行政策在短期内有效。

表3　限行政策对空气质量的短期影响：局部多项式回归（2010—2013，2013—2016）

	第一阶段	第二阶段					
	(1)	(2)	(3)	(4)	(5)	(6)	(7)
	log (API)	log (AQI)	log (PM10)	log ($PM_{2.5}$)	log (CO)	log (NO_2)	log (O_3)
Policy	-0.092	-0.275***	-0.455***	-0.319***	-0.108***	-0.071***	-0.109**
	(0.064)	(0.017)	(0.021)	(0.018)	(0.026)	(0.023)	(0.047)

---

① 我们也在模型（2）中加入了早高峰、晚间时高峰和早晚高峰之段的虚拟变量，以及它们与政策变量的交叉项。我们发现除O_3外，各污染物浓度在各时间段皆有所降低（说明污染物的累积和扩散相应），虽然其在早晚高峰之间时段的降低幅度略低于早高峰，但如前所述，这并不足以说明替代效应的存在。O_3浓度的变化则可以很好地说明替代效应，各时段O_3浓度皆有所提高，并且与早高峰相比，早晚高峰之间时段O_3浓度提高了约25%，受其累积效应影响，晚高峰浓度上升了约了22%。

续　表

	第一阶段	第二阶段					
	(1)	(2)	(3)	(4)	(5)	(6)	(7)
	log (API)	log (AQI)	log (PM$_{10}$)	log (PM$_{2.5}$)	log (CO)	log (NO$_2$)	log (O$_3$)
N	1 110	169 223	148 948	165 171	167 165	167 170	167 170

注释：括号内为标准误差（robust standard errors）。所有模型先对控制变量进行回归，共同的控制变量包括温度、湿度、风速、风向、大气压、降水量、节假日虚拟变量、周末虚拟变量、调休日虚拟变量和月份虚拟变量，列（2）~（7）还控制了小时虚拟变量、检测站点虚拟变量，之后对相应残差进行局部多项式回归。列（1）选择的多项式阶数为2；列（2）~（7）选择的多项式阶数为7，核为三角核。*** 表示在1%的水平下显著，** 表示在5%的水平下显著，* 表示在10%的水平下显著。

2. "倍差法"

"倍差法"（DID）是用政策实施后地区的差异与政策实施前地区的差异之差来衡量政策的实施效果（Chen 等，2013）。实验设计的关键是寻找到与研究对象可比的控制组，以控制其他因素对政策的影响。由于南京市在经济发展水平、人口密度等方面与杭州具有一定相似性，且没有实施限行政策，所以选择南京作为控制组。此外，我们也选择了杭州限行区域外的四个监测站作为控制组对限行的第二阶段进行分析。监测站包括下沙、临平、城厢和千岛湖。

回归模型为：

$$y_t = \beta_0 + \beta_1 policy_t + \beta_2 location_t + \beta_3 policy_t * location_t + \rho X_t + f(t) + \varepsilon_t \quad (3)$$

其中，$location_t$ 为杭州的虚拟变量，其他变量不变。参数 β_3 衡量了限行政策对空气质量的影响。

表4和表5分别为以南京和杭州限行区域外的监测为控制组的回归结果。在表5中，除 O_3 外，短期内各污染物浓度在限行后皆有所下降；从中长期来看，政策效果显著减弱，并且 AQI、PM10 和 NO$_2$ 浓度有所上升。O$_3$ 浓度在短期和中长期分别提高了约7%和13%，表明存在替代效应。南京在青奥会期间（2014年8月）为保证空气质量，对空气污染进行了突击治理，包括关停高污染企业和加油站等措施。我们加入了此时段的虚拟变量，结果并无显著差异。

以限行区域外的监测站作为控制组可能存在两个问题：一是污染物浓度的扩散效应会使我们低估限行政策的影响；二是若限行区域外道路与区域内道路存在互补性或替代性，也会使估计结果有偏：替代性会高估影响，互补性会低估影响。从表5中可见，结论与表4基本一致，但短期内空气污染（除 O$_3$ 外）显著降低，如 AQI 从表5中10%的降幅降低到5%。这或可说明限行区域外道路与区域内道路具有一定的互补性。

表 4 限行政策对空气质量的影响：DID（2010—2013，2013—2016）

<table>
<tr><th rowspan="3"></th><th colspan="2">第一阶段</th><th colspan="12">控制组：南京</th></tr>
<tr><th>(1)</th><th>(2)</th><th>(3)</th><th>(4)</th><th>(5)</th><th>(6)</th><th colspan="8">第二阶段
(7) (8) (9) (10) (11) (12) (13) (14)</th></tr>
<tr><th>log (API)</th><th></th><th>log (AQI)</th><th></th><th>log (PM10)</th><th></th><th>log (PM2.5)</th><th></th><th>log (CO)</th><th></th><th>log (NO$_2$)</th><th></th><th>log (O$_3$)</th><th></th></tr>
<tr><td>Policy * Location</td><td>−0.043 5</td><td>−0.107 0*</td><td>0.108 1***</td><td>−0.196 8***</td><td>0.162 6***</td><td>−0.135 0***</td><td>−0.145 3***</td><td>−0.366 8***</td><td>−0.021 1***</td><td>−0.262 1***</td><td>0.098 3***</td><td>−0.077 2***</td><td>0.127 5***</td><td>0.067 1***</td></tr>
<tr><td></td><td>(0.027 7)</td><td>(0.053 3)</td><td>(0.002 7)</td><td>(0.009 2)</td><td>(0.003 3)</td><td>(0.011 3)</td><td>(0.003 6)</td><td>(0.012 0)</td><td>(0.003 4)</td><td>(0.011 5)</td><td>(0.003 2)</td><td>(0.010 9)</td><td>(0.017 2)</td><td>(0.005 2)</td></tr>
<tr><td>f (t)</td><td></td><td>√</td><td></td><td>√</td><td></td><td>√</td><td></td><td>√</td><td></td><td>√</td><td></td><td>√</td><td></td><td>√</td></tr>
<tr><td>R^2</td><td>0.269 6</td><td>0.269 6</td><td>0.330 5</td><td>0.367 2</td><td>0.366 3</td><td>0.400 2</td><td>0.310 2</td><td>0.348 4</td><td>0.226 0</td><td>0.253 2</td><td>0.465 3</td><td>0.470 5</td><td>0.453 1</td><td>0.498 8</td></tr>
<tr><td>N</td><td>2 220</td><td>2 220</td><td>388 243</td><td>388 243</td><td>358 109</td><td>358 109</td><td>380 354</td><td>380 354</td><td>382 173</td><td>382 173</td><td>383 187</td><td>383 187</td><td>381 440</td><td>381 440</td></tr>
</table>

注释：括号内为标准误差。所有模型均使用 Newey-West 标准误差。列（3）~（14）还控制了小时虚拟变量、检测站点虚拟变量。限行第一阶段所加入的时间趋势项，f (t)，为 2 阶；限行第二阶段所加入的时间趋势项，f (t)，为 7 阶。f (t) 允许政策实施前后和不同地区时间趋势不同。所有模型均控制了温度、湿度、风速、大气压、降水量、节假日虚拟变量、周末虚拟变量、调休日虚拟变量和月份虚拟变量。滞后期均为 1 天。*** 表示在 1% 的水平下显著，** 表示在 5% 的水平下显著，* 表示在 10% 的水平下显著。

表5 限行政策对空气质量的影响：DID（2013—2016）

控制组：杭州未在限行区域内的监测站

	(1)	(2)	(3)	(4)	(5)	(6)	(7)	(8)	(9)	(10)	(11)	(12)
	log (AQI)		log (PM10)		log (PM2.5)		log (CO)		log (NO$_2$)		log (O$_3$)	
Policy * Location	0.027 1***	-0.051 3***	0.063 8***	-0.037 1***	0.031 2***	-0.049 7**	0.003 7	-0.027 7	0.024 6***	-0.068 3***	0.193 7***	0.120 4***
	(0.003 9)	(0.013 2)	(0.005 0)	(0.027 2)	(0.004 8)	(0.016 4)	(0.003 5)	(0.095 4)	(0.004 5)	(0.015 6)	(0.007 2)	(0.024 1)
$f(t)$		√		√		√		√		√		√
R^2	0.317 6	0.357 2	0.336 9	0.382 9	0.317 1	0.347 6	0.333 0	0.368 1	0.502 3	0.509 9	0.465 2	0.502 3
N	264 368	264 368	230 183	230 183	258 551	258 551	261 060	261 060	261 176	261 176	258 490	258 490

注释：括号内为标准误差。所有模型均使用Newey-West标准误差，滞后期为1天。所有模型均控制了温度、湿度、大气压、降水量、节假日虚拟变量、周末虚拟变量、调休日虚拟变量、月份虚拟变量和检测站点虚拟变量。小时虚拟变量和检测站点虚拟变量。时间趋势项，$f(t)$，为7阶。$f(t)$允许政策实施前后和限行区域内外监测站的时间趋势不同。*** 表示在1%的水平下显著，** 表示在5%的水平下显著，* 表示在10%的水平下显著。

以上结果并未证伪假设 1 和假设 2，即限行政策仅在短期内有效和人们会采取错峰出行的方式（替代效应）规避限行政策的影响，表明我们的主要结论具有稳健性。

四、结论

本文采用断点回归法研究了杭州市机动车尾号限行政策对空气质量的影响，短期内，杭州两阶段限行政策都改善了空气质量，第一阶段 API 下降 14%，第二阶段 AQI 下降 16%，CO、NO_2、PM10 和 PM2.5 浓度也显著降低，其中 PM2.5 浓度出现了大幅下降。由于 PM2.5 被认为是造成雾霾的"元凶"，这间接地说明了尾号限行政策直接导致机动车排放水平的降低，对抑制空气污染程度的加重起到了积极作用，减少了雾霾天气的形成。然而，由于错峰出行的替代效应，限行政策会使 O_3 浓度显著上升。医学研究表明，长期吸入低浓度的臭氧（O_3）可引起呼吸道炎症、视力下降、记忆力衰退等慢性疾病。此外，若尾号限行政策成为一种常态，更多的有车一族会考虑购买第二辆汽车以方便出行，加之机动车需求的自然增长，限行政策的效果长期来看将被不断削弱。因此，虽然限行政策作为一种命令控制手段简单易行，但是它不是解决空气污染的长期方式。

历史上，为解决空气污染，许多国家都推动清洁能源汽车发展。例如，德国 20 世纪六七十年代面临严重空气污染，政府促进能源转型和清洁能源开发，技术上解决污染问题。现今市场上的新能源汽车大多基于德国技术。我国应积极与其开展跨国合作，发展新能源汽车，减少对传统能源的依赖。同时，据交通信息部信息和城市规划，北京、南京、上海、杭州等大城市正在建设或计划新地铁线路。我们相信，通过发展公共交通、加强地铁和公交建设、鼓励绿色出行，将有效解决城市空气污染和交通拥堵问题。

参考文献：

[1] 吴玥芟，仲伟周．城市化与大气污染：基于西安市的经验分析[J]．当代经济科学，2015，37(03)：71-79.

[2] LELIEVELD J, PÖSCHL U. Chemists can help to solve the air-pollution health crisis[J]. Nature, 2017, 551(7680): 291.

[3] 吴丹，张世秋，谢旭轩，等．北京市奥运会机动车限行措施的效果评估[C]// 中国环境科学学会 2009 年学术年会论文集（第四卷）．2009.

[4] 谢旭轩．政策效果的误读：机动车限行政策评析[J]．环境科学与技术，2010，33(06)：436，440.

[5] WOLFF H. Keep your clunker in the suburb: low emission zones and adoption of green vehicles [J]. Economic journal, 2014 (124): 481-512.

[6] VIARD V B, FU S. The effect of Beijing's driving restrictions on pollution and economic activity[J]. Journal of public economics, 2015, 125: 98-115.

[7] CARRILLO P E, MALIK A S, YOO Y. Driving restrictions that work? Quito's Picoy Placa Program[J]. Canadian journal of economics/revue canadienne déconomique, 2016, 49(4): 1536-1568.

[8] CHEN Y, JIN G Z, KUMAR N, et al. The promise of Beijing: evaluating the impact of the 2008 Olympic Games on air quality[J]. Journal of environmental economics and management, 2013, 66: 424-443.

[9] LIN C Y C, ZHANG W, UMANSKAYA V I. The effects of driving restrictions on air quality: São Paulo, Bogotá, Beijing, and Tianjin[C]//Proceedings of the Agricultural & Applied Economics Association's 2011 AAEA & NAREA Joint Annual Meeting, Pittsburgh, PA, USA. 2011: 24-27.

[10] ESKELAND G S, FEYZIOGLU T. Rationing can backfire: the "day without a car" in Mexico City[J]. The World Bank economic review, 1997, 11(3): 383-408.

[11] DAVIS L W. The effect of driving restrictions on air quality in Mexico City[J]. Journal of political economy, 2008, 116(1): 38-81.

[12] WEI Z, LAWELL C Y C L, UMANSKAYA V I. The effects of license plate: based driving restrictions on air quality: theory and empirical evidence [J]. Journal of environmental economics & management, 2017, 82: 181-220.

[13] 曹静, 王鑫, 钟笑寒. 限行政策是否改善了北京市的空气质量[J]. 经济学(季刊), 2014, 3: 1091-1126.

[14] GALLEGO F, MONTERO J P, SALAS C. The effect of transport policies on car use: Evidence from Latin American cities [J]. Journal of public economics, 2013(68): 203-225.

[15] LEE D S. Randomized experiments from non-random selection in U.S. House elections ☆ [J]. Journal of Econometrics, 2008, 142(2): 675-697.

[16] THISTLETHWAITE D L, CAMPBELL D T. Regression-discontinuity analysis: an alternative to the ex post facto experiment. [J]. Journal of educational psychology, 1960, 51(6): 309-317.

[17] 孙丽娜, 刘刚. 环境空气中挥发性有机污染物的研究现状[J]. 环境与健康杂志, 2011(10): 930-932.

[18] 姜峰, 荀钰娴. 城市臭氧浓度变化规律分析[J]. 环境保护与循环经济, 2015(02): 55-59.

[19] 鲁军, 王红丽, 陈长虹, 等. 上海市机动车尾气VOCs组曾及其化学反应活性[J]. 环境污染与防治, 2010, 32(06): 19-25.

[20] 应方, 包贞, 杨成军, 等. 杭州市道路空气中挥发性有机物及其大气化学反应活性研究[J]. 2012, 32(12): 3056-3064.

[21] 王宇,齐飞,伦小秀,等. 北京市道路空气中挥发有机物时空分布规律[J]. 环境科学研究, 2010, 23(5):596-600.
[22] GELMAN A, IMBENS G. Why high-order polynomials should not be used in regression discontinuity designs[R]. NBER Working Papers, 2014(04):021-038.

中国农业现代化含义的多层次分析

齐 勇*

摘要：基于马克思主义和中西方各思想家的论述，结合中国当前的"三农"基本情况，本文认为，理解中国当下的农业现代化，基本上可以从四个层次来看待：中国农业农村农民的富裕程度；农业生产力和农业生产关系的发展情况；乡村政治、社会发展和作为农业生产主体的劳动者的思想文化的现代化。

关键词：中国；农业现代化；工业化；城镇化；可持续发展

一、以什么样的视角看待当前中国农业的现代化？

现代化概念是西方学者提出来的，其基本含义是从农业社会向工业社会的转变。西方学者把现代化理解为一种包括政治、经济、社会、文化等方面内容的全方位的社会变革。农业现代化是现代化的重要组成部分。没有农业现代化就没有整个国家的现代化。农业现代化就是把传统农业转变为现代农业的过程。农业现代化不应当仅仅是农业生产部门甚至农村内部的事，它必然要反映到农村乃至国家经济、文化、社会生活的方方面面，甚至以这些方面的变化为条件。

对于中国农业现代化的理解，目前大多数国人理解非常肤浅，仅仅从物质财富、农业生产等器物层面去理解，而不是像西方的现代化理论所揭示的那样来理解我国的农业现代化过程：即不是把我国农村和农业的现代化过程当成一个以科学技术为先导，以经济建设为中心，带动社会的政治、文化发

---

* 齐勇，中国政法大学商学院副教授、硕士研究生导师，研究方向：中国改革与制度分析。

展，包括推动人们的价值观念、生活方式、社会心理等在内的整个社会变迁的历史过程；不是当作我国农业农村经济、政治、文化诸方面综合平衡发展的进程。本文认为，如果只是片面地强调物质生活的富足和农业经济技术的现代化，而忽视农村人的现代化、政治现代化，是不可能真正实现现代化的。

基于中西方各个思想家的论述，结合中国当前的三农基本情况，本文认为，理解农业现代化基本上可以从四个层次来看待：中国农业农村农民的富裕程度；农业生产力和农业生产关系的发展情况；乡村政治、社会发展和作为农业生产主体的劳动者的思想文化的现代化。

二、中国农业农村农民的富裕程度

对于中国农业现代化的理解，目前大多数国人仅仅非常肤浅地从物质财富、农业生产等器物层面去理解。这一层级的现代化是最低级、最表面的现代化表征。这一层级的现代化可以用以下标准来反映出来：

（1）对于中国农业来说，主要是通过一定时期内（通常指一年内）生产的农产品总量来反映。具体包括以下几种：首先是各主要农产品的产量，如粮食、棉花、肉类总产量等；其次是农业总产值；最后是农业增加值。农业总产值中有重复计算，而且随着农业要素投入的增加，农业中间消耗的比重加大，所以宜采用农业增加值指标。可以通过比较看出我国农业生产力的实际水平与发展速度。建设起一个高产、优质、高效的农业，使我国的农、林、牧、渔的产品能够充分满足国民经济发展和人民生活日益增长的需要，使整个国民经济的发展和实现国家工业化有一个十分发达的基础。

（2）农民和农村的生活富裕指数。农业现代化必须使农民日益富裕起来，使农民的物质生活和文化生活不断改善，达到较富裕的水平。为此，农业现代化建设必须同建设富裕文明的新农村结合起来，全面发展农村经济，增加农民的收入，提高农民的文化水平，不断缩小城乡差别和工农差别。反映农村富裕程度的指标主要有：按农村人口计算的农村 GDP 和农民年收入，恩格尔系数，农村人口的住房、医疗卫生状况，非农产业和居住在小城镇人口的比重，农村人口的文化教育程度。

（3）从农产品生产总量来看，农业的现代化就是指我国作为发展中国家要想达到现代化，必须在农产品生产总量以及人均占有量方面达到或者接近西方发达国家的水平，这样才能够称得上实现了农业现代化。

三、中国农业生产力的现代化

在西方经济学说史上，亚当·斯密以及德国历史学派代表人物李斯特等，都把财富的本质当成生产力本身而不是现有的既存的物质财富。首先，物质财富是可以消耗光的，其次，物质财富本身也是由生产力生产出来的，是派生的、第二位的东西。而生产力本身才是第一位的、根源性的存在。我国古代也有"授人以鱼不如授人以渔"的说法。不同时代的生产力既有连续性、继承性，又有阶段性。不同时代的生产力及其创造的物质财富，纵向来说是呈几何倍数扩大的。因此，考察农业的现代化，不仅要考察农产品总量和农业生产总值，更要进一步深入考察农业生产力的发展情况。

农业生产力的结构包括：实体性要素，具体包括农业劳动力、农业劳动资料和农业劳动对象；组合性要素，其作用是将各种实体性要素按一定的方式组合起来，形成现实的生产力，具体包括分工与协作、管理与信息；渗透性要素，其作用是渗透到实体性要素和组合性要素之中，使这些要素发挥出更大的效率，具体包括科学、技术和教育。

人类农业发展经历了四个或者三个阶段，即原始农业、传统农业、近代农业和现代农业。现代农业是农业发展的一个阶段。总体上说，这种划分是以生产力水平，主要是以包括生产工具、劳动者的技能和生产力的组合方式等为标志的。在我国，对农业现代化内涵的认识逐步深化：最初，农业现代化被理解为农业的机械化、化学化、水利化和电气化（即"四化"），而随着信息革命的开展和普及，数字化和信息化成为现代农业生产力的基本特征。

反映农业现代化进程的评价指标体系包括：反映农业发达程度的指标，主要有农业生产条件（农民人均拥有的耕地资源、水利化程度）；农业投入水平（农机动力水平、电力水平）；农业生产力水平，通过投入产出率提高速度指标来表现。具体也可用劳动生产率、土地生产率、资金生产率、综合生产率等指标的增速来反映；经济结构（农业增加值比重、农业从业人员比重、城市化水平）；农业科技进步贡献率。

不能笼统地把农业生产力的现代化当成农业的机械化或者是工业化。发展经济学家张培刚认为，狭义的农业现代化更不能理解成农业的工业化、农村的城镇化和农民的市民化。它通常把工业看作农业的替代性产业，因而认为工业化就是工业特别是制造业的发展，表现为工业产值比重和就业人口比重不断上升，农业产值比重和就业人口比重不断下降的过程。换言之，如果一个国家的工业部门的产值和就业人口比重在国民经济中达到优势地位，就被认为实现了工业化。例如，权威的《新帕尔格雷夫经济学大辞典》以及著名经济学家刘易斯、钱纳里、库兹涅茨等人也都持相同或类似的观点。这种定义概括了工业化过程的主要特征，也符合大多数人的所谓"常识"，但不能将农业的工业化包括在内。发达国家不仅有现代化的工业，也有现代化的农业,例如新西兰、澳大利亚和加拿大。靠农业发展起来这种较窄的工业化定义在实践中容易产生误读,按照这种观点,有些人甚至因此而忽视了农业的发展及其在工业化过程中的重要作用。同样,按照这种思路,当出现独立的专门从事信息的生产、传输和享用的信息产业部门时,信息化就会成为一个替代工业化的新的经济发展目标。这种工业化定义虽然不能说是错的,但还不够全面和完善。

发展经济学家张培刚认为,工业是一个广义的产业概念,既包括制造业,也包括农业和新的产业形式。因此,工业化并不一定是农业部门向非农部门的转变,实际上是指整个经济的现代化。张培刚提出,所谓工业化,就是指国民经济中一系列重要的生产函数或者是生产要素组合方式,连续发生由低级到高级的突破性变革的过程。根据这一定义,工业化不仅包括工业本身的机械化和现代化,也包括农业的机械化和现代化。

四、中国农业生产关系的现代化

农业现代化是指农业生产方式的现代化,是农业生产力现代化和生产关系的现代化的统一,并不仅仅是指农业生产力的现代化这单个方面。

现代农业是从资本主义产业革命到20世纪初,特别是第二次世界大战以来的农业,它的基本特点是物质和能量开放式循环,从农业以外投放大量的能源和物资,因而加速了农业生产的发展。现代农业是人类第一次在农业生产和经营中大规模自觉应用现代科学技术和农业机械的结果,是广泛采用以机械、化学和生物技术群为核心的现代科学技术和现代工业提供的生产资料和科学管理方法的农业,同时,它又是高度发达的市场经济。

所谓农业现代化,实际上就是由传统农业向现代农业转变的过程,是现代集约化农业和高度商品化农业相统一的发展过程。农业现代化分为广义和狭义两种,狭义的农业现代化仅指农业生产技术上的变革,而广义的农业现代化包括协调发展的工农业关系、经济体制和组织管理的现代化,以及人的现代化。

20世纪80年代,对农业现代化内涵的理解增加了现代经营管理的内容。90年代,随着对农业现代化内涵认识的深化,取得了一系列重要的成果,即从广义上理解农业现代化。狭义的农业现代化是指农业生产部门的现代化,广义的农业现代化不仅包括农业生产部门现代化,还包括支撑、制约农业部门发展的社会经济内容。

现代农业是在大机器生产的现代工业基础上发展起来的。发达国家大体上是从18世纪末19世纪初开始,到20世纪六七十年代基本完成。现代农的基本特征（7个方面）：科学化（以现代自然科学为基础机械化）；现代农业机械体系；专业化（高度分工；生产环节分工；区域分工；作业工序分工）；市场化（农产品、农业生产要素成为商品；国内市场与国际市场）；一体化（农业产业组织创新）；高农业劳动生产率；城乡差别缩小（物质生活与精神生活）。

所以，农业现代化不仅是生产力的现代化，也是生产关系的现代化，是二者的统一。从农业现代化的这一含义出发，当前我国为了实现农业现代化建设的目标，要进一步稳定、完善和推进具有中国特色的社会主义农业和农村制度，使之立于世界先进民族之林。

农业经营主体建立在现代化的生产力和集体所有制这一制度创新的基础上，要加快推进农业生产的分工和专业化。分工和专业化有利于技术改革，并导致适度规模经营，从而有利于实现农业机械化。专业化还将使农业产业进一步分工细化，出现农业产前部门、产中部门和产后部门，农业生产中的许多生产环节，如良种繁育、病虫害防治、饲料加工、农机具修理、农产品运输、加工等，不断从农业中分离出来，形成一系列为农业生产服务的工商和科技服务部门，形成了农业生产社会化的趋势；同时，农业生产的分工和专业化会进一步推动我国农业生产的商品化、市场化和社会化，这是实现农业现代化的必由之路。商品化和市场经济机制将引导农民选择发展适销对路的产业、选择适用的先进技术和装备、选择先进的经营与销售方式，从而加快向现代农业转变的历程。同时，市场将导向农户和农业企业逐步走向专业化，进而形成地区的专业化。因此，现代农业最重要的基本特征可以概括为机械化、科学化、商品化、市场化、社会化的农业。

五、乡村政治、社会发展和作为农业生产主体的劳动者的思想文化的现代化

农业生产力与生产关系是生产方式的两个有机组成部分，并受上层建筑的制约，所以，确定农业现代化发展战略措施时，必须考虑农村的上层建筑问题。农业现代化是指农业生产力现代化、生产关系现代化以及上层建筑现代化的统一。农业现代化不仅是农业生产部门内部的事，而且涉及农村政治、社会和文化生活的方方面面，以这些方面的变化为条件。

当前我国建设社会主义新农村的总体要求是：生产发展、生活宽裕、乡风文明、村容整洁、管理民主。这20个字高度概括了社会主义新农村的特征。我国乡村基层机构前几年一直探索村民自治机制，完善村务公开和民主议事机制，努力健全乡村治理新机制。这些探索应该继续进行下去。

除此之外，当下还要加快发展农村各项社会文化事业，培养社会主义新型农民，推进作为农业生产主体的劳动者的思想文化的现代化。

文化有广义的文化和狭义文化之分。狭义的文化所限定的范围就是精神文明的范围，并不像物质文明那样有明确的量化标准。农村文化是指在特定的农村社会生产方式基础之上，以农民为主体建立在农村社区基础上的文化是农民文化素质、价值观、交往方式、生活方式等深层心理结构的反应。当前我国农村现代化过程中面临的文化有传统文化、外来的西方文化以及社会主义的文化三种类型。对于前二者要采取批判的继承态度，汲取其精华、抛弃其糟粕。

当前要大力弘扬和发展传统文化。我国是人类历史上封建社会最发达、持续时间最长、统治范围最广的国家。自从西汉以后，我国官方就形成了以儒家文化为主、儒释道三种文化相结合的主流文化，并且一直影响至今。除了处于上层建筑领域的理性的有系统的上层文化以外，还有流传于民间的农村文化。农村民间文化的主要组成部分是民间文化和民间信仰。传统的民间文化是指人民群众广为流传的具有民族风格和地方色彩的物质或精神的文化。民间文化内容广泛，有传说、神话、故事、说唱文学、舞蹈、音乐、绘画、工艺、器物和建筑等。中国传统文化具有乡土性、封闭性、相对静态性和多样性的特点。另外一个重要组成部分是民间信仰。中国传统的民间信仰具有功利性和世俗性、多神性和包容性、蒙昧性和神秘主义、地方性和统一性等特征。

当前，我国要大力弘扬传统文化，但是必须明确，对传统文化必须采取"扬弃"的态度，吸收其积极的方面，抛弃其糟粕性的东西，然后再吸收城镇化、商业化和世界性的先进的文化和文明。

除了对传统文化的继承和改造以外，更需要做的工作是"破旧立新"，发展社会主义民主政治，培育具有社会主义核心价值观的新型农民，依靠农村集体经济力量，加强农村社会主义文化阵地建设。即将传统意义上的农民身份转换为现代意义上的社会主义新型公民，这将是一个艰巨复杂的历史任务。党的十八大基于国家层面、社会层面、公民个人层面提出的价值观，它是社会主义核心价值体系的内核，反映了社会主义核心价值体系的丰富内涵和实践要求。其内容为富强、民主、文明、和谐，自由、平等、公正、法治，爱国、敬业、诚信、友善。将24字社会主义核心价值观分成三个层面：富强、民主、文明、和谐，是国家层面的价值目标；自由、平等、公正、法治，是社会层面的价值取向；爱国、敬业、诚信、友善，是公民个人层面的价值准则。建设社会主义新农村，塑造现代意义的社会主义的新型农民，必须按照这个24字方针，实行社会主义民主政治，构建社会主义法治，激发劳动人民创造历史的主体性和创造性。

最后，农业现代化是指农业的可持续发展。可持续发展是农业现代化的重要特征。农业现代化是一个综合性的概念，现代农业的基本内涵除了把落后的传统农业逐步改造成为具有高度生产力水平，用现代科学技术和生产手段装备农业，以先进的科学方法组织和管理农业，提高农业生产者的文化和技术素质以外，还必须同时是能够保持和提高环境质量、可持续发展的现代农业。可持续发展是现代农业当然的、必不可少的内涵。

参考文献：

[1]杨万江,等.农业现代化测评[M].北京:社会科学文献出版社,2001.

[2]海亚密,拉坦.农业发展:国际前景[M].北京:商务印书馆,1993.

[3]张培刚.发展经济学[M].北京:北京大学出版社,2009.

公有经济与企业发展

中国省际共同富裕水平的测度及时空演变格局

陈明生　杨思敏[*]

摘要：本文基于2011—2020年中国31个省（自治区、直辖市）的面板数据，构建由发展性、共享性和可持续性三个维度组成的共同富裕水平评价指标体系，运用CRITIC-TOPSIS法、Dagum基尼系数和Moran's I指数等分析方法，旨在厘清中国省际共同富裕水平的发展状况、地区差异和空间演变特征。研究结果表明：第一，我国共同富裕水平在样本期内空间格局并未发生明显变化，京津、长三角、珠三角与川渝4个地区成为推进共同富裕的领头雁；东部地区省份在空间上两极分化严重，中部地区整体共享性水平不高与西部地区发展性水平不高，是导致中部地区与西部地区总体共同富裕水平不高的重要原因。第二，在共同富裕水平地区内差异上，呈现东部>西部>中部的格局，三大区域内部共同富裕水平差距有小幅度扩大趋势；在地区间差异上，东部地区与中、西部地区间的差距更为明显，三大地区间各省共同富裕差距逐渐收窄；在差距贡献率上，超变密度差距贡献率最大，表明并不存在严格意义上三大区域等级性差异。第三，我国共同富裕发展水平呈现典型空间集聚分布特征，但这种空间依赖效应正逐年减弱；我国共同富裕水平总体呈现出"高—高"聚集和"低—低"聚集分布特征，并且中国大部分省份处于共同富裕水平"低—低"聚集分布类型中，考察期内绝大多数省份并未发生集聚类型跃迁，只有个别省份发生了跃迁现象。据此，要重视京津、长三角、珠三角与川渝等增长极的带动作用，并要加快长江中游城市群的发展，将湘鄂赣地区打造成我国中部地区的新增长极，以推进中部地区共同富裕水平的提升。

关键词：共同富裕；测度；Dagum；莫兰指数

---

[*] 陈明生，中国政法大学商学院教授、博士研究生导师；杨思敏，中国政法大学商学院政治经济学专业博士研究生。

一、引言及文献综述

共同富裕是社会主义的本质要求,是中国式现代化的重要特征。党的十九届五中全会提出,"到二〇三五年基本实现社会主义现代化远景目标,全体人民共同富裕取得更为明显的实质性进展。"2021 年习近平总书记在《扎实推进共同富裕》一文中提出:"要抓紧制定促进共同富裕行动纲要,提出科学可行、符合国情的指标体系和考核评估办法。"而科学构建评价指标体系,测度共同富裕水平,深入考察我国 31 个省(自治区、直辖市)共同富裕发展时空演变规律和地区差异,对于从空间上扎实推进共同富裕具有重要意义。

学术界对于共同富裕内涵的界定,基本上都认为共同富裕的理论内涵是"共同"与"富裕"或者"发展"与"共享"的有机统一。从此内涵出发,大部分学者开始尝试从共享与富裕或发展与共享两个维度构建指标体系。具有代表性的是,刘培林将共同富裕分为总体富裕和发展成果共享两个维度构建了指标体系,并认为发展成果共享是人群差距、城乡差距和区域差距的统一;徐鹏杰等将共同富裕划分为富裕维度和共享维度两个方面,测度农民农村共同富裕水平。孙豪和曹肖烨承袭了这种观点,从富裕与共享两个维度构建了共同富裕的指标体系。在此基础上,有学者认为共同富裕不应仅是包含共同与富裕或发展与共享两个维度,还应当包含可持续性维度。郁建兴和任杰认为共同富裕是发展性、共享性和可持续性的统一,其中发展是前提、共享性是核心、可持续性是关键。陈丽君等认为,共同富裕是一个动态概念,要考虑到发展的协调适应、长远利益和代际公平,也要考虑到可持续性。李金昌、余卫指出,共同富裕的难点是共同,重点在富裕,而核心在于可持续,共同富裕是建立在环境友好型与生态保护型基础上的富裕。上述研究从共同富裕的理论内涵出发,探讨了评价指标体系的构建逻辑,而对于共同富裕的综合测度研究,多处于指标体系构建的探讨到实质性测度的衔接阶段,几位学者针对不同研究对象进行了实质性统计测度。例如,万海远等采用几何平均的函数关系式,测度了 162 个国家或地区 1990—2020 年的共同富裕程度。李金昌等构建了共同富裕过程性和结果性评价指标体系,采用变异系数法确定各指标的具体权重,测度了 2015—2020 年浙江省共同富裕实现程度。还有学者从经济、社会、民生及环境等方面构建指标体系测度我国省际共同富裕水平。但这些研究暂未全面地讨论我国省际共同富裕水平的时空格局。孙豪、曹肖烨虽然采用等权重方法对 2019 年中国省际共同富裕水平进行了测度,但缺乏省际时空特征的刻画。谭燕芝等将可持续性维度纳入评价指标体系中,采用熵权—TOPSIS 法测度了中国省际共同富裕水平,并基于 Dagum 基尼系数、Kernel 密度估计、Markov 链对区域差异及时空演变和收敛稳态进行,但其视角聚焦于农民的共同富裕。

上述研究对于共同富裕的内涵已经做了较多探讨,因不同学者研究的侧重点不同,目前尚未形成统一的阐释。而对共同富裕水平的测度,当前系统探讨省际共同富裕空间格局与演化规律的相关研究还不充分。本文在已有研究基础上,分发展性、共享性和可持续性三个维度建立中国省际共同富裕水平指标体系,选用我国 31 个省(市、自治区)2011—2020 年的数据,对共同富裕水平进行测算,旨在认清十八大以来我国共同富裕发展的空间格局与演化规律,探析共同富裕空间演化规律,为相关部门从空间上推进共同富裕提供了决策参考。

二、中国省际共同富裕水平测度:内涵、体系与方法

(一)新时代共同富裕的内涵

以马克思主义为指导,百年来,中国共产党贴合时代发展特征与国情,对共同富裕的理解不断改进、完善,形成了中国特色新时代共同富裕的理念。新时代共同富裕的科学内涵不仅体现在社会主义的本质要求、中国式现代化的重要特征上,还体现在全体人民共同富裕和不是整齐划一的平均主义等方面。新时代共同富裕是在社会主义制度下,党领导人民通过不懈奋斗,使得人民生活水平大幅提升,消除两极分化、缩小差距,社会公平正义,全民共享发展改革成果。首先,推进共同富裕初衷是人民,改革发展成果要由全体人民共享。其次,要在社会总体财富增长的基础上注重公平公正,缩小贫富差距。最后,共同富裕不是同步富裕,要先富带动后富,要充分认识到共同富裕的实现具有阶段性。根据新时代共同富裕的内涵,新时代共同富裕具有全体性、阶段性、共享性和可持续性的特征。具体表现为社会发展由全体人民共同创造,改革发展成果由全民共享;人民物质生活与精神生活均富裕;群体、区域、城乡差距逐步减小,发展更协调、平衡;居民的教育、医疗、基础设施和社会保障体系等各方面趋于完善;经济发展过程中速度稳定、质量提高,发展具备可持续性。

(二)中国省际共同富裕水平测度的指标体系

基于已有理论与研究成果,本文构建了由发展性、共享性和可持续性三个维度组成的共同富裕水平综合评价指标体系(见表1),相关二级与三个维度的具体准则指标和测度参照李金昌、刘培林和陈丽君等学者的文章。其中,发展性维度由富裕度、群体共同度和区域共同度 3 个二级维度组成,度量的是发展过程中居民收入与消费的增长情况,群体之间和区域之间的贫富差距。富裕度表示居民物质生活的富裕程度,主要是收入与消费水平,具体通过城镇居民人均可支配收入、农村居民人均可支配收入、城镇居民人均消费支出、农村居民

人均消费支出和人均社会消费品零售总额来体现。群体共同度表示居民内部贫富差距大小，包含最低生活保障人数占比和基尼系数两项三级指标，其中最低生活保障人数占比体现了最低收入群体人数比例的变化，基尼系数反映了群体间收入分配程度。区域共同度表示区域、城乡间发展差距，由常住人口城镇化率、城乡居民人均可支配收入之比和城乡居民人均消费之比3个三级指标组成。

表1　中国省际共同富裕水平测度的指标体系

一级维度（权重）	二级维度（权重）	三级指标（权重）	属性	单位
发展性 （0.332）	富裕度 （0.135）	城镇居民人均可支配收入（0.027）	+	元/人
		农村居民人均可支配收入（0.024）	+	元/人
		城镇居民人均消费支出（0.027）	+	元/人
		农村居民人均消费支出（0.026）	+	元/人
		人均社会消费品零售总额（0.031）	+	元/人
	群体共同度 （0.108）	最低生活保障人数占比（0.023）	-	%
		基尼系数（0.084）	-	/
	区域共同度 （0.090）	常住人口城镇化率（0.028）	+	%
		城乡居民人均可支配收入之比（0.040）	-	/
		城乡居民人均消费之比（0.021）	-	/
共享性 （0.385）	公共教育 （0.080）	平均受教育年限（0.018）	+	年
		普通初中生师比（0.023）	-	生/师
		普通小学生师比（0.040）	-	生/师
	医疗健康 （0.078）	甲乙类法定报告传染病发病率（0.018）	-	1/10万人
		每万人拥有医疗机构床位数（0.033）	+	个/万人
		每万人拥有卫生技术人员数（0.028）	+	人/万人
	社会保障 （0.108）	基本医疗保险参保率（0.044）	+	%
		基本养老保险参保率（0.030）	+	%
		工伤保险参保率（0.034）	+	%
	公共基础设施 （0.077）	每万人口公路里程（0.028）	+	公里/万人
		生活垃圾无害化处理率（0.023）	+	%
		城市污水处理率（0.026）	+	%
	公共文化 （0.041）	人均拥有公共图书馆藏量（0.015）	+	本/人
		公共图书馆流通率（0.017）	+	%
		书刊文献外借率（0.009）	+	%

续表

一级维度（权重）	二级维度（权重）	三级指标（权重）	属性	单位
可持续性（0.283）	创新水平（0.102）	高新技术产业主营业务收入占GDP比重（0.029）	+	%
		R&D经费投入强度（0.043）	+	%
		每万人拥有国内有效专利数（0.030）	+	件/万人
	社会治理（0.093）	每万人拥有律师数（0.026）	+	人/万人
		粗离婚率（0.068）	−	‰
	生态环境（0.088）	森林覆盖率（0.029）	+	%
		PM2.5年均浓度（0.030）	−	μg/m³
		单位GDP能耗（0.030）	−	吨标准煤/万元

共享性维度包含公共教育、医疗健康、社会保障、公共基础设施和公共文化5个二级维度，重点反映居民共享发展成果的程度。其中，公共教育衡量的是居民平均受教育水平和基础教育资源分配的公平程度，分别由平均受教育年限、普通初中生师比和普通小学生师比表示，在基础教育资源中，生师比最直接体现了人均共享程度的高低。医疗健康用甲乙类法定报告传染病发病率、每万人拥有医疗机构床位数和每万人拥有卫生技术人员数3个三级指标表示，用以衡量疾控水平和基础医疗资源的分配公平程度。社会保障反映居民生活三大基础方面——医疗、养老和工作上保障的普及度，用基本医疗保险参保率、基本养老保险参保率和工伤保险参保率度量。公共基础设施用每万人口公路里程、城市污水处理率和生活垃圾无害化处理率衡量。公共文化反映居民在精神层面的发展水平，用人均拥有公共图书馆藏量、公共图书馆流通率和书刊文献外借率衡量。

可持续性维度由创新水平、社会治理和生态环境3个二级维度组成，用以反映社会环境和自然环境的稳定性和发展潜力。其中，创新水平维度包含高新技术产业主营业务收入占GDP比重、R&D经费投入强度和每万人拥有国内有效专利数3项三级指标，衡量经济发展的潜力。社会治理维度包含每万人拥有律师数和粗离婚率两项三级指标，体现社会环境的稳定性。生态环境维度包含森林覆盖率、PM2.5年均浓度和单位GDP能耗，反映了对自然环境的维护和损耗，衡量的是自然环境的可持续发展能力。

(三) 测算方法与数据说明

1. 测算方法

关于共同富裕水平综合得分的测算，由于本文构建的指标体系涵盖范围广，数量级和作用方向不尽相同，需先对数据进行标准化处理，再采用CRITIC法确定指标权重，最后根据TOPSIS法测算出各省共同富裕水平综合得分。

为了考察地区间差距、差异来源，本文采用Dagum基尼系数展开测算。Dagum基尼系数是一项测量地区差距的重要方法，与传统基尼系数和泰尔指数相比，该方法不仅说明了总体差异的来源，而且解决了地区样本数据重叠问题，克服了传统方法中高估地区内和地区间差异对总体贡献影响的缺陷。本文将中国划分为东部、中部和西部三大地区，该方法具体计算公式可参考Dagum、刘华军和刘传明等学者的文章。

此外，本文选用Moran'I展开对我国省际共同富裕水平时空演进的探究。其中，广为使用的全局空间自相关值是对整个区域空间特征属性值的描述，用于分析总体区域的空间关联和差异程度。

2. 数据说明

本文选取2011—2020年我国31个省（自治区、直辖市）相关统计数据进行测度，比较各省共同富裕水平。数据来源于全国及各省统计年鉴与国民经济和社会发展统计公报、《中国第三产业统计年鉴》、《中国文化文物统计年鉴》、《中国检察年鉴》、《中国环境统计年鉴》、《中国城市统计年鉴》、《中国卫生统计年鉴》、《中国区域统计年鉴》、《中国林业统计年鉴》、《中国能源统计年鉴》和《中国科技年鉴》，以及EPS数据库等，少数缺失数据采用趋势插补法进行插补。具体指标计算时，"人均"指标中的分母均取"地区年末常住人口"；"最低生活保障人数占比"计算公式为"（农村最低生活保障人数+城镇最低生活保障人数）/地区年末常住人口"；"平均受教育年限"参考翟博计算公式，等于"（文盲人数×1+小学学历人数×6+初中学历人数×9+高中和中专学历人数×12+大专及本科以上学历人数×16）/6岁以上人口总数"；"公共图书馆流通率"等于"公共图书馆总流通人次/地区年末常住人口"；"书刊文献外借率"等于"书刊文献外借册次/地区年末常住人口"。

三、中国省际共同富裕水平实证分析

（一）中国省际共同富裕水平测度结果分析

1. 中国省际共同富裕水平综合测度结果分析

图1展示了我国31个省（自治区、直辖市）2011—2020年共同富裕总水平及

平均增长率。首先，从各省得分总量来看，前三位分别是北京、上海和浙江，后三位分别是贵州、新疆、甘肃。除此之外，广东、江苏、天津、西藏和福建得分总量较高，相较其他省份有明显的领先；青海、云南、河北、内蒙古和广西这几个省份得分较低，落后于其余省份。其次，从三大地区来看，得分高的省份基本位于东部，东部得分总量整体呈现交错突出的特征；中部各省得分差距小，从总体上看中部地区非常平缓；得分低省份集中在西部，但西部并非所有省份得分都偏低，因此西部得分总量呈高低错落的特征。最后，从各省变化情况来看，各省得分均逐年增长，以图中标注出的2015年得分与2020年得分相比较，可以明显地看出，各省在发展过程中共同富裕水平都有不同程度的增长。

图1虚线显示了样本期内的共同富裕水平增长率，京津、长三角、珠三角以及川渝地区的增长率明显高于其他地区。浙江平均增长率达4.8%，为全国之最，重庆平均增长速度为4.7%，紧随其次。东部地区除浙江外，北京和广东的平均增长率也达到3.8%。海南和河北两个省份共同富裕水平平均增长率较低，分别为1.6%和2.2%。中部省份共同富裕水平平均增长率与中部共同富裕水平特征相似，各省间差距较小，其中湖南共同富裕水平增长速度较快，年平均增长率为3.0%，山西共同富裕水平增长较慢，年平均增长率为2.3%。西部地区除重庆外，四川共同富裕发展速度较快，年平均增长率达3.7%；广西和新疆平均增长率低，仅为2.2%。总体来看，京津、长三角、珠三角与川渝4个增长极将成为全国共同富裕水平发展的"发动机"。

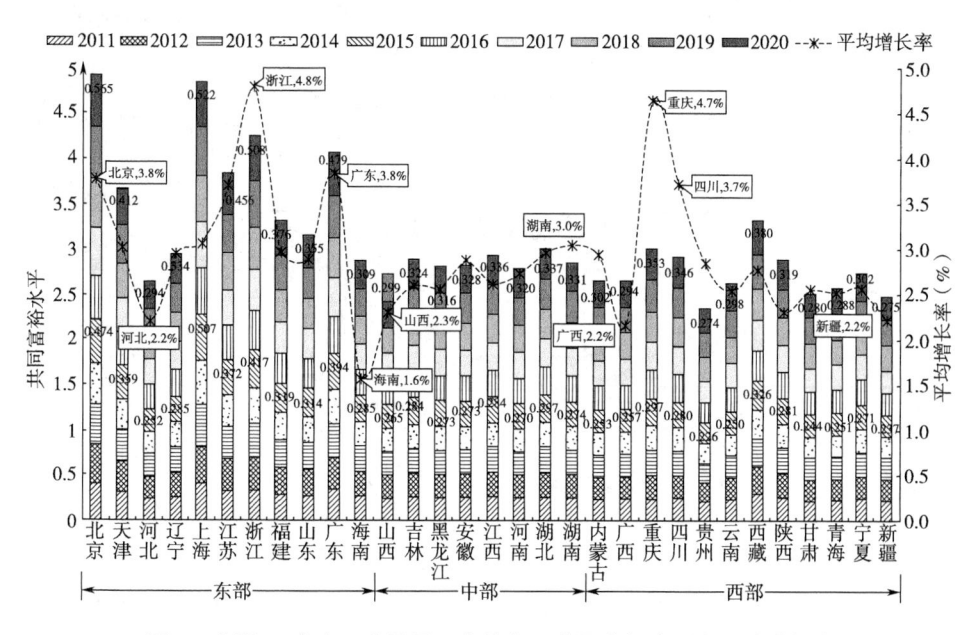

图1 中国31个省（自治区、直辖市）共同富裕水平和平均增长率

2. 中国省际共同富裕水平分维度测度结果分析

根据样本量四等分法，将 3 个一级维度等级由低到高，分为低、较低、较高和高四类，每一等级使用不同颜色进行区分①，并选取 2011 年、2014 年、2017 年和 2020 年为代表年份，描述各省在不同维度上的演变趋势（见图 2）。总体来看，东部地区在三个子维度上具有较高水平，但两极分化严重，京津、

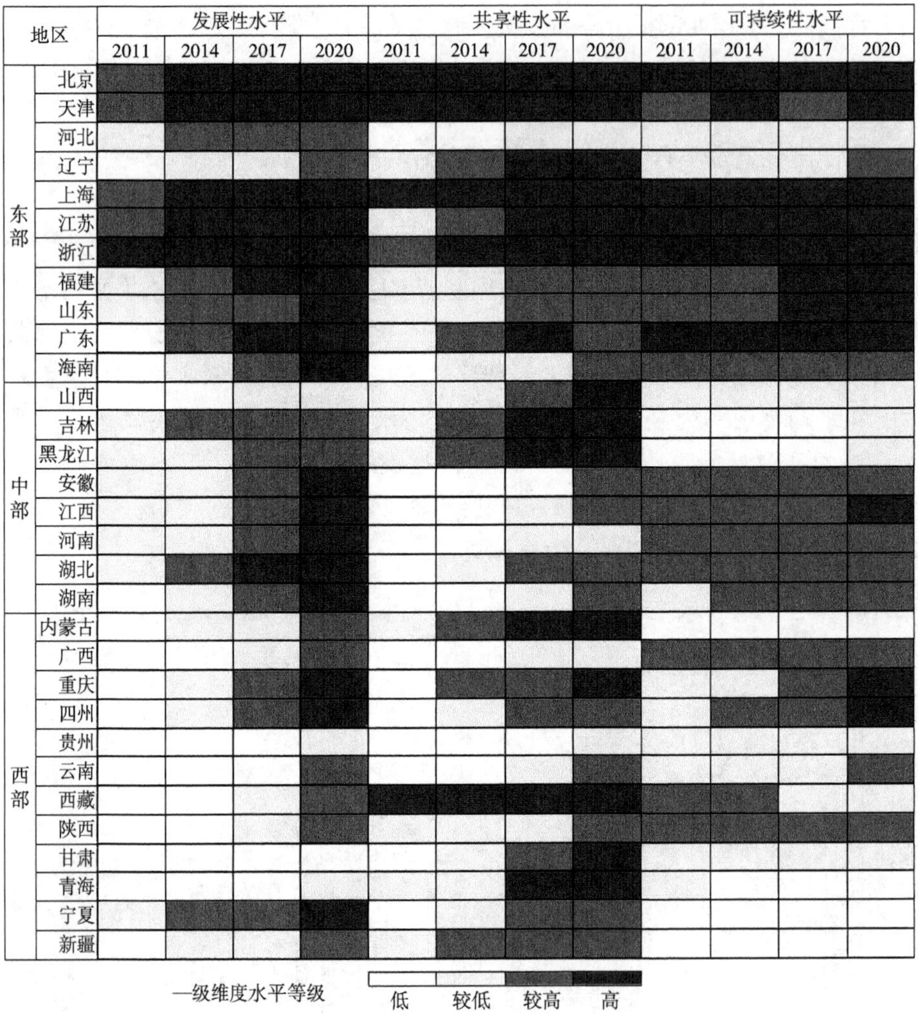

图 2 中国省际共同富裕分维度发展水平演变

---

① 发展性维度等级划分：低 (0, 0.38]，较低 (0.38, 0.42]，较高 (0.42, 0.47]，高 (0.47, 1]；共享性维度等级划分：低 (0, 0.20]，较低 (0.20, 0.26]，较高 (0.26, 0.30]，高 (0.30, 1]；可持续性维度等级划分：低 (0, 0.20]，较低 (0.20, 0.26]，较高 (0.26, 0.32]，高 (0.32, 1]。

长三角与珠三角与其他东部地区的差异较为明显。中部地区整体的共享性水平不高，除山西、吉林和黑龙江之外，其他中部地区的共享性水平较低；西部地区在早期发展性水平不高的特征较为明显，这也是导致中部地区与西部地区总体共同富裕水平分别处于一般水平和较低水平的重要原因。

在发展性维度上，绝大多数省份的共同富裕水平都有明显上升趋势，但不同区域存在明显差异。样本期内，东部地区发展性维度基础更好，2011年，11个省份的发展性水平均值达到了0.408，相比之下，中部和西部地区的均值仅为0.380与0.337，中部共同富裕发展性水平在样本初期明显要优于西部。经过10年的发展，东部地区的发展性水平达到了0.560，增长了1.527%，而中部与西部地区的发展性水平增长幅度仅为1.064%和1.061%。值得注意的是，样本期内，作为共同富裕示范区的浙江，在发展性维度上始终维系着较高水平。发展性维度上所体现出的空间特征与我国经济发展长期东强西弱的格局密切关联。

在体现共同富裕"共同"特征的共享性维度上，情况则相反，东部地区在样本期的增速要明显弱于中西部地区。就初始得分来看，2011年我国东中西三大区域的共享性水平的均值分别为0.260、0.181、0.193，东部地区存在明显的优势，展示了更为均衡的发展特征。但至2020年，东中西三大区域的共享性水平分别为0.335、0.288、0.307，样本期的增长率分别为0.749%、1.077%、1.142%，中西部地区的增速要显著高于东部地区。特别是西部地区，西藏、新疆和内蒙古等具有地广人稀特征的少数民族地区，随着西部大开发战略的推进，其各类社会资源的共享性优势开始显现。

在可持续性维度上，东部地区明显领先中西部地区，且增长速度更为强劲。2011年东中西部地区的可持续发展水平分别为0.317、0.243、0.219，2020年东中西部地区的可持续发展水平分别为0.451、0.281、0.242，样本期内的增长速度分别为1.339%、0.385%、0.222%。东部地区中的京津、长三角、珠三角等经济增长极所在区域的可持续性水平较高，中部地区地理位置偏南的省份可持续性水平高于地理位置偏北的区域，而西部地区中资源与区位优势较为明显的陕西、广西与川渝地区的可持续性水平更高。

（二）中国省际共同富裕水平的区域差异及来源

我们运用Matlab测算了样本期内我国东、中、西三大区域共同富裕水平的Dagum基尼系数（见表2）。全国总体差异呈现出"上升—下降—缓慢波动上升"的变化过程。其中2011—2016年呈逐年上升的趋势，而2017年出现了下降，之后的年份呈波动上升趋势。

表2 共同富裕水平的 Dagum 基尼系数及其分解结果

年份	G	地区内差异 东部	地区内差异 中部	地区内差异 西部	地区间差异 东—中	地区间差异 东—西	地区间差异 中—西	贡献率 地区内	贡献率 地区间	贡献率 超变密度
2011	0.088	0.093	0.013	0.044	0.109	0.138	0.045	22.9%	25.3%	51.8%
2012	0.095	0.100	0.014	0.049	0.122	0.147	0.044	23.3%	23.4%	53.3%
2013	0.098	0.107	0.015	0.049	0.126	0.149	0.043	23.8%	22.3%	53.9%
2014	0.102	0.115	0.018	0.051	0.131	0.155	0.046	24.4%	21.8%	53.8%
2015	0.109	0.121	0.019	0.056	0.140	0.163	0.049	24.4%	21.2%	54.4%
2016	0.112	0.122	0.020	0.059	0.143	0.167	0.051	24.5%	20.4%	55.1%
2017	0.106	0.120	0.021	0.053	0.139	0.159	0.045	24.7%	20.5%	54.8%
2018	0.107	0.124	0.019	0.050	0.141	0.160	0.045	24.6%	19.5%	55.9%
2019	0.111	0.126	0.019	0.052	0.145	0.166	0.048	24.3%	20.2%	55.5%
2020	0.109	0.121	0.020	0.057	0.140	0.162	0.053	24.6%	20.4%	55.1%
平均值	0.104	0.115	0.018	0.052	0.134	0.157	0.047	24.2%	21.5%	54.4%
标准差	0.007	0.011	0.003	0.004	0.011	0.009	0.003	0.006	0.017	0.011

从地区内差异看，样本期内东部地区最大，西部地区次之，中部地区最小，说明东部地区内部的共同富裕水平差距更为明显。在地区内差异的时间维度上，2011—2016年三大区域的内部差异均呈现缓慢发展态势，2016年左右出现下降趋势之后，东部地区内部的共同富裕水平差距呈现扩大趋势。并且，东部地区内部基尼系数在样本期各年份中均大于总体基尼系数，并且变化趋势与总体基尼系数相同。但其平均值和标准差比总体差异大，表明东部各省共同富裕水平的差异高于全国，且各省发展速度差距也比全国整体差距大。其原因是：东部地区的北京、长三角和珠三角等全国性经济增长极在样本期初始年份就获得了较高的共同富裕水平，并且增长速度的优势进一步维系和扩大了这种趋势（见图1）。

在地区间差异方面，样本考察期内平均值的排序依次为："东—西" > "东—中" > "中—西"，标准差的排序依次为："东—中" > "东—西" > "中—西"。表明东部省份和中、西部省份间共同富裕发展水平差距大，而中部省份和西部省份之间差距小；东部与中、西部各省份之间的发展速度差别大，而中部各省与西部省份间发展速度差别较小。并且，"东—中"与"东—西"基尼系数演变趋势大体相同，具体历程为"上升—下降—缓慢波动上升"，与总体基尼系数变化走势趋同。三大区域间的共同富裕水平差距主要来源于东部地区与中、西部地区间的差距。

在区域差异贡献率方面，从三大贡献率的构成来看，2011—2020年超变密度的差距贡献率（平均值54.4%）要远高于地区内的差距贡献率（平均值24.2%）和地区间的差距贡献率（平均值21.5%）。从波动规律来看，地区内差距的贡献率呈现微弱的上升趋势，从2011年的22.9%上升到2020年的24.6%，说明三大区域内部的共同富裕水平差距仍有小幅度扩大；地区间差距的贡献率呈现较为显著的波动下降趋势，从2011年的25.3%下降至2020年的20.4%，反映出整体上地区间各省共同富裕的差距在逐渐收窄；而超变密度的贡献率呈现波动上升趋势，从2011年的51.8%上升至2020年的55.1%。超变密度贡献率揭示了三大区域间交叉项统计对总体差异的影响程度，反映了区域间差异与区域内差异的交互作用对总体差异的贡献率。这充分说明，共同富裕水平存在明显的区域重叠效应，即并非所有东部省份的共同富裕水平均高于其他地区，也存在中部、西部省份的共同富裕水平高于东部地区的情况。

四、中国省际共同富裕水平的空间演变特征

为检验我国省际共同富裕水平发展的总体空间相关性，还需要计算我国共同富裕水平的全局莫兰指数。由表3可知，在观测期内，所有年份的全局Moran's I 值均大于0，且 P 值均小于0.01，Z 值均大于1.96，说明我国共同富裕水平存在较为显著的空间正相关性，意味着不同省份共同富裕发展水平在地理位置上存在较高的空间相互依赖效应，呈现典型的空间集聚分布特征，即共同富裕水平较高（较低）的省份往往相邻。从演变趋势来看，莫兰指数总体呈波动下降趋势，我国共同富裕水平的空间集聚效应有所减弱。Moran's I 值在2017年后逐渐平稳，最低值为2018年的0.318，最高值为2011年的0.386。

表3　2011—2020年全局 Moran's I 及其检验结果

年份	I 值	Z 值	P 值
2011	0.386	3.665	0.000
2012	0.385	3.640	0.000

续 表

年份	I 值	Z 值	P 值
2013	0.364	3.493	0.000
2014	0.346	3.355	0.001
2015	0.354	3.413	0.001
2016	0.349	3.361	0.001
2017	0.330	3.172	0.002
2018	0.318	3.007	0.002
2019	0.328	3.150	0.002
2020	0.327	3.115	0.002

考虑到全局莫兰指数检验空间自相关有一定的局限性，这里进一步结合莫兰散点图，更直观地刻画局域空间的相互依赖性和空间异质性特征。正如2011年、2014年、2017年和2020年Moran's I 散点图（见图3）所呈现的，我国大部分省份位于第Ⅰ和第Ⅲ象限，总体呈现出"高—高"（H—H）聚集和"低—低"（L—L）聚集的分布特征。根据2011年→2014年→2017年→2020年莫兰散点图呈现的演进规律，考察期内绝大多数省份并未发生集聚类型跃迁，只有个别省份发生了跃迁现象，重庆由低值集聚区（第Ⅲ象限）逐渐向高值被低值包围区（第Ⅳ象限）移动，2020年跃迁至高值被低值包围区（第Ⅳ象限），而四川也有从第Ⅲ象限向第Ⅳ象限跃迁的迹象。

具体来看，属于"高—高"类型的都是东部地区的省份，包括北京、上海、浙江、江苏、福建和天津。"高—低"类型的省份为西藏和广东，这些省份自身共同富裕水平较高，但相邻省份水平较低。中国大部分省份处于"低—低"类型中，西部地区省份居多，东中部地区省份较少。例如，东部地区的辽宁，中部的山西、吉林、黑龙江、河南和湖北，西部的内蒙古、贵州、云南、陕西、甘肃、青海、宁夏和新疆，其共同富裕发展水平较低，同时周边省份也较低，出现低水平发展聚集区域；河北、安徽、江西和海南属于"低—高"类型，这些省份自身共同富裕水平不高，但相邻省份共同富裕水平较高。

(a) 2011年

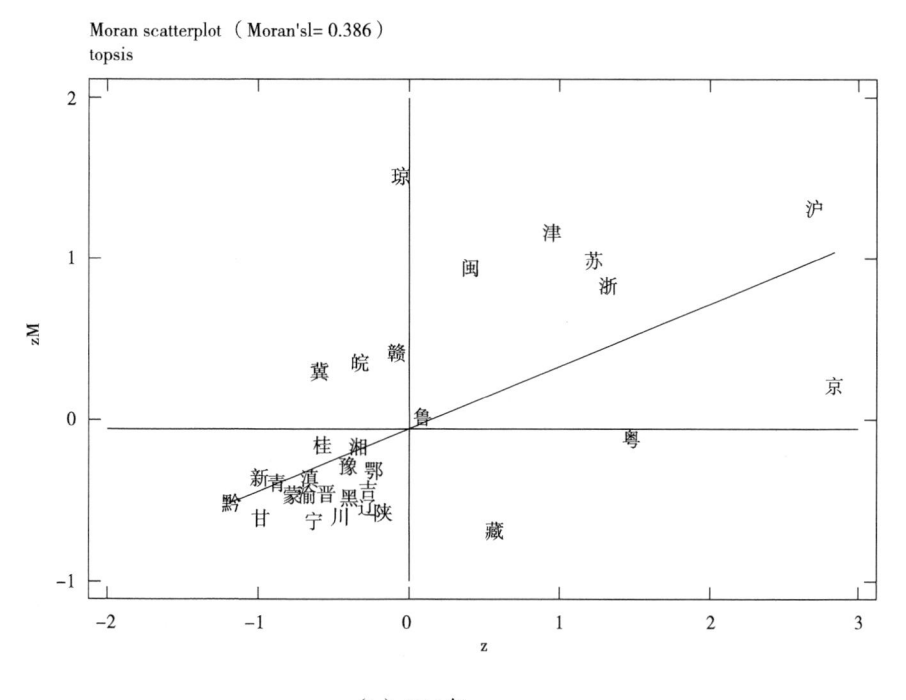

Moran scatterplot (Moran'sI= 0.386)
topsis

(b) 2014年

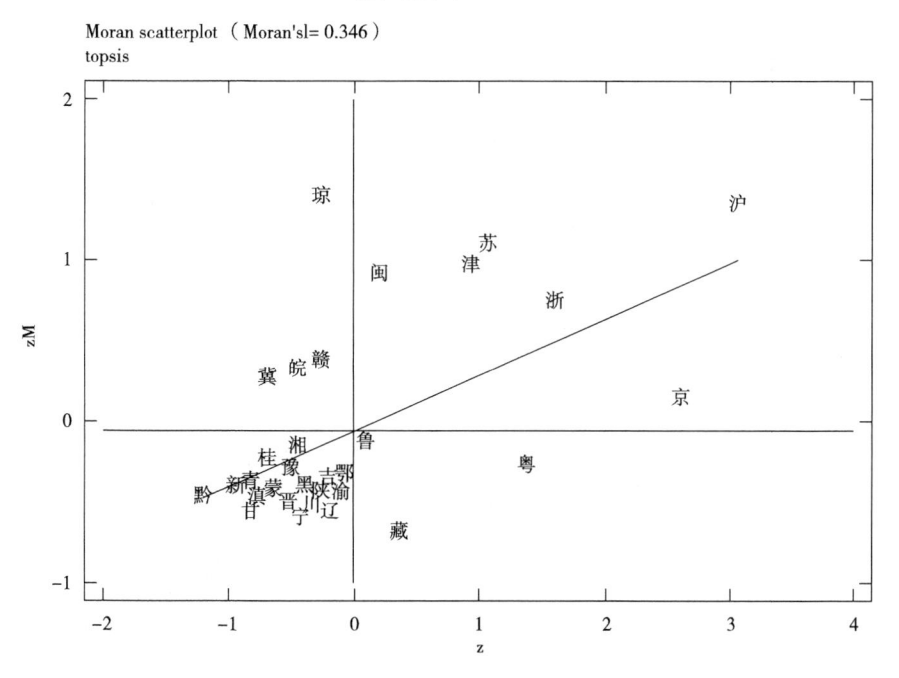

Moran scatterplot (Moran'sI= 0.346)
topsis

（c）2017年

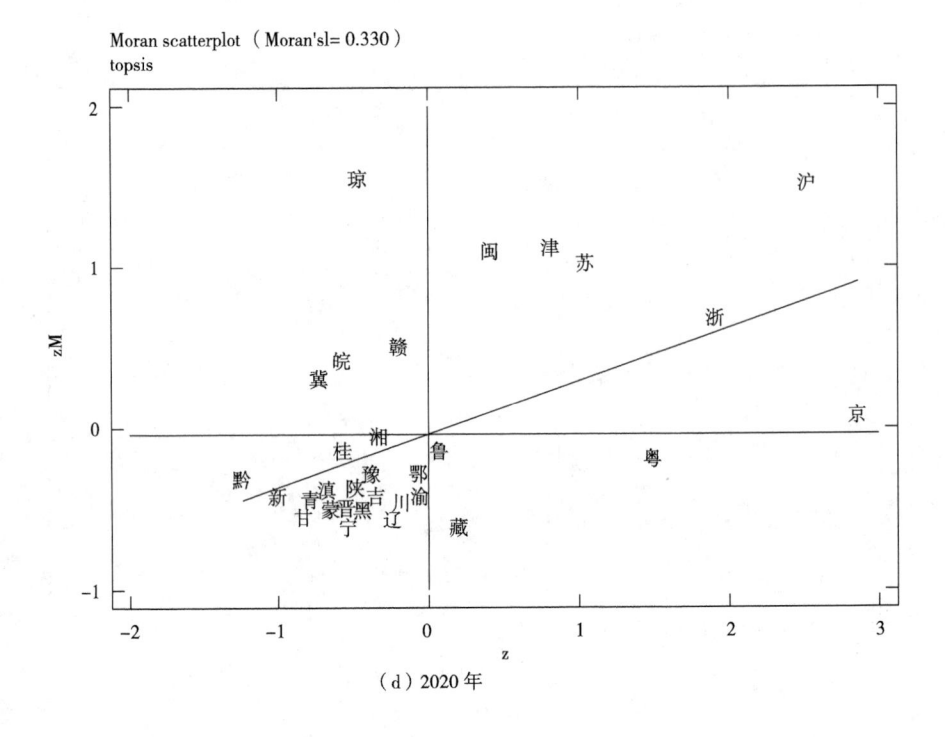

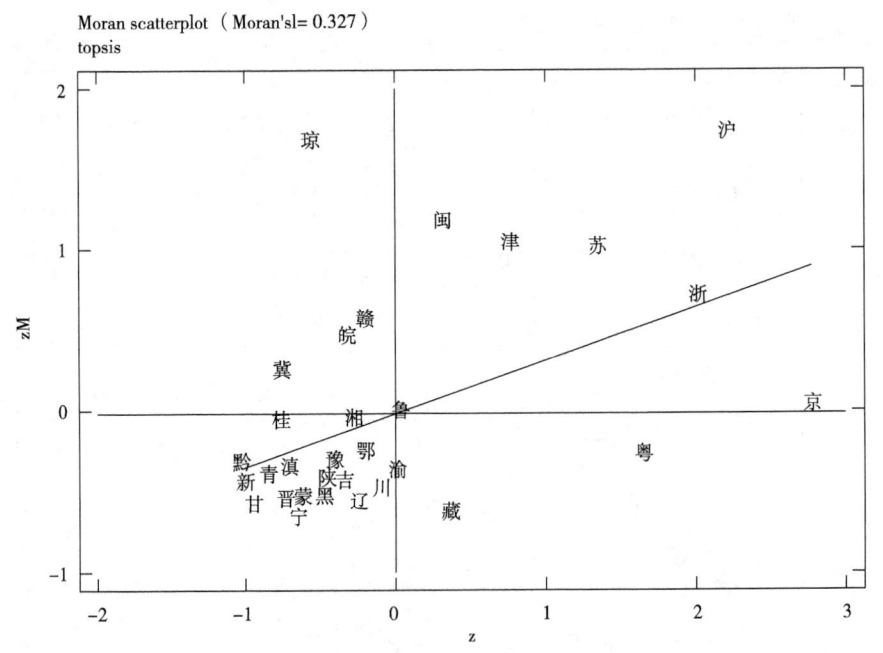

图3 中国31个省（自治区、直辖市）共同富裕水平 Moran's *I* 散点图

五、结论与讨论

通过上述研究，我们发现：

（1）我国共同富裕水平在样本期内的空间格局并未发生明显变化。但在发展速度上，因川渝地区的快速发展，将使川渝和京津、长三角、珠三角成为推进共同富裕的领头雁。此外，东部地区在发展性、共享性、可持续性三个子维度上都具有较高水平，但空间上两极分化严重。中部地区整体的共享性水平不高与西部地区整体的发展性水平不高，是导致中部地区与西部地区总体共同富裕水平分别处于一般水平和较低水平的重要原因。

（2）在共同富裕水平的区域差异方面，全国总体差异呈现出"上升—下降—缓慢波动上升"的变化过程。地区内差异方面，东部地区最大，西部地区次之，中部地区最小。地区间差异方面，东部地区与中、西部地区间的差距更为明显。在差距的贡献率上，超变密度的差距贡献率最大，表明共同富裕水平存在明显的区域重叠效应，但并不存在严格意义上的三大区域等级性差异。此外，三大区域内部的共同富裕水平差距有小幅度扩大趋势，三大地区间各省共同富裕的差距在逐渐收窄。

（3）在共同富裕水平的空间演变特征方面，不同省份共同富裕发展水平呈现典型的空间集聚分布特征，即共同富裕水平较高（较低）的省份往往相邻，但这种空间依赖效应正逐年减弱。莫兰散点图显示，共同富裕水平总体呈现出"高—高"聚集和"低—低"聚集的分布特征，并且中国大部分省份处于共同富裕水平"低—低"聚集的分布类型中，而西部地区省份在这一类型中居多，东中部地区省份较少。考察期内绝大多数省份并未发生集聚类型跃迁，只有重庆由低值集聚区"低—低"聚集区跃迁至"高—低"聚集区。

根据本文研究结论，从空间上推进我国共同富裕发展的政策启示如下：

第一，在共同富裕水平的空间格局变化不大的情况下，要重视京津、长三角、珠三角与川渝等领头雁的带动作用，健全财政转移支付与对口帮扶制度，缩小区域人均财政支出差异，要通过先富地区带动后富地区的发展，加大对欠发达地区的支持力度。

第二，由于东、中、西三大区域并不存在严格意义上的等级性差异，不宜对东、中、西三大区域采取整体性的差异化共同富裕推进战略，而是要因地制宜地制定差异化推进战略。中西部地区要注重发展性、共享性与可持续性维度的协同发展。中部地区的重点是要推进基本公共服务均等化，抓紧实现中部地区省份发展成果的共享性。西部地区要着重提升创新水平、社会治理和生态环境治理水平，以保证经济、社会、生态等方面发展的可持续性。

第三，鉴于我国目前"高—高"聚集和"低—低"聚集的空间分布特征依然较为显著，东部地区与中西部地区间的差距依旧明显，在川渝地区已经成为新增长极的背景下，要加快长江中游城市群的发展，将湘鄂赣地区打造成我国中部地区的新增长极，以推进中部地区共同富裕水平的提升。

参考文献：

[1] 习近平．扎实推进共同富裕[J]．求是,2021(20):4-8.

[2] 李实．共同富裕的目标和实现路径选择[J]．经济研究,2021,56(11):4-13.

[3] 李金昌,余卫．共同富裕统计监测评价探讨[J]．统计研究,2022,39(02):3-17.

[4] 洪银兴．区域共同富裕和包容性发展[J]．经济学动态,2022(06):3-10.

[5] 刘培林,钱滔,黄先海,等．共同富裕的内涵、实现路径与测度方法[J]．管理世界,2021,37(08):117-129.

[6] 徐鹏杰,张文康,曹圣洁．产业结构升级、构建现代产业体系与农民农村共同富裕[J]．经济学家,2023,293(05):78-88.

[7] 孙豪,曹肖烨．中国省域共同富裕的测度与评价[J]．浙江社会科学,2022(06):4-18,155.

[8] 郁建兴,任杰．共同富裕的理论内涵与政策议程[J]．政治学研究,2021(03):13-25,159-160.

[9] 陈丽君,郁建兴,徐铱娜．共同富裕指数模型的构建[J]．治理研究,2021,37(4):2,5-16.

[10] 万海远,陈基平．共同富裕的理论内涵与量化方法[J]．财贸经济,2021,42(12):18-33.

[11] 李瑞松,刘洪久,胡彦蓉．2023．中国省际共同富裕水平评价研究．统计与信息论坛,38(02):29-46.

[12] 王青,刘思良,张恩,等．中国共同富裕水平的区域差异、分布动态演进及空间相关性[J]．西安交通大学学报(社会科学版),2023,43(02):8-18.

[13] 谭燕芝,王超,陈铭仕,等．中国农民共同富裕水平测度及时空分异演变[J]．经济地理,2022,42(08):11-21.

[14] 刘洪森．新时代共同富裕的生成逻辑、科学内涵和实践路径[J]．思想理论教育,2022(03):23-29.

[15] DIAKOULAKI D, MAVROTAS G, PAPAYANNAKIS L. Determining objective weights in multiple criteria problems:The critic method[J]. Computers & Operations Research, 1995, 22(07):763-770.

[16] OZERNOY V M. Choosing the "best" multiple criteria decision making method[J]. Infor, 1992(30):159-171.

[17] STEWART T J. A critical survey on the status of multiple criteria decision making theory and

practice[J]. Omega,1992(20):569-586.

[18] DAGUM C. A new approach to the decomposition of the Gini income inequality ratio[J]. Empirical economics,1997,22(4):515-531.

[19] 刘华军,赵浩. 中国二氧化碳排放强度的地区差异分析[J]. 统计研究,2012,29(06):46-50.

[20] 刘传明,王卉彤,魏晓敏. 中国八大城市群互联网金融发展的区域差异分解及收敛性研究[J]. 数量经济技术经济研究,2017,34(08):3-20.

[21] 俞路,蒋元涛. 我国区域经济差异的时空分析:基于全国与三大都市圈的对比研究[J]. 财经研究,2007(03):17-28.

[22] 翟博. 教育均衡发展:理论、指标及测算方法[J]. 教育研究,2006(03):16-28.

国企市场化改革的经济绩效研究
——基于 31 个省份面板数据的分析

司海平 李成宇 靳耀祖[*]

摘要：国企是我国国民经济的重要组成部分，推进国企改革对于我国的经济发展具有重要意义。本文基于 2010—2021 年 31 个省份的数据，采用面板数据变截距模型，对已有国企市场化改革的经济绩效进行研究。研究发现：国企市场化改革对经济绩效的影响存在转折点，即在低市场化条件下的改革不利于经济绩效的提升，但随着改革的不断深化，高程度市场化条件下的改革会带来经济绩效的提升。因此，针对国企市场化改革影响经济绩效的既有研究，结论并不完全相同。同时，在国企市场化改革的实践中，需要注重解决国企前期改制中存在的问题，帮助国企顺利适应市场化的竞争氛围，建立就业保障和服务机制，解决因国企市场化改革所带来的失业问题，避免因失业问题造成地区贫富差距拉大，坚持深化改革，注重地区国企市场化所带来的改革红利。

关键词：国企改革；市场化；抑制效应；促进效应；经济绩效

一、引言

改革开放以来，我国引入社会主义市场经济体制，打破了传统计划经济的僵化体制，为经济增长带来了源源不断的改革红利。国企是我国国民经济的重要组成部分，国企改革将给经济发展带来巨大的动力。国企改革先后经历了"放权让利""抓大放小""混合制改革""分类改革"的阶段，国企市

---

[*] 司海平，中国政法大学商学院讲师；李成宇，中国政法大学商学院硕士研究生；靳耀祖，中国政法大学商学院硕士研究生。

场化改革的程度不断加深。2023年1月，国资委会议指出，国企将开启新一轮改革行动，注重提升国企盈利质量和估值水平。会议明确了八个方面的改革发展重点，重视国有企业市场化改革。对于国企市场化改革经济成效，学者有不同的看法，不同学者采取不同的数据进行实证分析，结果发现，国企市场化改革对经济绩效可能存在促进作用，也可能存在抑制作用。本文认为，在国企市场化改革对于经济影响的作用过程中存在改革的转折点，即在低市场化条件下的改革不利于经济绩效的提升，但随着改革的不断深化，高程度市场化条件下的改革会带来经济绩效的提升。为了验证国有企业市场化改革对经济绩效的影响，本文采取2010—2021年的数据，实证考察国有企业市场化改革对经济绩效的影响。本文主要分为五部分进行介绍：第一部分为文献综述，对国内外学者的研究进行介绍和总结；第二部分为理论假说，指出本文的理论依据和理论假设；第三部分为数据来源和模型设置，说明本文的数据来源以及具体的模型构建；第四部分为实证分析与检验。第五部分为结论与建议，即得出本文的主要结论，针对实证分析提出相对应的国企市场化改革的建议，并指出本文的不足以及未来可继续深入研究的方向。

二、文献综述

我国国有企业自改革开放以来先后经历了"放权让利"、"利改税"、"抓大放小"、"混合制改革"、"分类改革"和"现代企业制度改革"阶段，逐步朝着市场化方向进行改革，但对于国企市场化改革所带来的影响，学者之间存在不同的见解。

（一）国企市场化改革的必要性

自改革开放以来，我国国有企业在同民营企业在市场环境的对比中，频繁出现因管理效率低下、经营绩效不佳等现象导致的亏损问题。因此，许多学者都认为对国企进行市场化改制是提升经营绩效的必要手段。Vining等（1992）通过对多国国有企业和民营企业绩效进行对比，得出在竞争行为规范的情况下，民营企业效率更高。研究发现，不同时期不同国家不同体制下的国企运营效率表现均劣于其他类型企业。Boycko等（1996）的私有化理论、事实证明，世界各国的国企效率低下，主要是由于企业优先追求的是政治目标，市场目标服务于政治目标，因此牺牲了企业市场化的盈利效率。夏立军、陈信元（2007）认为，随着地区市场化程度的不断提高，地方政府会减轻控制企业的经济动机。李帮喜、邓永波（2021）提倡国企应该朝向更高的社会主义市场经济体制目标进行改革。陆挺、刘小玄（2005）通过实证分析，发现私有产权方向的国企改制使得企业效率提升得最快。郝大明（2006）通过对2001年山东第二次基本单位普查工业企业数据资料进行实证分析，得出国企改制效率提升的关键在于国企是否能成为独立的市场化个体。白重恩、路江涌、陶志刚（2006）通过利用1998—2003年的数据，得出国企市场化改制使得其经济效益显著提升。胡一帆、宋敏、张俊喜（2006）依据世界银行1996—2001年对300家国有企业的调查数据进行分析，得出结论：国有企业彻底民营化后企业绩效得到了提高。

（二）国企市场化改革的积极影响

国企市场化改革带来了诸多积极影响，最突出的是提升了企业经济绩效和国有资本的利用效率。Estache等（2002）通过研究巴西与阿根廷的铁路行业，得出民营化改制确实提升了该行业的经营绩效。李楠、乔榛（2010）通过构建双重差分模型，利用1999—2006年中国工业企业数据，得出国企市场化改革促进了企业经济绩效的提升。孙建强、吴晓梦（2019）认为，国有企业混改能够通过优化资本配置来提升企业价值。国有企业的市场化改革即引入非国有资本的股份制改革改善了企业的经济绩效，对于国有企业的控制权问题进行改革促进了国有资本的保值增值（武常岐、张林，2014）。崔楷（2021）认为，国企改革的有效驱动力是要素的市场化配置（王颖，2020；沈怀龙、王竹泉，2020）。

（三）国企市场化改革的消极影响

学者在肯定国企改革带来的积极影响的同时，也发现了国企市场化改革中存在的问题，因为国企本身并非一直是低效率的，而且市场化改革方案也并非只带来了福利。国外学者Sun等（2002）利用1994—1997年中国上市企业的数据进行实证分析，得出了相反的结论，他们并不认为国企市场化改革带来了效率提升。Liu（1995）通过研究英国港口企业，得出在英国港口企业的表现中，国有企业企反而优于民营企业。Bremmer（2009）则强调在特殊时期，诸如金融危机时期，国有企业的表现甚至要比民营企业更加优秀。我国学者丁一兵、付林、傅缨捷（2015）发现，在私有化浪潮下，国外大型国有企业仍旧保持较为良好的经济绩效。市场化改革适应于当前的发展阶段，但这并不是肯定"私有制"，也并不是鼓励"完全市场化"，需要认识到市场化会带来相对贫穷，以及会削弱社会中人的作用（于鸿君、吴文，2022）。对于当前国企民营化出现了反预期的业绩下滑现象，即"中国国企部分民营化后的盈利能力之谜"，刘春、孙亮（2013）认为，是国企部分民营化后的就业压力所导致的政策性负担加重，从而使得国企民营化后的业绩滑坡。

（四）小结

国企改革所取得的成效毋庸置疑，国有经济与市场经济相融合提升了经营效率，扩大了影响力。但诸如国家安全、重要的公共产品行业、重要的高新技术行业以及自然垄断行业，应当仍旧由国有经济所把控（袁东明、袁璐瑶，2019）。要坚持国企"分类改革"方案，对于特定行业，国企市场化改革反而会造成负向的影响，国企市场化改革不等同于国企的"完全市场化"，应当对实际情况进行更加深入的区分和探讨。

三、理论假说

关于国企市场化改革能够提升经济绩效的观点，目前学界存在积极和消极两方面的争论。就积极层面而言，依据科斯理论，国企的"组织成本"高于"交易成本"，因此进行市场化改革能够带来经济效益的提升。国企市场化改革引入了市场机制，主要通过提升企业的竞争氛围，激发要素流动性以及增加激励的方式，使得企业调整组织结构，更加有效地利用生产资料进行扩大再生产。就消极层面而言，国企市场化改革会增加经营风险，引起失业（刘春、孙亮，2013），导致贫富差距扩大（于鸿君、吴文，2022），会造成经济长期绩效增加不显著甚至负向的影响；同时，在特定时期和特定行业，国企市场化改革行不通，体现在诸如金融危机（Bremmer，2009）、疫情时期、国家安全产品和大型公共产品提供（袁东明、袁璐瑶，2019）等方面。具体的作用机制如图1所示。

由此可见，国企市场化改革对于经济绩效的影响存在促进效应和抑制效应两个方面。为此，本文提出假设，国企市场化改革对经济绩效的影响存在转折点，即在低市场化条件下的改革不利于经济绩效的提升，但随着改革的不断深化，高程度市场化条件下的改革会带来经济绩效的提升。长期来看，国企市场化改革程度深化会带来经济绩效的提升。

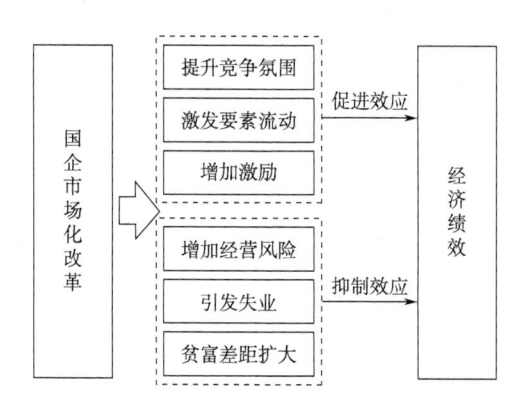

图 1　国企市场化改革对经济绩效的作用机制

四、数据来源及模型设置

本文使用的数据均来源于国家统计局 2011—2022 年的统计年鉴（其中 2013 年和 2018 年统计年鉴未统计本文所需的相关数据，其余更早年份也未查找到相关数据）。数据涵盖 10 年间 31 个省份的详细数据。

（一）变量及指标

本文的研究变量主要分为被解释变量、主要解释变量、控制变量和分类变量（见表1）。被解释变量有地区 GDP 的对数和人均 GDP 的对数；主要解释变量是市场化和市场化^2（在统计年鉴中，将企业法人单位数分为国有控股、集体控股、私人控股、港澳台商控股、外资控股和其他六大类，其中国有控股公司数量的占比代表了当前国有公司的市场比例，以此来衡量当前国企市场化指标的情况）。国企市场化水平越高，该指标越低，即国有控股公司的占比会不断下降；相应地，国企市场化水平越低，则该指标会越高，即国有控股公司所占比例上升。控制变量主要包含政府一般性预算支出的对数、社会消费品零售总额的对数变量（政府一般性预算支出的对数值和社会消费品零售总额的对数值），以此衡量政府购买和消费的变动的情况。分类变量是区位，区位分别为东部、中部和西部地区，其中东部地区编码为 1，中部地区编码为 2，西部地区编码为 3。

表 1　变量及指标说明

变量名	定义和计算方法
被解释变量	
ln_地区 GDP	ln（地区 GDP）
ln_人均 GDP	ln（人均 GDP）
主要解释变量	
市场化	国有控股企业/企业单位数
市场化^2	（国有控股企业/企业单位数）^2
控制变量	
ln_政府一般性预算支出	ln（政府一般性预算支出）
ln_消费	ln（社会消费品零售总额）
分类变量	
区位	东部为1，中部为2，西部为3

（二）模型设置

本文搜集了 2010—2021 年 10 年（2013、2018 年数据缺失）31 个省份的相关数据，据此构建静态平衡面板变截距模型，模型具体如下：

$$Y_i = a_i + u_i + \beta X_{it} + \varepsilon_{it}$$

其中，Y_i 表示被解释变量，a_i 表示截距项，u_i 表示个体效应的截距项，β 表示系数矩阵，X_{it} 表示解释变量的矩阵，ε_{it} 表示随机干扰项。主要通过构建混合回归（POOL）、固定效应回归（FE）、双固定效应回归（FE2）和随机效应回归（RE）对模型进行拟合和检验，从而进一步验证主要解释变量市场化指标对于地区 GDP 的影响。

五、实证分析与检验

本部分实证分析主要分为变量的描述性统计、模型拟合和稳健性检验三部分，通过实证的方法检验本文的假设是否成立，明晰市场化对于地区 GDP 的影响。

（一）描述性统计

各变量的描述性分析见表 2。其中，10 年来各地区 GDP、人均 GDP、市场化、政府一般性预算支出和社会消费品零售总额的均值分别为 24 854.37 亿元、55 468.76 元、0.034、4 867.12 亿元和 9 764.85 亿元；2021 年 GDP 最高的地区是广东省，为 124 369.7 亿元，最低的是西藏，为 2 080.2 亿元；人均 GDP 最高的是北京，为 18.4 万元，最低的是甘肃，为 4.1 万元；市场化水平最高的是山东，为 0.233，最低的是西藏，为 0.045；政府一般性预算支出最高的是广东，为 18 247.01 亿元，最低的是宁夏，为 1 427.89 亿元；社会消费品零售总额最高的是广东，为 44 187.7 亿元，最低的是西藏，为 810.3 亿元。

表 2 变量描述性分析

变　量	均值	标准差	最大值	最小值	样本数
地区 GDP（亿元）	24 854.37	21 611.03	124 369.7	507.46	310
人均 GDP（元）	55 468.76	29 187.33	183 980	13 119	310
市场化	0.034	0.03	0.233	0.006 4	310
政府一般性预算支出（亿元）	4 867.12	3 020.95	18 247.01	171.52	310
社会消费品零售总额（亿元）	9 764.85	8 730.51	44 187.7	185.25	310
区位	2.032	0.862	3	1	310

（二）基准回归与模型检验

对各变量进行标准化处理，目的是消除不同变量之间的量纲差异。绘制出如下的解释变量对于地区 GDP 的拟合图（见图 2）。随着市场化程度的增加，经济绩效会先下降然后逐步上升。政府一般性预算支出和社会消费零售总额对于经济绩效均有正向的促进作用。

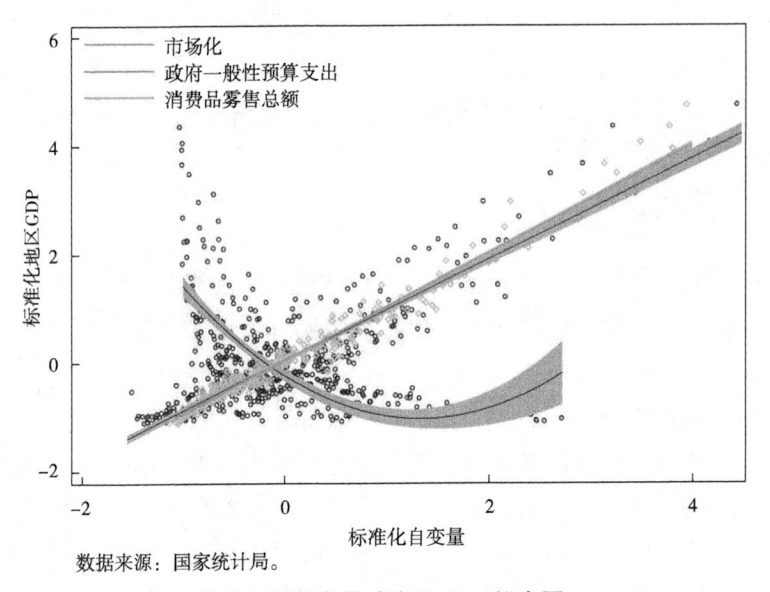

数据来源：国家统计局。

图 2　解释变量对地区 GDP 拟合图

具体通过混合回归、组内估计（FE）、最小二乘虚拟变量法（LSDV）、个体时间双固定效应（FE2）、聚类稳健固定效应（R_FE）、广义最小二乘估计（FGLS_RE）和极大似然估计（MLE_RE）的方法对模型进行拟合。拟合结果如表 3 所示。

表 3　拟合结果

	(1) POOL	(2) FE	(3) LSDV	(4) FE2	(5) R_FE	(6) FGLS_RE	(7) MLE_RE
市场化	-0.285	-3.871***	-3.871**	-0.560	-3.871*	-1.268	-2.944***
	(0.858)	(0.784)	(1.229)	(0.789)	(1.429)	(0.782)	(0.791)
市场化^2	-6.485	9.627***	9.627*	-1.526	9.627*	1.858	6.941*
	(3.736)	(2.742)	(3.726)	(2.675)	(4.202)	(2.888)	(2.767)
ln_政府一般性预算支出	0.065 9*	0.087 5***	0.088	0.039	0.088	0.072 0***	0.082 9***

续表

	(1) POOL	(2) FE	(3) LSDV	(4) FE2	(5) R_FE	(6) FGLS_RE	(7) MLE_RE
	(0.027)	(0.021)	(0.081)	(0.020)	(0.087)	(0.023)	(0.021)
ln_消费	0.852***	0.634***	0.634***	0.598***	0.634***	0.761***	0.678***
	(0.017)	(0.023)	(0.049)	(0.021)	(0.054)	(0.020)	(0.024)
_cons	1.767***	3.579***	3.681***	4.076***	3.579***	2.521***	3.209***
	(0.160)	(0.222)	(0.381)	(0.222)	(0.470)	(0.200)	(0.231)
地区固定效应	No	Yes	Yes	Yes	Yes	No	No
时间固定效应	No	No	No	Yes	No	No	No
N	310	310	310	310	310	310	310
R-sq	0.9808	0.9451	0.9947	0.9657	0.9505		
AIC	−336	−764.5	−704.5	−902.6	−766.5	.	−587.8
BIC	−317.3	−745.8	−573.7	−850.3	−751.6		−561.6

注：$p<0.05$，** $p<0.01$，*** $p<0.001$。

市场化前的系数为负，与预期的市场化程度越高经济效率越高相符（市场化程度越高则该指标越小）；市场化^2前的系数为正，符合关于转折点的假设。其余各变量的系数均为正，与经济情况相符合。另外，各个模型调整的R^2值均高于90%，模型的整体解释力强。对于选择POOL模型或者固定效应和随机效应模型，其检验见表4：

表 4　模型选择检验

	检验及结果	P 值
固定效应 & POOL 模型检验	F 检验 F 值（27.36）	0.00001
随机效应 & POOL 模型检验	LR 检验 χ^2 值（255.85）	0.0001
固定效应 & 随机效应模型检验	Hausman 检验	0.00001

由表4可知，固定效应模型和随机效应模型均优于混合回归模型结果，并且固定效应模型和随机效应的豪斯曼检验P值<0.05，拒绝建立随机效应模型。因此，选择建立固定效应模型。在固定效应模型中，由于中间时间年份的缺失，导致个体时间双固定效应（FE2）结果并不显著，因此选择个体固定效应模型。经过聚类稳健标准误调整后的个体固定效应模型（R_FE），其AIC和BIC都得到了一定程度的提升。模型中各变量都较为显著，拟合情况

较好。

(三) 稳健性检验

模型的稳健性检验，主要通过分不同区域样本和更换解释变量两种方法进行。关于东部、中部和西部地区分别进行拟合的结果见表5，虽然东部和西部地区市场化和市场化^2的系数并不显著，但其正负值并未发生变化，主要原因可能是受到样本数量影响，但各变量的整体系数的正负情况均未发生变化，模型的整体稳健性较好。

表 5　分地区稳健性检验

	(1) 东部地区	(2) 中部地区	(3) 西部地区
市场化	-4.461	-18.55***	-1.226
	(4.626)	(2.586)	(1.322)
市场化^2	45.73	164.2**	2.291
	(41.056)	(34.635)	(3.608)
ln_政府一般性预算支出	0.289*	-0.00264	0.340***
	(0.102)	(0.027)	(0.042)
ln_消费	0.529***	0.542***	0.501***
	(0.079)	(0.022)	(0.059)
_cons	2.958***	5.455***	2.392***
	(0.348)	(0.217)	(0.419)
N	110	80	120
adj. R-sq	0.9526	0.9706	0.9684

注：* $p<0.05$，** $p<0.01$，*** $p<0.001$。

进一步，通过更换解释变量地区GDP为人均GDP，对模型进行稳健性检验。使用人均GDP作为经济指标，可以更好地在不同省份之间进行比较，因为它排除了人口规模的影响，从而使经济发展水平的比较更加公平和准确。在某些情况下，GDP可能受到异常值或统计误差的影响，通过转换为人均GDP，可以在一定程度上减少这些误差或异常值的影响，提高分析的准确性。结果（见表6）显示，市场化的系数为负，市场化^2的系数为正，并且显著，这与表2所得结果相似，其他解释变量的系数正负情况也相似。这进一步验证了结论：国企市场化对GDP的影响呈现"U"形，即国企市场化改革在前期存在抑制效应大于促进效应，长期来看，国企市场化改革带来了经济绩效的提升。因此，可以认为模型整体较为稳健。

表 6　更换解释变量稳健性检验

	（1） 地区 GDP	（2） 人均 GDP
市场化	-3.871 *	-4.621 *
	(1.429)	(1.856)
市场化^2	9.627 *	13.24 *
	(4.202)	(5.479)
ln_政府一般性预算支出	0.0875	0.094
	(0.087)	(0.079)
ln_消费	0.634 ***	0.549 ***
	(0.054)	(0.047)
_cons	3.579 ***	5.368 ***
	(0.470)	(0.572)
N	310	310
R-sq	0.950 5	0.906 6

注：* $p<0.05$，** $p<0.01$，*** $p<0.001$。

（四）模型解读

采用聚类稳健标准误的固定效应模型，通过拟合结果可以发现，在其他变量不变的情况下，国企市场化程度每提高 1%（即市场化指标变量每下降 1%），则经济绩效提高 3.87%，并且存在转折点，在转折点处，市场水平约为 0.209。主要原因在于，国企市场化改革在前期存在抑制效应大于促进效应，前期国企市场化改革的推行使得国企需要面临和适应市场竞争环境，带来了一定的经营风险并引发失业（刘春、孙亮，2013），同时也会在短期内造成部分人群间的贫富差距（于鸿君、吴文，2022），不利于经济发展，因此，经济绩效出现下降。而长期来看，国企市场化改革提升了企业竞争氛围，增加了对企业内部的激励，激发了要素流动，为地区经济发展注入了新的活力，于是带来了经济绩效的提升。在控制变量中，政府一般预算支出和社会消费品零售总额均正向影响地区经济绩效的发展。

六、结论与建议

本文构建了衡量国企市场化改革的指标，通过实证分析得出了国企市场化改革对于经济绩效的影响存在转折点，低市场化的国企改革会对经济带来负向的影响，而随着国企市场化改革程度不断加深，经济会逐渐享受改革所带来的红利。相较于学界之前的研究成果，本文对国企市场化改革的经济成效进行了更为细致的区分，从侧面验证了不同学者在不同数据下所得出的结论，认为既要看到国企市场化改革对于经济的抑制作用，也要看到国企市场化改革对于经济的促进作用。在实际的国企市场化改革中，需要注重引导前期国企改制中存在的问题，帮助国企顺利适应市场化的竞争氛围，建立就业保障和服务机制，解决因国企市场化改革所带来的失业问题，避免因失业问题造成地区贫富差距拉大，对经济产生负向冲击。要坚持深化改革，加深地区国企市场化改革程度，注重国企市场化改革对地区长期经济绩效发展带来的改革红利。

本文的局限性主要在于：①数据层面，今后可以搜集县域数据，或者国企内部数据，得到更为精确的结论。②具体行业层面，对于具体行业中国企的市场化改革问题，本文未进行深入细致的研究，我们有理由相信，在个别行业，国企的市场化反而不利于经济增长，因此需要更加深入细致地研究。同时，本文的研究可以通过搜集国企内部数据，进一步深入探讨国企市场化改革中国家最优持股比例与经济绩效之间的关系。

参考文献：

[1] 陆挺,刘小玄. 企业改制模式和改制绩效:基于企业数据调查的经验分析[J]. 经济研究,2005(06).

[2] 胡一帆,宋敏,张俊喜. 中国国有企业民营化绩效研究[J]. 经济研究,2006(07).

[3] 郝大明. 国有企业公司制改革效率的实证分析[J]. 经济研究,2006(07).

[4] 白重恩,路江涌,陶志刚. 国有企业改制效果的实证研究[J]. 经济研究,2006(08).

[5] 夏立军,陈信元. 市场化进程、国企改革策略与公司治理结构的内生决定[J]. 经济研究,2007(07).

[6] 乔榛,李楠. 国有企业深化改革政策的绩效:基于1999—2006年工业行业数据的实证分析[J]. 学术交流,2010(07).

[7] 李楠,乔榛. 国有企业改制政策效果的实证分析:基于双重差分模型的估计[J]. 数量经济技术经济研究,2010(02).

[8] 刘春,孙亮. 政策性负担、市场化改革与国企部分民营化后的业绩滑坡[J]. 财经研究,2013(01).

[9] 武常岐,张林. 国企改革中的所有权和控制权及企业绩效[J]. 北京大学学报(哲学社会科学版),2014(05).

[10] 丁一兵,付林,傅缨捷. 外国大型国有企业经济绩效的影响因素:基于世界500强企业

面板数据的实证分析[J].江汉论坛,2015(10).
[11] 孙建强,吴晓梦.资本配置视角下国企混改作用机理:以中粮集团为例[J].财会月刊,2019(07).
[12] 袁东明,袁璐瑶.国有企业改革:成就、经验与建议[J].经济纵横,2019(06).
[13] 王颖.国有企业内部要素市场化配置:以H集团经营活动资金预算为例[J].财会月刊,2020(17).
[14] 沈怀龙、王竹泉.要素市场化配置与国有企业经营机制改革[J].财会月刊,2020(17).
[15] 崔楷.要素市场化配置下国企混合所有制改革的创新驱动路径[J].经济体制改革,2021(03).
[16] 李帮喜,邓永波.新时代加快完善社会主义市场经济体制与国企改革:开启提速增效与重点突破新征程[J].福建师范大学学报(哲学社会科学版),2021(05).
[17] 于鸿君,吴文.改革的发展战略逻辑与市场化改革中的逻辑问题:从"贫穷不是社会主义"谈起[J].毛泽东邓小平理论研究,2022(08).
[18] BOYCKO M, SHLEIFER A, VISHNY R W. A theory of privatisation[J]. The economic journal,1996.
[19] MUELLER D C. Public choice[M]. Cambridge, Eng.: Cambridge University Press. 1989.
[20] ESTACHE A, GONZáLEZ M, TRUJILLO L. What does "privatization" do for efficiency? Evidence from Argentina's and Brazil's railways[J]. World development,2002,30(11).
[21] SUN Q, TONG, W H, TONG J. How does government ownership affect firm performance? Evidence from China's privatization experiences[J]. Journal of business finance & accounting, 2002,29(1-2).
[22] LIU Z. The comparative performance of public and private enterprises: the case of British ports [J]. Journal of transport economics and policy,1995:263-274.
[23] BREMMER I. State capitalism and the crisis[J]. McKinsey Quarterly,2009:1-6.
[24] VINING A R, BOARDMAN A E. Ownership versus competition: efficiency in public enterprises [J]. Public choice,1992,73(2).

政府与社会资本可持续合作机制研究
——对 PPP 新机制的变动分析

陈明生 孙天奇 靳耀祖[*]

摘要：PPP 项目对于分担地方财政压力和推进基础建设具有重要意义。但因政府与社会资本双方的利益存在冲突，在 PPP 项目上容易产生诸多风险和问题。关于 PPP 项目的界定、风险、绩效评估和政府在其中与社会资本的博弈，相关研究已经相对成熟。本文建立了政府和社会资本的博弈模型，主要通过演化博弈模型，分析政府和社会资本合作中的均衡，得出均衡为（无公共负担，有机会主义）和（有公共负担，无机会主义）。当社会资本的机会主义行为概率较小时，政府会采取施加公共负担的方式；当政府施加公共负担概率较大时，社会资本通常会采取无机会主义行为。PPP 新机制通过调整管理责任分工、回报机制、项目类型及期限、参与方、政策保障及激励机制等方面，改变政府和社会资本的收益矩阵，促使合作收益的均衡能够实现。

关键词：PPP 项目；演化博弈；政策约束；PPP 新机制

一、引言

世界卫生组织将 PPP 项目宽泛地表述为："涉及多种安排的各种各样的企业，在参与者、法律地位、治理、管理、政策制定特权等方面各不相同。"PPP 至少有一个核心的、公共的、非商业性的组织和一个私人的或商业性的组织参与，以分享合作的努力和回报。2014 年我国开始实施 PPP 项目，取得

---

[*] 陈明生，中国政法大学商学院教授、博士研究生导师；孙天奇，中国政法大学商学院政治经济学专业硕士研究生；靳耀祖，中国政法大学商学院政治经济学专业硕士研究生。

了一定的成绩。而后出现了一系列问题，由此发生了清库活动和叫停。2023年11月8日，国务院办公厅转发国家发展改革委、财政部《关于规范实施政府和社会资本合作新机制的指导意见》的通知（PPP新机制），PPP项目活力重新被激发，其中，若干问题（包括PPP的管理责任分工、参与方及政策保障等）都进行了详细界定。

PPP合作模式被绝大多数利益相关方认为至关重要：PPP以各种方式增加了价值；支持"创新解决方案"；有助于建立"拥有质量管理系统领域最新知识和技能的关键群体或（实验室）技术专家的关键库"，从而能够超越PPP协议。大规模的集体努力和资源共享对持久变革的潜在影响比任何单一组织或实体都能单独实现得更大（Strasser et al.，2021）。政府与社会资本合作（public-private partnership，PPP）不仅可以为政府节约成本，还可以在政府部门领域注入私人部门的效率（Wu and Wang，2014）。PPP项目已成为重塑我国基础设施建设行业的重要途径。同时，与一般的建设项目不同，PPP项目从项目的规划阶段开始，总会涉及一个复杂的公私合作伙伴网络（设计师、承包商、运营商），每个合作伙伴具有不同的优先级，并导致相互冲突的目标（Carbonara and Pellegrino，2018；Cheng，2019）。在漫长的合同期限内，信息不对称、沟通不畅等问题经常发生，因此，如何实现PPP项目利益相关者之间的有效跨组织协作至关重要。本文梳理了目前我国PPP项目的发展历程，通过对PPP项目学界已有研究的整理，利用政府与社会资本之间的博弈，揭示PPP项目中存在的障碍，并且结合PPP新机制的相关规定进行分析，明确PPP新机制实施所产生的影响。

本文后续内容安排如下：第一部分为文献综述，总结学界已有研究；第二部分为PPP项目国内发展历程，了解当前我国PPP项目的发展情况；第三部分为政府与社会资本的博弈模型，通过博弈的方法研究PPP项目中存在的问题；第四部分为政府与社会资本可持续合作障碍，揭示PPP项目中存在的潜在的合作障碍；第五部分为对PPP新机制下政府与社会资本合作的分析，探讨当前PPP新机制的规定所产生的影响；第六部分为结论和建议。

二、文献综述

PPP项目对于分担地方财政压力和推进基础建设具有重要意义。但因政府与社会资本双方的利益存在冲突，在PPP项目上容易产生诸多风险和问题。Fairley（1994）和Boehm（2007）将风险管理分为六步，分别为风险管理计划、风险识别、定性风险分析、定量风险分析、风险应对规划、风险监控。公私伙伴关系（PPP）的基础设施项目存在很多风险和不确定性，存在于立项、设计、施工、运营等各个阶段。这带来了成本增加、工期延误、材料和设备损失等诸多挑战。影响 PPP 项目的一级风险，包括政府风险（R1）、经济与融资风险（R2）、建设风险（R3）、运营风险（R4）、法律风险（R6）、政治风险（R5）、其他风险（R7）（Jokar et al., 2021）。在中央政府和地方政府参与的合作项目中，"竞争性项目"和"治理缺位"是影响 PPP 融资基础设施发展成功的两大障碍。项目发起方——政府专业知识的缺乏会导致项目失败。私营企业的效率对 PPP 主导的基础设施开发项目的成功也至关重要。政府和私营企业必须具备技术专长和财务稳定性，才能达到预期的结果。此外，在 PPP 的制定过程中，必须考虑造成进展障碍的社会政治、天气和文化因素，以优化预期结果（Bashar, 2021）。良好的政府投资结构和治理环境有助于提高基础设施投资的财务可持续性。中国地方政府财政科技支出与基础设施 PPP 模式发展的正向效应显著。政治体制内部的政府间竞争会对这一关系产生抑制作用（Liu, 2021）。

大部分学者通过博弈的方法对政府和社会资本合作问题进行了研究。龚强、张一林和雷丽衡（2019）指出，PPP 项目下地方政府与社会资本之间的博弈显示出地方政府的最优策略是合理界定权力边界，提升对社会资本的激励作用，才能更好地发挥社会资本在缓解地方财政压力和提高公共物品供给效率方面的作用。Chong Jia、Ruixue Zhang 和 Dan Wang（2021）提出政府、社会资本和承包商形成了三方演化博弈模型。政府推广项目的成本低和政府选择被动策略时受到上级监管机构的惩罚越严格，则政府越会选择积极推广的策略；主动采纳成本降低或被动采纳惩罚增加时，社会资本选择主动采纳策略的意向增加；主动应用成本降低或消极应用惩罚增加时，承包商选择主动策略的意向增加。冯小威等（2023）通过政府与社会资本的演化博弈模型分析得出，政府实施补贴与政府公共物品负担对于私人部门采取的机会主义行为存在明显的影响：当补贴一定时，公共物品负担与机会主义行为成正向关系；当公共物品负担较低时，补贴和机会主义行为成反向关系，但是当公共物品负担较重，补贴的效果显著下降。降低私人部门的机会主义行为的有效方式是通过监管机制和提升私人部门对于公共项目收益的信心。

也有部分学者对 PPP 项目的绩效评估进行了研究。政府付费公私合作（PPP）项目绩效支付机制中的关键环节在于绩效考核。由于 PPP 项目的绩效评价具有很强的专业性和复杂性，通常需要引入第三方绩效评价机构对私人投资者的项目产出进行评价。但是，由于经济租金存在一定的驱动力，在绩效考核过程中私人投资者存在向第三方寻租的动机，导致项目整体绩效水平较低，PPP 绩效考核目标无法有效实现。因此，合理的奖惩机制如何减缓私人部门的寻租行为，需要公共部门仔细思考。满足以下条件的奖惩机制才可能是合理的：①各方的奖惩总和大于投机收益；②私人投资者预留的履约费金额大于项目运营成本节约额与规范值的差额（Junna Lv 等，2021）。同时，公共部门对项目绩效的评估依赖私营部门的财务报告，导致公共部门对 PPP 项目缺乏控制，这在很大程度上阻碍了公共责任的实现（张西勇和张云，2023）。刘珈琪、刘继才（2023）也指出，政府成员的自我面子顾虑倾向随受教育程度的增加呈上升趋势，自我面子顾虑会对承诺升级行为产生正向影响，而承诺升级行为会对项目绩效造成严重的影响。

综上所述，学界对于 PPP 项目的界定、风险、绩效评估和政府与社会资本博弈的研究已经相对成熟，但都偏向于理论分析角度，尤其在 PPP 新机制颁布的情况下，如何结合理论对其变化进行分析，亟须进一步评估 PPP 新机制所带来的影响。

三、PPP 项目国内发展历程

PPP 模式在国内的发展已经超过十年，回顾历史可以发现，近 5 年来 PPP 市场表现持续下滑。自 2014 年首次引入国内，经过近 10 年的发展，截至 2022 年 12 月 31 日，财政部 PPP 在库项目总计 14 038 个，总投资额为 20.92 万亿元，其中：管理库项目 10 346 个，投资额为 16.62 万亿元；储备清单项目 3 692 个，投资额为 4.30 万亿元。尽管存量市场规模极大，但近 5 年 PPP 市场的规模始终处在负增长状态。2017 年 11 月，财政部发布了《关于进一步做好政府和社会资本合作项目有关工作的通知》，明确要求地方政府必须对 PPP 项目进行严格的合规性检查，标志着 PPP "清库"行动正式开始。随着各级政府开始对项目进行审查，对不符合要求的项目进行清退或整改，不具备市场运作基础、过度依赖政府支付保障的 PPP 项目陆续受到压缩。PPP 市场规模自此开始下降。中国 PPP 市场的缩减并非仅由清库行动引起，其背后反映了原有模式本身的不可持续性问题，如风险控制不足和收益预期过高。自 2014 年以来，PPP 模式在中国实施了近十年，旨在改善公共服务和促进有效投资。然而，实践中却催生出了大量政府隐性债务（例如，通过合同等方式，政府向私人资本保证固定回报或最低收益，从而形成政府隐性支付责任）。2023 年对于已经发展了超 10 年的 PPP 模式而言无疑是意义重大的转折之年。自 2023 年 2 月起至 11 月，全国 PPP 项目被全面叫停，其间财政部的 PPP 项目库一度关闭，运营项目的入库信息无从查询。就在市场以为 PPP 时代已经迎来其终局落幕之时，2023 年 11 月 8 日，国务院办公厅转发国家发展改革委、财政部《关于规范实施政府和社会资本合作新机制的指导意见》的通知(PPP新机制)。同时,2015年5月国务院办公厅转发财政部、国家发展改革委、央行《关于在公共服务领域推广政府和社会资本合作模式指导意见》的通知(PPP旧机制)不再执行,PPP模式重新回到公众视野之中。

四、政府与社会资本的博弈模型

PPP项目中政府和社会资本作为最重要的两方参与者,双方利益并非完全一致,在合作实施具体项目时,政府和社会资本面临不同的选择和目标,导致PPP项目存在潜在的合作失败的风险。

(一)无政策约束下的博弈策略

在无政策约束下,PPP项目中政府主要以社会公共利益最大化为导向,因此会利用职权对社会资本施加"公共负担"。所谓"公共负担",是指政府会采取限制PPP项目收费、施加额外的附加条件或者破坏特许经营的规定等,对社会资本的收益产生影响。而社会资本主要追求自身利益最大化,在投资建设过程中存在机会主义行为,通过项目资金超额申请政府补贴、项目延期等,违反PPP项目合作初衷,造成效率低下和项目失败的潜在风险。

因此,政府和社会资本博弈过程中面临四种选择集。对于政府,面临的是是否实施公共负担:在社会资本无机会主义时,实施公共负担能获取更大的公共利益;在社会资本有机会主义时,实施公共负担则会导致项目无法按预期完成,造成低效率和低收益的情况。对于社会资本,面临的是是否采取机会主义行为:在政府无公共负担施加时,若采取,有可能获得更大潜在利益的机会主义行为;但是,当政府和社会资本同时采取施加公共负担和机会主义行为,则会导致双方利益损失(具体博弈矩阵和收益条件见表1)。

表1 政府与社会资本博弈矩阵

		社会资本	
		无机会主义 x	机会主义 $1-x$
政府	无公共负担 y	(a_1, b_1)	(a_2, b_2)
	有公共负担 $1-y$	(a_3, b_3)	(a_4, b_4)

其中,$b_2>b_1$;$b_3>b_4$;$b_1>b_3$;$b_2>b_4$,$a_1>a_2$;$a_3>a_4$;$a_3>a_1$;$a_2>a_4$。

在完全信息静态博弈下存在两个均衡(a_2, b_2)和(a_3, b_3),即(无公共负担,机会主义)和(有公共负担,无机会主义)。双方无法达成(a_1, b_1),即(无公共负担,无机会主义)的合作状态。

从演化博弈的角度分析,社会资本不采取机会主义行为的概率为x($0<x<1$),

则采取机会主义行为的概率为（1-x）；政府施加无公共负担的概率为 y（$0<y<1$），则施加公共负担的概率为（1-y）。对于社会资本采取无机会主义的效益为 U_1^1，采取机会主义的效益为 U_2^1，群体期望为 $E(U^1)$。对于政府实施无公共负担的效益为 U_1^2，实施公共负担的效益为 U_2^2，群体期望为 $E(U^2)$。

社会资本无机会主义行为效益：
$$U_1^1 = b_1 y + b_3 (1-y)$$

社会资本有机会主义行为效益：
$$U_2^1 = b_2 y + b_4 (1-y)$$

社会资本的群体平均期望效益：
$$E(U^1) = x U_1^1 + (1-x) U_2^1$$

政府无公共负担效益：
$$U_1^2 = a_1 x + a_2 (1-x)$$

政府有公共负担效益：
$$U_2^2 = a_3 x + a_4 (1-x)$$

政府部门群体平均期望效益：
$$E(U^2) = y U_1^2 + (1-y) U_2^2$$

演化博弈研究博弈参与者策略比例的动态变化是一种有限理性分析，其关键在于动态变化的速度。参与者学习速度一般取决于两方面：一方面是模仿对象的比例，这关系到观察模仿的难易程度；另一方面是模仿对象的成功程度，可采用模仿对象的效益超过群体平均期望效益的大小进行衡量，关系到模仿激励的问题。具体来看，政府和社会资本的复制动态方程，即模仿行为方程为：

$$dx/dt = x [U_1^1 - E(U^1)]$$
$$dy/dt = y [U_1^2 - E(U^2)]$$

以下为具体数值的说明（见表2），用以对政府和社会资本演化博弈的均衡进行分析。

表2 政府与社会资本具体数值博弈矩阵

		社会资本	
		无机会主义 x	机会主义 $1-x$
政府	无公共负担 y	(7, 5)	(2, 10)
	有公共负担 $1-y$	(10, 2)	(1, 1)

对于社会资本，采取无机会主义行为的效益为 $U_1^1 = 5y + 2(1-y)$；采取有机会主义行为的效益为 $U_2^1 = 10y + (1-y)$；对应群体平均期望效益为 $E(U^1) =$

$xU_1^1 + (1-x)U_2^1$,即 $E(U^1) = x+9y-6xy+1$。

对于政府,实施无公共负担的效益 $U_1^2 = 7x+2(1-x)$;实施公共负担效益为 $U_2^2 = 10x+(1-x)$;对应群体平均期望效益为 $E(U^2) = yU_1^2 + (1-y)U_2^2$,即 $E(U^2) = 9x+y-4xy+1$。

政府和社会资本的复制动态方程为:

$$dx/dt = x[U_1^1 - E(U^1)]$$
$$dx/dt = x(1-x)(1-6y)$$
$$dy/dt = y[U_1^2 - E(U^2)]$$
$$dy/dt = y(1-4x)(1-y)$$

为求得演化博弈的均衡策略,需要找出复制动态的稳定情况。对于社会资本,$y=1/6$ 时,$dx/dt=0$,此时处于稳定状态;$y<1/6$ 时,$dx/dt>0$,均衡向 $x=1$ 方向移动;$y>1/6$ 时,$dx/dt<0$,均衡向 $x=0$ 方向移动。对于政府,$x=1/4$ 时,$dy/dt=0$,此时处于稳定状态;$x<1/4$ 时,$dy/dt>0$,均衡向 $y=1$ 方向移动;$x>1/4$ 时,$dy/dt<0$,均衡向 $y=0$ 方向移动。博弈均衡见图1。

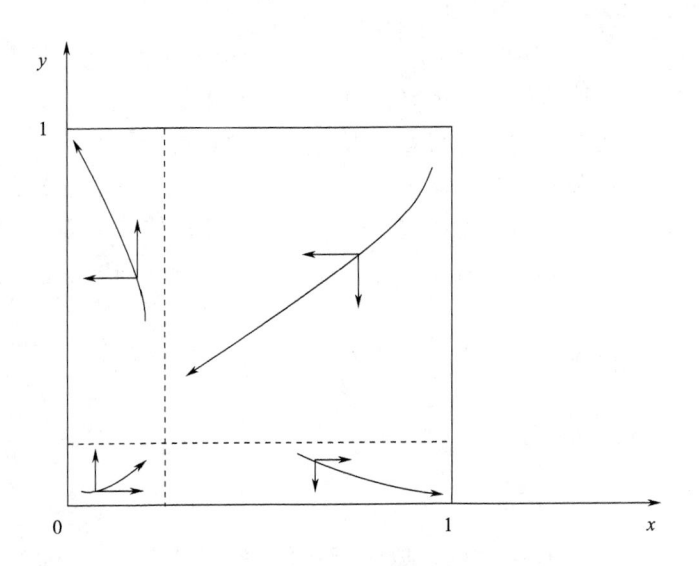

图1 政府与社会资本演化博弈均衡图

由政府和社会资本演化博弈图可知,(0,1) 和 (1,0) 为演化博弈的稳定策略,即采取(无公共负担,机会主义)和(有公共负担,无机会主义)。当社会资本的机会主义行为概率较小时,政府会采取施加公共负担的方式;当政府施加公共负担概率较大时,社会资本通常会采取无机会主义行为。

(二) 政策约束下的博弈策略

政策约束主要包含监管、政府补贴、惩罚和稳定预期等方式。监管分为对社会资本的监管和对政府监管两部分，对社会资本的监管会减少机会主义的效益，对政府的监管会减少对于实施公共负担的效益。政府补贴会增加社会资本的效益。另外，增加社会资本对于 PPP 项目效益的稳定预期有利于提升双方之间的效益。存在社会资本监管时，则相对应的机会主义行为会减少，政府相对更容易实施公共负担。存在政府监管时，则相对应的实施公共负担的行为会减少，社会资本会更倾向采取机会主义行为。存在补贴时，会增加社会资本的各项效益，但是会减少政府的各项效益，因此收益矩阵发生变化，政府采取实施公共负担的动力会下降，从而诱使社会资本采取机会主义行为。采取惩罚社会资本机会主义行为，则会降低社会资本采取机会主义行为的收益，因此，政府更偏向于实施公共负担。存在稳定效益预期时，双方合作的效益会得到显著提升，因此，合作效益总体可能会超出单方实施有利于自己行为所能获得的效益，进而促进达成长期理想的合作均衡。由此可见，监管、政府补贴、惩罚和稳定预期等方式单独都会对政府和社会资本的博弈结果产生影响，其中，稳定预期的方式明显能够提高双方之间的合作收益，政策实施的效果最为明显。除此之外，组合使用政策的效果取决于改变双方收益的程度，从而决定能否实现理想的合作均衡。

五、政府与社会资本可持续合作的障碍

(一) 公共负担

政府和社会资本合作问题中，政府往往倾向于实施公共负担，其中最常见的为政府违反合约规定实施竞争性项目，影响社会资本的收益。诸如汕头海湾大桥和北京地铁 4 号线案例。在汕头湾桥 PPP 项目中，香港长江基建集团于 1995 年投资建设湾桥，主要依靠汽车过路费产生收益。资料显示，汕头政府承诺在交通量达到一定规模后才考虑建设第二座大桥，但事实是，湾桥建成第二年，当地政府就违背了最初的承诺，在湾桥附近引入另一家社会资本投资建设第二座跨海大桥，与长江基建集团投资的湾桥形成了直接竞争关系。北京地铁 4 号线是中国城市轨道交通领域首个采用 PPP 模式的项目，由"京港地铁"这个由香港地铁公司和首创集团合作成立的社会资本方负责。该项目的主要收入来源是地铁票款和站内广告等，北京市政府负责制定地铁票价。据了解，北京地铁 4 号线全长 28.2 公里，每公里建设成本高达 13 亿元，30 年运营总成本 185 亿元。随着北京奥运会的临近，北京市政府考虑到服务奥运的需求，利用地铁票价定价权将地铁票价下调至 2 元，远低于地铁的运

营成本。这使得作为社会资本提供者的京港地铁面临亏损风险。

（二）治理缺位

治理缺位表现在对于融资、政府行为监管和社会资本监管等方面的缺失。当前 PPP 项目财政依赖严重，据财政部公布的在库 PPP 项目数据，2022 年全国已落地投资的 PPP 项目中，从金额占比来看，仅有 13% 的 PPP 项目可以完全由使用者付费完成回收；虽然完全依赖政府付费的 PPP 项目金额占比也只有 20%，但全市场份额高达 67% 的可行性缺口补助则在另一种程度上揭示了政府支付责任的沉重，这揭示了项目对财政支持的过度依赖，当前 PPP 项目融资方面存在严重问题。对于政府行为监管缺失，政府作为合同订立相对强势的一方，拥有行政权力，订立合同的双方彼此地位本身就存在不平等。政府极容易实施违反合约相关规定的行为，并且利用社会公益作为兜底的脱逃理由。常见的问题有，政府违反合同规定，将资金用于其他项目建设、施加公共负担行为或者强制部分社会资本进行参与，导致 PPP 项目的整体效率低下，社会资本的预期不足，参与意愿较低。对于社会资本监管不足，主要体现在 PPP 项目由于政府资金和补贴的投入，以及基础设施可预期的短期未来回报，导致寻租行为、短期行为和委托代理行为的产生，基础设施项目质量不达标或者其所能维持的周期较短，造成了资源的大量浪费。

六、PPP 新机制下政府与社会资本合作的分析

对比 PPP 旧机制，此次 PPP 新机制的"新"主要体现在 5 个方面，包括 PPP 的管理责任分工、回报机制、项目类型及期限、参与方、政策保障及激励机制等。

（1）管理责任方面，新规主要体现在以下方面：国家发展改革委直接作为管理主体牵头推进，不再由财政部、国家发展改革委多头管理。PPP 新机制规定，"国家发展改革委要牵头做好特许经营模式推进工作，切实加强政策指导"，明确国家发展改革委、财政部的职责，如国家发展改革委负责基础设施领域 PPP 推进工作、财政部负责公共服务领域深化 PPP 改革工作，实际上意味着 PPP 各领域的工作或将由国家发展改革委统筹。除此之外，新机制下，各级发改部门负责 PPP 项目审批核准等职责。

（2）回报机制方面，由三种模式共存到聚焦使用者付费项目。目前 PPP 项目中，使用者付费项目投资额占全部 PPP 项目的 10% 左右，而政府资金使用占比较大，造成地方财政压力。旧机制中提及的回报机制涵盖使用者付费、政府付费和可行性缺口补助三类，后两类涉及政府财政资金的使用，允许符合条件的 PPP 项目财政支出责任纳入预算管理。PPP 新机制规定，"政府和

社会资本合作项目应聚焦使用者付费项目","不因采用政府和社会资本合作模式额外新增地方财政未来支出责任",允许在符合一定条件的前提下,"在项目建设期间对使用者付费项目给予政府投资支持;政府付费只能按规定补贴运营、不能补贴建设成本"。但新机制对政府投资支持的具体方式未明确,可能具有参考意义的是2019年国务院颁布的《政府投资条例》,"政府投资资金按项目安排,以直接投资方式为主;对确需支持的经营性项目,主要采取资本金注入方式,也可以适当采取投资补助、贷款贴息等方式"。

(3)项目领域及期限方面,新机制的领域更聚焦,期限更长。一方面,旧机制允许"广泛采用政府和社会资本合作模式提供公共服务",新机制要求PPP项目限定于有经营性收益的项目、合理把握重点领域;另一方面,新机制将特许经营期限延长至40年,投资规模大、回报周期长的项目还可以适当延长,此前基础设施和公用事业的特许经营期限最长为30年。

(4)参与主体方面,从各类型企业积极参与到优先选择民营企业。PPP旧机制提出,"鼓励国有控股企业、民营企业、混合所有制企业等各类型企业积极参与提供公共服务"。对比PPP新机制提出"优先选择民营企业参与",现实中,对民营企业参与的项目清单进行了梳理。目前我国PPP领域由国有企业主导,2022年国有企业PPP全口径中标项目规模达2.4万亿元,在全部项目中占比为95.67%。

(5)政策保障方面,重点关注土地、金融及激励机制创新。一是土地要素保障,PPP新机制明确"两个支持"和"一个探索":支持"利用地下空间进行开发建设","支持依法依规合理调整土地规划用途和开发强度","探索分层设立国有建设用地使用权"。二是融资方式创新,鼓励发行基础设施领域不动产投资信托基金。三是激励机制创新,PPP新机制明确"通过加强管理、降低成本、提升效率、积极创新等获得的额外收益主要归特许经营者所有"。

PPP新机制关于调整管理责任分工、回报机制、项目类型及期限、参与方、政策保障及激励机制等方面,是通过监管降低政府实施公共负担行为的概率,保障社会资本的融资渠道和主体权利,稳定PPP项目未来收益等来改变政府和社会资本的收益矩阵,从而降低政府实施负担行为和社会资本采取机会主义行为的概率,提升双方的合作收益,推进政府和社会资本能够达成长期利益一致,促进合作的稳定均衡。

七、结论

PPP项目作为缓解地方财政压力和提升基础设施建设效率的有效途径,在实际实施过程中,由于政府和社会资本利益不一致,导致在博弈中产生了向两个极端均衡结果靠拢的情况，造成了PPP合作项目实施难题。而PPP新机制的颁布，通过调整管理责任分工、回报机制、项目类型及期限、参与方、政策保障及激励机制等方面，改变了政府和社会资本的收益矩阵，促使合作收益的均衡能够实现，使政府能够减少公共负担行为，社会资本能够减少机会主义行为。

参考文献：

[1] 龚强,张一林,雷丽衡. 政府与社会资本合作(PPP):不完全合约视角下的公共品负担理论[J]. 经济研究,2019(04).

[2] 冯小威,曹吉鸣,许志远,等. 不完全契约下政府实施公共品负担对私人部门行为选择影响机制研究[J]. 运筹与管理,2023(01).

[3] 张西勇,张云. PPP模式中公司治理机制与公共责任的实现[J]. 山东社会科学,2023(04).

[4] 刘珈琪,刘继才. PPP项目政府成员自我面子顾虑和承诺升级:学位的调节作用[J]. 中国管理科学,2023(09).

[5] FAIRLEY R. Risk management for software projects. IEEE Softw 1994;11:57–67. https://doi.org/10.1109/52.281716.

[6] BOEHM B W. Software risk management:principles and practices. Softw Manag Seventh Ed 2007;8:365–74. https://doi.org/10.1109/9780470049167.ch11.

[7] WU D, WANG S Q. Research development and trend of public private partnership in China [J]. Journal of engineering management, 2014,28(06):75–80.

[8] CARBONARA N, PELLEGRINO R. Revenue guarantee in public–private partnerships: a win-win model[J]. Construction management & economics, 2018,36(10):584–598.

[9] CHENG L. Discussion on the application of PPP model in new infrastructure construction[J]. Open journal of social sciences, 2019,7(09):283–288.

[10] EBRAHIM JOKAR, BABAK AMINNEJAD, ALIREZA LORK. Assessing and prioritizing risks in public–private partnership (PPP) projects using the integration of fuzzy multi-criteria decision:making methods[J/OL]. Operations research perspectives,2021: https://doi.org/10.1016/j.orp.2021.100190.

[11] STRASSER S, STAUBER C, SHRIVASTAVA R, et al. Collective insights of public:private partners hipimpacts and sustainability:aqualitative analysis[J/OL]. PLoS ONE, 2021, 16(7):e0254495. https://doi.org/10.1371/journal.pone.0254495.

[12] JIA C, RUIXUE ZHANG R X, WANG D. Evolutionary game analysis of bim adoption among stakeholders in PPP projects[J]. Hindawi Complexity Volume,2021, Article ID 5553785, 14 pages,https://doi.org/10.1155/2021/5553785.

[13] JUNNA LV, TONG AN, XI-YA TAN, et al. How to alleviate rent-seeking behaviour in

performance appraisal of government: paid PPP projects? Tripartite Evolutionary Game Approach. Discrete Dynamics in Nature and Society Volume 2021, Article ID 5266167, 15 pages https://doi.org/10.1155/2021/5266167.

[14] LIU C. Infrastructure public-private partnership (PPP) investment and government fiscal expenditure on science and technology from the perspective of sustainability [J]. Sustainability 2021, 13: https://doi.org/10.3390/su13116193.

[15] BASHAR T, FUNG I W H, JAILLON L C, et al. Major obstacles to public-private partnership (PPP):financed infrastructure development in China[J]. Sustainability, 2021, 13: 6718. https://doi.org/10.3390/su13126718.

产业发展与结构调整

绿色信贷对我国商业银行经营绩效影响的实证研究

邓 达 李鹏举[*]

摘要：随着"碳达峰""碳中和"的不断推进，发展绿色低碳循环经济已成为推动我国经济转型、实现绿色发展的关键之处。而支持绿色信贷的发展，是商业银行发展绿色经济的一种行之有效的方法，在满足绿色融资需求的同时，还能开辟出新的利润增长点。本文梳理了绿色信贷影响商业银行经营绩效的作用机制，并基于30家商业银行2012—2022年的面板数据进行实证检验，利用面板回归模型研究发现：开展绿色信贷业务对商业银行当期经营绩效有负向影响；开展绿色信贷业务对商业银行经营绩效的影响存在异质性，对国有大型商业银行具有正向作用，对股份制商业银行、城商行和农商行具有负向作用；开展绿色信贷业务对商业银行长期经营绩效有正向影响，但这一影响存在滞后性。

关键词：绿色信贷；商业银行；经营绩效；绿色金融

一、引言

改革开放以来我国经济快速增长，但"高消耗、高排放"的经济发展方式导致严重的污染问题，在这一背景下，我国对绿色经济、低碳经济的发展格外关注。习近平总书记于2020年9月提出中国将在2030年之前实现碳达峰，2060年之前实现碳中和（以下简称"双碳"目标），推动我国经济向绿色低碳转型。在实现"双碳"目标的过程中，金融支撑起至关重要的作用。党的二十大报告中明确提出继续倡导绿色金融，绿色金融作为一项防止环境

---

[*] 邓达，中国政法大学商学院教授；李鹏举，中国政法大学商学院经济学硕士研究生。

进一步恶化的经济活动，已成为推动经济高质量发展的新动力。① 在"双碳"目标和新发展理念的背景下，我国商业银行绿色金融业务迎来了新的发展机遇，而绿色信贷作为绿色金融的主要工具，是实现"双碳"目标的重要抓手，在促进我国经济绿色转型发展中具有关键作用。

银行作为主要实施机构，在实施绿色信贷发展绿色经济的长期过程中，不仅需要外部政策激励，更为关键的是，各银行绿色信贷业务发挥的正外部性能否转化为自觉开展绿色活动的内在驱动力，即绿色信贷是否能够满足商业银行追求盈利的第一目标，这直接关系到商业银行是否积极实施该业务，优化社会资金绿色配置。因此，在"双碳"目标和我国经济新常态背景下，开展绿色信贷对商业银行经济绩效影响的研究具有重大现实意义。

推行绿色信贷政策是否会对我国商业银行的盈利能力产生影响？如果绿色信贷对我国商业银行绩效造成负面影响，那么相关部门及银行自身能否通过某些行为来规避负面影响？基于此，本文通过我国30家商业银行2012—2022年度的面板数据，聚焦于绿色信贷业务对银行经济绩效的影响，进行了相关研究。

二、我国商业银行绿色信贷现状分析

（一）绿色信贷相关政策逐步完善

我国发展绿色信贷起步较晚，从1995年正式公布"节能减排授信"开始，到2012年中国银监会（即今银保监会，下同）发布的《绿色信贷指引》首次使用"绿色信贷"这一术语，已近20年。近年来，有关部门发布了相关意见和多项措施，以健全绿色信贷政策体系，加大对绿色低碳循环经济的支持。

表1为我国绿色信贷发展过程中政府出台的主要政策文件。

表1 绿色信贷主要政策文件

时间	发文部门/会议名称	政策文件/会议要求
2007年12月	银监会	《节能减排授信工作指导意见》
2012年2月	银监会	《中国银监会关于印发绿色信贷指引的通知》
2013年7月	银监会	《关于报送绿色信贷统计表的通知》
2018年7月	中国人民银行	《关于开展银行业存款类金融机构绿色信贷业绩评价的通知》

---

① 于波，范从来．绿色金融、技术创新与经济高质量发展［J］．南京社会科学，2022，419(9)：31-43.

续表

时间	发文部门/会议名称	政策文件/会议要求
2019年12月	中国人民银行	《关于建立绿色贷款专项统计制度的通知》修订版
2021年	中国人民银行	《银行业金融机构绿色金融评价方案》
2023年	中央金融工作会议	强调做好"科技金融、绿色金融、普惠金融、养老金融、数字金融"五篇大文章

资料来源：银保监会和中国人民银行官网。

（二）绿色信贷规模稳步增长

我国绿色信贷规模保持稳步增长，绿色信贷比率持续攀升。图1是根据银保监会①和中国人民银行披露的数据，绘制我国21家主要商业银行绿色信贷余额及增速情况。

如图1所示，近年来我国商业银行积极开展绿色信贷业务，总体上来说，绿色信贷余额呈稳步上升趋势。2013年至2022年底，国内21家主要银行的信贷余额从5.2万亿元增长至20.6万亿元，同比增长33.8%，增长将近四倍，可见绿色信贷规模显著扩大。

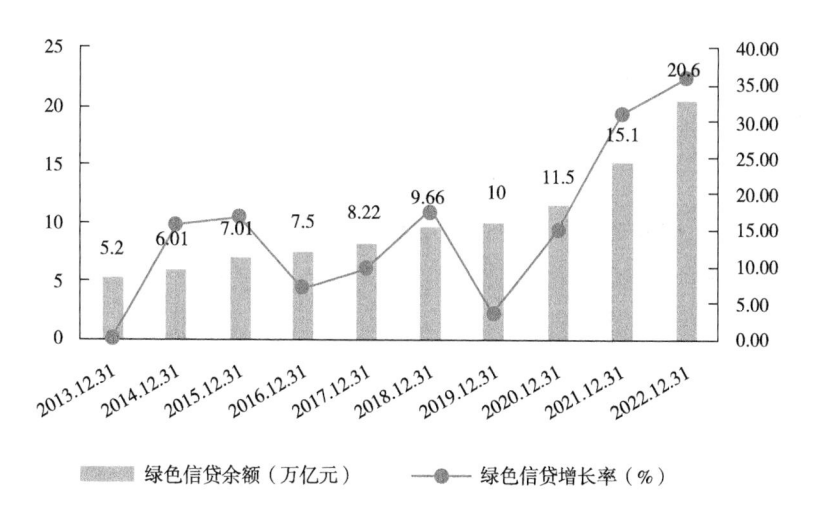

图1 我国21家主要商业银行绿色信贷余额变化

数据来源：中国人民银行和银保监会官网。

---

① 2023年3月，中共中央、国务院印发了《党和国家机构改革方案》，在中国银行保险监督管理委员会基础上组建国家金融监督管理总局，不再保留中国银行保险监督管理委员会。

(三) 绿色信贷环境效益逐步显现

近年来，绿色信贷在不断发展的同时，其所带来的环境效益也逐渐显现。根据银保监会统计信息，按照信贷资金在环保项目总投资中所占比重来计算，2022年，国内21家主要银行机构每年节约标准煤超6亿吨，减排二氧化碳当量超10亿吨。这说明开展绿色信贷在环境保护方面，污染物减排成效良好。

表2列示了部分银行（包含国有大型银行、股份制银行、城商行和农商行）2022年的减排情况。

表2 我国部分银行减排情况　　　　　　　　（单位：万吨）

	标准煤	二氧化碳	节水量	二氧化硫	氮氧化物
工商银行	7 048.31	13 726.53	10 842.27	2 925.84	2 071.03
农业银行	4 585	9 783	9 750	228	124
招商银行	733.01	1 613.05	1 481.79	16.49	3.48
兴业银行	546.18	1 403.36	1 038.48	11.23	4.95
浙商银行	3.68	8.08	952.59	0.13	0.02
长沙银行	18.98	26.10	40.73	0.58	0.62
渝农商行	20.47	41.95	0.65	0.78	0.27

数据来源：各商业银行2022年《社会责任报告》。

三、绿色信贷对我国商业银行经营绩效的影响机制

(一) 绿色信贷有助于改善资产质量

绿色信贷作为一项环境治理投入，与银行资产质量呈正相关关系，有利于降低银行不良贷款率，即降低运营风险，[1] 提升资产质量。首先，绿色信贷业务对贷款的审批、发放和收回有严格规定，有利于银行资产流入优质企业，有效降低贷款投放对象带来的社会环境风险，优化商业银行信贷结构。[2] 其次，商业银行对环保政策实行的引导及环保合规企业的授信管理可以帮助相关企业减少因环境违法行为导致的信贷风险，降低银行不良贷款风险，逐渐改善银行资产质量，从而有助于商业银行提升经营绩效。

---

[1] 王晓姣. 环境治理投入与银行资产质量：基于绿色信贷视角的分析 [J]. 金融论坛，2016，21 (11)：12-19, 60.

[2] 尹庆民，武景. 绿色信贷对商业银行经济绩效影响的研究：基于环境声誉的中介效应 [J]. 金融监管研究，2022 (03)：100-114.

（二）绿色信贷有助于提升绿色声誉

商业银行发放绿色信贷意味着将环境因素纳入企业授信和项目管理框架，有利于对绿色项目给予更多信贷资源，[1] 能够帮助商业树立绿色声誉。根据信号传递理论，银行通过实施绿色声誉机制向市场传递出值得被信赖的信号，有助于减少银行和利益相关者之间的信息不对称，减少交易成本，提高交易效率，降低银行经营管理中的不确定性和波动性；[2] 同时也可以帮助吸引到更多客户资源，逐渐提升商业银行的经营绩效。虽然短时间内绿色声誉不能弥补诸多成本对银行绩效的不利影响，但随着声誉的不断累积，从长远看可以帮助银行树立环保形象、抢占优势绿色项目，成为银行主动推行绿色信贷的内生动力。

（三）绿色信贷不利于提升盈利水平

一方面，商业银行发展绿色信贷会增加营业成本，从而减少盈利，其中，营业成本包括直接成本和间接成本。直接成本指直接费用支出，例如，增加环境风险审核成本、人员培养成本等；间接成本又叫机会成本，主要指银行将部分贷款转移至绿色产业而放弃其他业务收入产生的损失。上述成本对银行盈利会产生直接负向影响。另一方面，银行对绿色项目执行优惠利率及绿色项目回收期较长的双重影响，使得绿色信贷收益有不确定性，从而减少银行盈利。总之，综合成本收入效应，绿色信贷业务会降低银行的盈利水平。

本文上面从三个方面分析了绿色信贷对银行经营绩效的影响机制，这些内容可以概括如图2所示。总体上，绿色信贷对银行经济绩效有正向和负向作用，总效应取决于两方面合力。一方面，绿色信贷通过降低风险、优化信贷结构，有助于改善资产质量；通过积累绿色声誉吸引客源，有助于增加经济利益流入，提高经济绩效。另一方面，发展绿色信贷会增加成本而不保障收益，盈利状况下降，从而降低经营绩效。

四、绿色信贷对我国商业银行经营绩效影响的实证分析

（一）变量选取

被解释变量方面，选择总资产收益率（ROA）。总资产收益率表示商业银

---

[1] 斯丽娟，曹昊煜. 绿色信贷政策能够改善企业环境社会责任吗：基于外部约束和内部关注的视角 [J]. 中国工业经济，2022（04）：137-155.

[2] 顾海峰，谢疏影. 跨境资本流动、债务杠杆与银行经济绩效 [J]. 湖南大学学报（社会科学版），2022，36（03）：40-50.

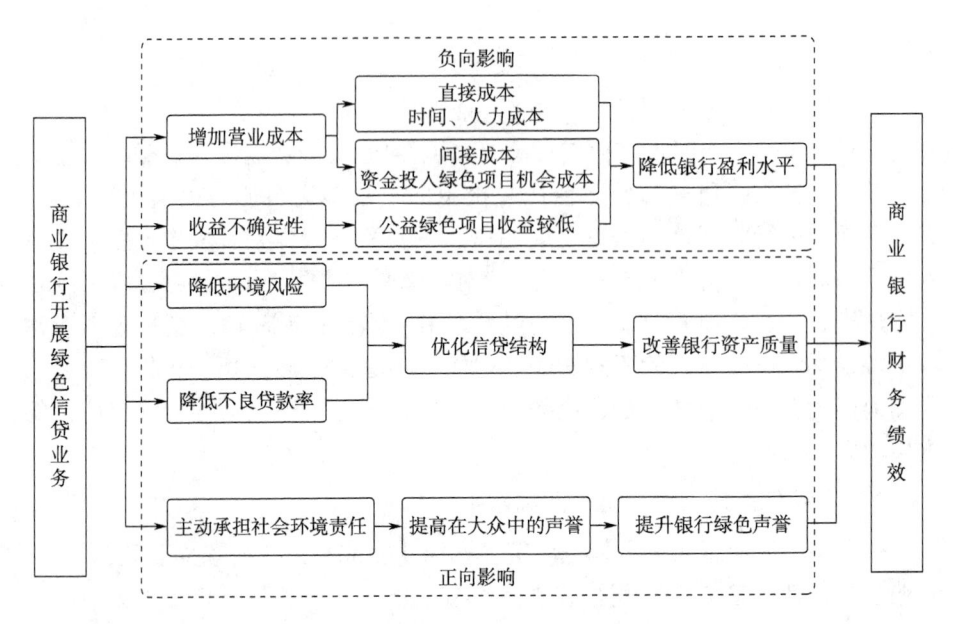

图 2　绿色信贷对经济绩效的影响机制

行运用其全部资产获取收益的能力,[①] 是衡量银行获利能力和投入产出状况的重要指标,可以直观地反应商业银行的盈利状况,故本文使用总资产收益率来反映银行经济绩效。

解释变量方面,选择绿色信贷规模的对数作为解释变量。由于样本银行个体的规模差异较大,为了更好地运用模型进行分析,减少变量的不平稳性,本文对绿色信贷指标进行自然对数处理,记为 LNGC。

控制变量选择方面,借鉴孙红梅、姚书淇[②]、丰艳、黄思刚[③]等相关文献控制变量的选取,选择以下指标:银行资产规模、不良贷款率、资本充足率、存贷比、GDP 增长率。

综上所述,变量描述如表 3 所示。

表 3　变量选取与定义

变量类型	变量名称	变量定义	符号
被解释变量	总资产收益率	税后净利润/平均资产总额×100%	ROA

[①] 史永东,郭子增,王巍.从重资产到轻资产:商业模式转型对银行绩效的影响:基于我国上市银行的研究[J].商业研究,2019,507(07):77-83.

[②] 孙红梅,姚书淇.商业银行经营风险与经济绩效:基于绿色业务影响的视角[J].金融论坛,2021,26(2):37-46.

[③] 丰艳,黄思刚.绿色信贷对商业银行经济绩效的影响研究[J].中国物价,2022(5):78-80.

续表

变量类型	变量名称	变量定义	符号
解释变量	绿色信贷规模	绿色信贷余额的自然对数	LNGC
控制变量	银行规模	银行各年末资产总额	SIZE
	不良贷款率	（次级类贷款+损失类贷款+可疑类贷款）/各项贷款总额	NPL
	资本充足率	资本总额/风险加权资产总额	CAR
	存贷比	全部贷款总额/全部存款总额	LTD
	GDP 增长率	（本期 GDP−上期 GDP）/上期 GDP×100%	RGDP

注：除 LNGC、SIZE 外，其余变量的单位为%。

（二）数据来源及描述性统计

我国绿色信贷政策正式发布于 2007 年 7 月，2009 年后，大多数银行都自觉披露完整的绿色信贷数据。同时，经调查，部分银行在 2010 年之前的财务数据也有遗漏。因此，在保证实证分析严谨性和可靠性前提下，本文主要选取 2012—2022 年的样本数据，参考中国银保监会公布的我国开展绿色信贷业务的 21 家主要银行的名单，剔除数据严重缺失的银行，共选取 30 家商业银行为研究样本，其中含 6 家国有大型银行、10 家全国性股份制银行、11 家城市商业银行和 3 家农村商业银行。数据来源方面，银行数据均来源于各银行年报和社会责任报告，宏观数据来源于中国人民银行官网。为弥补样本中部分缺失数据，采用线性插值的方法进行插补，得到总计 30 个有效样本、330 个观测值的平衡面板数据。

对样本数据进行整理后，首先对前文提到的变量分别进行描述性统计，分析结果如表 4 所示。

表 4　变量描述性统计

变量	观测值	平均值	最小值	中位数	最大值	标准差
ROA	330	0.943	0.340	0.94	1.757	0.244
LNGC	330	5.867	0.531	5.77	10.59	2.150
SIZE	330	55.70	1.017	23.08	396.1	76.85
NPL	330	1.264	0.360	1.27	2.410	0.370
CAR	330	13.23	8.840	13.07	19.26	1.719

续　表

变量	观测值	平均值	最小值	中位数	最大值	标准差
LTD	330	13.23	26.39	72.66	111.2	15.19
RGDP	330	6.359	2.240	6.95	8.110	1.863

由表4可知，样本银行总资产收益率最小值0.34%，最大值1.76%，最值差距较小，均值为0.94%。可见，我国银行总体盈利水平较为可观。绿色信贷规模（绿色信贷余额对数值）的均值为5.867，而最小值0.531和最大值10.59差距较大，这表明自执行绿色信贷政策以来，各商业银行针对绿色信贷的投放规模存在明显差异。

（三）模型设定

根据前文理论分析和变量描述，本文以30家主要商业银行为研究样本，将绿色信贷发展状况作为自变量进行回归，探究绿色信贷业务对商业银行经营绩效的影响以及该影响是否存在异质性，并构建如下计量模型：

$$ROA_{i,t} = \alpha_0 + \beta_1 LNGC_{i,t} + \beta_2 NPL_{i,t} + \beta_3 CAR_{i,t} + \beta_4 LTD_{i,t} + \beta_5 SIZE_{i,t} + \beta_6 RGDP_{i,t} + \varepsilon_{i,t}$$

其中，α_0为截距，β为各变量系数；i表示所选取的银行样本数量，t表示2012—2022的年度数；$\varepsilon_{i,t}$为随个体和时间而改变的随机扰动项。

（四）基准回归结果分析

表5显示了模型回归结果。其中列（1）即基准回归结果，表5显示，绿色信贷系数在1%的水平上显著为负，绿色信贷项回归系数为-0.058，说明商业银行绿色信贷规模每上升1%，其经营绩效就会下降0.058%，这表明在样本区间11年期内，就银行业整体而言，绿色信贷在一定程度上不利于提高商业银行当期经济绩效。

表5　绿色信贷对商业银行经济绩效影响的回归结果

变量	ROA	
	（1）	（2）
LNGC	-0.058***	-0.049**
	(-3.35)	(-2.58)
NPL	-0.212***	-0.178***
	(-7.51)	(-3.93)
CAR	0.019	0.018
	(1.60)	(1.60)

续 表

变量	ROA	
	（1）	（2）
LTD	-0.003	-0.005***
	(-1.62)	(-3.91)
RGDP	0.004*	0.003*
	(1.92)	(1.72)
SIZE	-0.002***	-0.002***
	(-5.77)	(-6.75)
L.LNGC		0.009
		(0.40)
L2.LNGC		0.044*
		(1.79)
_cons	1.406***	1.294***
	(6.68)	(7.11)
控制变量	是	是
个体固定效应	是	是
N	330	239
R^2	0.683	0.423
调整后 R^2	0.675	0.395

注：括号内为 t 值，下同。*、**、*** 分别表示估计系数在10%、5%、1%水平下显著。

这是因为我国绿色金融制度起步较晚，绿色信贷实施时间相对较短，初期需投入大量资源，银行成本增加、经营压力增大，因此短期内绿色信贷业务的开展不会给银行带来直接收益，初期回报性未完全显现。一方面，绿色信贷一般都有三到五年甚至更长期限，信贷资金流动性薄弱，银行的资金利用率也随之降低，不能实现短期盈利。① 另一方面，在国家政策引导下，商业银行开展绿色信贷额外成本费用增加，短期内成本效应削弱了盈利能力。

表5列（2）即在基准回归基础上将核心解释变量的滞后1阶、2阶纳入回归模型。分析发现，绿色信贷滞后1期、滞后2期后，其回归系数由负相关转变为正相关关系。其中，绿色信贷规模滞后1期系数为正但并不显著，

---

① 王建琼，董可．绿色信贷对商业银行经济绩效的影响：基于中国商业银行的实证分析 [J]．南京审计大学学报，2019，16（4）：52-60．

意味着银行经济绩效受上一年度绿色信贷规模的正向影响，但影响微弱；滞后2期系数0.044大于滞后1期系数，且在10%水平上显著。这表明，商业银行开展绿色信贷业务持续一段时间才会得到回报，第一年未产生声誉效应，第二年后，对商业银行经营绩效的正向影响才开始逐渐显现。[①] 绿色信贷余额逐年上涨，商业银行信贷结构优化、盈利能力提高，从长远看，绿色信贷对商业银行的发展具有一定促进作用。

（五）异质性分析

绿色信贷政策对银行经营绩效的影响很可能与银行的个体特征有关，如银行属性。[②] 因此，为进一步探究绿色信贷发展水平对不同性质银行的差异化影响，本文进行了分样本回归分析，对国有大型银行、股份制商业银行、城商行和农商行三类样本进行固定效应回归，结果如表6所示。

表6　分样本回归结果

变量	是否为国有大型银行 是	是否为国有大型银行 否	股份制商业银行	城商行和农商行
LNGC	0.119***	-0.059***	-0.030	-0.080***
	(6.43)	(-3.11)	(-1.77)	(-3.17)
NPL	-0.130**	-0.232***	-0.166**	-0.281***
	(-4.18)	(-7.75)	(-2.85)	(-7.27)
CAR	0.019	0.014	0.025**	0.009
	(1.10)	(1.20)	(2.29)	(0.53)
LTD	-0.008*	-0.002	-0.005***	-0.001
	(-2.19)	(-1.21)	(-3.54)	(-0.37)
RGDP	0.001	0.005**	0.007*	0.003
	(1.09)	(2.08)	(2.15)	(0.9)
SIZE	-0.003***	-0.002	-0.002	-0.000
	(-7.61)	(-1.11)	(-1.35)	(-0.03)
_cons	0.712***	1.523***	1.530**	1.550***
	(8.23)	(7.23)	(4.19)	(7.42)

---

① 高晓燕. 绿色信贷视角下我国商业银行经济绩效差异性研究 [J]. 甘肃社会科学, 2020, 248 (05): 178-184.

② 陈建华, 胡莲洁. 绿色信贷发展对商业银行经济绩效影响的实证研究 [J]. 财经理论与实践, 2022, 43 (04): 89-95.

续　表

变量	是否为国有大型银行		股份制商业银行	城商行和农商行
	是	否		
N	66	264	110	154
R^2	0.866	0.675	0.731	0.669
调整后 R^2	0.847	0.665	0.710	0.651

注：括号内为 t 值，下同。*、**、*** 分别表示估计系数在10%、5%、1%水平下显著。

由表6可见，对银行样本分组检验的结果显示，绿色信贷对国有大型银行经营绩效的影响在1%的水平上显著正相关，而对非国有大型银行，在1%水平上显著负相关。这说明，国有大型银行实施绿色信贷对经营绩效的促进效果更明显。

分析其原因，我们发现：一方面，相对于非国有银行而言，国有大型银行信贷规模更大，绿色信贷投放规模效应更强，一定程度上可以抵消绿色信贷的成本和利润损失；另一方面，国有大型银行在我国金融体系中占举足轻重的地位，具备更好的声誉和更高的安全性，开展绿色信贷所产生的声誉效应和经济效益外部化效应更强，因而绿色信贷对国有大型银行经济绩效的提升作用显著。此外，在政策支持方面，国有大型银行业务经营稳定，可以得到更多的政策支持；相反，股份制商业银行和城农商行起步时间比国有银行晚得多，得到的政府支持也较少。[①]

绿色信贷对非国有大型商业银行经营绩效的影响显著为负，由表6可见，绿色信贷项回归系数为-0.059。将非国有银行分解为两类：股份制银行与城商行和农商行，分组回归结果见表6右侧两列，绿色信贷对股份制银行与城商行和农商行有不同水平的负面影响。对城商行和农商行而言，开展绿色信贷业务对其经营绩效具有负向作用，且在1%水平上显著；而对于股份制商业银行来说，开展绿色信贷对其经济绩效有一定的抑制作用，但并不显著。

具体原因可能在于：相比于国有银行，非国有商业银行市场份额较小，在银行业市场竞争中的竞争压力更大，往往会面临融资困难和资金短缺困境，一般不愿将信贷投放于短期难以收回成本获得效益的绿色项目中。而城商行和农商行规模较小且绿色信贷起步晚，开展绿色信贷业务的收益往往难以抵消投入的成本，因而绿色信贷业务的开展对其经营绩效具有显著的负向作用；而对于股份制银行，相对于城商行，其具有较大规模及较强的获客能力，开

[①] Zhou G, Sun Y, Luo S, et al. Corporate social responsibility and bank financial performance in China: The moderating role of GC credit [J]. Energy economics, 2021, 97 (04): 105-190.

展绿色信贷业务可以扩大其信贷业务范围，从而对企业价值产生一定的促进效应，①因而绿色信贷对其经营绩效有较弱的负向影响且并不显著。

（六）稳健性检验

第一，替换被解释变量。将被解释变量更换为净资产收益率 ROE，实证结果见表 7 第（1）列。更换被解释变量后，大多数变量回归系数的大小、方向及显著性都与基准回归结果相近。这表明，改变银行经营绩效衡量指标未对回归结果造成影响。

第二，改变样本容量。考虑到 2020 年全球经济在疫情下遭受巨大冲击，我国经济同样受到波及，对各行业都造成严重影响，故而在基准回归中剔除 2020 年样本数据后重新进行回归，回归结果见表 7 第（2）列。可见，改变样本容量并未对回归结果造成明显影响，基准回归结果稳健。

第三，增加控制变量。将广义货币供应量增长率（M2）纳入基准回归模型，将其作为代表国家货币政策的外部控制变量，该指标增长说明投资和中间市场相对活跃。如表 7 第（3）列所示，加入 M2 后，整体回归结果仍然显著。

表 7 稳健性检验结果

变量	（1）ROE	（2）剔除 2020 年数据	（3）M2
LNGC	-0.785**	-0.063***	-0.049***
	(-2.64)	(-3.35)	(-3.01)
NPL	-4.222***	-0.226***	-0.185***
	(-7.67)	(-7.60)	(-6.26)
CAR	-0.242	0.020	0.024*
	(-1.51)	(1.61)	(1.94)
LTD	-0.115***	-0.002	-0.002
	(-5.02)	(-1.33)	(-1.23)
RGDP	0.150***	-0.0002	0.010***
	(3.74)	(-0.05)	(4.42)
SIZE	-0.023***	-0.002***	-0.001***
	(-5.08)	(-5.65)	(-5.38)

---

① 何红渠，汪洋．银行公司治理对金融系统稳定性的影响研究：基于我国 14 家上市银行的回归分析［J］．湖南大学学报（社会科学版），2021，35（04）：55-62．

续 表

变量	（1） ROE	（2） 剔除 2020 年数据	（3） M2
M2			1.598***
			(3.61)
_cons	37.781***	1.495	1.027***
	(13.24)	(6.16)	(3.79)
N	330	300	330
R^2	0.803	0.672	0.685
调整后 R^2	0.798	0.663	0.677

注：括号内为 t 值，下同。*、**、*** 分别表示估计系数在 10%、5%、1%水平下显著。

五、结论与建议

（一）研究结论

本文对绿色信贷对商业银行经营业绩的影响进行了理论与实证相结合的研究。主要得出以下几点结论：

（1）绿色信贷短期内不利于提升银行经济绩效。开展绿色信贷业务对商业银行当期经济绩效有负向影响，主要由于成本效应发挥作用，而绿色声誉效应和潜在收益效应并未同时发挥各自的作用，使得银行整体绩效表现不乐观。

（2）绿色信贷对不同性质商业银行具有异质性影响。开展绿色信贷业务对商业银行经济绩效的影响存在异质性特征。通过异质性分析发现，绿色信贷倾向于提高国有大型商业银行的总资产收益率，降低股份制商业银行、城商行和农商行的总资产收益率。

（3）绿色信贷长期内有助于提升银行经济绩效。开展绿色信贷业务对商业银行长期经营绩效存在正向影响，但这一影响存在滞后性。商业银行在绿色信贷业务中取得效益是一个缓慢的过程，而开展绿色信贷所带来的绿色声誉效应和实际经济收益都要经历一段时间滞后才能在商业银行的整体经营绩效中得到充分体现。

（二）对策建议

根据以上研究结论，为更好地促进商业银行经营绩效的提升以及绿色信贷业务的发展，本文提出以下几方面对策建议。

（1）完善绿色信贷相关制度政策。针对绿色信贷业务无法带来短期经营绩效提升的问题，政府和相关部门应制定和完善绿色信贷相关制度政策与不同激励措施，增加商业银行对绿色信贷的信心。

政府和其他监管机构应该对绿色信贷的执行情况有更深刻的认识，有针对性地对现行制度和政策进行改进。首先，以"赤道原则"为起点，建立银行业应用绿色信贷的统一标准，出台相关制度，优化绿色信贷从事前识别、审核到事后监督管理的一系列业务流程，有效降低绿色信贷成本。其次，完善商业银行相关法律法规，对绿色信贷开展增加政策指引，提高法律约束，依据绿色信贷执行情况及时完善绿色信贷指引目录，引导金融机构的信贷行为。

（2）针对不同类型的银行构建差异化政策支持体系。针对绿色信贷对不同类型商业银行经营绩效的影响程度和方向具有差异性的问题，政府及监管机构应根据不同的银行类型采用不同的绿色信贷政策，走差别化发展之路。

对于国有大型银行，政府应在绿色信贷业务开展初期对其给予支持，包括资金方面和行业标准设定方面等，以发挥国有大型商业银行在行业内的标杆作用，促使其形成规模效应；对于股份制商业银行，金融监管部门应加大监管力度，促使股份制商业银行信贷结构优化，丰富信贷产品和日常业务，通过业务多元化降低经营风险；对于城商行和农商行，由于这两类银行的市场份额低，市场知名度不高，所以地方政府应着重对其进行更多的宣传，提高其市场影响力。此外，还要配套设置相应的补贴政策，鼓励城商行和农商行扩大绿色信贷授信规模。

（3）丰富创新绿色产品。商业银行应意识到绿色声誉的重要性，致力于丰富创新绿色信贷产品。

一方面，针对绿色信贷产品创新，可以推出绿色信贷资产证券化产品等。绿色信贷资产证券化可以减少资金占用，利于规避银行资金结构错配导致的流动性风险，减轻资金压力，同时为客户提供多样化产品。针对绿色信贷服务创新，可以运用数字科技、人工智能等手段，创新绿色信贷服务模式，通过提高服务效率、降低环境风险，提升银行经营绩效。

另一方面，要拓展绿色信贷服务对象，借鉴国外经验开发个人绿色信贷产品。如加拿大温哥华城市商业银行为消费者推出清洁汽车贷款，澳大利亚西太平洋银行设计环保类存款产品等。[1] 我国银行应充分吸收国外各国家绿色信贷创新经验，构建适合我国的绿色信贷创新机制，满足社会经济金融服务的多样化需求。

---

[1] 唐亚兰. 绿色信贷对商业银行经济绩效影响研究 [J]. 时代金融, 2021, 797（07）: 59-61.

参考文献:

[1] ZHOU G, SUN Y, LUO S, et al. Corporate social responsibility and bank financial performance in China:The moderating role of LNGC credit[J]. Energy economics,2021,97(04):105190.

[2] 陈建华,胡莲洁. 绿色信贷发展对商业银行经济绩效影响的实证研究[J]. 财经理论与实践,2022,43(04):89-95.

[3] 丰艳,黄思刚. 绿色信贷对商业银行经济绩效的影响研究[J]. 中国物价,2022(05):78-80.

[4] 高晓燕. 绿色信贷视角下我国商业银行经济绩效差异性研究[J]. 甘肃社会科学,2020,248(05):178-184.

[5] 顾海峰,谢疏影. 跨境资本流动、债务杠杆与银行经济绩效[J]. 湖南大学学报(社会科学版),2022,36(03):40-50.

[6] 何红渠,汪洋. 银行公司治理对金融系统稳定性的影响研究:基于我国14家上市银行的回归分析[J]. 湖南大学学报(社会科学版),2021,35(04):55-62.

[7] 史永东,郭子增,王巍. 从重资产到轻资产:商业模式转型对银行绩效的影响:基于我国上市银行的研究[J]. 商业研究,2019,507(07):77-83.

[8] 斯丽娟,曹昊煜. 绿色信贷政策能够改善企业环境社会责任吗:基于外部约束和内部关注的视角[J]. 中国工业经济,2022(04):137-155.

[9] 孙红梅,姚书淇. 商业银行经营风险与经济绩效:基于绿色业务影响的视角[J]. 金融论坛,2021,26(02):37-46.

[10] 唐亚兰. 绿色信贷对商业银行经济绩效影响研究[J]. 时代金融,2021,797(07):59-61.

[11] 王建琼,董可. 绿色信贷对商业银行经济绩效的影响:基于中国商业银行的实证分析[J]. 南京审计大学学报,2019,16(04):52-60.

[12] 王晓娆. 环境治理投入与银行资产质量:基于绿色信贷视角的分析[J]. 金融论坛,2016,21(11):12-19,60.

[13] 尹庆民,武景. 绿色信贷对商业银行经济绩效影响的研究:基于环境声誉的中介效应[J]. 金融监管研究,2022(03):100-114.

[14] 于波,范从来. 绿色金融、技术创新与经济高质量发展[J]. 南京社会科学,2022,419(09):31-43.

绿色债券的发行对上市公司劳动投资效率影响的研究

刘婷文　申晨笛*

摘要：本文研究了发行绿色债券对上市公司劳动投资效率的影响。通过对劳动投资效率指标的测算，采用 DID 模型进行构建，发现发行绿色债券与劳动投资效率的提高相关。这种相关可能是通过降低上市公司的融资约束和缓解委托代理问题，提高公司的劳动投资效率，而且这种中介影响在关注度低的上市公司中效果更加明显，在发行绿色债券之后，企业的融资成本下降，分析师关注度上升，进而促进了的劳动的有效投资。

关键词：绿色债券；劳动投资效率；DID 模型

一、引言

党的二十大报告强调推进绿色发展、构建生态文明、实现"碳达峰"和"碳中和"等目标。在"碳达峰、碳中和"目标下，严格落实绿色低碳发展，不仅是中国高质量发展的内在要求，也是全球战略新格局对中国的考验。2023 年 1 月，国新办发布《新时代的中国绿色发展》白皮书，其中指出，中国大力发展绿色金融，为《巴黎协定》达成和落实做出历史性贡献，将完成全球最高碳排放强度的降幅，用全球历史上最短的时间实现从"碳达峰"到"碳中和"。为此，中国将加大财政、税收、价格、金融等政策支持力度，鼓励社会资本投入低碳领域，推动发行碳中和债券、碳达峰债券等创新型绿色金融产品。2015 年底，国家发展改革委发布《绿色债券发行指引》，绿色债券市场从此开始蓬勃发展，2017 和 2018 年，中国境内外总计分别发行贴标签

---

* 刘婷文，中国政法大学商学院副教授；申晨笛，中国政法大学西方经济学专业硕士研究生。

绿色债券 2 477.14 亿元和 2 675.93 亿元,占全球绿色债券发行总额的 24.59%和 23.27%,[①] 中国已成为全球最大的绿色债券市场之一。截至 2022 年末,中国本外币绿色信贷余额 22.03 万亿元,中国境内外绿色债券存量规模约 3 万亿元,规模均居全球前列。[②]

本文选取 2010—2021 年我国 A 股上市公司作为研究样本,并对发行过绿色债券之企业所处的行业进行筛选,对绿色债券发行的溢出效应进行了研究,发现:第一,企业发行绿色债券对同行业其他企业的劳动投资效率具有显著的促进作用。第二,同行发行绿色债券通过改善企业现金流、融资成本,进而抑制公司劳动投资非效率。第三,发行绿色债券对于现金流充足的企业影响并不显著,但是对于现金流不足的企业的劳动投资效率具有显著的促进作用。

与以往的文献相比,本文的贡献和创新在于:第一,绿色债券作为绿色金融体系的重要组成部分,是实现"碳达峰、碳中和"目标的重要工具之一。加强对发行绿色债券的研究,对激励企业投入节能减排、循环经济等绿色项目具有重要意义。第二,绿色债券在中国起步较晚,属于较新的金融产品,当前对绿色债券的研究尚处于起步阶段,大多数研究主要是定性分析,且已有的定量分析也缺乏系统性(Bhutta et al.,2022)。本文通过对上市企业发行绿债进行实证分析,探究了融资成本以及现金流对劳动投资效率的影响。第三,针对绿色债券发行的实证,研究大多集中于对绿色债券发行定价和对公司的价值方面的影响,对公司劳动投资效率方面的研究较少,且针对劳动投资效率的其他影响因素研究较少。第四,绿色债券虽然已具有一定发行规模,但是发行数量以及发行种类仍然较少,本文的实证结果为以后公司发行绿色债券以及政府制定相关决策提供了经验证据。

二、文献综述、理论分析与研究假设

(一) 文献综述

关于绿色债券的研究,主要集中在三个方面:一是绿色债券的发行动机,二是绿色债券的发行定价,三是绿色债券的经济效应。对于发行动机,学者们通常认为企业发行绿色债券是由于绿色溢价的存在。Wang 等(2020)以 2016—2019 年中国 159 只绿色债券为样本,匹配出具有相同特征的普通债券并加以比较,发现绿色债券比普通债券的发行利差低 34 个基点。张丽宏等

---

① 数据来源于中央财经大学绿色金融国际研究院。
② 参见《新时代的中国绿色发展》白皮书。

(2021)的研究也显示,绿色债券的利差比普通债券的利差平均低17个基点。在绿色债券发行定价的研究中,学者们对于绿色债券与普通债券定价是否存在显著差异观点不一,绿色债券相对于普通债券的折价溢价情况也因市场的不同而有所差别。Hachenberg和Schiereck(2018)发现,绿色债券相比一般债券存在1个基点的折价。然而,Ehlers和Packer(2017)发现,绿色债券的发行定价平均比普通债券高出一些,但是在二级市场上的表现与普通债券相似。对于经济效益,宁金辉和王敏(2021)基于2016年绿色债券市场启动这一准自然实验,结果显示绿色债券能够显著抑制企业投融资期限错配,进而降低企业风险。郑春丽、罗传建(2020)将发行绿色债券的上市公司发行前后进行对比,发现在发行债券后净资产收益率高约0.9%。

另一方面,企业也越来越关注劳动投资的问题。人力资本是企业竞争优势的重要来源,它具有流动性强、可塑性高等特点,能够促进企业的知识创新和价值创造,从而提高企业的市场份额和盈利能力。因此,对企业劳动投资效率的研究越来越受到人们的关注。Jung等(2014)研究发现,类似于对实物资本的投资,财务报告质量同样对劳动投资效率产生影响,并且企业面临的融资约束是降低其劳动投资效率的重要原因。Khedmati等(2020)研究了CEO和独立董事之间的关系与劳动投资效率的相关性,当CEO与独立董事之间的关系越强,劳动投资效率越低,且这种效应在依赖技术劳动力和财务受限的企业中更明显。陈婧等(2018)发现,证券分析师跟踪能够通过缓解融资约束和代理问题显著改善企业劳动投资效率,表现为减少劳动投资过度和不足。陶欣欣等(2022)研究发现,企业履行社会责任能够通过缓解融资约束抑制劳动投资过度和不足,从而提高劳动投资效率。这种效果在员工责任低、信息不对称大和劳动密集高的企业中更显著。

(二) 理论分析

1. 基本假设

研究发现,企业在做决策时也会存在类似某一主体受其所在群体内其他主体行为影响的现象,即"同行效应"(Foucault and Fresard, 2014; Leary and Roberts, 2014)。因此,企业的融资决策(Leary and Roberts, 2014)、并购决策(陈仕华等, 2013; 万良勇等, 2016)和投资决策(方军雄, 2012)等都可能受到同行效应的影响,即企业会模仿或学习其所属行业或地区的其他企业的行为。

社会责任感可以进一步增强企业的声誉和品牌价值,吸引更多的优秀人才和投资者,从而提升企业的竞争力和盈利能力(Jiraporn et al., 2014)。同时会给同行业的其他企业带来压力和激励,促使他们也跟随发行绿色债券的做法，以免在竞争中落后（Yeow and Ng，2021）。绿色债券的发行被看作一种"信号"，已有研究发现，发行绿色债券对同行业其他企业具有正向的影响（Flammer，2021；Tang and Zhang，2020）。基于此，本文提出假设：

H1：企业发行绿色债券会影响同行业其他企业的劳动投资效率。

2. 作用机制假设

由于绿色债券具有政策支持、市场认可、社会责任等优势（黄华继等，2022；吴育辉等，2022），其发行利率往往低于同期限、同评级的普通债券（Wang et al.，2020）。这意味着企业可以以更低的成本获得更多的资金，从而增加企业的现金流量，增加其对绿色项目和其他项目的投资。当这些企业在市场上取得成功时，他们就会对同行业其他企业形成榜样效应和竞争威胁，迫使其他企业提升自身的环保水平，以适应市场需求和监管要求。

此外，发行绿色债券可以提升企业价值，从而减少经理和所有者之间的代理成本。代理成本是指由于股东（委托人）和经理（代理人）之间存在利益冲突，导致经理可能做出不符合股东利益的投资决策，从而降低投资效率而产生的内部成本。当企业价值提高时，经理和所有者的利益更加一致，经理有更强的激励为所有者创造价值，从而降低代理成本和非效率投资的风险（Jensen and Meckling，1976；Morck et al.，1988；Stulz René M，1990）。基于上述分析，本文提出假设：

H2a：发行绿色债券可以影响企业融资约束，进而影响同行业其他企业的劳动投资效率。

H2b：发行绿色债券可以影响企业的委托代理问题，进而影响同行业其他企业的劳动投资效率。

三、研究设计

（一）数据来源与样本选择

本文以2010—2021年发行的公司债、企业债和中期票据为基础进行分析（吴育辉等，2022）。发债企业的财务数据来自Wind数据库和CSMAR经济金融研究数据库。本文剔除了金融行业以及ST、PT类公司，经过整理，获得债券样本观测值共计16 207个，其中：绿色债券的观测值共计647个，普通债券的观测值共计15 560个。针对本文研究的问题，删除了同行业发行的绿色债券，删除了财务信息不全的1 154个观测值后，本文获得15 053个观测值并进行了上下1%的缩尾处理。

（二）模型构建与变量说明

本文设定基本计量模型（1），研究发行绿色债券和与企业劳动投资效率的关系。

$$Le_{it} = \alpha_0 + \alpha_1 Green_i + \sum \alpha_i Controls_{it-1} + \varepsilon_{it} \tag{1}$$

其中，Le 代表企业劳动投资非效率，是劳动投资效率的反向度量指标；$Green_i$ 代表企业是否发行绿色债券。

1. 被解释变量

Le 代表企业劳动投资非效率，本文沿用现有的研究，以企业实际劳动投资变动率与预期劳动投资变动率差额的绝对值衡量企业劳动投资非效率（孔东民等，2017；Ben-Nasr and Alshwer，2016；Jung et al.，2014；Khedmati et al.，2020）。具体计算方法如下：

首先，以企业员工变动率度量公司劳动投资变动率 NET_HIRE。其次，按照模型（2），将企业劳动投资变动率对相关反映经济基本面的变量进行回归，得到的估计值为企业预期劳动投资变动率。

$$\begin{aligned} NET\_HIRE_{i,t} = &\alpha + \beta_1 \times SALES\_GROWTH_{i,t-1} + \beta_2 \times SALES\_GROWTH_{i,t} \\ &+ \beta_3 \times \Delta ROA_{i,t} + \beta_4 \times \Delta ROA_{i,t-1} + \beta_5 \times R_{i,t} + \beta_6 \times RETURN_{i,t} \\ &+ \beta_7 \times SIZE_{i,t-1} + \beta_8 \times QUICK_{i,t-1} + \beta_9 \times \Delta QUICK_{i,t-1} \\ &+ \beta_{10} \times \Delta QUICK_{i,t} + \beta_{11} \times LEV\_L_{i,t-1} + \beta_{12} \times LOSSBIN1_{i,t-1} \\ &+ \beta_{13} \times LOSSBIN2_{i,t-1} + \beta_{14} \times LOSSBIN3_{i,t-1} + \beta_{15} \times LOSSBIN4_{i,t-1} \\ &+ \beta_{16} \times LOSSBIN5_{i,t-1} + \sum INDUSTRY + \varepsilon_{i,t} \end{aligned} \tag{2}$$

其中，NET_HIRE 为企业员工变动率；$SALES\_GROWTH$ 为营业收入增长率；ΔROA 为 ROA 的变化量；ROA 为净利润除以总资产；$RETURN$ 为年个股回报率；$SIZE$ 为公司流通市值的自然对数；$QUICK$ 为速动比率，等于流动资产减存货的差除以流动负债；$\Delta QUICK$ 为 $QUICK$ 的变化量；LEV_L 为长期负债与总资产之比；$LOSSBIN$ 为依据 ROA 从 0 至 -0.025 区间段内，以 0.005 为间隔单位划分的变量。比如，当企业 ROA 的值落在 -0.005 与 0 之间时，$LOSSBIN1$ 的值等于 1，否则等于 0；当企业 ROA 的值落在 -0.010 与 -0.005 之间时，$LOSSBIN2$ 的值等于 1，否则等于 0，以此类推。最后，企业实际劳动投资变动率减去预期劳动投资变动率得到残差，当残差大于 0 时，企业存在劳动投资过度，当残差小于 0 时，企业存在劳动投资不足。将差额取绝对值即为企业劳动投资非效率 Le。

2. 核心解释变量

$Green_i$ 是主要解释变量，代表 DID 模型中的"政策"处理变量（即双重差分项）。其中，i 表示发债企业，t 表示年份，ε 为随机扰动项。$Green_i$ 为处理组与控制组虚拟变量，如果某行业有企业公开发行绿色债券，则同行业的所有企业都赋值为 1，否则为 0。同行业采用 Wind 行业分类的第二级行业分类。如果 $Green_i$ 的系数 α_1 显著为正,则证明发行绿色债券可以降低整个行业的劳动投资效率。

3. 控制变量

Controls 表示控制变量,依据以往文献(褚剑和方军雄,2020;Ben-Nasr and Alshwer,2016;Jung et al.,2014),相关控制变量如下:市净率 MTB,公司规模 SIZE,速动比率 QUICK,企业财务杠杆 LEV,股利分派哑变量 DIVDUM,经营现金流波动率 STDCFO[之前5年公司经营活动现金流量净额(百亿元)的标准差],营业收入波动率 STDSALES[之前5年公司营业收入(百亿元)的标准差],固定资产比率 TANGIBLES,是否亏损 LOSS,机构持股 INSTI,员工增长率 STDNETHEIR(之前5年公司员工变动率的标准差),劳动密集度 LABINTENSITY[员工人数除以总资产(乘以105)],董事人数 EMPLOYMEEMGMT,投资性现金流量比率 ABSINV4R。此外,对年度及行业固定效应进行控制(寇宗来等,2015;吴育辉等,2022;张学勇等,2017)。表1列示了主要变量的描述性统计情况。

四、实证分析

(一)描述性统计

表1呈现了关键变量的描述性统计结果。可以看出,劳动投资效率(Le)的均值为0.166,说明每个职工平均创造了0.166单位的主营业务收入净额或净产值。同行业是否发行绿色债券(G)的均值为0.212,意味着21.2%的企业会受到发行绿色债券的影响。其他变量的值均处于合理位置。

表1 变量描述性统计

Variable	Obs	Mean	Std. Dev.	Min	Max
Le	15053	0.166	0.283	0.002	2.241
Green	15053	0.212	0.409	0	1
Ave_cash	15053	0.009	0.076	-.836	0.97
Kzindex	15053	1.11	1.224	-3.666	4.3
InsInvestorProp	15053	46.134	23.75	0	101.14
Num_analysts	15053	8.075	10.58	0	75
mtb	15053	3.618	3.153	0.573	28.787
firmsize	15053	22.686	0.961	20.261	25.447
quick	15053	1.708	1.968	0.147	15.815

续表

Variable	Obs	Mean	Std. Dev.	Min	Max
lev1	15053	42.938	20.132	4.555	88.908
divdum	15053	0.765	0.424	0	1
Tangibles	15053	0.24	0.165	0.003	0.729
Loss	15053	0.926	0.261	0	1
Lnsti	15053	35.079	15.089	9.028	74.82
Lab_intensity	15053	77.311	66.62	2.387	456.722
Employee_mgmt	15053	7.201	2.312	3	14
abs_inv4_r	15053	0.03	0.027	0	0.162
Std_cfo	15053	0.627	0.551	0.004	2.916
Std_sales	15053	0.208	0.203	0.012	1.512
Std_net_hire	15053	0.218	0.34	0.004	1.682

(二) 基础回归

表2展示了企业发行绿色债券对同行业其他企业内部劳动投资效率的影响。表2中第（1）列的结果显示，在不加任何控制变量、只控制年份固定效应的情况下，Green 系数为-0.010，且在5%水平上显著。第（2）列在此基础上加入了一系列控制变量，系数为-0.009，且在10%水平上显著。这一结果表明，企业发行绿色债券对同行业其他企业劳动投资非效率具有显著的抑制作用。

表2 基础回归

变量	被解释变量：劳动投资效率	
	（1）	（2）
Green	-0.010**	0.009
	(-2.67)	(-2.18)
控制变量	no	yes
年份固定效应	YES	YES
公司固定效应	YES	YES
样本量	15 053	15 053
R^2	0.193	1 254

注：*、**、*** 分别表示估计系数在10%、5%、1%水平下显著，括号内为聚类到公司水平上的标准误。

(三) 稳健性检验

1. 更换变量

更换企业劳动投资效率的度量指标。参考褚剑和方军雄（2020）及 Khedmati 等（2020）的研究，本文以支付给职工以及为职工支付的现金与总资产之比衡量企业劳动投资，并重新估计企业劳动投资效率。除此之外，参考 Jung 等（2014）及 Ben-Nasr 和 Alshwer（2016）的方法，本文对模型（2）进行简化，控制变量仅选取企业营业收入增长率，并由此重新估计劳动投资效率。结果分别如表 3 第（1）列、第（2）列所示，无论如何更换劳动投资效率计算方法，系数均至少在 5% 水平上显著为负。以上结果进一步证实了本文结论的稳健性。

表 3 稳健性检验

变量	（1）	（2）	（3）	（4）
	Le	*Lel*	*Le*	*Lel*
Green	-0.010**	-0.010**	-0.010**	-0.010**
	(-2.67)	(-2.75)	(-2.51)	(-3.12)
控制变量	YES	YES	YES	YES
行业固定效应	YES	YES	YES	YES
样本量	15 053	14 656	9 528	9 381
R^2	0.254 1	0.252 6	0.401 5	0.395 7

注：*、**、*** 分别表示估计系数在 10%、5%、1% 水平下显著，括号内为聚类到公司水平上的标准误。

2. 平行趋势检验

根据 Angrist 和 Pischke（2010）的研究，精准识别的前提条件是，实验组和控制组在政策实施前，因变量必须满足基本平行趋势。即同行业其他企业在没有受到绿色债券发行冲击的情况下，劳动投资效率在实验组与控制组中应该具有一致的时间变化趋势。基于申丹琳和江轩宇（2022）的思路，本文构建了模型（4），检验各期处理效应，

$$Le_{i,t}=\alpha+\sum_{\tau=1}^{4}\theta_{-\tau}pre_{i,t-\tau}+\theta current_{i,t}+\sum_{\tau=1}^{4}\theta_{+\tau}post_{i,t+\tau}+\beta Controls_{i,t-1}+FEs+\varepsilon_{i,t} \quad (3)$$

其中，$\theta_{-\tau}$ 表示处理之前的 τ 期产生的影响，$\theta_{+\tau}$ 表示处理之后的 τ 期产生的影响。θ 表示处理当期产生的影响，因此当年份为处理当期时，$current_{i,t}$ 取值为 1，否则取值为 0。本文将绿色债券冲击时间分别提前 1~4 年，构建 4 个"伪

ICS 虚拟变量",然后纳入模型进行实证分析。理论上,如果实验组和对照组符合平行趋势的要求,则此时($pre_{i,t-\tau}$)不再显著;如果该变量依旧保持显著为负,则表明本文的估计结果可能是由其他因素造成的。图1显示了平行趋势检验的回归结果,在受到同行业发行绿色债券冲击前,实验组与控制组的差异均不显著,表明我们的实验组和控制组具有可比性,在受到同行业发行绿色债券冲击后,实验组与控制组的差异显著为负,并且这种趋势持续了一期。综上所述,本文的研究结论通过了平行趋势检验。

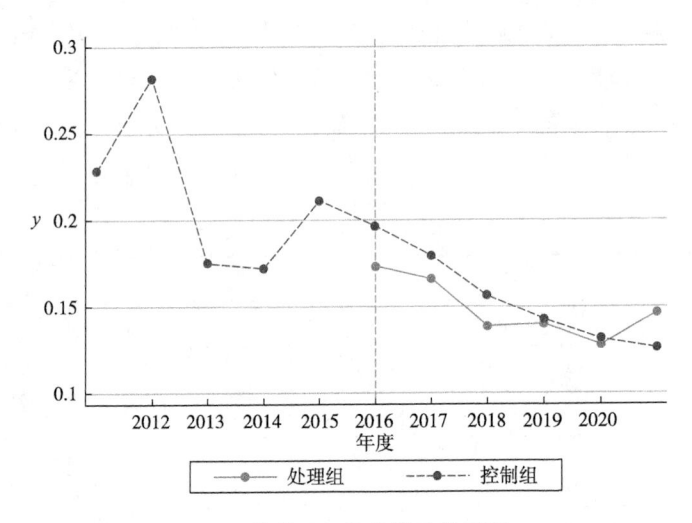

图1 传统平行趋势检验结果图

(四) 机制分析

以上回归结果已经说明了,企业发行绿色债券有助于抑制同行业内其他企业劳动投资非效率,本节进一步讨论这种影响企业劳动投资效率的机制关系。本文认为,通过发行绿色债券提高企业劳动投资效率的可能路径为降低融资约束和缓解委托代理问题。

本文参考 Pevzner 等 (2015)、杨国超和盘宇章 (2019),采用路径分析法来检验两种机制是否成立。具体建立如下模型进行检验:

首先,在第一阶段,估计 Green 对机制变量(M)的影响;在第二阶段,使用第一阶段得到的拟合机制变量($\widehat{M}$),再对企业内部劳动投资效率进行分析。

$$M_{it} = \alpha_0 + \alpha_1 Green_i + \sum \alpha_i Controls_{it-1} + \varepsilon_{it} \tag{4}$$

$$Le_{it} = \alpha_0 + \alpha_1 Green_i + \alpha_2 \widehat{M}_{it} + \sum \alpha_i Controls_{it-1} + \varepsilon_{it} \tag{5}$$

其中,M 为机制变量,$\widehat{M}$ 为拟合机制变量,$Controls$ 与模型(1)选取的控制变量一致。方程（4）为第一阶段检验，α_1表示发行绿色债券对机制变量的影响程度，方程（5）为第二阶段检验，α_2表示由发行绿色债券影响的机制变量（$\widehat{M}$）对同行业其他企业劳动投资效率产生的影响，回归结果如表4所示。

表4 机制分析

变量	第一阶段				第二阶段			
	(1)	(2)	(3)	(4)	(5)	(6)	(7)	(8)
	KZ	ate_cash	tnsheesorrop	num_analysts	Le	Le	Le	Le
Green	-0.057**	-0.000	-0.865	0.523***				
	(-2.30)	(-0.15)	(-1.26)	(1.71)				
KZ					0.160***			
					(-1.67)			
ave_cash						44.647		
						(1.67)		
InInvestorProp							0.011	
							(1.67)	
num_ana lysts								-0.017*
								(-1.87)
控制变量	YES	YES	YES	YES	YES	YES	YES	YES
企业固定效应	YES	YES	YES	YES	YES	YES	YES	YES
年份固定效应	YES	YES	YES	YES	YES	YES	YES	YES
样本量	15 053	15 053	15 053	15 053	15 053	15 053	15 053	15 053
R^2	0.427 5	0.042 6	0.455 3	0.415 7	0.057 4	0.057 4	0.057 4	0.057 4

注：*、**、***分别表示估计系数在10%、5%、1%水平下显著，括号内为聚类到公司水平上的标准误。

如表4第（1）列所示，Green与KZ指数之间的关系为负相关，并且在5%水平上显著，表明第一阶段发行绿色债券有助于改善同行业其他公司的融资环境（即KZ指数越小，企业融资约束越小）。第（5）列显示，KZ指数与同行业其他企业劳动投资非效率呈现正相关关系，并且在1%水平上显著，表明第二阶段由发行绿色债券所引致的融资约束越大（即KZ指数越大），企业内部劳动投资非效率越大。

以上分析表明，企业发行绿色债券有助于通过改善同行业其他企业融资约束，进而降低同行业其他公司劳动投资非效率。然而，第（2）列的 t 值为-0.15，查表可知并不显著，可以看出，现金流对劳动投资效率的影响并不明显。综上所述，可以看出发行绿债是通过缓解融资约束来影响同行业劳动投资效率，但是并不是通过影响公司现金流来影响同行业劳动投资效率。

如表 4 第（3）列所示，Green 与机构投资者持股比例之间的 t 值为-1.26，查表可知自由度为 15 000 时显著水平为 10% 时 t 值为 1.65，因此可知两者之间的相关性并不强，但是 Green 与分析师关注人数呈正相关，并且在 1% 水平上显著，表明发行绿色债券有助于提高同行业企业的分析师关注度。第（8）列显示，现金净流量与同行业其他企业劳动投资非效率呈现负相关关系，并且在 10% 水平上显著，表明第二阶段由发行绿色债券所引致的分析师关注人数越多，企业内部劳动投资非效率越低。以上分析表明，企业发行绿色债券有助于通过改善同行业其他企业的融资约束并提高分析师关注度，进而降低同行业其他公司劳动投资非效率。

（五）异质性分析

根据前文研究可知，发行绿色债券可以增加上市公司的分析师关注人数，从而影响同行业企业的劳动投资效率。为了进一步检验发行绿色债券对分析师关注人数不同的企业是否有不同的影响，我们将样本按照分析师关注人数的中位数进行划分，分别对关注度高的和关注度低的企业进行回归。表 5 列示了回归结果。

表 5　异质性分析

变量	被解释变量：Le	
	关注度低	关注度高
	（1）	（2）
Green	-0.011*	-0.007
	(-2.26)	(-1.00)
控制变量	YES	YES
年份固定效应	YES	YES
样本量	7 462	7 591
R^2	0.071 8	0.050 8

注：*、**、*** 分别表示估计系数在 10%、5%、1% 水平下显著，括号内为聚类到公司水平上的标准误。

由表 5 第（2）列可以看出，对于分析师关注度高的企业，发行绿色债券对劳动投资效率的影响是不显著的。由表 5 第（1）列可以看出，对于分析师关注度低的企业,发行绿色债券对劳动投资非效率的影响是负的且显著的。这可能是因为,分析师关注度低的企业发行绿色债券可以提高其社会责任感和声誉,从而吸引更多的优秀人才,提高员工的满意度和忠诚度,进而提高劳动投资效率。而分析师关注度高的企业已经具有较高的社会认可度和品牌影响力,发行绿色债券对其劳动投资效率的影响相对较小。并且,分析师关注度低的企业发行绿色债券可以获得更多的政策支持和市场优惠,如降低发行成本、加快审核速度、提供补贴或税收减免等,从而降低其融资成本,增加其可支配收入,进而增加对劳动力的投资,提高劳动投资效率。而分析师关注度高的企业已经具有较强的融资能力和市场竞争力,发行绿色债券对其融资成本和可支配收入的影响相对较小。

五、结论

本文以 2011—2021 年我国 A 股上市公司为样本,从正式制度的视角研究了绿色债券对企业劳动投资效率的影响。研究发现,绿色债券与企业劳动投资效率显著正相关,表明绿色债券有助于提升企业劳动投资效率。研究还发现,发行绿色债券可以降低融资约束,缓解信息不对称问题,从而提高同行业企业的劳动投资效率。这种提升的途径与现金流和机构投资者持股比例的相关性并不大,而且,分析师关注度低的企业,发行绿色债券对劳动投资效率的提升更加显著。

本文研究的理论及现实意义简述如下:在理论贡献方面,本文不仅丰富了绿色债券与公司投资领域、企业劳动投资效率影响因素的文献,也有助于揭示绿色债券影响劳动投资效率的机理和表现形式;在现实启示方面,本文的研究表明,绿色债券有利于提高劳动投资效率,说明绿色债券对微观企业发展具有重要影响。

参考文献:

[1]陈仕华,姜广省,卢昌崇. 董事联结、目标公司选择与并购绩效:基于并购双方之间信息不对称的研究视角[J]. 管理世界,2013(12):117-132,187-188. DOI:10.19744/j.cnki.11-1235/f.2013.12.011.

[2]方军雄. 企业投资决策趋同:羊群效应抑或"潮涌现象"?[J]. 财经研究,2012,38(11):92-102. DOI:10.16538/j.cnki.jfe.2012.11.002.

[3]黄华继,李英齐,王杰. 绿色债券发行对上市公司经营效率的正向影响研究:基于混合DEA模型的实证分析[J]. 河北工程大学学报(社会科学版),2022,39(02):40-49.

[4]蒋非凡,范龙振. 绿色溢价还是绿色折价?:基于中国绿色债券信用利差的研究[J]. 管

[5] 马亚明,胡春阳,刘鑫龙. 发行绿色债券与提升企业价值:基于DID模型的中介效应检验[J]. 金融论坛,2020,25(09):29-39. DOI:10.16529/j.cnki.11-4613/f.2020.09.005.

[6] 宁金辉,王敏. 绿色债券能缓解企业"短融长投"吗?:来自债券市场的经验证据[J]. 证券市场导报,2021(09):48-59.

[7] 冉雪苗. 绿色债券对我国环保产业发展的效应研究:基于贴标绿色债券和非贴标绿色债券的比较[J]. 山西财政税务专科学校学报,2021,23(05):21-24,38.

[8] 魏志华,曾爱民,李博. 金融生态环境与企业融资约束:基于中国上市公司的实证研究[J]. 会计研究,2014(05):73-80,95.

[9] 吴武清,揭晓小,苏子豪. 信息不透明、深度跟踪分析师和市场反应[J]. 管理评论,2017,29(11):171-182,195. DOI:10.14120/j.cnki.cn11-5057/f.2017.11.015.

[10] 吴育辉,翟玲玲,张润楠,等. "投资人付费"vs."发行人付费":谁的信用评级质量更高?[J]. 金融研究,2020(01):130-149.

[11] 吴育辉,田亚男,陈韫妍,等. 绿色债券发行的溢出效应、作用机理及绩效研究[J]. 管理世界,2022,38(06):176-193. DOI:10.19744/j.cnki.11-1235/f.2022.0086.

[12] 张丽宏,刘敬哲,王浩. 绿色溢价是否存在?:来自中国绿色债券市场的证据:2[J]. 经济学报,2021,8(02):45-72. DOI:10.16513/j.cnki.cje.20210602.002.

[13] 郑春丽,罗传建. 发行绿色债券对上市公司经济效益的影响:基于双重差分模型的分析[J]. 武汉金融,2020(10):38-44.

[14] 周晓光,黄安琪. 管理者过度自信、税收规避与企业价值[J]. 税务研究,2019(11):92-98. DOI:10.19376/j.cnki.cn11-1011/f.2019.11.016.

[15] AGHAMOLLA C, THAKOR R T. IPO peer effects[J]. Journal of financial economics, 2022,144(01):206-226. DOI:10.1016/j.jfineco.2021.05.055.

[16] ANGRIST J D, PISCHKE J S. The Credibility Revolution in Empirical Economics:How Better Research Design Is Taking the Con out of Econometrics[J]. Journal of economic perspectives,2010,24(02):3-30. DOI:10.1257/jep.24.2.3.

[17] BEN-NASR H, ALSHWER A A. Does stock price informativeness affect labor investment efficiency?[J]. Journal of corporate finance, 2016(38):249-271. DOI:10.1016/j.jcorpfin.2016.01.012.

[18] BHUTTA U S, TARIQ A, FARRUKH M, et al. Green bonds for sustainable development:Review of literature on development and impact of green Bonds[J]. Technological forecasting and social change,2022(175):121378. DOI:10.1016/j.techfore.2021.121378.

[19] Bond S, Meghir C. Dynamic Investment Models and the Firm's Financial Policy[J]. The Review of economic studies,1994,61(02):197-222. DOI:10.2307/2297978.

[20] CAO J, LIANG H, ZHAN X. Peer Effects of Corporate Social Responsibility[J]. Management science, 2019,65(12):5487-5503. DOI:10.1287/mnsc.2018.3100.

[21] DOU X, QI S. The choice of green bond financing instruments[J]. Cogent business & management, 2019,6(01):1652227. DOI:10.1080/23311975.2019.1652227.

[22] DURNEV A, MANGEN C. The spillover effects of MD&A disclosures for real investment: The role of industry competition[J]. Journal of accounting and economics, 2020, 70(01): 101299. DOI:10.1016/j.jacceco.2020.101299.

[23] EHLERS T, PACKER F. Green Bond Finance and Certification: 3042378[Z/OL] (2017-09-17)[2023-05-09]. https://papers.ssrn.com/abstract=3042378.

[24] FLAMMER C. Corporate Green Bonds: 3125518[Z/OL]. (2020-04-14)[2023-07-17]. https://papers.ssrn.com/abstract=3125518. DOI:10.2139/ssrn.3125518.

[25] FOUCAULT T, FRESARD L. Learning from peers' stock prices and corporate investment [J]. Journal of financial economics, 2014, 111(03): 554-577. DOI: 10.1016/j.jfineco.2013.11.006.

[26] HACHENBERG B, SCHIERECK D. Are green bonds priced differently from conventional Bonds?[J]. Journal of asset management, 2018, 19(06): 371-383. DOI: 10.1057/s41260-018-0088-5.

[27] JUNG B, LEE W-J, WEBER D P. Financial Reporting Quality and Labor Investment Efficiency[J]. Contemporary accounting research, 2014, 31(4): 1047-1076. DOI: 10.1111/1911-3846.12053.

[28] KAPLAN S N, ZINGALES L. Do Investment-Cash Flow Sensitivities Provide Useful Measures of Financing Constraints?[J]. The quarterly journal of economics, 1997, 112 (01): 169-215. DOI:10.1162/003355397555163.

[29] KAUSTIA M, RANTALA V. Social learning and corporate peer effects[J]. Journal of financial economics, 2015, 117(03): 653-669. DOI:10.1016/j.jfineco.2015.06.006.

[30] KHEDMATI M, SUALIHU M A, YAWSON A. CEO-director ties and labor investment Efficiency[J]. Journal of corporate finance, 2020(65): 101492. DOI: 10.1016/j.jcorpfin.2019.101492.

[31] LEARY M T, ROBERTS M R. Do peer firms affect corporate financial policy? [J]. The journal of finance, 2014, 69(01): 139-178. DOI:10.1111/jofi.12094.

[32] LIEBERMAN M B, ASABA S. Why Do Firms Imitate Each Other? [J]. Academy of management review, 2006, 31(02): 366-385. DOI:10.5465/amr.2006.20208686.

[33] LIN B, SU T. Green bond vs conventional bond: Outline the rationale behind issuance choices in China[J]. International review of financial analysis, 2022(81): 102063. DOI: 10.1016/j.irfa.2022.102063.

[34] LöFFLER K U. Drivers of green bond issuance and new evidence on the "Greenium"[J]. Eurasian economic review, 2021.

[35] MORCK R, SHLEIFER A, VISHNY R W. Management ownership and market valuation: An empirical analysis[J]. Journal of financial economics, 1988(20): 293-315. DOI:10.1016/0304-405X(88)90048-7.

[36] NG A W. From sustainability accounting to a green financing system: Institutional legitimacy and market heterogeneity in a global financial centre[J]. Journal of cleaner production, 2018

(195):585-592. DOI:10. 1016/j. jclepro. 2018. 05. 250.
[37] WANG J, CHEN X, LI X, et al. The market reaction to green bond issuance:Evidence from China [J]. Pacific - basin finance journal, 2020 (60): 101294. DOI: 10.1016/j. pacfin. 2020. 101294.
[38] YEOW K E, NG S H. The impact of green bonds on corporate environmental and financial performance[J]. Managerial finance, 2021, 47 (10): 1486 - 1510. DOI: 10. 1108/MF - 09-2020-0481.
[39] ZHANG R, LI Y, LIU Y. Green bond issuance and corporate cost of Capital [J]. Pacific-basin finance journal, 2021(69):101626. DOI:10. 1016/j. pacfin. 2021. 101626.

企业数字化转型对收入分配的影响机制研究

邓 达[*]

摘要：在数字经济快速发展的背景下，我国企业数字化转型呈现稳步提升态势，数字技术正成为驱动经济高质量发展的新动能。数据要素的生产、投入和使用进一步深化了劳动分工，企业数字化转型依托于数据要素，劳动者与资本之间、劳动者相互之间的关系由此发生变化。本文探讨了企业数字化转型影响劳动收入份额和劳动收入不平等的内在机制。

关键词：数字经济；企业数字化转型；收入分配；收入不平等

一、问题的提出

在数字经济发展浪潮下，企业借助数字技术赋能，积极开展并持续推进企业数字化转型。埃森哲与国家工业信息安全发展研究中心发布的《2023中国企业数字化转型指数报告》显示，中国企业数字化转型呈现稳步提升的态势，超过半数的受访企业继续加大数字化投入，数字技术正成为驱动企业高质量发展的新动能。[①]

数据要素的生产、投入和使用深化了数据劳动分工，改变了生产方式与生产关系。企业数字化转型依托于数据要素，对产品、服务、流程、模式和组织等方面进行全面变革，会使得劳动者与资本之间、劳动者相互之间的关

---

[*] 邓达，中国政法大学商学院教授。

[①] 埃森哲，国家工业信息安全发展研究中心．重塑增长：2023中国企业数字化转型指数报告［EB/OL］．［2024-02-01］．https：//www.accenture.cn．

系发生变化,进一步对经济结构、经济效率和生产分配方式产生重要影响。在数字经济快速发展、数字技术日新月异的背景下,企业数字化转型的持续提升对劳动收入份额和劳动收入不平等会产生何种影响,如何促进企业数字化对劳动收入份额的提升并防止劳动收入差距进一步扩大,成为当前研究的重要关注点。

数据要素派生于劳动,在其参与价值分配的过程中,劳动者凭借复杂劳动在数据生产过程中得到更多的收入,资本也通过数据要素的所有权获得更多的分配权,数据要素则通过劳动和资本形式参与分配。在数字化条件下,劳动分工深化,智能劳动的重要性不断凸显、数据资本化程度不断加深,进而对收入分配产生影响。与此同时,企业数字化转型具有生产率效应、就业创造效应和就业替代效应,企业数字化水平的提高对劳动收入份额的影响不确定,但其扩大了不同技能劳动者的收入差距,一定程度上加剧了劳动者内部分配的不平等。基于此,本文将对企业数字化转型影响劳动收入份额和劳动收入不平等的机制进行进一步分析。

二、企业数字化转型对劳动收入份额的影响机制

数字化条件下,劳动分工具有智力劳动重要性不断凸显和数字资本化程度不断加深的分工特征,对劳动和资本间的收入分配关系产生了不同的影响:一是随着企业内部数字化资本投入的增加,影响劳动收入份额,数字技术存在对资本的偏向性;二是企业对高技能劳动力的需求增加,创造数字化转型相关的新的就业岗位,继而提高匹配数字技术的劳动力需求及收入份额;三是分工的变化带来劳动者工资水平的变化,对高技能劳动力的需求将提升劳动者相对于资本所有者的议价能力,促进劳动收入份额的提高。然而,由于数字技术突破了劳动要素配置和劳动者工作的时空限制,不断扩大的劳动供给又会降低劳动者相对于资本所有者的谈判能力,进而降低劳动收入份额。因此,本文从资本偏向性技术进步、岗位创造效应和劳动者议价能力三个方面讨论企业数字化转型对劳动收入份额的影响机制。

(一)企业数字化通过资本偏向性技术进步影响劳动收入份额

企业数字化转型过程中,数字技术的开发、应用和拓展带来市场主体生产和运营效率的提升,是技术进步的一种表现。然而,数字技术并不是单独发挥作用,其需要与劳动或资本等传统要素相结合,改变劳动或资本等传统要素的边际生产率,进而提高整体效率。

在与传统要素相结合的过程中,数字技术对传统要素效率的提升存在差异性,数字技术是一种存在偏向性的技术进步。已有研究表明,数字技术具

有资本偏向性，即相较于劳动要素，数字技术对资本要素边际产出的提升更加明显。沈宏量等（2022）采用2000至2018年中国细分行业面板数据研究发现，尽管服务业数字化在一定程度上具有劳动偏向性，削弱了服务数字化的资本偏向程度，但当前中国，无论制造业数字化还是服务业数字化，均为资本偏向性技术进步。钟世川和毛艳华（2024）采用2002至2022年的制造业行业面板数据，同样发现中国制造业数字化呈现资本偏向性的特征，并且数字化资本增长率增长和制造业生产率增长呈现显著正相关关系。企业通过投入与数字化相关的实物资本和非实物资本，能够使得数字化资本相对于劳动投入的产出效率更高。具体而言，一方面，数字化转型使用的新技术替代传统生产技术，有效降低了生产成本。通过对生产流程的数字化改造，企业能够实现硬件设备、软件系统和平台之间数据的互联互通，动态感知生产制造过程，实时科学决策与分析，提升生产效率和产品质量，降低运维成本；另一方面，企业数字化有利于纠正资源错配与提升资源配置效率，减少信息不对称和交易费用。例如，企业使用工业互联网打通业务流程、管理系统和供应链数据，实现动态精准服务，提升企业产购销管理能力，优化资源配置和管理效率。此外，数字化转型具有知识溢出效应，突破地理空间限制，使信息和知识以低成本在企业间传递，有益于企业间研发合作、模仿学习，从而提升企业的生产运营生产率。

数字技术具有的资本偏向性，数字化资本对劳动的替代率提高，会使得企业数字化转型增加资本相对投入，减少劳动需求，进而降低劳动收入份额。文雁兵和陆雪琴（2018）提出，以企业全要素生产率为代表的资本偏向性技术进步的提升会对劳动收入份额产生显著的抑制效应，原因在于，数字技术发挥的生产优势可能会促使企业加大资本化投入，减少劳动要素投入，进而降低企业劳动收入分配比例。当企业数字化转型初期，数字化程度较小时，数字化水平的提升会带来企业劳动力需求的增长。然而，当企业数字化转型来到中后期，随着数字化水平提高，劳动资本替代率不断提高，企业劳动力需求会随着数字化资本投入的增加而降低。随着企业数字化转型的不断深化，数字技术迭代升级和逐渐普及，使用数字技术的成本逐渐降低，导致劳动成本高于资本成本，企业更倾向于用高性能的机器和高效率的软件替换低技能劳动力，甚至部分具有中高技能劳动力的管理层领导。此时数字化的资本偏向性表现为对劳动力的替代效应，使得劳动力需求和劳动收入份额下降。

通常情况下，数字技术的应用会对从事重复性工作的低技能劳动力进行替代（Binder and Bound，2019），同时，随着大语言模型的发展和应用，从事模型开发、数据分析、管理咨询工作的高技能劳动力也会被逐渐替代，数字化的资本偏向会进一步减少对劳动力的需求，降低劳动收入份额，进一步加剧劳资间收入分配的矛盾。

（二）企业数字化通过岗位创造效应影响劳动收入份额

从信息技术或人工智能的技术偏向性视角出发，大量研究认为，企业数字化转型提高了资本的比较优势，进而导致大量劳动力失业（Acemoglu and Restrepo，2020；王林辉等，2020）。但事实上，数字技术并不一定表现为资本对劳动的替代，尤其是技术含量高和个性化定制的劳动场景，劳动力仍然处于优势地位（何小钢等，2019）。由于数字化资本具有资本技能的互补性，高技能劳动力作为数字技术的载体，随着企业投入数字化资本的不断增加，需要有更高技能的劳动力与资本相匹配，更多的与数字化相关的岗位被创造，以此发挥数字化资本的价值和效用。Harrison（2014）基于英国、法国、德国和西班牙两万多家微观主体数据，研究发现企业就业水平的增加主要通过"新产品创造"和"新生产流程的开发"实现，同时，企业会减少旧产品相对应的就业岗位。企业数字化转型作为企业全系统的革新，同样会带来就业岗位的创造。一方面，数字化本身创造新的岗位。企业在通过数字化平台从信息化向数字化升级过程中，数字技术的应用便会创造出数据运营和分析师、人工智能算法师等新职位；另一方面，数字经济和实体经济融合产生新模式、新业态，会创造一系列新的岗位。传统企业数字化转型过程中会催生出大量的新业态、新产品和新商业模式，改变经济运行方式的同时会创造新的岗位，例如，数字平台经济产生的直播销售岗位、线上教学岗位等。

当与数字化匹配的新岗位被创造后，劳动者通过技能匹配分工需求。就岗位内容而言，需要劳动者具备高技能劳动力才能与新岗为相匹配。一般情况下，劳动者通过高等教育、教育培训等方式提高自身人力资本水平能够匹配新的分工需求。对于企业而言，也会通过加大对存量员工的人力资本投入，进而使其能够更好地适应新岗位的需求。当劳动者顺利寻找到分工空档并匹配分工新需求后，企业对劳动要素投入的增加会促进劳动收入份额的提高。方明月等（2022）研究发现，企业数字化转型促进了技术和销售岗位就业规模的增加，岗位的创造效应超过了就业的替代效应，对劳动收入份额产生正向的影响。

（三）企业数字化通过劳动者议价能力影响劳动收入份额

劳动者的议价能力是指劳动者和资本家的谈判能力，劳动者议价能力越高，说明劳动者在企业的相对地位和势力更强，越能维护劳动要素所占份额，不被资本要素所挤占。柏培文和杨志才（2019）通过分析发现，劳动收入份额的提高主要由经济波动、经济结构和劳动者议价能力三个因素拉动，其中，劳动者议价能力的解释力最强。已有大量研究证实，劳动者的议价能力越高，企业劳动收入份额越高（鲁春义，2014；邓明，2022）。

然而，企业数字化转型在推动劳动者议价能力方面存在不确定性，进而对劳动收入份额产生不确定影响。

一方面，企业数字化转型能够提高劳动者的议价能力。首先，企业数字化转型引致的高技能劳动力需求的增加会提高劳动者的议价能力。企业数字化转型需要配备相应的数字技术专业人才，但是现有劳动力市场上与数字技术相关的高技术人才存在供需失衡的情况。数字人才的供不应求提高了高技能人才的议价能力，由于员工之间存在涟漪效应（Acemoglu and Restrepo，2018），高技能劳动者议价能力的上涨会推动所有劳动者议价能力的提升。柏培文和张云（2021）指出，数字化变革虽然通过生产率提升削弱了中低技能劳动者的相对收入权，但却通过数字治理提升了劳动者的相对福利效应。总体而言，数字化对高技能和中低技能劳动者的议价能力的推动作用虽有差异，但整体看均产生正向影响。其次，戚聿东和肖旭（2020）认为，数字经济推动了企业生产组织结构扁平化发展，数字化技术的开发与应用提高了劳动者收集、处理和分析信息的能力，员工在企业事务决策、问题解决过程中，能够依托数字技术做出更准确的决策，而非依托股东和高级管理层的经验和知识（方明月等，2023），削弱了高层信息垄断优势，提高了劳动者在企业中相对地位，促使企业组织结构扁平化转型，诱使组织向下赋权，增强基层权力，提高普通员工的议价能力，促进劳动收入份额的增长。

另一方面，企业数字化转型会降低劳动者的议价能力，对劳动收入份额产生负向影响。首先，数字化技术的应用将劳动力的范围扩大、劳动关系的灵活性提高，企业由于资源有限性，会依托于数字技术平台尽可能发掘"低工资和高技术的完美结合"的劳动力供给。劳动市场范围的扩大和劳动关系的灵活性提升，降低劳动者的议价能力，进而引起劳动收入份额的下降。其次，数字技术不断对劳动者工作技能进行重塑。企业数字化转型背景下，劳动分工带来底层劳动日趋弹性化。零工经济以网络平台为基础对劳动力的实时把握和动态监控进一步加剧了低水平劳动力的竞争，恶化了劳动者的劳动条件，弱化了劳动者利益博弈和集体谈判的能力，降低了劳动收入份额。

三、企业数字化转型对劳动收入不平等的影响机制

企业数字化对劳动收入份额的影响研究的是企业数字化影响"劳资分配关系"，而企业数字化对劳动收入不平等的影响研究的是企业数字化影响"劳动者内部分配关系"。劳动收入不平等，换言之，即不同群体的相对工资差

距。企业数字化转型深化劳动分工，表现为数据资本化程度不断深化和智能劳动的重要性不断凸显，进而对收入分配关系产生影响。具体而言，首先，数据资本化程度加深带来资本间收入分配的不均等，进而通过租金共享机制传导至劳动者，劳动者内部收入分配差异拉大。其次，智能劳动作用不断凸显，会带来分工精细化水平的提升和高技能劳动者的工资溢价，进一步分化劳动者内部收入分配关系。因此，本文从数字化资本带来的企业间发展差异性和分工结构优化带来的技能工资溢价两个方面探讨企业数字化转型对劳动收入不平等的影响机制。

（一）企业数字化通过非对称影响全要素生产率扩大劳动收入不平等

已有研究证实，企业数字化转型对全要素生产率的影响存在非对称效应，即数字化转型会非对称地提升不同部门、不同地区、不同群体的全要素生产率（黄大禹等，2022；余晗隽，2023）。这源于企业数字化转型所带来的马太效应，具体体现在企业数字化转型在不同企业、不同部门、不同地区间对全要素生产率提升的非对称性。

夏杰长和刘诚（2021）研究发现，大多数东部地区和南方地区，数字经济的先发优势比较明显，平台经济有很强的"市场黏性"。数字化带来了数据资本化程度的加深，先发的数字化转型企业会通过数据资本的壁垒，逐渐形成垄断优势，后发者及市场中的中小企业很难超越。数字化先天的非均衡性和马太效应导致随着数字化程度的不断加深，不同地区和不同部门间生产效率差异逐渐拉大，形成了生产率的"马太效应"。全要素生产率高的地区或部门会因较低的成本和较高的利润扩大生产规模，进而提高该地区或该部门的劳动收入。因此，全要素生产率增幅的非对称性引发地区间、部门间劳动收入增幅的非一致性。例如，王林辉等（2020）研究发现，人工智能技术引发的劳动岗位更迭会导致全要素生产率在高、低技术部门的不平等，进而影响劳动收入差距。胡荣才和冯昶章（2011）在探究城乡两部门收入差距原因时，发现工业部门与农业部门的生产率差异是其收入不平等的主要因素。杨继东和江艇（2012）研究中国企业生产率差距与工资差距关系时发现，企业间生产率不平等是导致企业间工资不平等的重要因素。随着生产率差距的缩小，企业间工资差距也在缩小，生产率差距对工资差距具有很强的解释力。

因此可以推断，生产率效应的非对称性即全要素生产率的不平等，将会加剧不同地区、不同群体或不同部门劳动收入的不平等，形成劳动收入分配的马太效应。

（二）企业数字化通过人力资本结构优化扩大劳动收入不平等

企业数字化转型会带来生产方式和生产关系的变革，这在劳动与劳动关系上体现为人力资本结构的适应性变革（谢康等，2021）。数字技术的技能偏向性，使得企业数字化转型离不开高素质的数字人才的支撑，数字技术进步会带来企业对高技能劳动力需求的提升，进而对劳动力市场的供需关系和人力资本结构产生影响。

企业数字化转型通过提高高技能劳动力的需求，优化人力资本结构，进而扩大地区内劳动收入分布的不平等。一是企业数字化转型在推动技术升级的同时，会带来企业对资本和技能劳动投入的增加。由于技能劳动力与前沿数字技术具有更强的相互适应性，企业进行数字化生产技术升级时会增加对高技能劳动力的需求，促进企业和企业所在地区人力资本结构的升级。二是企业会通过人力资本投资，如增加员工培训等方式，提高存量员工的技能水平，以适应数字化过程中产生的新岗位。三是企业数字化转型使得存量员工更易于学习、模仿先进的生产方式以及更好地相互配合，以应对复杂的工作任务，并逐渐形成技能专业化、业务多元化的综合知识型员工，实现企业和企业所在地区人力资本结构的升级（龚星宇和余进韬，2023）。另外，企业数字化转型伴随着对旧的生产力、生产方式和商业模式的"破坏"，不可避免会使部分岗位减少或消失。例如，组织结构向扁平化演进的同时，会降低对行政辅助人员的需求（Brynjolfsson and McElheran，2016）。

中国劳动力市场面临高技能劳动力短缺的供需结构性失衡的矛盾尤为明显，在此背景下，对高技能劳动力需求的提升和对低技能劳动力的挤出会进一步增强高技能劳动力的相对地位，提高高技能劳动力的相对议价能力和工资水平（陈梦根和周元任，2021），即高技能劳动力具有更高的技能议价能力，低技能劳动力技能议价能力更低，带来了所谓的"技能工资溢价"。在相对劳动力议价能力不对等的基础上，企业数字化转型将通过提升企业和企业所在地的人力资本结构，扩大技能劳动力间劳动收入的差距，提高企业内和企业间的劳动收入不平等。

（三）数字鸿沟的弥合对数字化转型中劳动收入的不平等产生调节效应

已有研究发现，数字鸿沟对企业数字化转型和劳动收入不平等会产生不同程度的影响。广义上，数字鸿沟是指在经济数字化发展过程中，由于拥有和应用信息技术的程度及能力等方面的差异，所导致的不同地区和群体之间的贫富分化；狭义上，数字鸿沟是指数字化工具接入和使用方面的不平等，其中，数字化工具接入不平等体现为某地区或某部门数字基础建设和普及的相对缺乏，是指数字技术信息触达层面的差异，即数字接入鸿沟，而数字化工具使用不平等是指利用数字工具获取有用的信息和知识所具备的处理能力的相对不平等，即不同地区的经济主体在获取、利用和创造数字资源方面存在差异，即数字能力鸿沟，数字能力鸿沟与该地区公民的教育文化素质有密切关系。

现有文献普遍认为，数字接入鸿沟的弥合具有显著的促进居民收入增长效应（Whitacre，2014）。但是，关于数字接入鸿沟的弥合对劳动收入差距的影响，人们的看法却未能达成一致。部分研究表明，网络发展及网络基础设施的完善对缩小居民收入差距具有积极作用（郭家堂和章玉贵，2019；贺娅萍等，2019）；而另一部分研究指出，信息基础设施的完善可能会加剧收入不平等，短期内互联网普及对居民收入差距的影响具有不确定性（罗超平等，2021）。对于不同的经济主体，数字接入鸿沟的弥合在经济实践中能够带来的实际"数字红利"的多少，并不仅仅取决于数字基础设施建设的规模和质量，还受到经济活动的数字化程度和经济主体自身的数字素养的影响。不同的地区、不同的生产领域，数字化程度是不同的，数字经济的渗透度越高，则受到数字基础设施的影响越大，数字接入鸿沟弥合产生的"数字红利"也就越多。企业数字化转型发展在各企业间数字渗透程度各有差异，因此，数字接入鸿沟的弥合在数字经济核心行业的增收效应更明显，而对于非天生数字化的企业而言，数字接入鸿沟弥合的增收效应会相对弱一些。数字接入鸿沟的不断弥合和完善会扩大城市内企业间的劳动收入不平等。

由于数字技术带有技能偏向性，劳动者的访问、管理、理解、整合、呈现、评估和创建信息能力的提升，有助于缩小收入差距（樊轶侠等，2022）。信息通信技术在所有权、技能以及应用方面的差异所产生的数字鸿沟，使那些具有信息处理优势的阶层获得经济收益，扩大阶层间的收入差距，会恶化收入分配。因而，对数字能力鸿沟的弥合，能够使得劳动者技能差异缩小，使其在企业间和企业内部收入不平等水平降低。

四、结语

数据要素的生产、投入和使用进一步深化了劳动分工，依托数据要素和数字技术的企业数字化转型进程，对劳动者与资本之间、劳动者相互之间的关系产生了影响，进而影响了劳动收入份额和劳动收入不平等程度。本文探讨了企业数字化转型影响劳动收入分配的内在机制：一方面，企业数字化通过资本偏向性技术进步、岗位创造效应和劳动者议价能力三条机制影响劳动收入份额。其中，资本偏向性技术进步对劳动收入份额产生负向影响，岗位创造效应对劳动收入份额产生正向影响，但企业数字化转型对劳动者议价能力的影响存在不确定性，因此对劳动收入份额的影响也具有不确定性。另一方面，企业数字化转型通过非对称地提升全要素生产率、优化人力资本结构两个机制，加剧劳动者内部工资收入的不平等。此外，数字接入鸿沟的弥合具有显著的促进居民收入增长效应，但也会进一步扩大企业数字化转型对劳动收入不平等的影响。

基于此，本文提出如下建议：一是持续推进企业数字化转型，兼顾经济效率与公平性；二是弥合产业内部发展差异性，推动产业链数字化协同发展；三是调整数字技术进步偏向性，调整劳动收入分配差异水平。

参考文献：

[1] ACEMOGLU D, RESTREPO P. Robots and jobs: evidence from US labor markets[J]. Journal of political economy, 2020, 128(6): 2188-2244.

[2] ACEMOGLU D, RESTREPO O. The race between man and machine: implications of technology for growth, factor shares, and employment[J]. American economic review, 2018, 108(06): 1488-1542.

[3] BINDER A J, BOUND J. The declining labor market prospects of less-educated men[J]. Journal of Economic Perspectives, 2019, 33(02): 163-90.

[4] BRYNJOLFSSON E, MCELHERAN K. The rapid adoption of data-driven decisionmaking[J]. American Economic Review, 2016, 106(05): 133-139.

[5] HARRISON R, JAUMANDREU J, MAIRESSE J, et al. Does innovation stimulate employment? a firm-level analysis using comparable micro-data from four European countries[J]. International journal of industrial organization, 2014(35): 29-43.

[6] WHITACRE B, GALLARDO R, STROVER S. Broadband's contribution to economic growth in rural areas: moving towards a causal relationship[J]. Telecommunications policy, 2014, 38(11): 1011-1023.

[7] 柏培文, 杨志才. 劳动力议价能力与劳动收入占比[J]. 管理世界, 2019(05).

[8] 柏培文, 张云. 数字经济、人口红利下降与中低技能劳动者权益[J]. 经济研究, 2021, 56(05): 91-108.

[9] 陈梦根, 周元任. 数字化对企业人工成本的影响[J]. 中国人口科学, 2021(04): 45-60+127.

[10] 邓明. 进口竞争与劳动收入份额：识别、分解与机理[J]. 国际贸易问题, 2022(04): 20-37.

[11] 樊轶侠, 徐昊, 马丽君. 数字经济影响城乡居民收入差距的特征与机制[J]. 中国软科学, 2022(06): 181-192.

[12] 方明月, 林佳妮, 聂辉华. 数字化转型是否促进了企业内共同富裕？：来自中国A股上市公司的证据[J]. 数量经济技术经济研究, 2022, 39(11): 50-70.

[13] 郭家堂, 章玉贵. 互联网能阻滞中国城乡居民收入差距的扩大吗？：基于中国省级面板数据的实证分析[J]. 上海经济, 2019(06): 57-73.

[14] 龚星宇,余进韬. 企业数字化转型如何影响劳动收入份额? [J]. 现代经济探讨,2023(05):24-35.

[15] 贺娅萍,徐康宁. 互联网对城乡收入差距的影响:基于中国事实的检验[J]. 经济经纬,2019,36(02):25-32.

[16] 黄大禹,谢获宝,邹梦婷. 数字化转型提升了企业的要素配置效率吗?:来自中国上市企业年报文本分析的经验证据[J]. 金融与经济,2022(06):3-11.

[17] 鲁春义. 垄断、金融化与中国行业收入分配差距[J]. 管理评论,2014,26(11):48-56.

[18] 罗超平,朱培伟,张璨璨,等. 互联网、城镇化与城乡收入差距:理论机理和实证检验[J]. 西部论坛,2021,31(03):28-43.

[19] 胡荣才,冯昶章. 城乡居民收入差距的影响因素:基于省级面板数据的实证研究[J]. 中国软科学,2011(02):69-79.

[20] 戚聿东,肖旭. 数字经济时代的企业管理变革[J]. 管理世界,2020,36(06):135-152,250.

[21] 沈宏亮,宋思萌,李杰. 数字化、要素偏向性与行业劳动报酬份额[J]. 当代财经,2022(12):16-26.

[22] 文雁兵,陆雪琴. 中国劳动收入份额变动的决定机制分析:市场竞争和制度质量的双重视角[J]. 经济研究,2018,53(09):83-98.

[23] 谢康,吴瑶,肖静华. 生产方式数字化转型与适应性创新:数字经济的创新逻辑(五)[J]. 北京交通大学学报(社会科学版),2021,20(01):1-10.

[24] 夏杰长,刘诚. 数字经济赋能共同富裕:作用路径与政策设计[J]. 经济与管理研究,2021,42(09):3-13.

[25] 杨继东,江艇. 中国企业生产率差距与工资差距:基于1999-2007年工业企业数据的分析[J]. 经济研究,2012,47(S2):81-93.

碳排放权交易对产业结构优化的影响
——基于双重差分法的实证研究

黄立君　蔡雨颖[*]

摘要：碳排放权交易是一种市场型环境规制工具，对于推动我国产业结构优化和经济高质量发展具有重要意义。本文基于2007—2020年中国30个省（市、自治区）的面板数据构造准自然实验，以2013年中国建立的碳交易试点地区为实验组、其余省份为对照组，运用双重差分法实证分析了碳排放交易权对产业结构优化的影响，得出如下结论：①碳排放权交易的实施显著促进了试点地区的产业结构优化。②对外开放程度、创新能力的提高、城市化进程的推进均有利于产业结构优化调整。③不同试点地区碳排放权交易政策对于产业结构优化的效果不同，东部试点地区政策效果较中西部地区效果明显。在此基础上，为进一步完善我国碳交易市场、促进产业结构优化提出相应政策建议：①应将碳排放权交易政策推广至全国、全行业。②政府应给予企业在资金和政策方面更多的支持。③加强引导发挥碳排放权交易政策通过其他途径产生的积极影响。

关键词：碳排放交易权；产业结构优化；双重差分法

一、问题提出

改革开放以来，中国经济实力实现历史性跃升，国内生产总值从1978年的3 678.70亿元跃升至2022年的1 210 208亿元。然而，经济社会的快速发展消耗了大量的资源和能源，带来了严重的环境污染问题，二氧化碳等工业废气的排放使全球气候变暖现象更加严重。

---

[*] 黄立君，中国政法大学商学院副教授；蔡雨颖，中国政法大学商学院政治经济学专业硕士研究生。

中国在全球气候变化问题上采取了一系列对策、措施和行动，并积极参与到全球气候变化问题中来。1998年5月，中国在联合国总部签署了《联合国气候变化框架公约的京都议定书》，承担减少温室气体排放和限制全球变暖的责任；2011年3月，《中华人民共和国国民经济和社会发展"十二五"规划纲要》明确提出，要在全国范围内，逐步建设我国的碳交易市场。同年10月，我国北京、天津、上海、重庆、广东、湖北、深圳开始了碳交易试点；2014年，开始全国碳市场顶层设计；2016年，中国同其余195个国家共同签署了《巴黎协定》，制定了2020年后应对气候变化的行动方案；2017年，中国将碳排放权交易市场扩大到全国范围；2022年10月，党的二十大报告中提出："完善碳排放统计核算制度，健全碳排放权市场交易制度。"2023年11月8日，中国碳市场大会指出，中国的全国碳市场是由中国碳排放权交易市场和全国温室气体自愿减排交易市场共同组成，是符合中国实际、具有中国特色又与国际接轨的全国统一碳市场体系。

碳排放权交易属于市场激励性环境规制政策，是中国解决气候问题和实现碳中和的重要举措。不过，我国的生态环境问题，归根结底还是高碳的能源结构和高能耗的产业结构问题。目前，中国经济正从高速增长向高质量增长转变，产业结构的优化和现代化是中国经济实现高水平发展的重要基础，因此，必须推动能源结构和产业结构的转型和现代化，走绿色低碳发展之路。

那么，碳排放权交易能否促进试点地区产业结构优化，使得高碳行业实现低碳转型？本文拟对碳排放权交易制度和产业结构相关理论展开研究，并构造准自然实验，通过双重差分模型实证分析碳排放权交易对试点地区产业结构的影响。

二、文献综述

碳排放权交易指的是在控制排放温室气体量中使用可转让的权利、配额或信用额，它是经济激励措施中的一种工具。随着低碳减排理念深入人心，国内外学者针对碳排放权交易进行了较为深入的研究。

一是关于碳排放权交易政策产生的降碳减排效应。Gorman等（2002）以美国263家大型燃煤发电厂为样本，证明碳排放配额做法能够减少当地温室气体的排放量；王喜平和王仕恒（2023）聚焦于中国电力行业，基于2005—2019年30个省市面板数据，运用DID模型得出碳排放权交易政策可以有效减少试点地区8%的碳排放。韩庆丰等（2023）选取工业行业样本数据，利用双重差分和最近邻匹配的方法实证分析，得出ETS试点政策各阶段均能显著降低试点省份行业碳排放。

二是关于碳排放权交易政策产生的经济增长效应。Springer等（2019）利用一般均衡模型（CGE）模拟中国结构转轨经济与国家碳排放交易体系之间的相互作用，证明通过增加低碳行业的消费，中国能够在维持经济增长的同时达到减排效果；程郁泰和肖红叶（2023）在此基础上建立了DSGE模型，并在一个动态的经济机制框架下，得出碳市场的建立对中国宏观经济的长期稳定起到积极的调节作用。

三是关于碳排放权交易与产业结构关系的研究，有部分学者研究认为，碳排放权交易能够促进地区产业结构优化。逯进等（2020）通过实证PSM-DID分析证明，碳交易政策的实施显著促进了产业结构升级，且政策本身具有积极的空间溢出效应；孙景兵和顾振洋（2023）以制造业和生产性服务业协同集聚为切入点，运用多期双重差分得出碳排放权交易政策能够促进本地产业结构优化，对邻近地区具有显著的"示范带动"效应；张静等（2023）基于2001—2020年中国地级市层面的面板数据，运用DID模型实证检验了碳排放交易能显著促进产业结构高度化的量和产业结构合理化，但是对产业结构高度化的质有一定的抑制作用。也有学者基于实证分析得出，产业结构的完善和优化同样可以降低地区碳排放量，推动碳排放权交易政策的实施。Wang K等（2019）采用基于Slacks的窗口分析方法，估算2003—2016年中国各省（自治区、直辖市）的碳排放效率和减排潜力，进一步采用面板Tobit模型得出产业结构的合理化和推进能够间接提高碳排放效率。Chen X等（2019）采用面板平滑过渡回归（PSTR模型），分析了2003—2015年中国30个省份（西藏除外）的年度数据，实证结果表明，环境调控和产业结构对二氧化碳排放具有明显的非线性影响。

综上所述，目前对碳交易和产业结构的研究相对充分，为本研究提供了良好的理论基础。碳排放权交易的研究多数是从政策演变、减排效应等微观角度着手，关于碳排放权交易对产业结构优化的宏观效应的研究较少。相对于已有的研究，本文研究的不同之处在于：第一，基于对碳排放权交易政策的减排降碳效果的评估，本文研究了碳排放权交易政策对于产业结构优化的影响，丰富和完善了该领域的研究内容；第二，考虑到异质性因素对碳排放权交易的影响，本文构建异质性分析对各试点地区进行深入研究，有利于针对性地制定区域碳排放权交易政策和发展规划，对于推动区域绿色发展与产业结构优化具有重要的现实意义。

三、碳排放权交易对产业结构影响的机制分析及研究假设

产业结构的调整优化是由微观企业生产决策决定的，碳排放权交易是运用市场经济和价格机制的工具，市场配置碳交易影响企业的行为选择，从而

优化产业结构。关于碳排放权交易对产业结构影响的机制分析，学术界的观点大致可以分为两类。

第一类观点基于"遵循成本说"，认为碳排放权交易不利于产业结构优化。碳排放交易中所采用的标准不仅会给企业的生产、销售、管理等活动带来困难，还会带来额外的排放控制费用，降低企业的创新能力和国际竞争力，对行业的可持续发展不利。

第二类观点基于"创新补偿说"，认为碳排放权交易有利于产业结构优化，通过企业的成本、决策行为、技术创新、政策途径来影响。首先，碳排放权交易政策规定了每个企业碳排放量的最大限额，当部分企业由于扩大产能，对二氧化碳排放权的需求量超过其配额时，需要向其他碳排放权配额充足的企业购买，这就造成了不同企业在生产成本和投入上的差异，从而对产业结构的调整力度也不一样。其次，当碳排放量超过规定限额时，不同类型的企业对于碳交易的选择也不同。碳排放量需求大的企业可能会迁移至环境标准较低的地区，碳排放量小的企业则可能愿意迁移至环境要求较高的地区，这种跨区域要素流动加快了产业结构转型升级。再次，碳排放权交易政策促进了部分企业的技术进步和设备更新，实现节能减排，减少二氧化碳排放量后多余的排放权可到交易市场上出售，高碳行业规模缩小的同时也推动了产业结构合理化。最后，碳排放权交易制度的推行将改变我国各行业的要素投入结构，提升风能、太阳能等清洁、低碳能源的比例，同时也将影响各行业的投资结构，提升各行业的资源配置效率，促使各行业的生产流程向绿色、低碳、创新型方向发展，进而促进各行业的产业转型升级。

基于此，本文提出研究假设。

H1：碳排放权交易政策能够促进地区产业结构优化。

四、研究设计

（一）研究方法与数据来源

双重差分法（DID）也称倍差法，主要应用于经济政策实施的效果评估，通过设置政策发生的"实验组"和政策不发生的"对照组"，对比两种情况下实验组与对照组被观测因素的差异。为探讨碳排放权交易政策对区域产业结构的影响，本文将2013年中国"推动建立碳排放权交易市场"的举措作为一次外生的准自然实验，选择2007—2020年为"准自然实验"研究的时间范围，将中国30个省（自治区、直辖市）作为研究对象，并以2013年中国建立的6个碳交易试点地区（北京、天津、上海、湖北、重庆、广东）为实验组，其余24个省（市）为对照组，建立双重差分模型对政策效应进行定量分析。本文所使用的数据来源于《中国统计年鉴》、《中国工业统计年鉴》以及各省（市）工作报告等。

（二）模型设定

为评估碳排放权交易政策对产业结构的影响，本文双向固定了时间和地区效应，构建的双重差分基本模型如下：

$$ISO_{it} = \alpha_0 + \alpha_1 did + \sum_{i=6}^{I} \alpha_i X_{it} + \eta_i + \mu_t + \varepsilon_{it} \tag{1}$$

式（1）中，i 代表省份，i = 1，2，3，…，30；t 代表时间，t = 2007，2008，2009，…，2020；ISO_{it} 为被解释变量，代表 i 省份在 t 年时的产业结构优化程度；交互项 $did = treat \times post$，是双重差分模型中的一个核心变量；$\sum_{i=6}^{I} \alpha_i X_{it}$ 代表所有控制变量；η_i 和 μ_t 代表地区固定效应和时间固定效应。

（三）变量选取

1. 被解释变量

产业结构优化。本文借鉴干春晖、郑若谷和余典范（2011）的思路，采用各地区第三产业增加值与第二产业增加值的比重代表产业结构优化，由于第三产业的产业关联效应和带动作用更强，该比重上升代表着产业结构优化升级。

2. 解释变量

交互项 $did = treat \times post$，交互项系数 α_1 表示碳交易政策的净效应。其中 $treat$ 是双重差分模型的分类虚拟变量，受碳排放权交易政策影响的试点地区赋值 $treat = 1$，未受到政策影响的非试点地区赋值 $treat = 0$；$post$ 是双重差分模型的时间虚拟变量，本文以 2013 年为政策实施的冲击点，则 2013 年之前赋值区 $post = 0$，2013 年之后赋值 $post = 1$。

3. 控制变量

本文参考林珠亿（2022）、昝利晓（2021）相关文献的做法，选取 6 类控制变量，其含义与指标说明如表 1 所示。

表 1 变量说明

变量名称	变量符号	指标说明
地区经济发展水平	pergdp	人均地区生产总值（万元）
地区对外开放程度	trade	地区进出口总额（万美元）
地区政府调控水平	gov	地区政府一般预算支出（万元）

续 表

变量名称	变量符号	指标说明
地区创新水平	tech	科学技术支出（万元）
地区城镇化水平	uc	地区城镇人口数/乡村人口数（%）
产业投资规模	fc	固定资本形成总额（亿元）

（四）回归变量描述性统计

模型中各个变量的描述性统计信息如表 2 所示。

表 2　变量描述性统计

变量名	样本量	均值	标准差	最小值	最大值
ISO	420	1.12	0.62	0.55	4.17
pergdp	420	48 244.02	27 822.41	6 915.00	164 889.00
trade	420	5 739 596.80	11 258 992.00	415	59 000 000.00
gov	420	41 458 843.00	28 428 494.00	2 418 545	1.743e+08
tech	420	1 026 800.10	1 430 445.50	25 239	11 687 929.00
did	420	0.11	0.32	0.00	1.00
uc	420	1.66	1.61	0.39	8.62
fc	420	10 412.91	7 639.00	480.40	38 390.80

为确保实证分析的可行性，表 3 报告了地区是否受碳排放权交易政策影响分样本均值的差异性检验。在政策实施后的试点地区样本中，产业结构优化 ISO 的均值为 1.88，在政策实施前的试点与非试点地区样本中，产业结构优化 ISO 的均值是 1.02，差异为 0.86，且在 $p<0.01$ 的水平下显著，说明受碳排放权交易政策影响的地区和不受碳排放权交易政策影响的地区的产业结构优化程度是有显著差异的，初步验证了本文的结论，即后续研究可行。

表 3　样本均值差异性检验

| 变量名 | 受碳排放权交易政策影响 || 不受碳排放权交易政策影响 || 差异系数 |
	样本量	均值	样本量	均值	
ISO	48	1.88	372	1.02	0.86 ***
pergdp	48	92 391.10	372	42 547.62	49 843.47 ***
trade	48	1.7e+07	372	4.3e+06	1.2e+07 ***
gov	48	6.8e+07	372	3.8e+07	2.9e+07 ***

续表

变量名	受碳排放权交易政策影响		不受碳排放权交易政策影响		差异系数
	样本量	均值	样本量	均值	
uc	48	4.02	372	1.36	2.66***
fc	48	14 015.21	372	9 948.10	4 067.11***
tech	48	3.0e+06	372	7.7e+05	2.2e+06***

注：*、**、***分别表示差异系数在10%、5%、1%水平上显著。

五、碳排放交易权对产业结构优化的实证分析

（一）双重差分模型回归

1. 平行趋势检验

双重差分模型是建立在平行趋势检验假设通过的基础上的，实验组和对照组在政策实施之前所观测的变量在时间上有相似的趋势。若组别间变量趋势不同，则可能存在除该政策实施以外的因素影响着观测变量，那么双重差分模型得到的效应就可能不准确。本文选取2010—2016年各省份产业结构优化指标进行平行趋势检验，从图1可以直观地看出，在政策冲击点2013年之前，各个年份系数没有显著性差异，实验组和对照组有相同的发展趋势，但2013—2016年政策动态效应为正且不过0水平线，因此该模型通过了平行趋势检验。

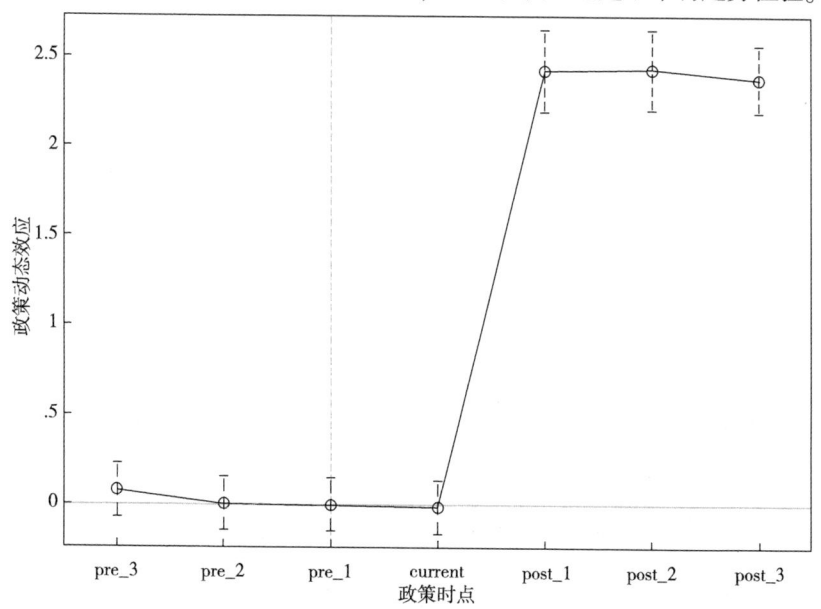

图 1 平行趋势检验图

2. 基准回归结果

本文运用双重差分模型探究碳排放交易权政策对地区产业结构的影响，运行 Stata17.0 得到的结果如表 4 所示。为了消除极端值和异常值的影响，对模型中的变量在 3% 和 97% 的水平上进行了缩尾处理。

表 4　基准回归结果

变　量	(1) ISO_w
did	0.101***
	(2.60)
pergdp_w	-0.000***
	(-7.40)
trade_w	2.93e-08***
	(4.91)
gov_w	1.04e-09
	(1.08)
tech_w	4.63e-08***
	(-3.04)
fc_w	-0.000
	(-0.25)
uc_w	0.013*
	(1.86)
Constant	0.895***
	(17.90)
R-squared	0.938
Number of id	420
时间固定效应	控制
个体固定效应	控制

注：括号中的值为 t 值；*、**、*** 分别表示估计系数在 10%、5%、1% 水平下显著。

(1) 交互项。当被解释变量为产业结构优化（ISO）时，交互项的回归系数为 0.101，在 1% 的显著性水平下为正，验证了假设 H1，即碳交易政策可以优化产业结构。根据理论分析得知，碳排放权交易政策从微观层面即企业成本、决策行为、技术创新等三种途径促使地区各要素跨区域流动、企业转型升级等,最终使地区产业结构优化调整。

(2) 地区经济发展水平。地区经济发展水平的回归系数为-0.000,在1%的显著性水平下为负,可能是由于将人均地区生产总值作为衡量指标较为单一,仅代表经济量的增长,不利于产业结构的优化。

(3) 对外开放程度。对外开放程度的回归系数为2.93e-08,在1%的显著性水平下为负,说明对外开放程度越高,进出口贸易总额越多,有利于产业结构优化升级。

(4) 创新能力。创新能力的回归系数为4.63e-08,在1%的显著性水平下为正,说明地区的创新能力带动企业科技水平提升使得产业结构更合理化、高级化。

(5) 城市化水平。城市化水平的回归系数为0.013,通过了10%的显著性水平,即随着城市化进程的推进,良好的基础设施、政策制度、科技水平等外部条件推进了产业结构的优化调整。

(二) 稳健性检验

前述模型即式 (1) 的基准回归分析初步验证了碳排放交易权能够促进产业结构优化。为了保证研究结论的稳健性,本文进一步通过替换被解释变量、改变政策时间两种方式验证假设 H1。

1. 替换被解释变量

考虑到目前对于产业结构优化的界定表述不统一,本文借鉴汪伟、刘玉飞和彭冬冬 (2015) 的方法,构造的新产业结构优化指标 (ISO) 如式 (2) 所示

$$ISO = \sum_{i}^{3} x_i \times i \quad i=1,2,3 \quad (2)$$

式 (2) 中,i 表示第一、二、三产业,x_i 表示第 i 产业占该地区生产总值的比重,该指标同时涵盖了三大产业,更全面地代表了我国产业演进的过程。回归结果如表 5 模型 (2) 所示。通过替换产业结构优化的代理变量得到的结论与基础回归结果保持一致,同样验证了假设 H1 成立。

2. 改变政策时间

碳排放交易权对产业结构的优化可能是受到同期其他因素或者政策的影响,因此,本文采取反事实检验的方法,考察在未实施碳排放交易权政策之前,被解释变量产业结构优化是否仍然显著:若显著,则说明存在未考虑到的隐私促进了产业结构优化;若不显著,则进一步证明了实证结果的稳健性。本文将碳交易排放权政策的实施年份提前至 2010 年,结果如表 5 模型 (3) 所示,产业结构优化的回归系数不显著,则模型 (3) 不符合反事实假定,证明了假设 H1 成立,即碳交易排放权政策促进产业结构的优化。

表5　稳健性检验结果

变量	(2) ISO_w	(3) ISO_w
did	0.0657	0.202
	(−1.72)	(0.99)
$pergdp\_w$	−0.000***	0.000***
	(−2.44)	(15.97)
$trade\_w$	−3.56e−11	−4.44e−09
	(−0.00)	(−0.72)
gov_w	1.36e−08***	7.47e−10
	(9.73)	(0.51)
$tech\_w$	0.000 000 352***	−1.95e−08
	(9.79)	(−0.84)
fc_w	0.000 047 9***	−0.000 004 01
	(12.56)	(−1.22)
uc_w	0.175***	−0.004 32
	(4.70)	(−0.42)
$Constant$	9.362***	0.565***
	(79.46)	(5.83)
$R\text{-}squared$	0.905 6	0.313
$Number\ of\ id$	420	420
时间固定效应	控制	控制
个体固定效应	控制	控制

注：括号中的值为 t 值；*、**、***分别表示估计系数在10%、5%、1%水平下显著。

(三) 异质性分析

中国地域辽阔，各试点地区的地理环境、资源禀赋、政策文化等因素差异很大，任何政策的效果都不能一概而论。为此，本文借鉴赵玉焕、钱之凌以及徐鑫（2022）的做法，依照国家统计局的划分依据，将中国碳排放权交易试点地区分为东部地区、中西部地区，其中，东部地区包括北京市、天津市、上海市、广东省，中西部地区包括湖北省、重庆市，并对两个样本进行了分组回归，以研究不同试点地区的碳交易政策是否存在显著差异。

如表6所示，模型（4）反映了碳排放权交易政策在东部地区的影响分析，交互项（did）的回归系数达 1.263，达到了显著的正水平，这表明东部地区的碳排放权交易政策可以对产业结构的优化起到非常重要的作用。东部地区是我国第三产业发展的主导力量，金融、信息等服务业发达，其地理位置靠海，交通便利，对外开放程度高且科技创新能力强，减弱了对重工业、高污染产业的依赖，因此，碳排放权交易政策得到充分的发挥，促进了地区产业结构的优化和完善。模型（5）反映了碳交易政策对中西部试点地区碳排放的影响，其中回归系数的交互项（did）不显著，说明碳交易政策对中西部试点地区碳排放的影响不明显。其原因可能是由于中西部地区第三产业发展薄弱，科技教育发展缓慢，人力资本水平低，导致碳排放权交易政策对产业结构的影响受到阻滞。

表6　分区域异质性检验结果

变量	（4）东部地区	（5）中西部地区
	ISO_w	ISO_w
did	1.263***	1.059
	(4.98)	(1.48)
$pergdp\_w$	−0.000*	−0.000
	(−2.22)	(−1.42)
$trade\_w$	$4.43e{-}08$***	$7.05e{-}08$**
	(3.96)	(2.60)
gov_w	$2.79e{-}09$	$-3.28e{-}09$
	(1.18)	(−1.57)
$tech\_w$	−0.000***	$5.64e{-}08$
	(−4.13)	(0.98)
fc_w	0.000	0.000
	(0.74)	(0.10)
uc_w	0.089***	−0.004
	(3.69)	(−0.28)
$Constant$	2.820***	1.317
	(10.45)	(6.98)
$R\text{-}squared$	0.9056	0.313
$Number\ of\ id$	56	28

续表

变量	(4) 东部地区	(5) 中西部地区
时间固定效应	控制	控制
个体固定效应	控制	控制

注：括号中的值为 t 值；*、**、*** 分别表示估计系数在 10%、5%、1% 水平下显著。

六、结论与政策建议

碳排放交易权政策是我国运用于温室气体排放管理的重要政策，而产业结构在我国区域发展中起着非常重要的作用，本文通过理论和实证研究了碳交易权对产业结构的影响，并得出了以下主要结论：

第一，碳排放权交易政策具有减排降碳效应，试点地区二氧化碳排放量随经济发展呈现递减趋势，非试点地区二氧化碳排放量随经济发展呈现递增趋势。

第二，碳排放权交易政策与产业结构指标呈现正向关系，即碳交易对区域产业结构的优化具有重要的推动作用。

第三，地区的对外开放程度、创新能力的提高以及城市化进程的推进均能促进地区产业结构的优化调整。

第四，不同试点地区碳排放权交易政策对于产业结构优化的效果不同，东部试点地区政策效果较中西部地区更明显。

根据分析结果，本文提出以下建议：

第一，将碳交易政策推广到全国、全行业。自碳交易政策启动以来，电力行业已基本纳入交易范围，但参与主体单一，同质化程度高，因此将碳排放权交易政策向钢铁、有色金属冶炼、造纸等重污染行业推广，覆盖更多的行业将有助于提高政策减排降碳的效果。

第二，政府应给予企业在资金和政策方面更多的支持。由本文基准回归的结果可知，地区政府调控水平对于地区产业结构优化的影响不显著，原因可能是企业技术创新和转型升级需要充足的研发经费，碳排放交易政策的实施造成企业生产成本上升，因此政府应当为企业给予更多的政策扶持和资金支持，促进地区产业结构的优化调整。

第三，强化对碳排放权交易的导向，充分发挥碳排放权交易的积极作用。政府应制定相应的政策对企业加以引导，在碳减排效应达标的同时，鼓励企业对外投资贸易，通过技术创新改进生产方式，进而促进地区产业结构优化。

参考文献：

[1] 程郁泰,肖红叶.中国碳排放权交易政策的经济与减排效应研究[J].统计与信息论坛,2023,38(07):61-74.

[2] 干春晖,郑若谷,余典范.中国产业结构变迁对经济增长和波动的影响[J].经济研究,2011,46(05):4-16,31.

[3] 韩庆丰,李赛,吴楚珩,等.中国碳排放权交易减排效应研究:基于ETS试点的准自然实验[J].统计与决策,2023,39(13):160-165.

[4] 林珠亿.基于双重差分模型的碳排放交易减排效应研究[J].山东化工,2022,51(22):204-206.

[5] 刘满凤,程思佳.碳排放权交易促进地区产业结构优化升级了吗?[J].管理评论,2022,34(07):33-46.

[6] 逯进,王晓飞,刘璐.低碳城市政策的产业结构升级效应:基于低碳城市试点的准自然实验[J].西安交通大学学报(社会科学版),2020,40(02):104-115.

[7] 孙景兵,顾振洋.碳排放权交易机制会倒逼产业结构转型升级吗?:基于制造业和生产性服务业协同集聚的视角[J].生态经济,2023,39(05):59-68.

[8] 汪伟,刘玉飞,彭冬冬.人口老龄化的产业结构升级效应研究[J].中国工业经济,2015(11):47-61.

[9] 王喜平,王仕恒.碳交易试点政策对电力碳减排的影响效应[J].分布式能源,2023,8(03):10-16.

[10] 张静,申俊,徐梦.碳排放交易是否促进了产业结构转型升级?:来自中国碳排放交易试点政策的经验证据[J].经济问题,2023(08):84-91.

[11] 赵玉焕,钱之凌,徐鑫.碳达峰和碳中和背景下中国产业结构升级对碳排放的影响研究[J].经济问题探索,2022,(03):87-105.

[12] CHEN X, CHEN Y E, CHANG C P. The effects of environmental regulation and industrial structure on carbon dioxide emission: a non-linear investigation[J]. Environmental science and pollution research, 2019(26):30252-30267.

[13] GORMAN H, SOLOMON B. The Origins and Practice of Emissions Trading. Journal of Policy History, 2002,14(03), 293-320. doi:10.1353/jph.2002.0015.

[14] SPRINGER C, EVANS S, LIN J, et al. Low carbon growth in China: the role of emissions trading in a transitioning economy[J]. Applied Energy, 2019(235):1118-1125.

[15] WANG X, HUANG J, LIU H. Can China's carbon trading policy help achieve Carbon Neutrality?: A study of policy effects from the Five-sphere Integrated Plan perspective[J]. Journal of environmental management, 2022(305):114357.

[16] ZHENG J, SHAO X, LIU W, et al. The impact of the pilot program on industrial structure upgrading in low-carbon cities[J]. Journal of Cleaner Production, 2021(290):125868.

智慧城市视角下的京津产业关联效应比较

邓 达[*]

摘要：智慧城市建设既有利于带动相关产业的发展，也离不开相关产业的支持。本文基于北京市和天津市投入产出表，通过计算智慧产业的直接消耗系数，分析智慧城市建设对二、三产业中各子产业的关联程度，并对两地的情况进行比较。研究发现：智慧产业与其他产业存在密切的关联关系；部分在智慧城市建设中应起到重要作用的产业尚没有体现出应有价值；对于北京与天津，智慧产业对两地第三产业各子产业的直接消耗差别不大，但是，对第二产业各子产业的直接消耗差别显著。本文提出了智慧城市产业发展的相关政策建议，为我国智慧城市的建设提供参考。

关键词：智慧城市；投入产出分析；产业关联效应；直接消耗系数

一、引言

2008年IBM公司在其发布的《智慧地球：下一代领导人议程》主题报告中提出了"智慧地球"这一理念。2009年2月，在北京召开的"IBM论坛2009"上，IBM更以"点亮智慧的地球，建设智慧的中国"为口号宣传智慧地球，引起了社会各方的广泛关注。在IBM《智慧的城市在中国》白皮书中，智慧城市是指："能够充分运用信息和通信技术手段感测、分析、整合城市运行核心系统的各项关键信息，从而对于包括民生、环保、公共安全、城市服务、工商业活动在内的各种需求做出智能的响应，为人类创造更美好生活的城市。"其后，我国南京、郑州、深圳、宁波、上海、北京等城市提出并实施

---

[*] 邓达，中国政法大学商学院教授。

智慧城市建设，目前智慧城市呈现出遍地开花之势（白杨、李保怀，2020）。

2012年住房和城乡建设部办公厅正式发布《住房城乡建设部办公厅关于开展国家智慧城市试点工作的通知》，国家智慧城市试点共涉及90个地、县级城市，标志着中国智慧化城市正式发展。2017年在党的十九大报告中提到"智慧社会"，更强调顶层设计、基础数据的互联互通、智慧服务等。目前全球已启动或在建的智慧城市已达1000个（王广斌，2013），中国约有500个城市明确提出或者正在进行智慧城市建设（白杨，2020）。2019年上海艾瑞市场咨询发布的《中国智慧城市发展报告》指出，东部、中部智慧城市项目数量占全国70%以上，中国智慧城市发展市场仍有巨大潜力。

二、相关研究

理论界对智慧城市与产业发展相关问题开展了探索性研究。Leroy（2002）探讨了城市的智慧增长（smart growth），认为智慧增长是为城市量身定做的，能够解决城市的郊区蔓延问题。Geller（2003）认为智慧增长是未来城市经济发展的必然选择；然而，智慧增长问题仍然是停留在传统的经济发展层面，没有将智能化、信息化的科技手段融合到城市的发展中，与当前的智慧城市概念还存在较大的差异。Shapiro（2006）明确引用了智慧城市（smart city）的概念，但其研究的核心仍然在如何通过提高生活质量和生产力来进一步挖掘人力资本的增长潜能。Eger（2009）的论文从根本上开启了现代意义上的智慧城市研究，他认为，智慧城市意味着用现代技术的科学部署来解决当前的经济与社会问题，高速宽带基础设施的建设因此将成为城市发展的核心问题。

国内学者对智慧城市的关注要晚于国外的学者，研究侧重点也不同。一类研究主要从技术创新的角度对智慧城市进行阐述（巫细波、杨再高，2010；张永民、杜忠潮，2011；李德仁、邵振峰，2011；蔡威，2020）。另一类研究是从应用角度探究其实践性，刘兰娟和徐鑫（2014）通过应用CGE模型研究智慧城市的建设对经济增长的影响，认为其可以显著加快产业结构的升级。张卫东（2018）通过倍差法探讨智慧城市对全要素生产率的影响机制，得出智慧城市的建设通过提升集聚水平以及推动产业升级来提高城市全要素生产率。

可以看出，智慧城市已成为理论和实践领域的热点。智慧城市的建设可以改变城市生活方式，带动相关产业的发展。同时，智慧城市的建设也离不开相关产业的支撑。那么，围绕智慧城市建设，需要发展哪些类型的产业和行业？智慧城市建设与各产业之间的关系是什么？对于这些问题，当前的研究尚没有明确的答案。本文尝试采用北京和天津两地投入产出表数据，深入探讨智慧城市建设中的产业关联关系，厘清智慧城市对产业发展的带动效应，为我国智慧城市的建设提供参考。

三、智慧城市建设对经济发展的带动效应

智慧城市作为顺应数字化、信息化趋势而产生的城市发展新理念，在改变人类城市生活的同时，也会对经济发展产生直接或间接的带动效应。一方面，智慧城市的发展要求信息技术不断突破，以形成高度智能化的城市管理体系，从而对以信息产业及其相关硬件设备产业为主的市场产生直接带动效应；另一方面，由智慧城市建设所产生的直接需求也需要其他产业的投入，或者拉动相关产业的供给，即产生了产业之间的关联效应。同时，智慧城市作为一种新的城市发展理念，需要以创新性的信息服务、设计创意等为依托，并由此产生新的城市资源配置系统架构与思想，这种带动效应可以称为智慧城市的衍生效应。

（一）直接效应

"智慧城市"概念本身是商业推动的产物，IBM提出"智慧城市"概念的初衷，就是为了拓展其IT解决方案业务。这一构思不仅满足了商业领域的业务拓展需求，而且迎合了现代城市发展的趋势。从本质上讲，智慧城市是将人的智慧和信息化、网络化、智能化紧密结合起来，以便更好地发现、解决城市运转和城市发展中的问题。这势必要求信息基础设施、网络化建设等方面的大量投入，包括信息基础硬件、信息技术服务、解决方案策划等。以基础硬件为例，智慧城市的建设离不开城市空间和物体的网络化连接，它有赖于射频识别技术（RFID）、传感技术等现代通信技术。为此，传感器、RFID芯片等感应与连接装置的市场需求被直接拉动起来。

从另一个角度来看，智慧城市对产业的直接带动效应也可以被视为信息与网络产业的市场空间拓展，RFID、Wi-Fi/WIMAX、CMDA等技术在城市的智慧化中找到了新的应用范畴。这种信息网络技术与城市发展之间的直接相关性，使得信息产业的技术创新与市场开发具备了充足的空间和潜能，并引导信息产业向更具系统性的集成化、智能化应用方向发展。

（二）关联效应

产业之间的关联性源于彼此的投入与供需关系，当某个产业的制成品或服务充当另一个产业的投入品，或者这个产业以另一个产业的制成品或服务作为投入时，这两个产业之间就存在较为明显的关联关系。

智慧城市建设作为一项系统的城市管理变革方式，涉及城市经济发展方式与资源配置的方方面面，会对现有二产和三产中的诸多行业产生关联影响。

智慧城市建设首先会带动信息管理服务、信息技术相关硬件制造、信息系统设计与维护、信息分析与咨询、金融服务等领域的进一步发展。除此之外，围绕智慧城市建设，还将大力发展信息工程与施工管理、城市与公共设置建设与管理、创意与设计、商业服务、物流仓储等诸多产业（行业）。

某种程度上说，智慧城市的建设将信息化、数字化技术嵌入现代制造与服务业的业务结构中，出现了信息产业与其他制造及服务产业的融合。这种产业融合是在后工业化时代产品经济的高度分工、特别是产品内分工不断深化的背景下发展起来的，体现了产业部门的日益细化和产业之间关联的日益复杂化。在这一背景下，诸多传统产业开始向"智慧产业"（即智慧城市建设的基础产业）延伸。例如，海尔集团推出的物联网空调将现代传感技术很好地应用到了家用空调的生产与装备中，为智慧社区建设提供了很好的支撑；又如，五粮液酒厂通过在每瓶白酒包装内使用RFID防伪芯片，使得防止产品仿冒和对产品的即时跟踪成为可能，也将五粮液白酒带入了"智慧产品"行列。

（三）衍生效应

智慧城市的建设不仅需要现有产业技术与服务的支持，还需要大量新的技术与服务，通过服务创新与技术创新，形成新的衍生业务。例如，在智慧社区建设中，为了能够更好地实现社区生活的提高和社区资源的合理有效配置，除了信息网络与系统的建设之外，还需要相关的创新性信息服务与配套商业服务。

智慧城市的衍生方式主要有两种：一种是技术性衍生，即由智慧城市建设所衍生出的新技术；另一种是商业性衍生，即由智慧城市建设所衍生出的新商业服务与模式。而在智慧城市建设的产业衍生模式上，也可能因不同情况而出现较大差异，比如，原有技术或商业服务的延续与拓展、相似或替代技术的派生、原有技术的融合与升级等。智慧城市的衍生效应不同于直接效应和关联效应，它更加侧重于业务的创新性，由此衍生出的业务很可能重构原有的产业结构，并引导智慧市场的需求。随着智慧城市建设进程的深入，其衍生效应会越加明显，衍生性业务也可能逐渐拓展，并成为智慧城市建设的重要支柱。

四、智慧城市产业关联分析方法与数据

上文对智慧城市建设的产业经济带动效应进行了初步梳理，接下来本文将运用产业关联分析的方法，对关联效应进行分析，探讨智慧产业与其他产业的关联关系。

（一）产业关联分析方法

进行产业关联分析的最常用方法为投入产出法。投入产出法是把一个复杂经济体系中各部门之间的相互依存关系系统数量化的方法，最早由美国经济学家里昂惕夫于1933年提出。投入产出分析法可以用矩阵形式表示为线性方程 $AX+Y=X$（中间产品+最终产品=总产出），经过变换得 $Y=(1-A)X$，如果矩阵 (IA) 存在，则有 $X=(I-A)-1Y$，其中 $(I-A)-1$ 为里昂惕夫逆矩阵。投入产出法的直接计算依据为各地方或国家所编制的投入产出表，通过直接消耗系数的计算来衡量产业之间的关联关系（林龙斌，2010）。直接消耗系数即投入系数，其经济含义是某产业每生产一单位产品所直接消耗各个产业部门的中间投入品的数量。这一系数说明了智慧产业增长时，其中间投入品产业的增长情况，能够较好地反映智慧城市建设的直接带动效应。通过直接消耗系数的计算，可以得出智慧城市的前后向关联的情况。该系数一般小于1，离1越近，关联程度越高。

（二）研究数据选取

投入产出法侧重于分析产业之间的关联关系，而智慧城市作为一种城市发展理念，并非产业层面的概念。物联网将是智慧城市的集中体现和重要标志（邬贺铨，2010），本文将物联网的产业范畴作为智慧产业，依此进行智慧城市与其他产业之间的关联分析。基于2017年北京和天津两地的投入产出表，本文选择通信设备、计算机和其他电子设备业，以及信息传输、软件和信息技术服务业等两大类作为智慧产业。尽管这一处理方法不完全与现实情况一致，但基本能够反映智慧城市的基础产业构成。智慧城市的核心是利用"信息和通信技术手段打造智能化的城市"，其中包括了信息通信相关的软件、服务和硬件设备制造，这与物联网产业和现有投入产出表中的通信设备、计算机和其他电子设备业，以及信息传输、软件和信息技术服务业这两大类产业是相吻合的。

五、京津智慧产业关联的投入产出分析

智慧产业对其他产业的关联效应用直接消耗系数来衡量，通过直接消耗系数的计算，可以知道智慧产业的总投入中，其他部门分别所占的比例，进而知道智慧产业对各子产业的中间需求情况。根据2017年北京市与和天津市的投入产出表，本文分别计算了两地的智慧产业对第二产业和第三产业各子产业的直接消耗系数，见表1至表4。

本文先根据两地的总体直接消耗系数结果来分析智慧产业与第二产业和第三产业各子产业之间的关系，然后比较两地之间的异同。

表1　北京市智慧产业对第二产业各子产业的直接消耗系数

产业类型	系 数	产业类型	系 数
煤炭采选产品	0.146 790	通用设备	0.030 980
石油和天然气开采产品	0.000 004	专用设备	0.015 393
金属矿采选产品	0.016 144	交通运输设备	0.199 689
非金属矿和其他矿采选产品	0.002 921	电气机械和器材	0.037 290
食品和烟草	0.040 966	通信设备、计算机和其他电子设备	0.265 343
纺织品	0.004 682	仪器仪表	0.009 493
纺织服装鞋帽皮革羽绒及其制品	0.005 572	其他制造产品	0.000 189
木材加工品和家具	0.008 968	废品废料	0.000 474
造纸印刷和文教体育用品	0.019 951	金属制品、机械和设备修理服务	0.000 455
石油、炼焦产品和核燃料加工品	0.013 702	电力、热力的生产和供应	0.430 782
化学产品	0.098 356	燃气生产和供应	0.000 178
非金属矿物制品	0.020 900	水的生产和供应	0.000 302
金属冶炼和压延加工品	0.042 279	建筑	0.011 922
金属制品	0.005 049		

注：根据北京市2017年投入产出表整理。

表2　天津市智慧产业对第二产业各子产业的直接消耗系数

产业类型	系 数	产业类型	系 数
煤炭采选产品	0.144 215	通用设备	0.073 347
石油和天然气开采产品	0.099 046	专用设备	0.024 374
金属矿采选产品	0.033 344	交通运输设备	0.264 060
非金属矿和其他矿采选产品	0.013 778	电气机械和器材	0.035 384
食品和烟草	0.170 683	通信设备、计算机和其他电子设备	0.427 880
纺织品	0.008 366	仪器仪表	0.004 907
纺织服装鞋帽皮革羽绒及其制品	0.005 696	其他制造产品	0.002 991
木材加工品和家具	0.006 932	废品废料	0.030 485

续　表

产业类型	系数	产业类型	系数
造纸印刷和文教体育用品	0.031 655	金属制品、机械和设备修理服务	0.000 034
石油、炼焦产品和核燃料加工品	0.067 705	电力、热力的生产和供应	0.084 975
化学产品	0.288 603	燃气生产和供应	0.007 335
非金属矿物制品	0.021 337	水的生产和供应	0.004 665
金属冶炼和压延加工品	0.785 312	建筑	0.007 099
金属制品	0.041 256		

注：根据天津市2017年投入产出表整理。

表1和表2显示了北京和天津两地的智慧产业对第二产业各子产业的直接消耗系数。计算结果显示，北京智慧产业对电力、热力的生产和供应有很大的消耗量，系数为0.430 782，这说明北京智慧城市建设对电力设备等的需求非常强，需要足够的电力去供应智慧产业。天津智慧产业对金属冶炼和压延加工品具有非常大的消耗量，系数为0.785 312，这说明在天津智慧城市建设过程中需要大量的金属冶炼和压延加工品，这些行业也为智慧产业发展提供了基础设施与生产设备。

另外，智慧城市建设中直接消耗系数较大的其他行业还有通信设备、计算机及其他电子设备等产业（北京为0.265 343，天津为0.427 880），直接消耗系数排名都在前三，这说明智慧城市建设对硬件设备的需求非常强，城市电缆或光缆的铺设、现代化数据中心的建设、信息终端的架设、传感设备与射频识别设备的使用，都需要来自通信设备、计算机及其他电子设备制造业的硬件供应。

其中，需要特别指出的是建筑业。就目前的情况来看，智慧城市建设对建筑业的直接消耗系数并不高，处于所有产业的中下游。随着智慧城市建设进程的推进，智慧社区建设将成为重要举措，这也要求建筑业的直接参与，包括智慧空间的规划和智慧小区的建设等。为此，可以预期，在接下来的几年里，智慧城市建设对建筑业的拉动将会越来越大。从表1和表2也可以发现，纺织服装鞋帽皮革羽绒及其制品、燃气生产和供应、木材加工品和家具等行业的直接消耗系数几乎为零，说明智慧城市建设对这些行业的直接带动效应有限。

表3　北京市智慧产业对第三产业各子产业的直接消耗系数

产业类型	系数	产业类型	系数
批发和零售	0.045 928	科学研究和技术服务	0.058 462

续 表

产业类型	系 数	产业类型	系 数
交通运输、仓储和邮政	0.151 253	水利、环境和公共设施管理	0.001 596
住宿和餐饮	0.000 636	居民服务、修理和其他服务	0.001 031
信息传输、软件和信息技术服务	0.065 672	教育	0.013 327
金融	0.048 231	卫生和社会工作	0.002 560
房地产	0.015 028	文化、体育和娱乐	0.024 788
租赁和商务服务	0.031 470	公共管理、社会保障和社会组织	0.000 188

注：根据北京市2017年投入产出表整理。

表4　天津市智慧产业对第三产业各子产业的直接消耗系数

产业类型	系 数	产业类型	系 数
批发和零售	0.022 929	科学研究和技术服务	0.000 640
交通运输、仓储和邮政	0.357 925	水利、环境和公共设施管理	0.000 814
住宿和餐饮	0.000 404	居民服务、修理和其他服务	0.004 700
信息传输、软件和信息技术服务	0.011 393	教育	0.009 630
金融	0.010 075	卫生和社会工作	0.000 008
房地产	0.006 791	文化、体育和娱乐	0.000 322
租赁和商务服务	0.020 488	公共管理、社会保障和社会组织	0.000 161

注：根据天津市2017年投入产出表整理。

表3和表4显示了智慧产业对第三产业各子产业的直接消耗系数。其中，交通运输、仓储和邮政，信息传输、软件和信息技术服务业，批发和零售业、租赁和商务服务业以及金融保险业直接消耗系数排名居前，而卫生和社会工作、公共管理和社会组织等行业的直接消耗系数几乎为零。这说明，智慧产业的发展较多地依赖于信息服务与软件、租赁和商务服务、旅游服务等方面的投入，也在某种程度上解释了创意咨询、信息中介服务等行业日益兴盛的原因。

比较来看，智慧产业对两地第三产业各子产业直接消耗差别不大，系数排名靠前的行业几乎相同，这说明，两地对第三产业各子产业需求相近，未来智慧产业的发展对两地第三产业内部结构的影响趋于一致。

但是，智慧产业对两地第二产业各子产业直接消耗差别显著。北京市消耗最大的子产业为电力、热力的生产和供应，系数为 0.430 782，即智慧产业 43% 的投入来自这一行业，而该子产业在天津的排名为第八，系数为 0.084 975，相差近五倍；天津市消耗最大的子产业为金属冶炼和压延加工品，系数为 0.785 312，即智慧产业 78% 的投入来自这一行业，而该子产业在北京的排名为第六，系数仅为 0.042 279，相差近 20 倍。这反映了京津两地第二产业在城市发展中的不同定位，重工业在北京不断退出，而在天津则仍属于重要的支撑产业。

需要特别注意的是科学研究事业，其直接消耗系数只处于第三产业里子产业中的中游水平（北京为 0.058 462，天津为 0.000 640），而智慧城市建设作为一种创新性的社会行为，恰恰需要大量的知识或研发投入，所以这一结果似乎有悖常规。一个可能的原因是，科学研究作为一项公共事业，主要以政府投入为主，而当前政府在这方面的投入偏低，也使得科学研究事业对智慧城市建设的投入偏低。另一个可能的解释是我国当的科学研究事业尽管整体发展良好，但在科技成果的产业化方面还存在机制上的不足，从而使得针对具体行业（比如智慧产业）的科技成果产出明显偏低。这也要求政府在推动智慧城市建设的过程中，努力完善科技创新激励机制，调动科学研究及相关事业的科研积极性，并建立比较合理的科技成果转化机制，以鼓励科学研究事业对智慧城市建设的支持。

六、研究结论与政策建议

（一）结论

大力发展智慧城市，不仅可以改善城市生活品质，提升地区产业结构，也是新一轮经济增长的关键路径。

（1）智慧产业与其他产业存在密切的关联关系。本文的分析表明，智慧产业与第二产业和第三产业的绝大部分子产业都具有关联关系。其中，智慧产业对第二产业中的电力、热力的生产和供应产业，通信设备、计算机及其他电子设备制造业，煤炭采选产品业，金属冶炼和压延加工品产业的直接消耗系数较大，其发展将需要这些行业的大量投入；在第三产业中，信息传输、计算机服务和软件业、批发和零售贸易业、租赁和商务服务业、金融保险业、交通运输及仓储业等行业为智慧产业的发展提供了较多的中间投入，需求较大。

（2）部分在智慧城市建设中应起到重要作用的产业尚没有体现出应有的价值。科学研究、政府公共管理等行业对智慧产业的关联系数略微偏低。而实际上,这些行业在智慧城市建设中需要扮演重要的作用,他们与居民的生活、公共的福利、技术的发展等息息相关。政府应在这些方面给予更多的扶持和引导,以保障智慧城市建设的合理有序开展。

(3) 对于北京与天津,智慧产业对两地第三产业各子产业直接消耗差别不大,但是,对第二产业各子产业直接消耗差别显著。北京市消耗最大的子产业为电力、热力的生产和供应,而天津市消耗最大的子产业为金属冶炼和压延加工品,反映了京津两地第二产业在城市发展中的不同定位,重工业在北京不断退出,而在天津,重工业仍然持续支撑着智慧城市建设。

(二) 政策建议

(1) 创新驱动方式,优化产业结构。智慧产业是产业的高级形态,是工业化与信息化的深度整合,需优化产业结构,发挥各产业链甚至各环节之间的高度协同作用,完善配套服务,形成高度集中的资本密集型产业集群。

(2) 整合信息,助推高效城市管理。以大数据作为核心要素的智慧城市,改变了传统城市空间中的人、企业、政府之间的关联作用,对城市系统中的各项活动做出灵敏高效的反应,信息的共享、服务的协同,才能使社会公众和政府更全面地掌控城市运行,提升公共服务。

(3) 发挥国有资本在新兴产业中的主导作用。智慧产业由于其前期需要大量的资本投入、投资期限长,同时存在高风险,短期收益不明显,要培育立足于智慧产业特别是相关基础设施的国有企业,发挥国有资本的示范性作用。

(4) 差异化定位,激活智慧城市。不同的城市具有不同的特点,需契合该城市的比较优势,构建顶层设计,以点连线、由线带面,建设针对性的应用体系。北京和天津应依托智慧产业拉动各自的关联产业,找对本地智慧城市的建设重点,推动城市建设与发展。

参考文献:

[1] LEROY. Smart growth for cities:it's a union thing[J]. Working USA, 2002(06):56-76.

[2] GELLER. Smart growth:a prescription for livable cities[J]. American Journal of Public Health, 2003(93): 1410-1415.

[3] SHAPIRO. Smart cities:quality of life, productivity and the growth effects of human capital [J]. The Review of Economics and Statistics, 2006(88):324-335.

[4] EGER. smart growth, smart cities and the crisis at the pump a worldwide phenomenon[J]. I-Ways Journal of E Government Policy and Regulation, 2009(32):47-53.

[5] 白杨,李保怀. 智慧城市及其建设存在的问题与解决途径探析[J]. 智能建筑与智慧城

市,2020(10):20-21.
[6]林龙斌.上海市现代服务业的产业关联效应研究[J].上海经济研究,2010(05)
[7]邬贺铨.物联网是智慧城市的一个集中体现[J].创新科技,2010(05)
[8]巫细波,杨再高.智慧城市理念与未来城市发展[J].城市发展研究,2010(11):56-60.
[9]张永民,杜忠潮.我国智慧城市建设的现状及思考[J].中国信息界,2011(02):28-32.
[10]刘兰娟,徐鑫.智慧城市建设财政支出影响经济转型的CGE模拟分析:以上海为例[J].上海经济研究,2014(01):104-110.
[11]张卫东,丁海,石大千.智慧城市建设对全要素生产率的影响:基于准自然实验[J].技术经济,2018(03):107-114.
[12]王广斌,张雷.国内外智慧城市理论研究与实践思考[J].科技进步与对策,2013(19):153-160.

财政政策助推企业数字化转型的思考

邓 达[*]

摘要：在新的发展格局下，数字化转型已成为企业适应新发展浪潮的必然选择。企业转型的进度与发展水平受内外部影响因素叠加制约，面临较大困难。财政是国家治理的基础和重要支柱，财政政策是政府宏观调控的重要手段，也是加快企业数字化转型进程、提升转型水平的有效助推力之一，必须充分发挥财政职能的积极作用，保障国家数字化建设政策的实施。财政政策在助推企业数字化转型方面应更加注重精准性，着力提升政策效能。

关键词：数字经济；财政政策；企业数字化转型

我国"十四五"规划和2035年远景目标纲要提出，打造数字经济新优势，提升企业技术创新能力，深入实施制造强国战略。宏观层面，数字化转型将成为未来较长时间内我国宏观经济发展的主基调；微观层面，数字化转型已成为企业主动把握数字经济新浪潮、提升核心竞争力、谋求长远发展的必然选择。作为宏观调控的主要工具，财政政策在助推企业数字化转型方面应更加注重精准性与靶向性，着力提升政策效能。

一、数字化转型：企业适应新浪潮的必然选择

数字化转型客观上要求企业将数字技术、数据资源等新型生产要素与土地、资金、人力资源等传统生产要素实现有机融合，不断优化生产体系，以提升企业经营的整体效率，促进企业高质量发展，外化为企业绩效的提升和

---

[*] 邓达，中国政法大学商学院教授。

市场表现的优化，如企业生产和经营成本降低、产品和服务质量优化、商业模式和组织结构再造、市场占有率和竞争力提升等。

数字化转型已成为企业适应新发展浪潮的必然选择。其一，数字化转型显著促进技术创新，提高全要素生产率。提升创新水平是企业适应新一轮技术变革、抢占产业链和供应链制高点的必然要求。数字化转型能够通过优化创新资源配置、提高人力资本水平、降低创新试错成本等内在机制，增强技术创新能力，在一定程度上提升企业的全要素生产率。其二，数字化转型可以优化业务流程，助力企业实现更大的价值创造。一方面，数字技术嵌入企业生产经营流程可以充分激发生产要素在采购、研发、生产、销售等环节的潜能，强化要素的全过程协同能力；另一方面，数字红利引致的价值释放方式将摆脱传统的"价值链"形式，取而代之的是"价值圈层"，更多的利益相关者通过持续不断地互动，共同创造价值，更加精准地确定客户的价值主张，更好地满足消费者偏好，推动生产可能性边界的扩张。其三，数字化转型可以加快企业组织模式的变革。微观上，数字化转型客观上要求企业在数字化情境下优化组织设置，调整组织目标，实现组织重构；宏观上，企业的生产行为会在数字化的带动下逐步走向协同生产与跨界融合，引发产业组织模式变革，并在全社会范围内产生溢出效应。

二、财政支持：企业突破数字化转型难点的制度保障

（一）企业数字化转型的难点

当前，我国企业数字化转型普遍处于初始阶段。《2022 中国民营企业数字化转型调研报告》显示，样本企业主营业务处于初步数字化转型阶段和尚未转型阶段的比例高达 76.97%，进入成熟应用阶段的仅占 1.54%。企业转型进度与水平受内外部影响因素的叠加制约，面临较大困难。[①]

从外部大环境来看，一是国际政治、新冠疫情等因素对全球经济带来的下行压力较大，不确定性增强，企业经营面临严峻的外部市场环境，产成品的国际订单持续萎靡，原材料和中间产品的进口也受到影响；二是当前逆全球化形势愈演愈烈，一些国家的贸易保护主义抬头，贸易摩擦事件不断增多，先前基于经济全球化构建的产品分工体系面临被分解的压力，全球性供应链和价值链都将不同程度地受到影响而面临萎缩或退化的风险；三是我国重塑全球价值链分工体系任重而道远，如何调整战略以把握正确方向、如何选择

---

① 吴朋阳，牛福莲. 2022 中国民营企业数字化转型调研报告 [EB/OL]. [2024-04-11]. https://www.tisi.org.

具体参与方式、如何调动企业抢占产业链高端位置的积极性等一系列问题亟待解决；四是全国统一大市场尚未完全形成，我国超大规模市场优势的集聚效应和规模效应尚未充分发挥，生产要素的高效畅通流动还存在一定障碍，地方保护和市场分割现象依然存在。

从企业内部来看，一是有些企业主动转型的意识不强，企业战略调整不到位，主要是受制于路径依赖的束缚，对数字化转型的必要性和重要性认识不足；二是资金紧张导致企业负担不起数字化转型成本，调查显示，63.80%的民营企业面临转型资金紧张的困难，预算受限与转型投资巨大的矛盾较为突出；三是企业精通数字化转型的复合型人才资源储备短缺，现有人员在技术创新、数据集成、战略规划、运营管理等方面的综合能力难以匹配数字化转型对高端数字人才的需求，这也是制约企业数字化转型的关键短板；四是企业对政府出台的鼓励数字化转型的政策敏感度不强，调查显示，66.48%的民营企业对疫情以来政府推出的数字化支持政策"完全不知道"（占比为11.04%）或者"知道有政策但不知道具体内容"（占比为55.44%）。仅有4.84%的受访企业表示享受到了政策红利，其中，大中型企业了解并享受到数字化政策红利的占比明显高于小微企业。可见，惠企政策通达机制仍需进一步完善。

（二）企业数字化转型需发挥财政的制度保障作用

财政是国家治理的基础和重要支柱，财政政策是政府宏观调控的重要手段，也是加快企业数字化转型进程、提升转型水平的有效助推力之一，必须充分发挥财政职能的积极作用，保障国家数字化建设政策的实施。

合理的财政支出政策会对企业数字化转型带来正向效应。就财政支出总量而言，政府对其掌握的公共资金进行合理配置，加大对数字化转型薄弱环节的投入，发挥财政政策的引导作用，撬动资本杠杆，确保资金等生产要素的流向符合政策预期目标，激励企业数字化转型和研发创新的积极性，激发财政资金的乘数效应和辐射效应，有效突破制约数字化转型的短板与瓶颈。就财政支出结构而言，投资性支出具有生产性特征，可以直接形成社会购买力，扩大社会总需求水平，一方面为企业数字化转型提供物质基础，另一方面确保社会总供求结构上的协调性。民生消费性支出虽不具有生产性特征，但能够增加公共服务和产品的供给，这对企业高效开展数字化转型也是必需的，一方面可以在质量和数量方面保障各类生产要素的再生与供给，另一方面为企业数字化转型提供稳定与优越的外部发展环境，降低了企业的交易成本和投资收益的不确定性。

合理利用财政补贴，能够在企业数字化转型过程中发挥一定的积极作用。

财政补贴具有政策性和时效性强的特点，能够在一定期限内给受补企业带来稳定的现金流，缓解企业在数字化转型方面的资金约束，缩小转型成本风险敞口，鼓励企业加入转型投入，如进行数字化设备更新、数字化技术改造等。一方面，财政补贴的政策示范效应会引导更多生产要素流入数字化转型领域；另一方面，财政补贴的技术溢出效益会对企业整体的数字化程度带来正向影响。但不可否认的是，企业的"策略性转型"而非"实质性转型"会造成政企博弈的低效率和财政资金的浪费。此外，财政补贴的较强目的性和较高制度成本会导致企业项目选择的自主性降低，从而给企业数字化转型带来了一定的负面效应。

税收优惠的远期激励效应能够充分激发企业数字化转型的动力。企业数字化转型程度或研发创新成果达到政府预先设定的标准后，将享受相应比例税款的减免或返还，这种事后的奖励会以充实企业现金流、增加可支配收入的形式鼓励企业做出政府偏好的行为。研究发现，在激励企业数字化转型或者研发创新方面，税收优惠的政策作用效果要高于财政补贴，表现为更高的财政绩效。这是因为税收优惠是一种事后的、兼具"自主性+市场型"特征的政府资本投入，企业要想获得远期的政策优惠，其转型或研发结果必须符合事先设定的优惠条件，这将激励企业调配可控资源进行实质性转型或创新。

三、精准施策：财政助推企业数字化转型的政策供给

在新的发展格局下，如何推进企业数字化转型是保障宏观经济高质量发展的必答题。财政政策基于其作用机理，瞄准转型中的难点痛点，靶向施策，加快推进企业数字化转型。

（一）聚焦自主可控，财政应充分保障产业链供应链安全稳定

宏观上，产业链供应链自主可控、安全稳定是加快制造强国建设步伐、保障国民经济高质量发展的基础条件，微观上也可以保障链上企业稳定经营，为数字化转型夯实基础。财政应充分保障产业链供应链安全稳定，具体措施如下：一是对受疫情影响较大的民航、高铁、快递物流等特定行业实施阶段性财政补贴或税收减免，降低相应的企业运营成本，支持区域性物流枢纽中心建设，畅通人流和物流；二是完善增值税抵扣制度，打通抵扣链条，解决断点和堵点问题。如下游一般纳税人会因上游小规模纳税人不能开具增值税专用发票而选择压低进价以转嫁税款，应当予以改进和完善；此外，消费规模与结构是影响产业链供应链安全稳定的重要因素，可进一步完善促进消费的税收制度，释放社会消费潜力。

（二）聚焦畅通循环，财政应调整改革思路，以促进全国统一大市场的形成

企业数字化转型带来的效率提升最终要以产品或服务的形式体现出经济价值。在逆全球化思潮重新抬头的当下，企业产品或服务的交易更需要发挥国内超大规模市场优势。畅通国内大循环，建设全国统一大市场势在必行。从财政视角来看，一是重塑政府间纵向财政关系，健全财政转移支付机制，通过财政转移支付协调区域发展，促进市场整合，消弭地方政府因争取流动性税基造成的无序竞争，破除地方保护主义；二是构建横向税收协调机制，提升区域财力均等化水平，消除间接税生产地征收原则带来的日益突出的区域间税收不平衡问题，推进形成与地区生产要素贡献度相匹配的税收收益分享机制。

（三）聚焦硬件支撑，财政应加大对新型数字基础设施建设的支持力度

以5G、工业互联网、大数据中心为代表的新型数字基础设施能够有效弥合地区间数字鸿沟，并为企业数字化转型乃至我国实施创新驱动战略提供硬件支撑。财政应加大对新型数字基础设施建设的支持力度：一是发挥政府投资基金的引导作用，构建新型数字基础设施项目的引投和跟投机制，吸引更多社会资本参与数字基础设施建设；二是明确实施细则，对产业带动作用突出或社会效益显著的数字基础设施项目或应用场景予以财政奖补；三是对新型基础设施建设企业予以所得税优惠，降低政策适用门槛，尝试制定奖励性和针对性并重的研发费用税前加计扣除标准，并更新公共基础设施项目企业所得税优惠目录，把新型数字基础设施项目逐步增选进目录中，使相关企业能够享受所得税"三免三减半"政策。

（四）聚焦研发创新，财政应构建驱动企业数字化转型的长效机制

研究发现，以支持企业科技创新为主要目的的财政科技支出强度与企业数字化转型程度呈正向变动关系，能够显著驱动企业数字化转型。财政应构建驱动企业数字化转型的长效机制：一是政府应动态调整财政支出结构，提升财政科技支出的比重，并相机设定财政科技支出规模增长目标，减少财政收入波动对财政科技支出规模的消极影响；二是实施差异化政策以提升财政科技支出的靶向性，适度向非国有企业、价值链顶部企业、瞪羚企业、先进制造业集群倾斜，并畅通惠企政策的通达机制；三是强化预算全过程监督并优化财政绩效考评机制，提升财政科技支出效率，严控科技创新资源的浪费及其配置的低效。

（五）聚焦科技教育，财政应加强对高层次与继续教育的支持力度

高质量人力资本具有政策敏感度强、数字技术素养高、数字化经营意识强的特点,是企业数字化转型的必备要件。财政教育支出能够显著促进人力资本的积累,财政应在高层次与职业教育方面更加积极有为:一是加大经费支持,鼓励高校、科研院所推进数字化、智慧化交叉学科建设,为培养复合型数字化人才创造条件。支持高校科研和成果转化经费支持,将其对企业数字化转型的溢出效应不断放大;二是参照集成电路产业职工培训费用税前全额扣除政策,鼓励企业加大对员工数字化知识的培训投入,提升企业员工数字化素养的整体水平。

参考文献:

[1] 陈和,黄依婷,杨永聪,等. 政府税收激励对企业数字化转型的影响:来自固定资产加速折旧政策的经验证据[J]. 产业经济评论,2023(02):55-68.

[2] 李雯轩,李晓华. 全球数字化转型的历程、趋势及中国的推进路径[J]. 经济学家,2022(05):36-47.

[3] 刘诗源,林志帆,冷志鹏. 税收激励提高企业创新水平了吗?:基于企业生命周期理论的检验[J]. 经济研究,2020(06):105-121.

[4] 戚聿东,肖旭. 数字经济时代的企业管理变革[J]. 管理世界,2020(09):135-152.

[5] 王永贵,汪淋淋. 传统企业数字化转型战略的类型识别与转型模式选择研究[J]. 管理评论,2021(11):84-93.

[6] 吴非,常曦,任晓怡. 政府驱动型创新:财政科技支出与企业数字化转型[J]. 财政研究,2021,455(01):102-115.

[7] 张志元,马永凡. 政府补助与企业数字化转型:基于信号传递的视角[J]. 经济与管理研究,2023,44(01):111-128.

法与经济学

"四位一体"法经济学人才培养模式创新实践与经验研究[*]

黄立君　张国栋[**]

摘要：市场经济本质上是法治经济的事实，决定了中国特色社会主义市场经济需要既懂法律又懂经济的高质量复合型法经济学人才。中国政法大学主动服务国家战略，面向时代需求，在努力构建中国特色法经济学、为以高质量法治保障高质量发展提供学理支撑的前提下，通过课程体系建设、教学体系建设、思政育人体系建设、师资队伍建设等四个方面的实践创新，探索并逐渐形成了比较成熟的"四位一体"法经济学人才培养模式，为国内高质量复合型法经济学人才培养提供了有益经验。

关键词：法经济学；人才培养；"四位一体"

一、引言

自 20 世纪六七十年代以来，经济学在以美国为代表的西方国家法学教育中的重要性不断提升，许多法学院任命经济学家为其教员，法学院的课程也逐渐充满了经济推理和证据。实践证明，运用经济学的方法对法律问题进行实证分析，可以科学回答"什么是法律的可能效果、法律是否达到了自己的目标"等问题；而对法律的规范经济分析，则可以对"法律应该是什么"做

---

[*] 本文为中国政法大学教学改革立项项目"中国政法大学'四位一体'法经济学人才培养模式创新的实践与经验研究"（项目编号：JG2022A019）阶段性研究成果。

[**] 黄立君，中国政法大学商学院副教授；张国栋，中国政法大学商学院政治经济学专业硕士研究生。

出解答（波斯纳，1997）。一般认为，对法律进行经济分析，既可以让立法变得更为科学，也可以让法律实施（执法、司法、守法）变得更有效率。由此可见，既懂经济又懂法律的复合型法经济学人才越多，就越有可能促进法经济学学科的发展，也越能满足经济社会发展对高质量复合型法治人才的现实需求。

党和国家领导人高度重视高质量复合型法治人才的培养。2021年4月，习近平总书记在清华大学考察时强调，"要用好学科交叉融合的'催化剂'，……推进新工科、新医科、新农科、新文科建设，加快培养紧缺人才"；2023年2月，中共中央办公厅、国务院办公厅印发的《关于加强新时代法学教育和法学理论研究的意见》也明确提出，要"推进法学和经济学、社会学、政治学、心理学、统计学、管理学、人类学、网络工程以及自然科学等学科交叉融合发展，培养高质量复合型法治人才"。那么，作为教育教学和理论研究主要阵地的高等院校，如何响应国家要求和经济社会发展需要，为培养高质量复合型法经济学人才做出自己的贡献？

中国政法大学一直致力于世界一流法科强校建设，在法治经济背景下，主动服务国家战略，面向时代需求，在努力构建中国特色法经济学、为以高质量法治保障高质量发展提供学理支撑的前提下（徐文鸣，2023），通过课程体系建设（课程设置+培养方案）、教学体系建设（课堂教学+教材编写）、思政育人体系建设、师资队伍建设等四个方面的实践创新，探索并逐渐形成了比较成熟的"四位一体"的法经济学人才培养模式，培养了大批同时具有良好经济学和法学素养，拥有较强经济学和法学专业知识融合应用能力，既系统掌握现代经济学分析方法，又能够应用法律知识处理各类法律事务、提供法律服务，可以在国家机关、科研机构、高等院校、企业、社会团体等从事法律与经济相关工作的"复合型、应用型、创新型、国际通用型人才"（卢春龙，2019），为国家高质量法经济学人才培养提供可资借鉴的有益经验。

二、经济社会发展对法经济学复合型人才的需求及高等院校的响应

习近平总书记指出，社会主义市场经济必然是法治经济。基于市场经济的实质是法治经济这一事实，中国特色社会主义市场经济需要既懂法律又懂经济的复合型人才。事实上，我国经济社会发展存在着对法经济学人才的大量需求。例如，在份额很大的律师非诉讼业务当中，有关上市公司、企业并购、资产重组、企业破产、公司改制、投融资等业务，都要求主办律师具备一定的经济学知识。另外，2018、2021年上海金融法院、江西金融法院和北京金融法院等的设立，以及2020年12月25日上海市市场监督管理局等行政

执法机构运用微观经济学和计量经济学分析方法，对当事人（上海食派士商贸发展有限公司）是否滥用市场支配地位进行论证的行政处罚决定书，更凸显了社会对既懂法律又懂经济的法经济学人才的强烈需求。

近二十年来，中国高校日益重视法经济学知识的普及和法经济学人才的培养。从教育部官方网站①公布的信息来看，截至 2021 年 6 月 30 日，共有 6 个学位授予单位（不含军队单位）自主设置了"法经济学"交叉学科，包括：对外经济贸易大学、首都经济贸易大学、吉林大学、华东政法大学、重庆大学、西南政法大学；共有 17 个学位授予单位自主设置了"法经济学"二级学科，包括：中国政法大学、西北政法大学、山东大学、中南财经政法大学、四川大学、西南财经大学、西北大学、北京理工大学、北京物资学院、天津财经大学、山西财经大学、黑龙江大学、浙江理工大学、浙江工商大学、江西财经大学、山东工商学院、上海政法学院。其中，中国政法大学是国内最早自主设置"法经济学"二级学科并经教育部备案批准的高等学校。

除了交叉学科和二级学科的设立，国内常设的法经济学学术交流平台也繁荣发展，比如，肇始于 2003 年的"中国法经济学论坛"已经召开了 21 届。基于对国内法经济学发展所进行的学说史的考察，西南政法学院（现西南政法大学）种明钊教授发表《马克思主义法的理论基础与法经济学的建立》的 1983 年，可视为中国法经济学发展元年（吴锦宇，2003）；山东大学经济研究院和浙江大学经济学院共同主办首届"中国法经济学论坛"的 2003 年，则是中国法经济学发展的一个重要转折点（黄立君，2018）。该论坛的举办不仅标志着中国法经济学研究者摆脱"散兵游勇"式的"游击队"状态，逐渐成长为该研究领域的"正规军"，同时也吸引了众多学者和高校对法经济学这一新兴交叉学科的关注和重视。目前，已有越来越多的高校在本科和研究生层面开设法经济学课程。中国政法大学 2005 年就开始为研究生和本科生开设"法经济学"课程，是当时国内为数不多的较早开设法经济学相关课程、普及法经济学知识的高校。

三、中国政法大学"四位一体"法经济学人才培养模式的创新

中国政法大学是国内最早自主设置"法经济学"二级学科的高等学校之一。2005 年 3 月，中国政法大学（以下简称"法大"）组建"法和经济研究中心"（2016 年 7 月更名为"法与经济学研究院"），自设"法与经济学"二级学科，并获教育部备案批准。法与经济学研究院是国内最早设立"法与经

---

① 中华人民共和国教育部官方网站，http://www.moe.gov.cn/jyb_xxgk/s5743/s5744/A22/202108/t20210820_552722.html。

济学"硕士点和博士点的教学和科研单位。作为法大直属在编教学与科研机构，法与经济学研究院属于法大最重要的两个法经济学教学和科研单位之一（另一个是法大商学院）。商学院建有法经济学教研室，拥有一批从事法经济学研究与教学的师资队伍。通过近二十年的法经济学教学探索，法大通过课程体系建设、教学体系建设、思政育人体系、师资队伍建设等四个方面的实践创新，逐渐形成了比较成熟的"四位一体"的法经济学人才培养模式。这里，"四位一体"中的"四位"指的是课程体系建设、教学体系建设、思政育人体系、师资队伍建设四个方面，"一体"指的是高质量复合型法经济学人才培养。

（一）法经济学课程体系建设与创新：培养方案+课程设置

培养方案是高等学校人才培养的纲领性文件，是实现人才培养目标的具体实施方案。自2005年首次为本科生开设"法经济学"课程以来，中国政法大学从课程设置和培养方案制定入手，不断加强法经济学课程体系创新与建设。每隔两年，法大各专业都会根据社会需求对本科培养方案进行修订，在历次修订的培养方案中，都包含了"中国政法大学本科通选课目录"或"校公选课"目录。通选课或公选课为包括法学专业在内的所有非经济学专业学生开设了包括经济学原理、宏观经济学、微观经济学、新制度经济学、世界经济概论等在内的20门左右的经济学课程。由此，法学专业学生可以获得经济学知识并提升经济学素养。同时，培养方案为包括经济学专业在内的所有非法学专业学生开设了包括民法学原理、商法、经济法总论、刑法学总论、法理学导论、宪法学等在内的30门左右的法学课程。由此，经济学专业学生可以获得法学知识并提升法学素养。

除通选课或公选课之外，法大法学专业每年大约有300多名学生通过进入商学院辅修工商管理专业而接受经济学课程的教育，而商学院拥有经济学知识的学生50%以上辅修了法学专业。

（二）法经济学跨学科教学体系的建设与创新：课堂教学+教材编写

以一个积极支持跨学科的态度来解释法律、政治和经济在特定情况下如何进行合作将会提高学生的敏锐洞察力以及实际分析能力（王思峰，2010），芝加哥大学、哈佛大学、约克大学等都属于跨学科教学的先锋。尤其是约克大学，开设了大量横跨众多学科的课程（尤其是社会学、政治科学等）。

不过，要让不同学科背景的学生在初学时接受另外一种全然不熟悉的"分析工具"，无疑是一件不太容易的事情，因为这种"异类"的分析角度会挑战学生原先熟悉的对于何谓"真理"的认知。那么，如何让法学专业学生更好地接受经济学思维方法、经济学专业学生更好地接受法学思维方法，法大法经济学教学团队在人才培养过程中，积极从课堂教学设计和本土化教材编写两方面进行摸索，形成了政法类高校法经济学人才培养的跨学科教学模式。

就课堂教学设计而言，教学团队秉承"以学生为中心，产出导向，持续改进"的成果导向教育理念，采取"课前（学）—课中（问）—课后（练）三维全屏式教学模式"，辅以"课前5分钟时政新闻（以经济和法律新闻为主）分享+课中理论和方法讲授+课后经典英文文献阅读"的教学设计，在促进学生接纳"异类"分析方法和视角方面取得了初步成效。以此为基础，教学团队还通过引入"翻转课堂"教学模式，将学习的决定权从教师转移给学生。对所授课程基础知识（概念和原理等），授课教师把事先录制好的课程视频上传到学校设定的学习平台，学生可以从学习平台事先观看录播课并获得相应知识。在此基础上，正式的课堂时间里，学生被要求把课堂之外观察到的重要经济现象或法律现象、经济问题或法律问题，或者最新的案例，跟同学们进行分享，然后师生一起，通过交互式讨论寻求解决问题的办法。这样，授课教师通过发动学生讨论，做足课外准备，为不同专业的学生在学习和掌握另外一门学科时提供充分的"讨论园地和土壤"，促进了两个不同学科的交融。

至于教材，则是课堂教学能否成功的另一个重要因素。教材是体现教学内容和教学方法的知识载体，是解决培养什么人、怎样培养人、为谁培养人这一根本问题的重要抓手，直接关系到党的教育方针的落实和教育目标的实现（马怀德，2022）。众所周知，法经济学诞生于美国的芝加哥大学，国外流行的法经济学教材[①]援引的案例大都是英美国家普通法系的案例，不一定适用于大陆法系的中国。目前国内的法经济学教材大概有20多部（包括国外引进），并且有好几部被列入"普通高等教育'十一五'国家级规划教材"、"21世纪经济学专业教材"、"21世纪法学专业教材"、"国家'十五''211'工程项目、高等法学讨论教学系列教程"或"新世纪高等学校教材"。这些教材体现了近四十年来国内法经济学研究的成果，具有一定的权威性，但一个共同的不足是：教材中探讨中国本土法律制度、法律问题以及引用本土司法案例的比较少。

那么，适合中国学生的法经济学教材应该选取什么样的法律主题、主要包括哪些内容、如何兼顾国外与国内法经济学应用的差别、如何才能满足不同知识背景的学生更好理解法经济学理论和方法，以及如何把国内已有的高

[①] 现有的流传最广的法经济学教材是理查德·波斯纳的《法律的经济分析》以及罗伯特·考特和托马斯·尤伦的《法和经济学》。

质量的关于中国法律问题的法经济学研究成果整合进教材等等，便成为法经济学教学中必须解决的问题。法大法经济学教学团队对这些问题进行了探索并取得了可喜成果。

（三）法经济学思政育人体系建设

2014年12月29日，习近平总书记在第二十三次全国高等学校党的建设工作会议提出，办好中国特色社会主义大学，"要坚持立德树人，把培育和践行社会主义核心价值观融入教书育人全过程"；2016年12月7日至8日，习近平总书记在全国高校思想政治工作会议发表重要讲话时又强调，要把思想政治工作贯穿于教育教学全过程，实现全程育人、全方位育人，努力开创我国高等教育事业发展新局面。2017年5月3日，习近平总书记在中国政法大学考察时更是勉励法大师生要"立德树人，德法兼修，抓好法治人才培养"。

中国政法大学深入贯彻习近平总书记重要讲话精神，按照中央和教育部相关文件的要求，不断提高政治站位，始终坚持问题导向，把推进课程思政建设作为落实学校立德树人根本任务的关键工作，在课程建设、教师建设、教材建设、课堂教学、实践教学等方面取得了一定的成效，积累了一定的经验（马怀德，2022）。

学校制定了《中共中国政法大学委员会关于推进课程思政建设的实施方案》（以下简称《实施方案》），该方案完善了各类课程评估指标，通过学生评教、同行评教、管理人员听课评价，形成立体化、全方位的评价机制，强化课程育人功能，强化了专家定期调研制度，将课程思政纳入教学督导工作内容，跟踪了解各学院课程思政教育教学质量，持续推进课程建设。同时还规定，人事处、教务处、研究生院要把课程思政建设情况纳入教师个人绩效考核范围，在涉及教师职务职称晋升晋级和各类评优评先表彰中，明确课程思政要求。

在《实施方案》的引领下，学校一方面加强教师培训，注重团队建设，力求锻造一支"四有"好老师队伍；另一方面注重示范带动，以专业课程为基点、以通识课程为核心、以实践类课程为突破，选树了一批内容准确、思想深刻、形式活泼、适宜推广的"课程思政示范课程"。这些示范课程普遍注重在课程的思想性、前沿性、趣味性、互动性上下真功夫，打组合拳，避免了专业教育和思政教育"两张皮"现象。在示范课程的带动下，力求思政教育全课程覆盖。同时，法大非常注重在实践教学中融入思政元素，让学生在实践中了解国情，在实践中砥砺品性，在实践中增长才干，在实践中知行合一，在实践中厚植家国情怀。

（四）法经济学师资队伍建设

在法经济学师资队伍建设方面，中国政法大学 2005 年就组建了拥有独立建制的在编教学与科研机构——法与经济学研究院。在人才引进方面，该研究院关注复合型人才的聘任，尽可能招聘具备法学和经济学知识背景的教学和科研人才。在法经济学人才培养方面，该院已经培养了 200 余名硕士研究生和近 50 名博士研究生。

除法与经济学研究院外，法大还有一批从事法经济学教学与科研的老师散见于商学院、法学院、民商法学院等。为了加强不同院系乃至全国从事法经济学教学和研究的教师之间的交流和合作，中国政法大学通过组建跨学科教研室、虚拟教研室、法与经济学 Seminar、法商学术论坛、交叉学科建设项目、新兴学科培育与建设计划资助项目、跨学科跨专业组织申报青年教师学术创新团队等形式，对法大不同院系、校内外法经济学师资进行整合，形成合力，共同探索和打造"四位一体"的创新型法经济学人才培养模式。

需要重点介绍的是，中国政法大学教务处于 2015 年制定了《中国政法大学跨学科教研室建设办法》（法大发〔2015〕119 号），鼓励和支持教师跨学科、跨学院的合作，目的在于突破传统教学理念、改善既有教学方法、打造新型教学模式，实现师资交叉、课程融合、资源共享、协同创新，以满足复合型、创新型人才培养的要求。2016 年以来，政法大学共设立了 5 个跨学科教研室。2021 年 7 月，学校还响应教育部要求，根据《教育部高等教育司关于开展虚拟教研室试点建设工作的通知（教高司函〔2021〕10 号）》，决定开展推荐虚拟教研室试点建设工作，计划通过三至五年的努力，建设一批理念先进、覆盖全面、功能完备的虚拟教研室，锻造一批高水平教学团队，培育一批教学研究与实践成果，打造教师教学发展共同体和质量文化，全面提升教师教学能力。两年来，虚拟教研室的建设取得重大成果，2022 年，中国政法大学已有三个虚拟教研室被确定为教育部首批建设试点。

四、"四位一体"法经济学人才培养模式取得的成效

中国政法大学近二十年间对法经济学人才培养的探索取得了如下成效：

（一）实现了跨学科复合型课程体系从"简单的课程累加"到课程"组合拳"的转变

2005 年首开"法经济学"课程之初，中国政法大学更多地是通过"给法学专业的学生开设经济学课程，给经济学专业的学生开设法学课程"的方式实现法与经济学的结合。这种"简单的课程累加"课程体系的确可以帮助法学专业的学生掌握一定的经济学知识，帮助经济学专业的学生掌握一定的法

学知识，进而为法与经济学的真正融合奠定基础。不过，"简单的课程累加"并不意味着学生天然就能够掌握法律的经济分析方法。如何实现从"简单的课程累加"到法与经济学真正融合的跨越？中国政法大学的教学经验是：从法经济学基础理论讲授、法经济学理论和方法应用、法经济学实证研究可操作的定量分析工具三个方面入手，给学生们提供一套课程"组合拳"，实现两个学科的水乳交融。

目前，法大以专业必修课、专业选修课、通识选修课、国际课程等形式，为本科生和研究生开设共31门法经济学课程。其中，研究生课程13门，包括：法律的经济分析、转型经济与转型法律、金融法律与金融监管、法与经济学案例分析、市场竞争与反垄断规制、数字经济与平台治理、反垄断的法学与经济学分析、法律的博弈分析、社会经济统计学、法律与经济经典文献选读、法学定量研究方法、法与经济学专业前沿、法律与经济经典文献选读；本科生课程18门，包括法经济学导论、法经济学、法律的博弈分析、数字金融及其监管、反垄断的法学与经济学分析、法商管理学、企业合规与法律风险管理、法律的经济分析、法律数据搜集与分析、法律与金融监管、法律经济学（英语双语）、法律经济学、法律与金融监管、中国法律与金融监管、中国行政法的经济学分析、中国法经济学、中国法律与金融监管（国际课程）等。

（二）法经济学教材编写初步实现本土化

中国政法大学非常重视法经济学教材的本土化建设。众所周知，目前国内普遍使用的波斯纳的《法律的经济分析》和考特、尤伦的《法和经济学》是舶来品，分析的主要是英美法系的立法和司法实践，以它们作为教材存在"水土不服"问题。法律作为一种"地方性知识"，在立法、司法、执法等法律实践中具有强烈的国别性、民族性和地方性，因此，有必要整合大陆法系国家（尤其是中国）已有的法经济学研究成果，编写更能帮助学生运用经济学理论和方法研究中国法律问题的本土化法经济学教材。

近年来，中国政法大学法经济学教学团队出版了一批贴合中国实际、能够较好满足中国法经济学人才培养需要的精品教材，如《法经济学》《法统计学》《法商管理学》《法商管理解析：颠覆经典管理的思考》《博弈论》《平台经济：市场竞争与反垄断规制研究》等。这些教材既注重法经济学的基础理论研究，又关注中国本土的立法问题、违法问题、司法问题，注重中国法学定量数据的收集与整理、法学定量数据的统计分析。它们将中国法治实践的最新经验、生动案例和中国特色社会主义法治理论研究的最新成果引入教材和课堂（胡明，2018），为中国法经济学教学提供了有益的知识载体。

（三）打造一批高质量的法经济学师资队伍

中国政法大学拥有两个重要的法经济学教学和科研单位：法与经济学研究院和商学院。此外还有一批从事法经济学教学和研究的师资散见于法学院、民商法学院、国际法学院等教学科研机构。前面提到，中国政法大学通过组建跨学科教研室、虚拟教研室、法与经济学 Seminar、法商学术论坛、交叉学科建设项目、新兴学科培育与建设计划资助项目、跨学科跨专业组织申报青年教师学术创新团队等形式，对法大不同院系、校内外法经济学师资进行了整合，打造学校"四位一体"的创新型法经济学人才培养所需要的师资队伍。

近年来，团队还出版了一批高质量法经济学专著，如《法经济学：基础与比较》、《法律经济学：直面中国问题的法律与经济》、《美国管制：从命令—控制到成本—效益分析》、《合同法基本原则的博弈分析》、《行政许可：法和经济学》、《转型法律学——市场经济的法律解释》、《求索：公平与效率之间—法和经济学博士论文集萃》、《美国实用工具主义法学》（译著）、《法律的经济分析》（译著）、《博弈论导引及其应用》、《OECD 监管影响分析——经济合作与发展组织（OECD）监管影响分析指引》（译著）、《立法评估：评估什么与如何评估——美国、欧盟和 OECD 法律法规和指引》（译著）等；主持了一批高质量的法经济学研究课题，如国家社科基金重点项目"保持经济稳定、金融稳定和资本市场稳定对策研究"；国家社科基金项目"中美证券执法机制的比较研究"、"数字经济视角下垄断形成机制与反垄断规制研究"、"行政许可制度的设定法律问题研究"、"能源与环境约束下中国煤层气和煤炭资源协调开发机制研究"；教育部哲学社会科学研究后期重大资助项目"全生命周期养老准备的金融理论与实践创新研究"；国家发展改革委高新技术司和国家网信办的数字经济招标课题"数字经济相关立法与监管研究"；北京市习近平新时代中国特色社会主义思想研究中心暨北京市社科基金重点项目"新时代防范系统性金融风险研究"；北京市法学会 2019 年市级法学研究课题"金融科技背景下北京市预防和化解金融风险规制研究"。在《经济研究》《法学研究》《管理世界》《政法论坛》等权威期刊发表了高质量法经济学论文；获得了北京高等教育"本科教学改革创新项目"（项目名称：法商大数据分析创新型人才培养模式研究）、北京市教改项目（项目名称：基于通识教育的经济学互动教学研究——兼与美国的比较）立项，并获北京市高等教育教学成果一等奖（项目名称：法商复合型本科人才教育和培养的创新模式）。

高质量的师资队伍为中国政法大学法经济学人才培养提供了强有力的支撑。

(四) 通过在法经济学教学过程中融入思政元素实现思政育人之目的

中国政法大学法经济学教学团队秉承"党建与教学相伴，思政与育人同行"的工作理念，坚持"党建思政"与"教书育人"同向同行、融合共生，积累了丰富的思政育人经验。团队成员讲授的法经济学、法商管理概论、政治经济学、世界经济概论、金融监管、经济学、政治经济学（二）、Chinese Administrative Law and Economics（中国行政法的经济学分析）、宏观经济学、新制度经济学专题研究等课程被遴选为中国政法大学"课程思政示范课"。

教学团队通过挖掘和运用课程中所蕴含的思想政治教育元素，重点关注现实问题，回应现实需求，通过精选教学内容和经典案例，在课程讲授的全过程充分运用交互式教学、案例教学、课堂讨论、课后经典文献阅读等教学方法，将其与课程知识点有机结合，教育学生坚定理想信念，勇于担当新时代赋予的历史责任。

在课程思政教学改革方面，教学团队还注重用科学的方法以及用做学术研究的态度去做好学生的思想政治教育工作，强调把意识形态和思想政治讲得有理论逻辑和学理依据，使之具有科学性。同时注重"因势利导、顺势而为"地让价值观、人生观、爱国主义、国家意识等意识形态教育自然而然地融入课程，起到了"润物无声"、潜移默化的教学效果。

五、结语

社会主义市场经济本质上是法治经济。实践中，不懂法学的经济管理人才可能忽视或疏于了解市场规则，容易在企业合规、企业家犯罪等方面陷入困境；不懂经济学的法律人才可能不能更好地理解市场经济运行的内在规则，不能更好地服务法治市场经济（熊金武等，2020）。在新文科建设和高质量复合型法治人才培养背景下，中国政法大学顺应国家法制和经济建设对既懂法律又懂经济的人才需要，通过课程体系建设、教学体系建设、思政育人体系、师资队伍建设等四个方面的实践创新，探索并形成了比较成熟的"四位一体"的法经济学人才培养模式，为中国的法经济学人才培养提供了有益探索。

参考文献：

[1] 波斯纳. 法律的经济分析：上[M]. 蒋兆康，译. 林毅夫，校. 北京：中国大百科全书出版社，1997.

[2] 卢春龙. "四型人才"导向的"四跨"：中国政法大学法治人才培养新模式[J]. 政法论坛，2019(02).

[3] 吴锦宇. 略述法和经济学运动在中国大陆的发展：1983—2003[J]. 制度经济学研究，

2003(02).
[4]黄立君.中国法经济学发展概览[J].山东社会科学,2018(10).
[5]王思峰.论美国跨学科教学理念与教学设计分析:以法经济学为例[J].长春教育学院学报,2010(26).
[6]马怀德.法学类专业课程思政建设探索与实践[J].中国高等教育,2022(06).
[7]胡明.创新法学教育模式 培养德法兼修的高素质法治人才[J].中国高等教育,2018(09).
[8]熊金武,等.法经济学基础学科拔尖人才培养探索:基于中国政法大学商学院的考察[M]//中国政法大学教育文选(第28辑).北京:中国政法大学出版社,2020:60-72.
[9]徐文鸣.为以高质量法治保障高质量发展提供学理支撑[N].人民日报,2023-06-06.

我国高校法经济学人才培养体系的现状与优化策略研究[*]

司海平[**]

摘要：本文旨在探讨我国高校法经济学人才培养体系的现状与优化策略。法经济学作为一个新兴的交叉学科，融合了法律与经济学的多重视角。在全球化背景下，研究法经济学人才的培养，对于理解和解决新时代的法律问题具有重要意义。本文通过考察十几所双一流大学在法经济学方向的课程设置、培养方案等资料，分析了我国高校法经济学人才培养体系的发展现状，针对目前法经济学人才的需求特点，指出我国高校在该领域人才培养的挑战，并针对这些挑战提出了具体的优化策略。

关键词：法经济学；人才培养；现状；优化策略

一、引言

习近平总书记指出："社会主义市场经济本质上是法治经济。"这一阐述深刻揭示了市场经济与法治之间的内在联系。法治通过建立和实施稳定、公开的法律制度和行为规范，为经济活动提供了公正的市场环境；法治确保了产权的安全和契约的有效性，为市场经济高效运作建立了坚实的基础。建设完善的法治化市场经济，关键在于培养兼具法学与经济学交叉学科背景的复合型人才，法经济学人才能够理解并应用法律知识，促进经济发展和市场规范化，在解决经济法治问题中发挥关键作用。考察我国高校法经济学人才培

---

[*] 本文获中国政法大学校级教育教学改革项目（JG2024A018）"法经济学人才培养中的课程体系改革研究——以中国政法大学为例"资助。

[**] 司海平，中国政法大学商学院讲师。

养体系的现状并提出优化方案，能够更快推进法经济学人才培养，满足新时代对复合型法治人才日益增长的需求。

构建科学有效的培养体系是高校向社会输送法经济学人才的核心和关键。以中国法学顶尖高校中国政法大学为例。目前，该校法学专业学生可通过选修宏、微观经济学等课程获取经济学知识，经济学专业的学生可通过辅修（或开设）法学课程而获得法学知识。然而，这种课程设置与培养方式并没有打通法学与经济学之间的专业壁垒，学生在实践中仍无法将两种学科知识有效融合。"法经济学""法律的博弈分析"等传统法经济学课程仅作为选修课开设，难以与全校法学学科形成优势互补。可见，我国高校法经济学人才培养体系有待进一步的改革与完善。

在全球范围内，欧美部分顶尖法学院较早开始了对法经济学人才的培养，并在课程体系、培养方案建设方面取得了一定成效。一是国外高校法学专业积极借鉴经济学的研究方法和理论框架，在课程设置中引入了实证研究方法、案例分析法、比较法等，使法学专业的学生能够更全面地理解、分析和解决实际问题。例如，芝加哥大学法学院在本科生一年级设置了"法律要素"课程，将法经济学思想嵌入其中；哈佛大学法学院在本科高年级阶段设置了"法律的经济分析""法律分析的经验主义方法论"等，使学生在掌握法学范式的基础上，了解经济学研究范式并能够尝试运用。二是国外高校注重学科部类打通、专业集群融合的培养方案。例如，斯坦福法学院经常与其他学院共同开课，像"公司法与创业投资"由法学院和商学院合开；"诉讼外纷争解决途径与谈判"由法学院、商学院与心理系合开。三是国外高校法学专业设立双学位项目，将法经济学相关课程设为必修课。例如，波士顿大学法学院提供了金融法律等双学位项目供学生进行学习。

欧美高校在法经济学人才培养体系建设上有其科学高效的一面，对我国高校有一定的借鉴意义。然而，我国法律制度、经济制度与欧美国家具有显著差异，培养法经济学人才方向需要顺应中国社会的发展，故而法经济学人才培养体系建设也应有所调整，不能完全照抄照搬国外经验。因此，在分析和研究法经济学人才培养体系过程中，首先要立足于我国法治环境和市场经济特点。本文旨在探讨我国高校法经济学人才培养体系的现状与优化策略，通过考察十几所双一流大学的招生资料，从课程设置、培养方案和课程设计等方面入手，分析我国高校法经济学人才培养体系的发展现状，针对目前法经济学人才的需求特点，指出我国高校在该领域人才培养的挑战，并针对这些挑战提出了具体的优化策略，预期构建一套可以满足我国法经济学人才需求的培养体系。

本文后续内容安排如下：第二部分是文献综述，第三部分是我国高校法律经济学人才培养体系的现状与面临的挑战，第四部分提出了优化路径。

二、相关研究回顾

法经济学是美国20世纪中期以后发展起来的新兴学科，也可以称为"法律经济学"。不少学者从理论方法、实践应用方面分析法经济学学科的发展脉络（冯博等，2017；魏建、宁静波，2019）。一些学者从全球视野考察了法律经济学方向上的教学和课程设置。法律经济学最早在美国发展起来，目前美国法律经济学研究与课程建设已经非常成熟（吴英慧，2018）。周林彬和李胜兰（2005）认为，开设法律经济学课程，对于培养具有国际视野、具有处理实际问题能力的法律人才具有重要意义。他们发现，美国高校的法律经济学课程一般是在法学院为法学专业的学生开设，而我国高校法律经济学课程主要是在经济学院由经济学专业的教师讲授。国外法律经济学课程有"独立课程式"和"非独立课程式"两种。前者是指法律经济学教学内容独立于传统的部门法学课程。后者是指将法经济学的教学内容融入传统的部门法学课程中。比如，反托拉斯法的法律经济分析、金融法的法律经济分析等。大多数美国大学的法学院都采用"非独立课程式"的课程（周林彬，2005）。

还有一些学者从课程设置和教学方面分析了我国高校的法经济学人才培养体系。万广军（2009）发现，我国本科阶段开设法经济学专业的高校非常少，多所高校只在硕士或博士阶段开设法经济学专业，他认为，这种培养体系不利于高水平法经济学研究者的培养。周林彬和樊志斌（2005）基于我国法经济学学科发展现状，认为培养法经济学人才应重视对教材的编写，特别是编写适合中国法学教育和本科教育的法律经济学教材，同时在研究生阶段开设部门法经济分析专题课程供学生选修。张莉（2009）也认为，要进一步完善法律经济学的教学模式和课程设计。周林彬和冯曦（2005）认为，中国法律经济学的发展重点应该从学术研究转向教学研究，因为只有通过教学，才能培养更多的法经济学人才，才能使法经济学方法更多应用到实践中。吴英慧（2018）认为，我国在法经济学人才培养中存在师资不足、尚未建立完善课程体系、缺乏本土化教材等问题。吴锦宇（2007）发现，中国台湾地区的高校法经济学相关课程的开设已十分普遍。

通过回顾既有文献可以发现：一方面，已有的研究只针对法经济学的课程设计进行了讨论（吴英慧，2018；柯华庆，2010；陈亮，2020），并未对高校在法经济学专业上的培养方案进行考察。培养方案是法经济学人才培养中的重要方面，需要将其纳入培养体系的框架中进行分析。另外，已有的针对法律经济学教学、课程设计方面讨论的文献较早,缺少最新研究。另一方面,已有的研究大多从宏观或历史发展的角度讨论法经济学学科发展,较少从高校人才培养的角度进行分析。

本文从微观视角出发,考察了法学院校、经济学院校在法经济学方向上的课程设计和培养方案,提出我国高校在该领域人才培养中存在的问题,并给出具体的优化路径,预期跳出已有研究框架,丰富已有的法经济学学科发展研究的相关文献,拓宽该领域的研究范畴。

三、我国高校法律经济学人才培养体系的现状与面临的挑战

我们搜集了国内知名法学院校、财经类院校、综合性大学在法经济学专业上的培养方案与课程设置资料,从本科阶段和研究生阶段分析了我国高校法经济学人才培养体系的现状。考察的法学院校有中国政法大学、华东政法大学、西南政法大学、上海政法学院、西北政法大学,财经类院校有中央财经大学、对外经济贸易大学、上海财经大学、上海对外经贸大学、中南财经政法大学、西南财经大学,综合类大学有北京大学、南京大学、清华大学、武汉大学、吉林大学、山东大学。本文通过资料分析,从专业设置、课程设置、培养方案等方面分析国内高校法经济学培养体系现状。

(一) 我国高校法经济学人才培养体系情况

在法经济学专业设置方面:高校只在硕士或博士阶段开设法经济学专业。在研究生专业设置方面,法学院校有中国政法大学、中南财经政法大学开设有法经济学专业。其中,中国政法大学开设的法经济学相关专业最多。有法律的经济分析、转型经济与转型法律、法律与金融监管、市场与监管四个研究方向;中南财经政法大学的法经济学专业是中外合作办学。财经类院校有上海对外经贸大学、上海财经大学、南京大学、西南财经大学设置了法经济学专业。上海对外经贸大学有法经济学理论、金融法制的经济分析、知识产权与竞争政策的经济分析四个研究方向,西南政法大学中有法律和经济学相关方向;综合类院校大多设有法经济学研究方向。

在法经济学课程设置方面:北京大学开设有法律和经济学必修课程;对外经济贸易大学在法理专业研究生的培养中有法律经济学专题的专业选修课程,并且建有法律与经济研究中心;上海财经大学利用本校经管学科实力,为法学院的学生开设了微观经济学和宏观经济学这样的跨一级学科课程。在本科生课程中,中国政法大学的"法经济学"是面向经济学专业学生的专业选修课,"法律经济学"是面向全校学生的通识选修课;对外经贸大学法学本科生有"法律经济学"作为选修课程;华东政法大学的法学专业(国际金融

方向)、经济学、金融学专业也有法与经济学等选修课程；西南财经大学开设有法律统计学课程。我国综合性高校如浙江大学、山东大学等，在研究生阶段设置了较为丰富的法经济学相关课程。

在培养方案方面：我国高校只在研究生阶段设置法经济学专业，本部分只探讨研究生阶段的法经济学专业培养方案。以中国政法大学为例，法经济学专业必修课是4门，学院鼓励学生在完成必修课程后，按研究方向在导师指导下选修其他课程。清华大学、中国政法大学和华东政法大学为本科为非法学专业毕业的学生设置了民法和行政法等补修课程，以夯实其法学基础。师资方面，以中国政法大学为例，法经济学课程的授课教师大多是经济学专业或者法学专业背景，法经济学专业出身的教师较少，这与我国法经济学学科建立时间较晚有关。在培养方式上，法经济学专业在鼓励跨专业跨院系选课的同时，强调实行导师制，采取以导师指导为主、专业老师集体共同辅导为辅，以课程学习和课题研究为主、论文写作为辅的培养方式。

(二) 我国高校法律经济学人才培养体系面临的挑战

第一，在制定法经济学专业的培养方案中，会遇到学科交叉没有真正融合的问题。目前我国高校仅仅是将法学和经济学两个不同学科的教学资源进行简单的整合，在法学院和经济学院对于法经济学培养方案课程设置上有不同的侧重。在法学院开设的法经济学专业在制定培养方案时，会遇到涉及"法律"课程偏多而法经济学课程偏少的问题。而在经济学院开设的法经济学专业在制定培养方案时，会遇到涉及"经济学"课程偏多而法经济学课程偏少的问题。这需要借鉴世界顶尖院校探索出的法经济学培养方案和培养模式，汲取其有益经验。

第二，在法经济学交叉融合课程体系建设中，课程形式与课程内容亟待契合。在法经济学人才培养体系中，法经济学课程设置的作用往往是被忽略的。目前，我国高校设置的很多法经济学交叉课程，其内容仅仅是法学和经济学课程的累加，学生无法感受到学科交叉的融合，当然，这也与我国法经济学教材滞后有关。除此之外，不同学科背景的学生在进入法经济学领域学习时会产生压力，经济学背景的学生不熟悉法律理论，法学学生对经济学方法不熟悉。如何实现法经济学课程间的融合，使得各学科学生都易于接受，需要在教学实践中进行不断探索和完善。另外，关于法经济学专业学习的实践安排和讨论不足，当前授课方式依旧是老师讲、学生听的状态。对此，我国高校可以借鉴国外法经济学培养方案中法律诊所、研讨会等形式，加强对实践问题的学习与探讨。

第三，法学和经济学的研究范式存在壁垒，法学学生或经济学学生转向法经济学领域并不简单。法学学科研究主要以规范分析为主，通过对法条、法理的分析，梳理法律运行的逻辑以解决法律问题。经济学在实证分析和规范分析二者中更强调实证分析，应用计量经济学方法或建立经济学模型分析经济学问题。与经济学相比，法学的传统研究方法是从法律法条入手，无法运用已有数据对某些假设做出验证。经济学的实证分析方法与分析工具为法学研究实践问题提供了可借鉴的思路。目前在法经济学研究中，一些学者借鉴了经济学的实证分析方法，通过整理和搜集裁判文书中的数据解决实际的法律问题，然而这种方法在传统法学中的应用并不普遍。法学和经济学专业中研究范式不同，使得本科阶段的法学学生或经济学学生无法通过简单的学习对法经济学问题有更深入的理解。

第四，法经济学课程体系搭建在学院间进行统筹存在困难。法经济学人才的培养体系建设需要一批既懂法律又懂经济学、管理学等多学科在内的复合型师资。一是高校学院之间的法经济学教师缺乏教学、研究层面的互动、交流，只有学校统筹安排法经济学学科的推进和落实，打通各学院、各一级学科的壁垒，才能培养更多的法律经济学人才；二是如何为法经济学人才培育制定完善的培养方案存在一定困难。培养方案的完备关乎人才培育的优劣，交叉学科人才培养并不是简单地做加法，而是需要对培养体系去粗取精、去伪存真，真正做到逻辑化、规范化、可复制化；在法经济学培养方案完善后，还要有一批深谙培养方案内核的师资队伍因材施教，建立法经济学研究和教学团队，通过科学有效的教研讨论形成完备的课程分配和知识架构设置，在教学中不断交流调整，进一步吸纳更多法经济学师资力量，形成合理的师资分布。

四、我国高校法律经济学人才培养体系的优化路径

基于我国法经济学人才需求的不同，我国在高校法经济学学生培养中，首先可以对学生分层次、分类型地开展课程设置中的必修课选修课模块设计，并构建出有序衔接、互为支撑、以培养法经济学人才为目标的培养方案。其次，将相关课程进行理论课和实践课的区分和细化，对每门课程的课程目标、课程内容、课程实施、课程评价都进行顶部设计和整体优化引领。最后，提出建立组织机构保障机制、双师同堂机制、教学信息共享机制、实践教学服务机制等可行性保障措施，为我国高校建设法经济学人才培养体系提供可借鉴范式。

（一）借鉴欧美顶尖院校的法经济学人才培养体系

芝加哥大学法学院、哈佛大学法学院、斯坦福大学法学院、范德比尔特大学法学院、加州伯克利大学分校法学院等都是世界知名法经济学人才培

的院校。在了解这些欧美高校培养方案的基础上，从法经济学交叉学科切入，了解学科相关课程的课程属性、课程分类、课程学分和课程考核方式，考察在法经济学交叉学科课程体系中设置核心课程及选修课程的因果联系。进一步，考察法经济学交叉学科课程学分设置以及课程考核方式是否有助于培养学生的自主探索和分析问题的能力。通过对欧美部分高校的培养方案进行比较分析，基于其各自法经济学课程体系建设的有益经验，结合教学实践，创新应用到我国高校法经济学人才培养的课程设置和培养方案中。

(二) 基于我国法经济学人才需求特点进行课程设置和培养方案设计

当前，我国法经济学交叉学科建设处于方兴未艾的阶段，可以立足于我国学科建设和社会经济实际情况，确定法经济学人才培养方向。其次，在确定课程设置后，面对学生分类型地开展培养方案中的"必修+选修+专修"模块设计。其中，必修模块为法经济学专业的必修课程，目标是使学生掌握法经济学基本理论与方法；选修模块是面向全校对法经济学感兴趣的学生所开设的课程，可以设置"法律经济学""法律的经济分析"等通识课程，目标是培养学生的法经济学思维；专修模块是技术支持类课程，目标是帮助学生将法经济学的理论与方法运用到实践中。

(三) 基于我国法经济学人才需求特点强化顶层设计与整体统筹

在搭建"必修+选修+专修"模块设计的基础上，对所涉及的课程进行理论课和实践课的区分和细化，对课程体系中的课程目标、课程内容、课程实施、课程评价进行顶层设计和整体优化。首先，在课程目标方面，以培养法经济学人才为总目标，依据课程性质偏向进行理论课与实践课的区分。在理论课中要求学生掌握法经济学领域的基本概念和基本理论，实践课中要求学生具备研究法律现象或法律事实的能力。其次，在课程内容设置方面，在法学理论课程的学习中，融入经济学的思想和方法；在经济学理论课程中，融入对法律的分析，以此来帮助学生建立法经济学领域的直觉与素养。在实践课中，鼓励采用"双师同堂"教学模式，通过法学教师与经济学、管理学等其他相关学科教师的联合授课，培养学生跨学科分析问题和解决问题的能力。再次，在课程实施方面，统筹兼顾各学院教学目标、教学任务和师资力量，通过学院之间的合作建立科学有效的课程体系。最后，在课程评价方面，通过学生问卷调查、后期就业去向考察等对人才培养体系进行评价和优化。

(四) 探索构建法经济学人才培养中的保障机制

一是建立学校间的协调机制和稳定的组织机构。明确落实学校各教学单位与高校教学主管部门之间的职责，成立专门的法经济学教研室或研究中心，负责制定和实施法经济学人才培养方案。各方要在持续优化法经济学人才培养体系方面形成合力；教研部门开展课程教学、课程建设、培养方案优化的研究与讨论；行政部门构建培养体系建设、运营、评价的反馈优化机制。二是建立双师同堂机制。高校既要整合校内法学与经济学学科的专业教师，还要吸纳律师与法官、投资人、企业家等参与课程建设、开发和教学，形成校内外互动教学。三是推进教学信息化，建立信息共享机制。要将最新的教育教学新模式和理念融入法经济学课程中。通过积极推进信息化和智能化建设，利用高校内部开发的课程资源和外部共享的优质课程，结合现代信息技术，促进优质教学资源的共享和传播。四是加强教学设施建设，构建实践教学服务机制。整合政府和企业资源，搭建实习、实践基地，为法经济学人才培养提供更加全面和实用的实践机会，使他们更好地适应社会和行业的需求。

参考文献：

[1] 陈亮. 法律经济学课程教学改革的思考[J]. 法制与经济, 2020(07):147-148.

[2] 冯博,李增刚,王楠. 法律经济学的学科体系与理论应用:第十五届中国法经济学论坛综述[J]. 经济研究, 2017(07):205-208.

[3] 黄立君. 中国法经济学发展概览[J]. 山东社会科学, 2018(10):151-156.

[4] 柯华庆. 跨学科还是交叉学科？[J]. 大学(学术版), 2010(10):90-95.

[5] 万广军. 法经济学课程设置探析[J]. 中国教育技术装备, 2009(24):11-13.

[6] 魏建,宁静波. 法经济学在中国:引入与本土化[J]. 中国经济问题, 2019(04):19-39.

[7] 吴锦宇. "法和经济学"在台湾[J]. 边缘法学论坛, 2007(02):27-37.

[8] 吴英慧. 法律经济学课程建设的问题与对策[J]. 吉林广播电视大学学报, 2018(04):57-59.

[9] 张莉. 论我国法律经济学的学科建设[J]. 阜阳师范学院学报(社会科学版), 2009(04):116-118.

[10] 周林彬. 从法学的不自足到法律经济学的推进:兼论法律经济学课程的设置[J]. 中山大学学报(社会科学版), 2005(04):100-105.

[11] 周林彬,李胜兰. 法律经济学课程设计比较研究(研究报告)[A]. 2005年中国法经济学论坛. 2005:15.

[12] 周林彬,樊志斌. 法律经济学课程设置若干问题初探[J]. 制度经济学研究, 2005(03):53-65.

马克思主义经济学与中国经济

当前我国失业问题的马克思主义分析

齐 勇[*]

摘要：对于我国当前的失业问题，人们往往习惯于从西方经济学里寻找理论根据，而往往忘记了或者是忽视了，马克思主义经济理论中也有非常深刻和系统的理论论述。本文论述了马克思主义失业理论的基本内容，并且提出了解决我国当前失业问题的重要措施和对策。

关键词：失业；私有企业；马克思；就业

对于我国当前的失业问题，人们往往习惯于从西方经济学中寻找理论根据。第一次工业革命以后的二百年里，失业已经变成资本主义社会大量存在的、普遍的、不能消灭的一种社会现象。无疑，这是资本主义制度存在弊病的反映。为了解决这个困扰资本主义社会的社会经济问题，无数西方政治家和理论家绞尽脑汁，提出了大量的系统的失业理论。这些理论当然在一定程度上和一些方面揭示了资本主义社会失业的现象和本质，学习这些理论，有助于认识我国当前的失业问题。但是人们往往忘记了或者是忽视了，我国作为社会主义大国，马克思主义经济理论是新中国成立以来就存在的占指导地位的思想理论，它对失业问题有非常深刻和系统的理论论述。研究马克思主义失业理论，无疑是解决我国当前失业问题的钥匙和指南。

一、马克思主义失业理论的内涵

关于资本主义社会存在失业问题的理论论述，最集中的见著于《资本论》

---

[*] 齐勇，中国政法大学商学院副教授、硕士研究生导师，研究方向：中国改革与制度分析。

第一卷第二十三章关于资本主义积累规律的论述。在这一章，马克思分析了资本有机构成变化时积累对工人阶级命运所产生的影响，论述了无产阶级的贫困化问题，指出资本积累的同时是无产阶级贫困化的积累。

概括起来，马克思关于失业问题的理论包括以下内容：

资本主义失业的根源是资本主义经济制度，失业是其必然后果和表现。马克思认为，资本主义经济制度存在根本性的矛盾，即生产的社会化和生产资料资本主义私人占有之间的矛盾。伴随着生产社会化的发展，资本积累的加剧，资本有机构成会不断提高，相对过剩人口或产业后备军不断再生产出来。

马克思将失业人口称为相对人口过剩。相对过剩的人口是由资本主义制度造成的，是资本主义所特有的人口规律。相对过剩人口是资本积累的必然产物。随着资本积累与有机构成的变化，在积累和伴随积累的积聚的进程中资本可变部分相对减少，出现机器排挤工人，出现过剩人口；并且，在积累过程中，过剩人口的增加比可变资本的相对减少更为迅速。随着资本主义竞争的发展，妇女和儿童加入雇佣劳动大军，小生产者加入雇佣劳动大军，中小资本家破产加入雇佣劳动大军。相对于资本的需求来说，或者说是劳动力的供给超过了资本对它的需要。其结果就不可避免地造成大批工人失业，形成相对过剩人口。

这种过剩人口之所以是相对的，是因为它并不是社会生产发展所绝对不需要的，而是由于他们不为资本价值增殖所需要，使他们成为"过剩"的或"多余"的人了。资本主义积累会不断地、并且同它的能力和规模成比例地生产出相对的，即超过资本增殖的平均需要，因而是过剩的或追加的工人人口。

大量的相对过剩人口不仅是资本主义制度的必然产物，而且是资本主义生产方式存在和发展的必要条件。第一，相对过剩人口可以随时调节和满足不同时期资本对劳动力需要的产业后备军，起到劳动力的蓄水池作用，可随时调节劳动力的供给，适应资本主义生产周期性的发展。第二，大量相对过剩人口的存在有利于资本家加重对工人的剥削。在劳动力供过于求的情况下，资本家可以乘机压低工资，还可以迫使工人遵守资本主义的劳动纪律。

在资本主义的发展过程中，相对过剩人口基本上有三种形式，即流动的过剩人口、潜伏的过剩人口和停滞的过剩人口。经常性的庞大失业人口的存在是资本主义的痼疾，资产阶级政府通过各种干预措施可能在一定程度上缓解失业，但是不可能彻底消灭失业。

资本主义积累的一般规律：一极是财富的积累，一极是贫困的积累。社会的财富即执行职能的资本越大，它的增长规模和能力越大，从而无产阶级的绝对数量和他们的劳动生产力越大,产业后备军也就越大。可供支配的劳动力同资本的膨胀力一样,是由同一些原因发展起来的。因此,产业后备军的相对量和财富的力量一同增长。但是,同现役劳动军相比,这种后备军越大,常备的过剩人口也就越多,他们的贫困同他们所受的劳动折磨成反比。最后,工人阶级中贫苦阶层和产业后备军越大,官方认为需要救济的贫民也就越多。这就是资本主义积累的绝对的、一般的规律。

无产阶级的相对贫困化理论容易理解。对无产阶级的绝对贫困化理论理解则有争论。马克思没有概括出什么是无产阶级的绝对贫困化理论。这一理论是德国社会民主党某些理论家概括出来并强加于马克思的。但是,无论是马克思的时代还是在当代,无产阶级的绝对贫困化现象都存在。实际上,马克思所说的无产阶级的绝对贫困化,只是指相对过剩人口,这在现在也成立。

马克思曾经从资本积累对无产阶级命运的影响中揭示了资本积累的一般规律。这个规律尖锐地揭露了资本积累过程的对抗性矛盾。资本主义积累的历史趋势:生产不断社会化,生产资料日益集中到少数资本家手里。它的一极是资本家财富的积累,另一极是无产阶级的失业、贫困的积累。在业工人为了减少贫困,就要多受劳动折磨。失业工人不受劳动折磨,却要受到贫困增大的折磨。无产阶级和资产阶级这种对抗性矛盾的根源,在于资本主义生产方式,消除这种对抗的根本出路在于消灭资本主义制度。

二、马克思主义者在我国当前实践中如何处理失业问题

中国是世界上人口最多的国家,也是就业压力最大的国家。生存权是最大的人权,尽最大努力、在最大限度上保障群众就业,是执政党和政府不可推卸的责任。

现在,我国经济面对国际国内复杂的环境,面临很多问题和挑战:投资、出口、消费三驾马车拉动力越来越疲软,有些地方有些房地产企业爆雷,一些工厂倒闭,失业率逐步走高。面对这种情况,我国应该根据自己的国情,利用自身的优势,从马克思主义基本理论出发,寻找解决失业问题的办法。

(一)大力发展公有制经济

目前我国公有制经济成分已经占到我国 GDP 的 45%。这个比例不是很低。在公有制经济中,每个劳动者都是企业的主人,生产资料再也不是剥削人的手段,而是成了生产的真正工具和条件。每一个人积极参加劳动,大家按照劳动的多少进行分配。这样不仅不会造成剥削和两极分化,而带来的是每一个人都有稳定的工作和收入,实现共同富裕。只有大力发展公有制经济,

才能够最终避免资本主义社会存在的广大老百姓贫穷、两极分化、经济危机和失业等问题。

(二) 大力支持民营企业和外资企业的发展

我国在大力发展公有制企业外，也要高度重视私有企业和外资企业的发展。全社会要遵守法治观念，进一步明确民营经济的合法地位，充分认识到当前阶段大力发展民营经济在发展经济、促进就业、增加税收等方面的重要性；必须取消歧视政策，让民营企业享受与央企国企同等待遇，尽快恢复民营企业的信心和投资经营的积极性，提高经济活力。

改善和加强与欧、美、日等发达国家的友好合作关系，止住外资外企撤出势头，稳住就业。我国的对外开放是要和全世界所有国家搞好外交关系。良好的外交关系是稳定的外经贸关系的基础和前提。

(三) 实行积极的产业政策

以科技创新引领现代化产业体系建设，把"现代化产业"作为未来的经济增长点。现代化产业包括生物制造、商业航天、低空经济等。

除高新技术产业以外，我国也要进一步加强和发展传统制造业。我国现在总体还是处于工业化中期，这些年人均 GDP 虽然随着我国经济水平的提高增长很快，但还处于发达国家平均线水平之下，国家总体经济发展水平在世界范围内还比较落后，我国作为世界上人口数量最多的国家之一，人口多，劳动力多，但是总体水平偏低，失业压力比较大。为了解决我国近八亿中低端劳动力的就业问题，在重视产业，提质升级的同时，对于劳动密集型和资金密集型的传统制造业也不能忽视。

另外，要大力发展第三产业。我国第三产业的发展潜力巨大，对于我国经济的增长发挥着越来越重要的作用，尤其是对于解决我国严重的失业问题来说，是一个选择与机会。在就业市场中，第三产业一直是吸收剩余劳动力最多的地方，但目前第三产业在我国却仅仅只占到了 GDP 的 40% 左右，与美、日发达国家的 80% 相去甚远。

总之，在我国这样一个人口大国，现阶段劳动力成本相对低廉，资本短缺，科学技术成本还相对较高，所以增加对劳动力的使用是具有一定优势的。发展劳动密集型产业和服务业可以扩大就业。我国人口众多，尤其是农村剩余劳动力丰富，劳动密集型企业和服务业能够吸纳更多的劳动力。

(四) 加大对劳动者进行培训

就业是我国所面临的严重问题，我国劳动力数量庞大，就业相当困难，存在就业岗位短缺、岗位不匹配、就业程序不完善、就业渠道少等问题，在这种情况下，各级政府应加大对农村劳动力的培训就显得非常重要。我国的劳动力基数很大，并且劳动力结构和经济结构有一定的脱节，劳动力数量众多，但是很多行业却非常缺乏劳动力，原因正是劳动力素质不高。现状是，用工单位不愿意培训工人，而我国的正规教育缺乏这方面的教育，中专学校、技术学校和职业学校等处于一个非常边缘的地位。这主要是教育系统不合理的问题，我国教育系统培养出来的大学生很多，技术工人很少，教育与生产相脱节。教育系统的改革是一个长期问题。要在短期内降低失业率，需要政府组织对劳动者进行培训，承担企业的成本。

（五）大力发展"夜经济"和"地摊经济"

除了通过企业等就业机构增加就业岗位以外，还可以通过劳动者自己创造就业岗位，即自主创业，拉动更多人就业。

我国从改革开放以后"夜经济"和"地摊经济"就获得了大力发展。在2020年中国经济遭受到新冠疫情的巨大影响的情况下，各大城市又大力推动"夜经济"和"地摊经济"的发展，同时加以适度的规范和引导。这对于我国经济的复苏以及解决失业问题，效果十分显著。对于"夜经济"和"地摊经济"，各级政府对非正规部门的就业不应"出于城市管理和城市发展"的需要加以限制或禁止，应该加快政府职能的转变，将政府建设成新型的"服务型政府"。政府在经济发展中应该作为一个引导和监督的角色，给予制度和法规的约束，提供就业信息，让"夜经济"和"地摊经济"的从业人员实现"市场就业"，通过自己的能力和经验获得更高的收入水平和更优质的生活的机会。

（六）实行积极的财政政策和货币政策

2023年12月中央政治局会议提出的一个目标为"切实增强经济活力"。会议表示，强化宏观政策逆周期和跨周期调节，继续实施积极的财政政策和稳健的货币政策。财政需更加积极，明年赤字率建议在3.4%以上并向中央倾斜，明年赤字规模或为4.6万亿，举办大型公共工程、投资拉动；货币政策方面要灵活适度、精准有效，保持流动性合理充裕，加大对科技创新、小微企业、绿色发展等重点领域的支持。

2023年12月中央政治局会议提出，要着力扩大国内需求，形成消费和投资相互促进的良性循环。与此同时，财政货币政策也将发力扩大总需求。要改革我国收入分配体制，完善社会保障制度，解决做大蛋糕和分蛋糕的矛盾，解决分配悬殊、分配不公的问题，提高基本群众的收入。只有居民和经营主体的收入提高了，信心增强了，预期稳定了，消费需求和投资需求不足的矛盾才有可能缓和。

(七) 落实八小时工作制,实行带薪休假制度

落实员工基本权利,保证员工的基本福利,落实八小时工作制,实行带薪休假制度。

我国目前实行五一、十一和春节大假制,这更多地是出于发展假日经济、拉动旅游消费考虑的。但是假日经济的效果并不是很好。一方面假日经济对经济的拉动效应越来越下降;另一方面,每年每次的大假,几亿人同时出现在路上,肯定会带来严重的交通拥堵问题,也让每一个出行者身心俱疲。因此,可以借鉴学习西方发达国家的经验,落实和完善带薪休假制度,这不仅会增加每一个劳动者的福利,缓解了交通压力,而且同样可以起到促进旅游、探亲消费、拉动假日经济的目的。

(八) 完善社会失业保障体系

我国现行的失业保障体系存在许多问题,如失业保障所覆盖的范围比较狭窄,一些农村进城务工人员和大学生等都没有被覆盖到;还有就是失业保险监督机制不够完善,相关法律法规欠缺,存在失业人员的合法权益得不到保障而有些实际就业的人员却享受失业保障的问题等。针对上述问题,应该采取相应的措施加以解决。可以进一步扩大失业保险覆盖面,将农村潜在的失业者、应届毕业没有找到工作的大学生和各单位下岗人员等纳入失业保障范围,让所有非自愿性失业人员能享受到一定的失业保障并获得就业机会;加强失业保障制度的宣传以及相关立法工作;健全相关法律法规,健全失业保障监督机制,规范失业保险金的发放与管理,对领取失业保险金的人员建档并监督。

三、结论

面对当前的经济环境和就业形势,应该按照马克思主义经济理论的基本思路去解决问题。上面提到的一些做法,有些是根本性的、长远的办法和思路方针,有些是应急性权宜之计。总的来说,马克思主义和西方经济理论有根本性的区别,要想从根本上解决当前严峻的失业问题,应该遵循马克思主义的基本理论和方针,通过大力发展公有经济、实现共同富裕的办法才能够解决。

参考文献:

[1] 杨万江,等. 农业现代化测评[M]. 北京:社会科学文献出版社,2001.
[2] 资本论[M]. 北京:人民出版社,1975.

[3]吴易风,等.马克思主义经济理论的形成和发展[M].北京:中国人民大学出版社,1998.
[4]程恩富.现代政治经济学[M].上海:上海财经大学出版社,2000.
[5]斯大林.苏联社会主义经济问题[M].北京:人民出版社,1961.

马克思-古德温视角下的内生经济波动分析

赵文睿[*]

摘要：传统的古德温模型主要运用了产业后备军理论和阶级斗争理论，后续的研究又多集中在其数学形式的拓展上，缺乏对马克思主义理论的丰富与挖掘。因此，本文从马克思主义政治经济学中的资本循环和资本积累理论、技术进步理论、产业后备军和劳动强度理论、阶级斗争与收入分配理论等经典理论出发，通过理论描述宏观经济变量之间关联的数理形式，推导出马克思-古德温总量波动模型，基于马克思主义理论进一步丰富传统古德温模型的内涵，为我们理解内生经济波动提供了不同的视角。

关键词：数理马克思经济学；古德温模型；经济波动；非线性动力系统

一、引言

内生经济周期理论坚持宏观经济变量之间的相互影响和调整，而非线性方法为这种相互关系提供了合适的数学手段。在非线性内生周期模型中，最著名、最广为人知的模型当属古德温模型，其模型不仅关注宏观经济的产出，更聚焦收入分配关系，在商业周期框架内将马克思关于周期性危机的观点数理形式化——古德温将马克思的阶级斗争模型、哈罗德-多马增长模型与实际工资菲利普斯曲线相结合，表明趋势和周期是不可分割的整体，分配冲突会产生内生周期（Harrod，1936，1939；Goodwin，1950，1951，1967，1983）。随着后续研究的不断发展，古德温周期模型逐渐成为非主流经济学中分析经济波动与经济增长最重要的模型之一。

---

[*] 赵文睿，中国政法大学商学院讲师。

不同于新古典学派将波动现象归因于外生随机冲击的分析范式,古德温周期理论继承了马克思的非均衡思想,坚持经济波动的产生是资本主义经济中资本家和工人关于收入分配的阶级矛盾通过周期性的利润挤压机制而内生引致的。依托非线性的动态理论,古德温周期理论完成了包括劳动后备军理论、阶级斗争与收入分配等一系列理论的封装,为研究经济的生产、分配、增长与波动提供了一套完整的数理分析框架与不同于新古典学派的分析范式,并在近年来越来越多地运用在收入分配、金融化、开放经济等一系列重大现实问题的理论研究中(李帮喜和赵文睿,2022)。

但是,传统的古德温模型主要运用了产业后备军理论和阶级斗争理论,后续的研究又多集中在其数学形式的拓展上,缺乏对马克思主义理论内涵的丰富与挖掘。不同于生产是从要素投入价值产出的单线程过程的主流宏观经济理论,马克思对于资本主义宏观经济的分析集中于资本积累理论和再生产理论——马克思的经济周期理论从生产出发,通过分析资本的循环周转和积累增殖,用再生产理论揭示了资本主义经济周期产生的原因及其物质基础,为分析经济的周期与波动提供了一个循环流的视角。非线性的动力系统提供了描述循环流中变量之间动态变化的数学工具,古德温模型以马克思的阶级斗争理论和非平衡思想为基础构建的劳动-资本对立关系又提供了兼容马克思主义理论的可能性。因此,本文在马克思再生产的视角下,进一步为传统古德温模型补充资本循环和资本积累理论、技术进步理论、产业后备军和劳动强度理论、阶级斗争与收入分配理论等经典理论,进而构建一个非线性内生的马克思—古德温总量波动模型,为理解内生周期波动的传导与调整机制提供了一个不同于新古典学派的视角。

二、资本循环与资本积累

马克思在《资本论》第一卷中指出:执行资本职能的价值量需要完成两个阶段的运动。第一阶段是在流通领域内完成的,是将货币额转化为生产资料和劳动力的过程;第二阶段是商品的生产过程,该过程在生产资料转化为商品时结束,并且增殖后的商品会再次投入流通领域。如此连续阶段的循环形成了资本流通。在这个循环中,资本通过几种不同的形式流动。以货币资本的视角来描述,其循环经历了三个阶段:

$$M-C\begin{cases}A\\P_m\end{cases}\cdots P\cdots C'(C+\dot{C})-M'(M+\dot{M}) \tag{1}$$

在资本循环的第一阶段,货币资本(M)执行货币职能,购买生产过程所需的商品(C),即劳动力(A)与生产资料(P_m);随后以货币形式预付的资本价值的流通中断,资本进入生产领域,资本循环进入第二阶段,此时资本采取了生产要素的形态,在经过生产过程之后,资本形态进一步发生变化,从生产资本(P)变为包含剩余价值的商品资本(C');最终在资本循环的第三阶段,包含剩余价值的商品重新回到市场,由商品资本(C')转化为增殖了的货币资本(M'),其中增殖部分的货币资本($\dot{M}$)即为利润的来源。

马克思的资本循环为我们提供了一个理解宏观经济的系统动态的视角。在循环启动初期,假设经济体中的总资本为 K。在资本循环的第一阶段,总资本被用于购买生产资料,即不变资本(c);以及用于购买劳动力,即可变资本(v)。参考 Sraffa(1960)、Guijarro 和 Vera(2022),区分工资预付和工资后付两种不同情况,可将资本循环的第一阶段描述为:

$$K=c+\rho v, \rho = \begin{cases} 1 & \text{工资预付} \\ 0 & \text{工资后付} \end{cases} \tag{2}$$

$$c = pP_m \tag{3}$$

$$v = wA = whL \tag{4}$$

其中,K 为期初时应付的货币资本;P_m、A 分别为所使用的生产资料数量和单位劳动力数量;p 为生产资料的价格,此处假定其等于所有其他商品的价格;L 为市场中出售劳动力的工人的数量,即就业人数;h 为每个工人的工作小时数;w 为每小时工作时间的平均名义工资。

在资本循环的第二阶段,资本进入生产领域并进行生产。由于进入生产过程的商品在质上区分为生产资料和劳动力,而在量上生产资料和劳动力又必须保持适当的比例(马克思,2006),因此,一般认为,参与生产过程的生产资料和劳动力不可互相替代,故采用里昂惕夫形式的生产函数:

$$Q = \min\{\varphi P_m, q\varphi hL\} \tag{5}$$

其中,Q 为产出量,φ 为生产完成时对应的生产资料生产率,q、φ 分别对应着劳动生产率和劳动强度。从投入劳动力的视角来看,完成生产过程时满足:

$$Q = q\varphi hL \tag{6}$$

即产出量不仅取决于投入的劳动力数量,也与劳动生产率和劳动强度相关。

第三阶段商品资本重新转化为货币资本,实现了资本的增殖,由此产生了利润:

$$\Pi = pQ - (v + \delta c) \tag{7}$$

其中,δ 为折旧率,描述了在生产过程中生产资料的折旧或磨损。因此,平均利润率(r)可以表示为:

$$r = \frac{\Pi}{K} \tag{8}$$

马克思指出:剩余价值是资本积累的唯一源泉,而资本积累是资本扩大再生产的唯一源泉。资本持有者将利润的一部分转化为资本,用来追加生产资料

和劳动力,以实现扩大再生产:

$$\dot{K}=s\Pi-\delta c \tag{9}$$

其中,s 为储蓄率。

资本的构成是理解资本积累的重要组成部分。根据马克思(2006)的理论,从价值层面出发,我们可以将资本划分为不变资本和可变资本,其比值为生产资料价值和劳动力价值之比,代表了资本的价值构成,即资本的有机构成;而从生产过程中的物质形态层面出发,我们可以将资本划分为生产资料量和生产资料所必需的劳动量,其比值代表了资本的技术构成。为了更清楚地理解资本积累中的价值关系和物量关系,该模型的资本有机构成可描述为:

$$\sigma=\frac{c}{v}=\frac{pP_m}{whL} \tag{10}$$

而该模型的资本技术构成可描述为:

$$\mu=\frac{P_m}{A}=\frac{P_m}{hL} \tag{11}$$

由此我们发现,资本技术构成的变化是资本价值构成发生变化的物质基础,而资本价值构成的变化一般是资本技术构成变化的反映。

根据式(2)、式(9)、式(10)和式(11)可知,资本积累率可分别写为资本有机构成和资本技术构成的形式:

$$\frac{\dot{K}}{K}=\frac{s\Pi-\delta c}{c+\rho v}=\frac{s(\frac{pq\varphi}{w}-1-\delta\sigma)}{\sigma+\rho}=sr-\frac{\delta\sigma}{\sigma+\rho} \tag{12}$$

$$\frac{\dot{K}}{K}=\frac{s\Pi-\delta c}{c+\rho v}=\frac{s(pq\varphi-w-\delta p\mu)}{p\mu+\rho w}=sr-\frac{\delta p\mu}{p\mu+\rho w} \tag{13}$$

式(12)和式(13)表明资本积累不仅与资本有机构成和资本技术构成相关,也与生产资料价格和实际工资的相对值相关,并且会受到储蓄率、利润率等多方面因素的影响。

另由式(12)可知,资本积累率与资本的有机构成相关,由于

$$\frac{\partial(\frac{\dot{K}}{K})}{\partial\sigma}=-\frac{s(pq\varphi-w)+\delta\rho w(1+s)}{(\sigma+\rho)^2}<0 \tag{14}$$

我们可知,随着资本有机构成的不断提高,用于生产过程中的可变资本的价值占比降低,导致产生剩余价值的比例降低,从而引致了资本增殖的相对量减少,资本积累速率降低。

三、技术进步形式与资本技术构成

马克思(2006a,b,c)在《资本论》中花费了大量章节研究技术史,并将其与

生产关系的演化联系在一起。谢弗德(2020)详细和辩证地总结了马克思的技术进步理论,并将技术进步分为节约劳动型、节约原材料型、机械化型和新发明型。

考量节约劳动型技术进步形式所对应的指标是劳动生产率,劳动生产率的提高意味着生产单位商品所投入劳动的节约。马克思指出:"劳动生产力的提高,在这里一般是指劳动过程中的这样一种变化,这种变化能缩短生产某种商品的社会必需的劳动时间,从而使较小量的劳动获得生产较大量使用价值的能力";"劳动生产率的增长,表现为劳动的量比它所推动的生产资料的量的相对减少"。根据马克思的论述,我们可以从两个角度理解劳动生产率方向的技术进步对经济体所带来的影响:

第一,从最终生产所得使用价值的角度来看,劳动生产率影响单位商品价值量的大小,并且决定单位劳动所创造的使用价值的多寡(冯志轩,2018)。也就是说,劳动生产率的传统表达是劳动产品所代表的使用价值与相应的劳动时间之比。

第二,从生产过程中投入的物质形态的角度来看,劳动生产率的提高意味着在生产过程中投入的生产资料的量不变的情况下,此时只需要投入更少的劳动的量即可推动生产。也就是说,此时劳动生产率的提高导致了资本技术构成的优化。根据式(5)和式(11)有:

$$\mu = \frac{P_m}{A} = \frac{q\varphi}{\varphi} \tag{15}$$

即劳动生产率的提高实际上是资本技术构成优化的一种具体表现形式。当然,从式(15)中我们也可以发现,生产过程中的一些改变会影响资本技术构成或者资本有机构成,比如增加工作强度,但是这种形式并不能称为技术进步。

纯粹节省劳动实际上就是对应的节省原材料。考量节约原材料型技术进步形式所对应的指标是生产资料生产率,可以从最终生产所得使用价值和生产过程中投入的物质形态两个角度来理解其对经济体生产过程的影响。谢弗德(2020)指出:"节省原材料这种方式非常重要,因为这种节省方式通常仅由生产规模的扩大而造成的。"Kaldor(1972)也给出过这种由生产规模扩大带来的好处:"将管道直径增加一倍意味着流量至少增加四倍,但是对于钢铁的需求实际值增加了两倍多一点。"这种节约原材料型的技术进步形式,实质上是通过间接节约生产过程中的劳动投入来实现的。由于生产单位产品所投入生产资料的减少,这种类型的技术进步意味着在生产过程中投入的生产资料的量不变的情况下,此时需要投入更多劳动的量才能推动生产,这意味着资本技术构成的降低,而在价格体系不变的情况下,这导致了资本有机构成的降低。

机械化是另外一种不同形式的技术进步——资本持有者购买新机器、雇用工人来生产以前由手工生产的产品。机械化意味着"迂回生产"的引入(谢弗德,2020)。19世纪时,机器在资本主义生产中所占据的地位越来越重要,马克思指出,劳动资料在资本的生产过程中"经历了各种不同的形态变化,它的最后的形态是机器,或者更确切些说,是自动的机器体系",马克思认为机械化的整个过程"对资本来说并不是偶然的,而是使传统的继承下来的劳动资料适合于资本要求的历史性变革"(马克思等,1998)。马克思肯定了科学技术和机械化的重要意义,但也指出"机器资本化"或"资本化机器"的广泛应用会造成"人机关系"的对立(李琼琼、李振,2021),即资本化的机器通过降低劳动力成本来抵消由于原材料投入增加而导致的成本增加,从而造成了技术性失业的现象,随之复杂的利润率变动最终导致了资本有机构成的提高。

上述三种方向的技术进步并未在经济体中创造新的需求类型,而新发明型的技术进步可能创造出新的产品和需求类型。新发明型的技术进步可以分为两种类型:一是由上述三种技术进步形式组合得到的一种转变形式,这实质上也是一种迂回生产;另一种则是不能由上述三种技术进步形式组合得到的新发明形式,这种新产品与已有产品的使用价值不完全相同,可能会创造出新的市场和需求,技术进步冲击不确定性更大,会造成资本有机构成可以向任何方向变动的结果。

本文结合现实经济发展规律,将前三种技术进步形式以及由前三种技术进步形式的任意组合形式得到的技术进步形式的综合作用,简化为资本技术构成的提高,而将不能由前三种技术进步形式组合得到的新发明形式视为方向不确定的对资本技术构成的冲击。综上所述,我们可以写出资本技术构成的变动形式为:

$$\frac{\dot{\mu}}{\mu}=\lambda_{\mu}+\varepsilon \tag{16}$$

其中,$\lambda_{\mu} \geq 0$ 为固定的资本技术构成增长速率;而 ε 方向不确定,我们将其视为由不能由前三种技术进步形式组合得到的新发明形式所带来的技术进步冲击。具体到劳动生产率的变动,将其写为资本技术构成变动的函数形式:

$$\frac{\dot{q}}{q}=f(\frac{\dot{\mu}}{\mu}) \tag{17}$$

且满足 $f' > 0$,即劳动生产率和资本技术构成同向发生变动。本文将具体形式简化为线性形式,即:

$$\frac{\dot{q}}{q}=\eta_0+\eta_1\frac{\dot{\mu}}{\mu}=\eta_0+\eta_1(\lambda_{\mu}+\varepsilon) \tag{18}$$

其中,$0<\eta_i<1(i=0,1)$。

四、产业后备军与其作用

资本主义社会存在的相对过剩人口,马克思(2006a)将其定义为劳动市场中准备好出卖劳动力却找不到买家的工人的集合,称之为产业后备军。海因里希(2021)指出,有两个因素影响产业后备军的规模:其一是在资本有机构成不变的情况下,资本积累以及生产规模的扩大导致了对劳动力需求的增加,即积累的就业效应;其二是生产率的提高会使得资本有机构成有增长的趋势,劳动成本上升,为了保持规模报酬不变,劳动力的需求下降,即劳动生产率的释放效应。产业后备军这种对资本积累和劳动成本的双向作用,使得其在宏观经济动态中处于中心的地位。马克思(2006a)主张产业后备军趋向于增加,虽然这种假设并不严格(海因里希,2021),但是由于结构性失业和摩擦性失业的长期存在,资本主义中的产业后备军是长期存在的。对于单个资本家而言,产业后备军的存在一方面会由于待就业工人的存在降低已就业工人的议价能力,另一方面由于资本积累的不确定,"后备"的存在有助于资本家应对经济冲击。除此之外,由于产业后备军的存在,在整个周期中,特别是在经济衰退期间,资产阶级以应对裁员和更替的威胁促使工人增加劳动强度。

产业后备军可以以就业率 e 的程度来刻画:

$$e = \frac{L}{N} \tag{19}$$

其中,L 为市场中出售劳动力的工人的数量,即就业人数;而 N 是经济体中所有具有经济活动能力劳动力的总数量,N 的增长速率主要与人口增长速率有关,本章假设劳动力的增长率是外生的,并以恒定的速率 n 增长:

$$\frac{\dot{N}}{N} = n, 0 < n < 1 \tag{20}$$

由此,就业率 e 的动态变化规律可写为:

$$\frac{\dot{e}}{e} = \frac{\dot{L}}{L} - n \tag{21}$$

根据上述讨论产业后备军的动态变化会受到来自积累过程的就业效应和来自劳动生产率提高的释放效应两方面的影响,为了刻画这些效应,我们需要建立劳动投入和资本积累过程的联系。根据式(2)~式(6)和式(11),我们可得:

$$L = \frac{K}{ph(\mu + \rho q \varphi \omega)} \tag{22}$$

将式(22)代入式(21),重新描述就业率 e 的动态变化规律为:

$$\frac{\dot{e}}{e} = \left(\frac{\dot{K}}{K} - n\right) - \pi - \frac{\dot{h}}{h} - \frac{\mu + \rho(\dot{q}\varphi\omega + q\dot{\varphi}\omega + q\varphi\dot{\omega})}{\mu + \rho q \varphi \omega} \tag{23}$$

其中，$\pi = \dot{p}/p$ 为通货膨胀率；工作时长的变动为 $\dot{h}/h$，其余由增加工作时间内工作任务所导致的生产活动以及劳动投入的变动由劳动强度 φ 的变化来描述。就业率的动态变化是经济波动模型中一个重要的内生变量，和许多其他变量有着复杂的联动关系。比如，积累水平的提高会扩大劳动力的需求，因此，就业率会随着积累水平的提高而增加；而通货膨胀水平的提高意味着生产成本的增加，为了维持规模报酬，相应的劳动投入量也减少了，从而造成了就业率的降低。而就业率的动态变化规律也和资本技术构成、劳动生产率、劳动强度以及劳动收入份额息息相关，但其具体的影响方向与大小受到以上几个要素的综合作用，情况更为复杂。有趣的是，工资预付（$\rho = 1$）与工资后付（$\rho = 0$）也会影响经济体中的就业率变动行为。

另外，经济中长期存在产业后备军对劳动市场带来的影响包括：宏观层面上，产业后备军对工人阶级议价能力的影响，表现为工资的变动；微观层面上，产业后备军的潜在威胁对已出售劳动力的就业人员努力程度的影响，表现为劳动强度的变动。Guijarro 和 Vera（2022）将上述效应简化为线性形式，据其最终可得工资的动态规律，可写为：

$$\frac{\dot{w}}{w} = \frac{-\alpha_0 + (1-\alpha_2)\beta_0}{1-(1-\alpha_2)\beta_2} + \frac{\alpha_1}{1-(1-\alpha_2)\beta_2}e + \frac{(1-\alpha_2)\beta_1}{1-(1-\alpha_2)\beta_2}\frac{\dot{e}}{e} - \frac{(1-\alpha_2)\beta_2}{1-(1-\alpha_2)\beta_2}\left(\frac{\dot{q}}{q}+\frac{\dot{\varphi}}{\varphi}\right) \quad (24)$$

其中，$0 < \beta_i < 1 (i = 0, 1, 2)$，进而描述了由于产业后备军的就业效应和释放效应，最终对名义工资造成的综合影响。

马克思（2006a）曾论述："工人阶级中就业部分的过度劳动，扩大了它的后备军的队伍，而后者通过竞争，又反过来迫使就业工人从事过度劳动和听从资本的摆布。"这为我们理解劳动强度和产业后备军规模之间的关系提供了线索——从微观角度来看，当产业后备军规模较大时，裁员和更替的威胁促使就业人员增加劳动强度。除此之外，机械化型以及新发明型的技术进步，从某种程度上都意味着对就业人员特殊技能和特殊经验的要求更高。马克思（2006a）也提出，"随着机器的进步和机器工人的经验积累，劳动的速度和强度也会增加"。因此，机械化一定程度上会提高工作强度，但长期来看，随着自动化程度的提高和分工的细化，也存在降低就业人员工作强度的可能性，故此处技术进步对劳动强度的综合影响方向尚不确定。此外，劳动强度不能无限制增长，由于客观生理因素的限制，其增长边际会随着劳动强度的增长而减少。综合考虑以上产业后备军规模、技术进步和劳动强度增长边际三方面的影响，我们将劳动强度的动态规律写为线性形式：

$$\frac{\dot{\varphi}}{\varphi} = \gamma_0 - \gamma_1 e - \gamma_2 \varphi + \gamma_3 \frac{\dot{\mu}}{\mu} \quad (25)$$

其中,$0<\gamma_0,\gamma_1,\gamma_2<1$,而由于技术进步对劳动强度的综合影响方向尚不确定,故γ_3方向不确定。

五、收入分配与经济波动

产出根据最终使用去向可以分为三个部分:一是工人们用其工资购买的消费品部分,用于再生产劳动力,即为劳动收入部分;二是资本持有者转换为利润的部分,其中一部分用于资本持有者自己的消费,另一部分则用于新的投资以扩大再生产;三是资本持有者用于更新固定资本的折旧部分。因此劳动收入份额可写为:

$$\omega = \frac{v}{pQ} = \frac{w}{pq\varphi} \qquad (26)$$

根据式(18)、式(23)~式(25),可化简得出在(e,ω)空间中的动力系统为:

$$\begin{cases} \dfrac{\dot{e}}{e} = F(\omega, e, \dfrac{\dot{\omega}}{\omega}) \\ \dfrac{\dot{\omega}}{\omega} = G(e, \dfrac{\dot{e}}{e}) \end{cases} \qquad (27)$$

当系统处于稳态时,我们求得非零稳态解(e^*,ω^*)。在稳态(e^*,ω^*)附近将式(27)中的动力系统线性化,可得:

$$\begin{bmatrix} \dot{e} \\ \dot{\omega} \end{bmatrix} = \begin{bmatrix} J_{11} & J_{12} \\ J_{21} & J_{22} \end{bmatrix} \begin{bmatrix} e-e^* \\ \omega-\omega^* \end{bmatrix} \qquad (28)$$

其中,雅各比矩阵J为:

$$J^* = \begin{bmatrix} J_{11} & J_{12} \\ J_{21} & J_{22} \end{bmatrix} = \begin{bmatrix} F_e|_{e^*,\omega^*} & F_\omega|_{e^*,\omega^*} \\ G_e|_{e^*,\omega^*} & G_\omega|_{e^*,\omega^*} \end{bmatrix} \qquad (29)$$

假设雅各比矩阵J的迹和特征值分别为$tr(J)$和$det(J)$,则有:

$$tr(J) = F_e|_{e^*,\omega^*} + G_\omega|_{e^*,\omega^*}$$
$$det(J) = F_e G_\omega|_{e^*,\omega^*} - F_\omega G_e|_{e^*,\omega^*}$$
$$\Delta = tr(J)^2 - 4det(J)$$

根据Routh-Hurwitz定理:

如果$det(J)<0$,雅各比矩阵的特征值为实数且符号相反,此时不动点(e^*,ω^*)为鞍点;

如果$det(J)>0$,满足$\Delta>0$时,雅各比矩阵的特征值是符号相同的实数,此时不动点(e^*,ω^*)为结点;满足$\Delta<0$时,雅各比矩阵的特征值是共轭复数,此时不动点(e^*,ω^*)为焦点。上述两种情况交界处,即$\Delta=0$时,可能出现星结点或退化结点。结点和焦点的稳定性取决于$tr(J)$,当$tr(J)<0$时,两个特征值均有

负实部,不动点稳定;反之,不动点不稳定。极限环的中心仅在 $tr(J) = 0$ 时存在。

如果 $det(J) = 0$,此时至少有一个特征向量为零,此时原点不再是孤立不动点,出现了零子空间。

在该模型中,由于矩阵 J 的迹和特征值受到相关参数的影响,我们需要根据宏观经济的具体情况判断经济波动的形式。式(27)形成了一个自主的非线性的动力系统,这个动力系统描述了两个主要状态变量:就业率 e 和劳动收入份额 ω 的动态行为,以及和就业率 e 联动的劳动强度 φ 这一状态变量的行为。除此之外,本文模型中涉及资本技术构成、通货膨胀率等相关参数,这些宏观因素造成的综合影响最终产生了内生的波动。

六、结论

在《资本论》中,马克思将资本主义视为一种高度动态的经济机器,由资本家的逐利行为以及资本积累、技术变革和产业后备军之间持续的作用力与反作用力推动。虽然马克思未论述其完整的商业周期理论,但其非均衡思想和未成形的动力系统论述无疑为后续内生的非线性动态系统周期理论奠定了基础。正如他自己所说:"结果反过来又成为了原因。"(马克思,2006a)将马克思关于周期性危机的观点形式化的数理尝试众多,其中最著名、最广为人知的模型当属古德温的模型——古德温根据马克思的阶级斗争理论,构建了一个内生的、非线性动力系统的周期波动模型。

本文在此基础上补充了马克思主义政治经济学中资本循环、资本积累、资本技术构成、产业后备军、劳动强度等经典理论,并且根据这些经典理论所描述的宏观经济变量之间相关关系的数理形式推导出马克思-古德温模型,基于马克思主义政治经济学经典理论丰富了传统古德温模型中的波动特征与波动形式,为我们理解内生经济波动提供了不同的视角。

参考文献:

[1] 冯志轩. 基于全劳动生产率分解的经济增长核算[D]. 工作论文,2018.

[2] 李帮喜,赵文睿. 经济波动、增长理论与古德温模型:一个批判性综述[J]. 政治经济学报,2022(25):153–183.

[3] 李琼琼,李振. 智能时代"人机关系"辩证:马克思"人与机器"思想的当代回响[J]. 毛泽东邓小平理论研究,2021(01):71–79.

[4] 马克思. 资本论:第一卷[M]. 北京:人民出版社,2006.

[5] 马克思. 资本论:第二卷[M]. 北京:人民出版社,2006.

[6] 马克思. 资本论:第三卷[M]. 北京:人民出版社,2006.

[7] 马克思,恩格斯. 马克思恩格斯全集:第三十一卷[M]. 2版. 北京:人民出版社,1998.

[8] 海因里希. 政治经济学批判:马克思《资本论》导论[M]. 南京:南京大学出版社,2021.

[9] 谢弗德. 技术进步的多种形式[J]. 政治经济学季刊, 2020,3(03):1-17.

[10] CAJAS GUIJARRO J, VERA L. The macrodynamics of an endogenous business cycle model of Marxist inspiration[J]. Structural change and economic dynamics, 2022(62):566-585.

[11] GOODWIN R. A non-linear theory of the cycle[J]. The review of economics and statistics, 1950,32(04):316-20.

[12] GOODWIN R. The non-linear accelerator and the persistence of business cycles[J]. Econometrica,1951,19(01):1-17.

[13] GOODWIN R. A growth cycle[M]//FEINSTEIN C H. Socialism:capitalism and economic growth. Cambridge:Cambridge University Press,1967:165-170.

[14] GOODWIN R. Essays in linear economic structures[M]. London:The Macmillan Press,1983.

[15] HARROD R. The trade cycle:an essay[M]. Oxford:Clarendon Press,1936.

[16] HARROD R. An essay in dynamic theory[J]. Economic journal, 1939,49(01):14-33.

[17] KALDOR N. The irrelevance of equilibrium economics[J]. Economic journal, 1972,82:1237-1255.

[18] SRAFFA P. Production of commodities by means of commodities[M]. Cambridge:Cambridge University Press,1960.

用马克思劳动价值论指导、促进我国当前经济增长

齐 勇[*]

摘要：马克思在《资本论》中对劳动价值论进行了深入的研究。马克思对商品经济的本质进行的深刻剖析，对于当前我国构建社会主义市场经济具有重大指导作用。2023年以来，我国经济增长遭遇到了严重的困难，在这种情况下，应当用马克思劳动价值论指导、促进我国经济增长和就业。

关键词：货币；资本；劳动价值论；社会主义市场经济

自2023年以来，我国经济增长遭遇了较大困难。在这种情况下，如何促进经济增长和就业，各种理论都从自身的角度进行了研究。有的理论把经济发展的目标理解成增发货币刺激GDP的增长。凯恩斯认为：国家可以印制大量钞票，埋入废弃的矿井中，然后租给人挖掘，这样就拉动了消费。这些理论根本就不懂发展的本质。开动印钞机来刺激经济，经济滞涨就是不可避免的结果，将付出极为惨重的代价。这种片面追求GDP经济增长模式一定程度上脱离了为人民服务的宗旨，不仅解决不了失业问题和增长乏力问题，还会带来严重的经济和社会问题。马克思在《资本论》中对劳动价值论进行了深入的研究，对商品经济的本质进行了深刻剖析，对于当前我国构建中国特色社会主义经济具有重大理论价值。

那么，如何利用马克思的劳动价值论促进我国社会主义经济有效增长呢？本文认为，可以采取以下措施。

---

[*] 齐勇，中国政法大学商学院副教授、硕士研究生导师，研究方向：中国改革与制度分析。

一、增加劳动时间和数量

马克思认为，具体劳动和物质资料结合起来创造使用价值，抽象劳动形成价值。价值实体就是无差别的一般人类抽象劳动。商品价值的本质既然已经确定，那么价值量的计算也就有了自己的规定性。水平的价值量与体现在商品中的劳动量成正比。劳动者人数多，劳动时间长，才能够促进经济增长，增加社会财富。从这一角度说，目前，我国要大力采取措施，减少城市和农村存在的严峻的失业和半失业状态，尤其是解决城市青年和大学毕业生的就业问题。这不仅关系到经济增长，更关系到社会和政治的稳定。而后者更是关键，一旦社会和政治稳定没有了，经济建设就谈不上了。

二、增加有效需求，促进商品价值实现和经济增长

商品的价值由生产商品所耗费的社会必要劳动时间所决定。社会必要劳动时间范畴的出现，不仅把抽象劳动与具体劳动分开，而且进一步把抽象劳动规定成一般的、无差别的、具有社会平均性质的人类劳动；从量上看，个别劳动时间和社会必要劳动时间范畴的出现，进一步使价值量确定的问题深化和具体化。

《资本论》中写道："价值不是由某个生产者生产某商品所必需的劳动时间决定，而由社会必要的劳动时间，由当前社会平均条件下生产市场上这种商品的社会必需的劳动时间决定。"对于马克思这句话如何理解？有的学者提出两种含义的社会必要劳动时间。他们认为，第一种含义的社会必要劳动时间是在分析个别商品时提出的，而在第三卷分析社会生产总过程时，价值决定必须经过社会需要的检验，当一种商品的供给与需求不相符时，商品的价值量由第二种含义的社会必要劳动时间决定。

卫兴华认为，上述意见是把价值和价格、价值形成和价值实现混同了。价值形成和价值实现是既联系又区别的两个过程。马克思第一种含义的社会必要劳动时间决定商品的价值量，即是价值量的决定标准，相反，第二种含义的社会必要劳动时间是关于价值的实现问题。决定商品交换的两个基本条件，一个是商品价值量的决定，另一个是供需平衡。马克思在分析单个商品时，假定供需一致，商品是按照价值进行交换的。但是在第三卷分析社会生产总过程时，供需一致的假定就不存在了。所以说，如果第一种含义的社会必要劳动时间规定了一种商品的价值量，那么第二种含义的社会必要劳动时间规定了一个部门价值的实现界限。

第三种观点认为，不仅第二种含义的社会必要劳动时间与价值决定无关，

而且与价值规律无关。

对于以上学术界观点，本文比较同意卫兴华老师的观点，认为需求在价值决定中起作用。资产阶级学者庞巴维克认为边际需求决定边际价格。他认为，马克思的劳动价值论只是从供给的角度看问题，缺乏需求理论，这种观点显然是误解了马克思。

本文认为，从第二种含义的社会必要劳动时间来看，需求在价值决定中也起着重要作用。当某个行业劳动的投入大于社会需求时，有一部分社会必要劳动时间是不能够实现的。这就决定了这一部分劳动将会是无效劳动，不被社会所承认。例如，20世纪90年代很多家用电器，如冰箱、彩电、洗衣机和VCD、DVD、空调等的生产线超量引进中国后，很多行业产能已经大于市场需求一倍以上，这样就有一半商品卖不出去，这一部分生产劳动得不到社会的承认，变成了无效劳动。同90年代的情况相同，当前，我国很多专家为了拉动经济，也提出加大基础设施建设、发展汽车产业，或者是利用房地产拉动经济等口号，这些提法也是值得商榷的，因为如果劳动的投入大过需求，同样将会在这些行业出现供过于求，一部分劳动成为无效劳动的问题。

三、提高劳动的素质和质量

马克思认为，抽象劳动是撇开劳动具体形式的一般人类劳动，所以从逻辑看，抽象劳动必然是最没有内容的简单劳动。价值体系的建立必然只有一个基点，是从一个基点出发建立起来的。比较复杂的劳动只是自乘的或不如说多倍的简单劳动。一个操控数控机床的技工的劳动是复杂劳动，相反，建筑业小工、快递员、搬运工等的劳动是技术含量不高的简单劳动。复杂劳动创造的价值是几倍的简单劳动，这是由市场自发决定的。其背后的根据，是生产每一种商品的社会必要劳动时间，这种交换比例在不同时期带有很大的偶然性，在不同的时间、地点和条件下，这个比例是变动不拘、跳跃的。

既然相同时间的复杂劳动所创造的价值是倍加的简单劳动，当前我国必须重视提高劳动者的教育和技术水平，提高劳动质量。我国从2001年加入WTO以后，已经深度和广度地参与到全球化经济体系中。但是，我国在世界生产的价值链和供应链中所处的位置并不高，主要从事中低度产品的加工制造，这种增长和发展模式不是可持续的。当前我国增长和发展面临的困境，就是这种模式不可持续的反映。作为一个14亿人口的大国，人口多、资源短缺、劳动力素质不高，要变粗放型的经济增长模式为集约型的经济增长模式，我国必须重视科学技术教育，提高科技水平和产业层次，只有这样，我国的经济发展才有后劲和希望。

因此，我国需要重视中青年技术工人的培养，改进我国目前的教育状况。我国当前的新生劳动力百分之八九十都是大学生，当前我国教育的主要问题是教育与生产力之间的联系不紧密，以及教育投资的效率不高。我国的教育有一个缺点就是与生产实践的脱离，教育与生产力之间的联系被割断。所以我国教育改革应该从以下方面着手：以国民经济主战场为服务中心，教育要与生产劳动相结合；将发展普及普通教育与发展技术培训或在职教育相结合；改变教育的内容和模式，改变我国教育目前存在的脱离实际问题。

四、提高劳动者的阶级觉悟和劳动积极性，提高劳动生产率

要想促进经济增长和生产力水平的提高，我国不仅要重视劳动数量的增加问题，更要重视劳动生产率即劳动质量的提高问题。

促进劳动生产率提高的因素有哪些呢？马克思说："从动态的角度考察价值量，商品的价值量即生产商品所需要的劳动时间随着劳动生产力的每一变动而变动。劳动生产力是由多种情况决定的，其中包括：工人的平均熟练程度，科学的发展水平和它在工艺上应用的程度，生产过程的社会结合，生产资料的规模和效能，以及自然条件。"[①] 从这个论述里可以看到，马克思把工人的熟练程度放在了第一位。在生产力中，劳动者是第一位的、最重要的生产力，这是马克思主义经济学和西方经济学的根本分歧。在马克思主义发展的历史长河里，经典作家始终把人的因素摆在第一位。

马克思主义认为，生产力是人们征服自然、改造自然的能力，在生产力诸要素中，首要的因素是人，是具有一定劳动经验和技能的劳动者。马克思在 1847 年《哲学的贫困》中指出：在资本主义社会里，"在一切生产工具中，最强大的一种生产力是革命阶级（工人阶级）本身"！[②] 列宁说："全人类的第一个生产力就是工人，劳动者。"[③]

马克思主义也重视科技力量，认为科学是人们争取自由的一种武装，技术的进步是生产力发展的一个标志。但是离开了人的劳动，任何科学技术都不能变成现实的生产力。生产活动是人类最基本的实践活动，生产实践是科学研究的唯一源泉。"科学的发生和发展一开始就是由生产决定的。"[④] 先有生产，先有生产的迫切需要，然后才有自然科学的研究，历来如此。"社会一旦有技术上的需要，则这种需要就会比十所大学更能把科学推向前进。"[⑤]

---

① 马克思. 资本论 [M]. 北京：人民出版社，1975：53.
② 马克思恩格斯选集（第一卷）[M]. 北京：人民出版社，1972：106.
③ 列宁. 列宁全集（第29卷）[M]. 北京：人民出版社，1972：327.
④ 马克思恩格斯选集（第三卷）[M]. 北京：人民出版社，1972：523.
⑤ 马克思恩格斯选集（第四卷）[M]. 北京：人民出版社，1972：505.

"以前人们夸说的只是生产应归功于科学的那些事；但科学应该归功于生产的事却多得无限。"①

马克思主义强调人是生产力的第一要素，必然重视人的思想觉悟的提高，重视人们在生产中形成的生产关系的变革。毛主席说："在共产党领导下，只要有了人，什么人间奇迹也可以造出来。"

参考文献：

[1]孙冶方.社会主义经济的若干理论问题[M].2版.北京:人民出版社,1983:210-213.

[2]马克思.资本论[M].北京:人民出版社,1975.

[3]佩罗曼.资本主义的诞生:对古典政治经济学的一种诠释[M].桂林:广西师范大学出版社,2001.

[4]刘永佶.政治经济学方法论史[M].北京:中共中央党校出版社,1988.

[5]胡寄窗.1870年以来的西方经济学说[M].北京:北京大学出版社,1988.

[6]布罗代尔.15至18世纪的物质文明、经济和资本主义[M].北京:生活·读书·新知三联书店,2002.

[7]斯威齐.资本主义发展论[M].北京:商务印书馆,2006.

---

① 马克思恩格斯选集（第三卷）[M].北京：人民出版社，1972：524.

他山之石

流动人口教育回报率的性别差异分析

周敏丹　屈昱诺[*]

摘要：随着现代化进程的不断推进，流动人口逐渐成为劳动力市场的重要组成部分。教育对流动人口收入及其性别差异的影响，成为劳动经济学了解劳动力市场变化的重要途径。本文在 2018 年全国流动人口动态监测调查数据（CMDS）的基础上，通过普通最小二乘法（OLS）及 Oaxaca-Blinder 分解法，分析流动人口教育回报率的性别差异。研究结果显示：流动人口中，女性劳动者在收入水平及教育回报率上均处于劣势；我国仍然存在较为显著的性别歧视现象，且这一现象已成为劳动者性别收入差距形成的主要原因；接受教育并没有显著改善男女间的性别收入差距。异质性分析的结果显示：就业于第三产业相关职业、采用近距离流动的方式、从事固定就业或自主经营方式就业的女性劳动者，能够获得比男性劳动者更高的教育回报率。基于以上结论，本文提出了鼓励、支持与引导女性结合自身特质参与就业，通过再教育和再培训提高其工作收益等建议。

关键词：流动人口；教育回报率；性别差异

一、引言

在我国推行户籍制度改革和城镇化进程之后，"流动人口"这一概念开始出现在大众的视野之中。作为我国劳动力供给的重要来源之一，流动人口的数量日益增加，特别是乡村迁移到城市的人口的流动性持续提升，为我国的经济发展注入了强大的推动力。相关数据显示，相较于 2010 年，2020 年我国

---

[*] 周敏丹，中国政法大学商学院副教授；屈昱诺，中国政法大学商学院经济学专业本科生。

流动人口增长了69.73%，达37 582万人。① 随着我国经济社会的不断发展以及人们思想观念的持续改变，流动人口的规模还将进一步扩大。显然，流动人口现已一跃成为劳动力市场上重要的人力资本来源，但作为当今中国最为活跃的人群之一，在现实生活中，流动人口却一直处于较弱势的社会地位。大量研究证实，流动人口与城市本地居民相比，其平均受教育程度和收入水平都更低。若这种情况持续下去，流动人口的教育回报率容易出现结构失衡问题，从而降低这部分人群对教育投资的期待，继而减缓我国人力资源强国目标的实现进程，社会的公平正义也会受到消极影响。现有研究对于教育回报率的关注较多，学者们虽将研究重点聚焦于性别差异领域，但却较少涉足流动人口教育回报率在性别差异方面的研究。现如今，流动人口的薪酬待遇和受教育程度息息相关，并且其教育回报率在性别方面也具有显著的差异。两性收入差距过大，易引发社会秩序的不稳定，因而，此问题具有一定的研究的必要性。

教育发展一直是我国关注的重点，党和国家始终坚持优先发展教育，积累人力资本、提高劳动生产率，为实现共同富裕努力奋斗。"七普"（即第七次人口普查）数据表明，近几十年来，我国的国民受教育程度不断提高。截至2020年，我国16~59岁劳动年龄人口平均受教育年限已从9.67年增长至10.75年。但在我国教育事业的发展过程中，男性和女性在教育回报（即工资收入）方面却出现了显著差异。大量学者对此进行了研究，出现了两种不同的观点：一种观点认为，女性接受教育带来了直接的收入增长，劳动力市场因女性劳动者接受教育而减轻了对她们的性别歧视，实现了女性收入的间接增长，因此，女性的教育回报率高于男性（李宏彬，张俊森，2008）；另一种观点认为，家庭教育投入依然反映出对男孩的显著偏好，并且劳动力市场的性别歧视问题仍然根深蒂固，难以在短时间内有效解决，所以女性的教育回报率普遍低于男性。

作为劳动力供给的重要来源之一，流动人口在劳动力市场中发挥着不可替代的作用。学者们发现，流动人口这一群体在其内部存在显著的差异，不同年龄、人口规模、性别、流动范围的流动人口，接受教育所带来的增长效应各不相同。也就是说，不同的细分群体在接受教育后会获得不同的收入增长效应。针对流动人口的教育回报率展开深入剖析，了解不同细分群体的流动人口和受教育水平之间的关联性，有利于判断劳动力市场的发展趋势，从而对更充分地利用人力资本具有重要的理论意义。同时，随着城镇化水平的

---

① 第七次人口普查数据显示，2020年我国流动人口规模达到了37 582万人，超过总人口的25%，其中大多数为劳动适龄人口。

不断提高以及相关政策的不断优化，研究流动人口的教育回报率及其性别差异，对于提高流动人口生活质量和维护社会稳定发挥着至关重要的作用。

二、文献综述

（一）教育回报率的相关研究

教育回报率是指在一年内或者一个阶段内增加教育投资所能带来的边际收入。目前，有关于教育收益率的研究成果在国内外都颇为丰富，以人力资本理论为基础的研究浩如烟海。自20世纪50年代末开始，国外经济学家展开了对教育收益率的研究。起初，学者们基于内部收益率法计算教育收益率，由舒尔茨、贝克尔等人推动。内部收益率法是在一个确定的时点上，使得预期收益现值与投入成本现值相等。在明瑟收入方程（Mincer，1974）被提出之后，其逐渐代替了内部收益率法，成为估算教育收益率最常用的方法之一。Psacharopoulos于1981至1994年间发表了一系列文章，比较了个人与社会间、国家之间和不同受教育水平之间的教育回报率，发现：社会教育回报率低于个人教育回报率；接受高等教育劳动者的教育回报率高于接受相对低等教育劳动者的教育回报率；发展中国家的教育收益率高于发达国家。Ram（1996）通过收集跨国调查数据，使用明瑟收入方程估算出的平均教育收益率约为13%，这与Psacharopoulos（1994）的估算结果基本一致。Trostela（2002）同样对教育收益率进行了跨国比较，在收集了28个国家的微观数据后，通过对比，发现了国家间平均教育回报率的差距，即发达国家教育回报率高于发展中国家。此外，学者们研究了不同群体教育回报率的差异，包括不同受教育程度的回报率差异、不同地域的教育回报率差异等。我国于20世纪90年代中后期开始关于教育回报率方面的研究，研究结果主要应用于劳动经济学以及教育经济学等领域。诸建芳（1995）、赖德胜（1998）、李实和李文彬（1994）等学者较早开始对教育回报率的估算，随着研究方法的不断进步以及研究内容的不断深入，学者们在关注教育回报率的总体特征之后，对教育回报率差异问题的分析逐步增多。

（二）教育回报率性别差异的相关研究

部分学者的研究支持男性的教育回报率低于女性教育回报率的观点。例如，Psacharopoulos（1994）发现，在发展中国家，基于同样教育投资的情形下，女性的平均教育回报率高于男性。Psacharopoulos和Patrinos（2018）回顾1950至2014年的研究成果后发现，在全球个人平均教育回报率下降的普遍环境下，女性的教育回报率依然高于男性。Dougherty（2005）针对1979年美国青少年纵向调查数据展开分析，也得出了女性的教育回报率在多数情况下高于男性这一结论。这一现象的原因在于：其一，教育提高了女性劳动者的知识和技能水平及劳动生产率；其二，提高受教育水平能够降低劳动力市场对女性的偏见和歧视，从而增加女性劳动者的工资收入。Asadullah（2006）应用明瑟收入模型，以孟加拉国统计局发布的1999—2000年全国家庭收入和支出调查数据为基础，测算出女性劳动者的教育回报率显著高于男性劳动者。Hamori 等（2009）在考虑到内生性问题的条件下，使用工具变量法进行验证，也同样得到了女性劳动者教育回报率高于男性劳动者的结论。我国学者罗楚亮（2018）估算了1988—2009年教育回报率的性别差异，结果显示，此阶段男性教育回报率一直低于女性，但两者间的差距在不断变化：1988年两者差距为1.79个百分点；2002年较1988年提高了2.21个百分点，达到了4%；至2009年，二者差距又缩小至2个百分点左右。近些年来，大量实证研究如雨后春笋般涌出，铺垫了我国教育回报率在性别上存在差异的理论道路，这些实证研究表明，在大多数情况下，女性的教育回报率往往高于男性（刘泽云，2008；张永丽等，2018；杨滢、汪卫平，2020）。

也有研究得出相反的观点，即：男性的教育回报率高于女性。Woodhall（1973）通过综合分析9个国家的数据，重点研究了女性教育回报率的有关问题。该项研究结果表明，女性接受中等和高等教育的个人收益率平均比男性低2个百分点。赵力涛（2006）使用抽样调查法，对中国农村教育回报率抽样研究后发现，无论其是否处于农业部门，女性劳动者的平均教育回报率均低于男性劳动者，二者的差异在1.3至1.5个百分点之间。学者们推测，出现这一现象的原因，很大一部分在于女性往往从事低收入职业，随着女性劳动者通过教育获得知识和技能水平的提升，其留在劳动力市场的意愿也不断上升。如若改变传统观念，使得女性能够获得更公平的就业机会，女性劳动者的人力资本利用率也会随之提高，继而带来女性教育收益率的提高。

近年来，随着经济社会的不断发展，我国性别收入差距在不断缩小，但依然存在。《中国人类发展报告特别版》（2019）经大量调查后发布一项调查结果，认为在收入分配领域，缩小男女之间的收入差距依旧是亟须解决的重要问题。相关数据显示，女性劳动者在整体劳动者的占比不断提升，并且在2019年突破了42%，女性劳动者为社会生产力做出了重要贡献，但男性劳动者的收入水平显著高于女性；结合妇情调查数据（第三期中国妇女社会地位调查课题组，2011）来看，女性劳动者的收入低于男性劳动者32.7%~44%。大量文献表明，男性在劳动力市场上往往具有较大优势，且在部分高精尖领域，如金融、科学技术、工程等领域，男性劳动者的就业人口远远超过女性劳动者。这部分高薪领域的男女收入差异也逐步成为扩大性别收入差距的原

因之一 (Paula, 2010; 闫琦等, 2017)。

(三) 文献述评

关于流动人口教育回报率的相关研究在国外少之又少, 其原因可能在于, 我国是在特定的社会背景下产生了流动人口这一特殊群体, 因此, 国外学者并未大量关注与之相关的研究。回顾文献可得出以下几个观点: 其一, 教育回报率随着时间的推移在逐年提高。杨宜勇和王伶鑫 (2021) 的研究表明, 2010—2017年存在比较显著且逐年递增的教育增收效应。其二, 马岩等 (2012) 的研究表明, 随着劳动者受教育水平的提高, 教育增收效应也随之增强。研究表明, 学历在小学及以下的劳动者, 其教育回报率远低于学历在初中及以上的劳动者。其三, 郝翠红和李建民 (2017) 通过分析不同出生人口队列的数据发现, 教育回报率在不同细分群体之间呈现出的差异也显著不同。一些学者通过异质性分析方法, 针对不同地区、年龄和性别方面的群体展开研究, 了解到教育的收入增长效应会随着群体的差异出现相应的变化。

综上所述, 既有的研究对教育回报率进行了大量研究, 其中, 关于教育回报率的性别差异, 人们持两种截然不同的观点, 但鲜有文献关注流动人口这一特殊群体的性别收入差异。基于此, 本文考察了受教育水平的提升对流动人口的性别收入差距的影响, 这是对既有关于流动人口和收入性别差异文献的有益补充。

三、数据来源、变量设定、模型及方法

(一) 数据来源

本研究以2018年全国流动人口动态监测调查数据 (CMDS) 为基础开展分析。该数据是国家卫生健康委自2009年起, 对国内流动人口开展的非跟踪性的抽样检测调查, 涉及范围十分宽泛, 覆盖31个省、自治区、直辖市以及新疆生产建设兵团, 能够较为准确地体现国内人口的流动性状况。通过调查, 数十万户流动人口的收入水平、家庭住址、婚姻状况、子女教育、参保情况和年龄、性别等信息被采集和记录。为了加深对流动人口生活质量的了解, 抽样调查中增添了老年人医疗健康调查、流动人口家庭发展调查、流动人口计生服务调查等专项, 能够较为真实可靠地体现国内流动人口在医疗、教育、卫生、工作、学习、经济和养老方面的实际状况。本文之研究主要围绕流动人口教育回报率的性别差异展开分析, 因而主要以年龄阶段在18~59岁之间、以务工或经商为流动原因的流动人口作为分析对象。经过选取, 符合条件的样本数量为95 842个。

(二) 变量设定

1. 被解释变量

本研究的被解释变量为被访者收入的对数，教育回报率为被访者上一份工作或上个月的收入状况。

2. 核心解释变量

本文以流动人口的受教育年限为核心解释变量，针对被访者的最高学历进行赋值，从低到高依次为：无学历0年，小学6年，初中9年，中专及高中12年，大专15年，本科16年，研究生19年。

3. 控制变量

控制变量为被访者的工作特征和个人特征，工作特征涵盖了被访者的行业、工作经验、流动范畴和工作身份，个人特征涵盖了被访者所在的省（自治区、直辖市）、政治面貌、性别、婚姻状况、户籍、民族和年龄。此外，将具有流动范围跨省、非农户籍、党员、汉族、已婚、男性特征的被访者赋值为1，将具有流动范围为省内、农业户籍、非党员、少数民族、女性、未婚的被访者赋值为0。需要注意的是，在前文提到的被访者筛选条件时，必须是以务工和经商为目的的在职流动人口样本，因而应当用流动时间体现被访者的工作经验。此外，还需要对被访者的行业进行分类。本文参考我国三次产业划分的规定，结合问卷调查中被访者所处行业的性质和特点，在工作特征中的行业变量归入第一产业、第二产业和第三产业总分类，进而将被访者涉及的二十种行业依据类别进行划分，描述性统计结果如表1所示。

表1 主要变量描述性统计

变量	全样本 (N=95 842)	男性样本 (N=55 776)	女性样本 (N=40 066)
受教育年限均值（年）	10.13	10.34	9.84
平均收入（元）	4 770.32	5 403.92	3 888.28
工作经验均值（年）	6.50	6.73	6.17
党员身份占比（%）	5.23	6.25	3.81
汉族占比（%）	92.48	92.92	91.87
平均年龄（岁）	38.13	39.00	36.93
第三产业行业占比（%）	69.72	65.86	75.10
非农业户口占比（%）	15.72	15.83	15.57
跨省流动占比（%）	52.38	52.72	51.91

由表1可知，男性流动人口拥有更高的受教育程度，平均受教育年限为10.34年，较女性高出0.5年。男性被访者的收入明显高于女性劳动者。男性被访者的工作经验均值略多于女性被访者，差距为0.56年，说明男性劳动者的工作经验比女性劳动者略为丰富。男性被访者的党员比例大大高于女性被访者。此外，被访者中女性的平均年龄低于男性。男性和女性被访者中汉族占比均超过90%。男性和女性被访者中在第三产业从业的数量占比都超过了60%，说明我国产业升级取得了良好效果。样本中，男性和女性被访者农业户籍人口占绝大多数。就流动范围而言，跨省流动占比略高于50%。

（三）模型与方法

1. 基准回归模型

本文基于明瑟收入方程建立实证模型，控制了个人特征与工作特征的相关变量，以考察我国流动人口在教育回报率上的性别差异。模型如式（1）所示：

$$\ln w = \alpha + \beta_1 edu_i + \beta_2 exp_i + \beta_3 (exp_i)^2 + \beta_4 female_i + \beta_5 edu_i \times female_i + \sum \gamma_i X_i + \varepsilon_i \quad (1)$$

式（1）中，$\ln w$ 为收入的对数，edu 为受教育年限，exp 为工作年限，$female$ 为是否为男性劳动力，X_i 为一系列控制变量，ε_i 为误差项。

2. 性别收入差异分解

在基准回归的基础上，本文进一步对造成流动人口收入水平性别差异的主要因素展开剖析，并考察受教育水平对此差异的调节作用。一般来说，男性和女性收入水平的差异通常是由下列原因导致的：一方面，男性和女性劳动者本身的生理差别导致劳动生产率方面的差异，造成了收入的性别差异；另一方面，女性劳动者由于面临较高的生育成本，需要承担更多的家庭劳动，通常难以获得与男性劳动者同等的薪酬待遇。本文参考边恕等（2022）的做法，采用Oaxaca-Blinder法，将性别工资差距进行分解，考察提高流动人口的受教育水平能否缩小收入的性别差异。具体包括两个步骤：第一，假设劳动力市场上并不存在由性别歧视导致的男女收入差异，假定男性和女性劳动者的生产率无差异，那么被访者的收入对数均为 $\ln w_c$；第二，将男性和女性的教育回报率差异分为两个部分，其中一部分是能够解释的特征效应，指的是接受教育是否会扩大男女之间的收入差异，另一部分为不可解释的系数效应，即由性别歧视导致的收入差异，模型如式（2）所示：

$$\ln w_m - \ln w_f = (\ln w_m - \ln w_c) + (\ln w_c - \ln w_f) \quad (2)$$

式（2）中，$\ln w_m$ 代表男性收入的对数，$\ln w_f$ 代表女性收入的对数。其中，$(\ln w_m - \ln w_c)$ 为能够解释的特征效应，指的是由受教育程度导致的男女收入差异；$(\ln w_c - \ln w_f)$ 为不可解释的系数效应，指的是由性别歧视造成的收入差异。

四、实证结果分析

(一) 基准回归分析

本文首先利用普通最小二乘法进行基准回归,回归结果如表2所示。由表2的结果可知,男性的教育回报率较高,系数大小为0.076 2,而女性教育回报率较低,系数为0.064 3,均在1%的水平上显著,这表明,男性劳动者在教育回报率上具有较为明显的优势。个体受教育年限与性别的交互项系数为0.021 9,且在1%的水平上显著为正,表明教育回报率对收入的正向影响会因个体为男性而加强。其他控制变量的回归结果表明,工作经验较丰富的劳动者以及跨省流动的劳动者往往能够获得更高的工资收入。男性劳动者和女性劳动者的收入均随着年龄的增长而显著降低。关于户籍性质这个变量,拥有农业户籍的男性劳动者收入水平会显著降低,而女性劳动者的户籍性质并没有对其收入造成显著影响。

表2 流动人口教育回报率的性别差异 (OLS 回归)

变量	全样本	男性样本	女性样本
受教育年限		0.076 2*** (0.002 8)	0.064 3*** (0.002 4)
受教育年限 * 性别	0.021 9*** (0.002 6)		
性别 (男性=1)	0.021 1*** (0.002)		
工作经验	0.040 7*** (0.001 7)	0.035 9** (0.002 9)	0.041 0** (0.002 0)
工作经验平方	0.000 5*** (0.000 4)	0.000 6*** (0.000 5)	0.000 6*** (0.000 5)
政治面貌 (党员=1)	−0.047 0*** (0.021 0)	−0.060 9*** (0.027 5)	0.005 8 (0.012 7)
民族 (汉族=1)	0.021 8 (0.015 0)	0.038 1 (0.022 3)	−0.004 9 (0.018 4)
年龄	0.000 3*** (0.000 4)	−0.000 1*** (0.000 2)	−0.000 7*** (0.000 6)
户籍性质 (非农=1)	−0.025 6 (0.012 8)	−0.041 6* (0.022 5)	0.005 9 (0.014 2)

续 表

变 量	全样本	男性样本	女性样本
流动范围（跨省=1）	0.062 9***	0.056 9***	0.072 9***
	（0.017 4）	（0.016 9）	（0.021 1）
行业类型	控制	控制	控制
工作身份	控制	控制	控制
省份	控制	控制	控制
常数项	8.632 0***	8.914 8***	8.592 6***
	（0.057 2）	（0.073 9）	（0.068 2）
观测值	95 842	55 776	40 066
R^2	0.128 0	0.081 7	0.137 6

注：括号内为稳健标准误；*、**、***分别表示在10%、5%、1%的水平下显著。

（二）稳健性检验

根据基准回归模型得出的结论，会由于模型中漏掉了某些重要的解释变量造成内生性问题。本文通过D-W-H test法进行稳健性检验，结果见表3，结果显示，所有解释变量都是外生变量。

为进一步检验回归结果的稳健性，本文采用两阶段最小二乘法展开分析。基于既有研究，本文选用个体配偶的受教育年限作为个体受教育年限的工具变量。从理论上讲，一方面，现有研究表明，配偶间的受教育水平存在高度相关的现象，教育同质性婚姻匹配现象在我国婚姻市场上较为常见，符合工具变量选取的相关性条件；另一方面，配偶并不能决定另一方的受教育水平，也就是说，双方的受教育水平是完全独立的，并不会直接对另一方产生影响，符合工具变量选取的外生性条件。表3的回归结果显示，Cragg-Donald Wald F值大于10，说明模型中的工具变量不存在弱工具变量问题。此外，由Anderson LM统计量可知，模型中内生变量和工具变量具有显著的关联性。综上所述，使用个体配偶的受教育年限作为工具变量是合理有效的。

表3 流动人口教育回报率的性别差异（2SLS回归）

变 量	第一阶段	第二阶段
受教育年限	0.066 4***	0.057 6***
	（0.002 6）	（0.002 8）
受教育年限*性别		0.014 8***
		（0.003 2）

续 表

变 量	第一阶段	第二阶段
性别（男性=1）	0.315 3***	0.166 2***
	(0.008 3)	(0.035 1)
工作经验	0.006 3***	0.006 1***
	(0.002 0)	(0.002 0)
工作经验平方	-0.000 3***	-0.000 3***
	(0.000 1)	(0.000 1)
政治面貌（党员=1）	-0.050 1***	-0 504***
	(0.017 7)	(0.017 7)
民族（汉族=1）	0.010 0	0.011 0
	(0.015 0)	(0.015 0)
年龄	-0.005 5***	-0.005 8***
	(0.000 6)	(0.000 6)
户籍性质（非农=1）	-0.018 8	-0.017 8
	(0.013 4)	(0.013 4)
流动范围（跨省=1）	0.058 4***	0.057 5***
	(0.010 5)	(0.010 5)
行业类型	-0.014 0	-0.013 7
	(0.008 7)	(0.008 7)
工作身份	控制	控制
省份	控制	控制
常数项	7.801 1***	7.898 9***
	(0.048 5)	(0.049 7)
观测值	84 609	84 609
R^2	0.109 2	0.109 2
Cragg-Donald Wald F	3.7e+04	1.9e+04
Anderson LM	2.6e+04	2.6e+04
D-W-H test	140.65	132.58

注：括号内数据为稳健标准误；*、**、*** 分别表示在10%、5%、1%的水平下显著。

表3第一阶段和第二阶段均是对全样本的回归，第二阶段是以受教育年限和性别作为交互项建立模型。表3第（1）列的回归结果显示，在控制了受教育年限后，男性劳动者的收入水平显著高于女性劳动者；在考虑调节效应的情况下，受教育年限的提高加剧了男性劳动者和女性劳动者之间收入水平

的差距。这意味着流动人口中性别工资差异仍然较大，受教育水平的提升会加剧女性劳动者在收入水平方面的弱势地位。控制变量的回归结果与基准回归得出的结论基本一致。

（三）异质性分析

进一步，本文根据产业类型、户籍性质及流动范围，对流动人口收入的性别差异进行异质性分析，结果如表 4 所示。

1. 不同产业类型

本文根据我国三次产业划分的规定，结合《2017 年国民经济行业分类（GB/T 4754—2017）》，将流动人口所在的 20 种工作行业分类归至我国第一、二、三产业。其中，农、林、牧、渔业归入第一产业，采矿业、制造业、电力、热力、燃气及水生产等归入第二产业，批发零售、交通运输、住宿餐饮、信息技术、娱乐及公共管理等归入第三产业。由表 4 可知，第三产业中收入的性别差异较第一产业和第二产业更低。女性劳动者若想要获得更高的工资收入，可以选择从事第三产业的相关职业。这表明，随着第三产业就业比例的上升，女性劳动者能够更充分地发挥其人力资本的就业岗位也越来越多，若更多女性劳动者选择进入第三产业就业，男女之间的工资差异有望在一定程度上得到缓解。

表 4　不同产业流动人口教育回报率的性别差异

变量	男性样本 第一产业	男性样本 第二产业	男性样本 第三产业	女性样本 第一产业	女性样本 第二产业	女性样本 第三产业
受教育年限	0.079 8*** (0.022 2)	0.037 9* (0.021 1)	0.074 8*** (0.009 7)	0.047 0* (0.028 1)	−0.018 3 (0.027 3)	0.067 6*** (0.010 6)
常数项	8.059 6*** (0.141 4)	8.041 5*** (0.246 9)	7.941 9*** (0.185 2)	7.655 4*** (0.177 4)	7.523 4*** (0.267 3)	7.516 1*** (0.010 5)
观测值	6 300	5 012	44 464	5 042	4 829	30 195
R^2	0.021 3	0.065 1	0.023 9	0.027 4	0.052 8	0.025 3

注：括号内数据为稳健标准误；*、**、*** 分别表示在 10%、5%、1% 的水平上显著。表格控制了年龄、民族、政治面貌、户籍、流动范围、工作经验及其平方、工作身份等变量。

2. 不同户籍

表 5 报告了拥有不同性质户籍的劳动者教育回报率的性别差异。由表 5 可知，一方面，持有非农业户籍的劳动者在教育回报率方面的性别差异较为显著，而拥有农业户籍的劳动者在教育回报率方面的性别差异并不大；另一

方面，现代化进程对农业户籍劳动力有更为显著的正向影响，两类就业方式均显示农业户籍劳动者的教育回报率为正，且女性劳动者的教育回报率系数远高于非农业户籍的女性劳动者。可能的原因在于，随着产业结构的调整，更多新的就业岗位随之出现，而这些新的就业岗位对于户籍并不施加额外的限制，更具有包容性和灵活性，使得具有农业户籍的女性劳动者也能够参与其中，获得更高的工资收入。同时，随着更多农业户籍劳动者涌入就业市场，相较于传统就业模式，新就业模式下农业户籍劳动者能够获得更多与非农业户籍劳动者平等追求高薪待遇和发展的机会。

表5 不同户籍流动人口教育回报率的性别差异

变量	男性样本 农业	男性样本 非农业	女性样本 农业	女性样本 非农业
受教育年限	0.074 9*** (0.009 3)	0.092 5*** (0.026 7)	0.074 0*** (0.010 1)	0.035 1 (0.030 7)
常数项	8.172 0*** (0.152 3)	8.872 4*** (0.278 2)	7.982 9*** (0.143 5)	7.125 4*** (0.109 7)
观测值	21 123	2 283	14 154	1 275
R^2	0.020 8	0.061 1	0.020 1	0.014 5

注：括号内数据为稳健标准误；*、**、*** 分别表示在10%、5%、1%的水平上显著。表格控制了年龄、民族、政治面貌、流动范围、工作经验及其平方、工作身份等变量，以及行业固定效应。

3. 不同流动范围

在我国流动人口数量逐年增长的趋势下，近距离流动逐渐成为最主要的流动方式。"七普"调查数据显示，劳动力人口中过半数更愿意选择跨省流动作为其流动方式，且跨省流动人口占总流动人口的33.22%。劳动力人口的流动趋势多是朝向经济高度发达的一线城市，以期获得更高的薪资待遇和发展机会。表6报告了不同流动范围的流动人口教育回报率的性别差异，由表6可知，当劳动者选择跨省流动时，男性劳动者会呈现出显著较高的教育回报率，其系数为0.089 6；而当劳动者选择省内流动时，女性劳动者会呈现出较高的教育回报率，其系数为0.082 6。究其原因，女性劳动者大多还需要兼顾家庭，在省内流动能够更好地平衡工作与家庭之间的关系，从而能够获得更高的教育回报率。

表 6 不同流动范围流动人口教育回报率的性别差异

变量	男性样本		女性样本	
	跨省	省内	跨省	省内
受教育年限	0.089 6*** (0.013 9)	0.068 5*** (0.011 5)	0.058 6*** (0.015 2)	0.082 6*** (0.012 6)
常数项	6.762*** (0.022)	6.601*** (0.019)	6.508*** (0.018)	6.711*** (0.021)
观测值	11 924	11 482	7 850	7 879
R^2	0.103	0.088	0.059	0.100

注：括号内数据为稳健标准误；*、**、*** 分别表示在 10%、5%、1% 的水平上显著。表格控制了年龄、民族、政治面貌、户籍、工作经验及其平方、工作身份等变量，以及行业固定效应。

4. 就业方式异质性分析

随着国家经济的不断发展以及政策的不断优化调整，劳动者的就业方式日趋多元化和自主化。本文进一步将劳动者从事的职业划分为固定就业、无固定雇主以及自主经营三类，尝试对这三类职业进行分组回归，考察不同就业方式对性别工资差异的影响，回归结果如表 7 所示。由表 7 可知，一方面，从事固定就业的流动人口在流动人口中占据主导地位，且从事固定就业的女性劳动者教育回报率略高于男性劳动者；另一方面，无固定雇主的就业方式中，男性劳动者的教育回报率略高于女性；从事自主经营的劳动者，女性劳动者的教育回报率较男性更高。这可能是由于受传统家庭分工方式的影响，女性需要承担更多的家务劳动，更愿意选择较为稳定的职业，因而更倾向于选择更加安稳的固定就业或更加具有灵活性的自主经营，而这两种就业方式相比无固定雇主的就业方式能够获得更高的教育回报率。

表 7 不同就业方式流动人口教育回报率的性别差异

变量	男性样本			女性样本		
	固定就业	无固定雇主	自主经营	固定就业	无固定雇主	自主经营
受教育年限	0.103 4*** (0.017 0)	0.036 5* (0.021 4)	0.064 4*** (0.017 7)	0.110 1*** (0.015 9)	0.035 7* (0.019 6)	0.087 4*** (0.014 0)
常数项	7.089*** (0.059 2)	2.899*** (0.046 8)	5.792*** (0.068 5)	7.896*** (0.068 8)	2.761*** (0.031 5)	8.647 9*** (0.076 1)
观测值	21 980	989	6 861	18 900	819	7 060
R^2	0.110	0.077	0.083	0.110	0.083	0.064

注：括号内数据为稳健标准误；*、**、*** 分别表示在 10%、5%、1% 的水平上显著。表格控制了年龄、民族、户籍、政治面貌、流动范围、工作经验及其平方等变量，以及行业固定效应。

(四) 性别歧视对性别工资差距的影响

为进一步研究流动人口教育回报率的性别差异，本文选用 Oaxaca-Blinder 分解法进行分解，将男女之间的工资收入差异分解为两个部分。其中，特征效应可对由教育引起的收入差异进行测算，是可被解释的；系数效应可对由性别歧视导致的收入差异进行测算，是不可被解释的。当男性收入高于女性收入时，系数是正值；当男性收入低于女性收入时，系数是负值。回归结果如表 8 所示。

表 8　流动人口性别工资差异的 Oaxaca 分解

指标	系数分解	固定就业	无固定雇主	自主经营
收入对数	差异值	0.267 9***	0.506 8***	0.253 2***
	特征效应	-0.032 5***	0.031 6***	-0.026 2***
		(0.123 3)	(0.061 8)	(0.104 4)
	系数效应	0.314 2***	0.478 3***	0.277 3***
		(1.129 8)	(0.938 2)	(1.104 2)
学历水平	特征效应	0.019 4***	0.024 6***	0.024 1***
		(0.573 9)	(0.781 0)	(0.088 7)
	系数效应	0.128 7**	0.053 4	0.203 2***
		(0.409 8)	(0.111 6)	(0.729 2)

注：括号内数据为稳健标准误；*、**、*** 分别表示在 10%、5%、1% 的水平上显著。

由表 8 中的收入对数总效应的差异值可知，在不同就业方式劳动力的样本中，性别工资差异值都显著为正，其系数分别为 0.267 9、0.506 8 以及 0.253 2。这说明，在我国流动人口中存在较为明显的性别收入差异，女性劳动者的工资收入相对较低。另外，就收入差异的系数分解情况来看，三类样本的系数效应均为正，且系数贡献率均达到 90% 以上，说明在我国存在较为显著的性别歧视现象，且这一现象已经成为劳动者性别收入差距形成的主要原因。

根据学历水平对性别工资差异的影响可发现：在可解释部分的特征效应中，三类样本的系数均为正，说明接受教育并没有在一定程度上缩小男女之间的收入差距，反而会起到负面效果；但由于特征效应的系数相对较小，其对性别收入差距的影响并不明显。此外，在不可解释的系数效应中，固定就业者和自主经营者样本的系数效应均显著为正值，说明性别歧视问题并没有因受教育程度的变化而发生改变，不仅如此，受教育程度越高，女性遭受的性别歧视愈发明显，和男性收入水平上的差距也愈发显著。

五、结论与启示

本文采用扩展的明瑟收入方程，结合Oaxaca-Blinder分解法，考察了流动人口教育回报率的性别差异问题，得到如下结论：第一，流动人口的受教育水平提高，能在总体上提高该群体的收入水平，但流动人口的教育回报率在性别方面仍存在显著差异，女性的教育回报率仍显著低于男性，难以在就业市场上充分发挥其人力资本；第二，第三产业中教育回报率的性别差异较第一产业和第二产业更低，女性在第三产业就业可以获得更高的收入；第三，与具有非农业户籍的劳动者相比，持有农业户籍劳动者的收入性别差异更小；第四，当劳动者进行近距离的省内流动时，女性的教育回报率更高，而进行远距离的跨省流动时，男性的教育回报率更高；第五，固定就业和自主经营者两种就业方式中，女性劳动者的教育回报率均高于男性劳动者；第六，性别歧视是导致性别工资差异的主要原因。

根据上述研究结论，本文提出以下政策建议：首先，政府可鼓励劳动者，尤其是拥有农业户籍的女性劳动者积极投身于第三产业，以缩小流动人口教育回报率的性别差异。其次，鼓励女性劳动者发挥性别特质，寻找更适宜的岗位，建议其缩小流动范围，关注稳定性更强的岗位。再次，监管机构和立法机构需要不断健全相关法律法规政策，提高劳动力市场的公平性，在一定程度上减少就业市场上的性别歧视现象。最后，由于无固定雇主女性劳动者的教育回报率显著低于固定就业者以及自主经营者，对于这部分收入水平较低的无固定雇主劳动者，应当为其提供再教育资源，培育其专业知识和职业技能，进一步缩小教育回报率在该类群体中的性别差异。

参考文献：

[1] 边恕,熊禹淇. 新就业形态下流动人口教育回报率的性别差异研究[J]. 社会保障研究, 2022(04).

[2] 陈良焜,鞠高升. 教育明瑟收益率性别差异的实证分析[J]. 北京大学教育评论,2004, (03):40-45.

[3] 方超,罗英姿. 中国农村居民的教育回报及其变动趋势研究:兼论农村地区人力资本梯度升级的现实意义[J]. 南京农业大学学报(社会科学版),2017,17(03):74-85,157.

[4] 郭冬梅,胡毅,林建浩. 我国正规就业者的教育收益率[J]. 统计研究,2014(08): 19-23.

[5] 郝翠红,李建民. 不同出生年代组流动人口相对教育回报率的变化[J]. 南方人口,2017

(02):22-33.
[6]简必希,宁光杰. 教育异质性回报的对比研究[J]. 经济研究,2013,48(02):83-95.
[7]罗楚亮. 我国城镇教育收益率的长期变化特征[J]. 中国高校社会科学,2018(02):97-110,159.
[8]刘成坤,赵昕东. 不同年龄组流动人口劳动生产率的差异:基于2015年中国流动人口动态监测调查数据的分析[J]. 人口与经济,2020(02):102-116.
[9]赖德胜. 教育、劳动力市场与收入分配[J]. 经济研究,1998(05):43-50.
[10]李宏彬,张俊森. 中国人力资本投资与回报[M]. 北京:北京大学出版社,2008:157-182.
[11]李实,李文彬. 中国教育投资的个人收益率的估计[M]// 赵人伟,基斯. 格里芬. 中国居民收入分配研究. 北京:中国社会科学出版社,1994.
[12]林永然,耿楚宇. 城市人口规模对流动人口教育回报率的影响[J]. 城市问题,2019(02):89-95.
[13]马岩,杨军,蔡金阳,等. 我国城乡流动人口教育回报率研究[J]. 人口学刊,2012(02):64-73.
[14]谭卿玲. 高校扩招背景下流动人口高等教育收益率研究[D]. 上海:华东师范大学,2022.
[15]王桂新. 中国人口流动与城镇化新动向的考察:基于第七次人口普查公布数据的初步解读[J]. 人口与经济,2021(05):36-55.
[16]王伶鑫. 中国流动人口高等教育回报的户籍差异研究[J]. 青年探索,2021(06):88-99.
[17]徐雷,曹秋菊. 婚姻的教育匹配与居民家庭收入不平等:来自中国综合社会调查(CGSS)的经验证据[J]. 湘潭大学学报(哲学社会科学版),2022(04):67-71.
[18]袁青青,刘泽云. 教育在代际收入流动中的作用:基于中介效应分析的研究[J]. 教育经济评论,2022(01):3-22.
[19]杨宜勇,王伶鑫. 流动人口教育回报率变动趋势研究[J]. 中国人口科学,2021(02):26-39,126.
[20]诸建芳,王伯庆,使君多福. 中国人力资本投资的个人收益率研究[J]. 经济研究,1995,(12):55-63.
[21]赵力涛. 中国农村的教育收益率研究[J]. 中国社会科,2006(03):98-109.
[22]卡诺伊. 教育经济学国际百科全书[M]. 2版. 闵维方,译. 北京:高等教育出版社,2000:471-478.
[23]舒尔茨. 论人力资本投资[M]. 北京:北京经济学院出版社,1990.
[24]ASADULLAH M N. Returns to education in Bangladesh[J]. Education economics,2006,14(4):453-468.
[25]DOUGHERTY C. Why are the returns to schooling higher for women than for men?[J]. The journal of human resources,2005,40(04):969-988.
[26]DUTTA P V. Returns to education:new evidence for India,1983-1999[J]. Education

economics,2007,14(04):431-451.
[27] FREEMAN R B. The overeducated american[M]. New York:Academic Press, 1976.
[28] MINCER J. Schooling, experience, and earnings[J]. Human behavior & social institutions, 1974, 2(01):12-18.
[29] PSACHAROPOULOS G. Returns to investment in education:a global update[J]. World development, 1994,22(09):1325-1343.
[30] PSACHAROPOULOS G, PATRINOS H A. Returns to education:a decennial review of the global literature[J]. Education economics, 2018,26(05):445-458.
[31] RAM R. Level of development and rates of return to schooling: some estimates from multicountry data[J]. Rati ram, 1996,44(04):839-857.
[32] TROSTEL P, WALKER I, WOOLLEY P. Estimates of the economic return to schooling for 28 countries[J]. Labour economics,2002,9(01):1-16.
[33] WOODHALL M. The economic returns to investment in women's education[J]. Higher education, 1973,2(03):275-300.

家庭金融风险偏好影响职业代际向上流动吗？
——基于 CFPS（2018）的实证研究

张 弛 李炳念 解 影*

摘要：家庭金融风险偏好可以在一定程度上反映家庭金融素养状况。本文利用 2018 年中国家庭追踪调查数据，运用二元选择模型，检验家庭金融风险偏好对职业代际向上流动的影响。研究发现，相对于不持有金融资产及金融资产占总资产比重为零的家庭，其子代较父代的职业代际呈现显著的向上流动趋势。特别是，父代具有较高智商或其为外向型性格特征时，家庭金融风险偏好对子代职业代际的向上流动影响更为显著。由此，本文认为，金融市场化改革的持续深化将对共同富裕和社会公平产生深远影响。

关键词：金融风险偏好；职业代际流动；CFPS

一、引言

机会公平是社会公平公正的关键和核心，也是社会安全稳定的基石，健康合理的职业代际流动是一个社会机会公平的重要表现。党的二十大报告指出，要完善分配制度，促进机会公平。目前，我国职业代际流动问题已经引起了政学各界的高度重视，根据世界经济论坛（WEF）2020 年发布的《社会流动性报告》，我国社会流动指数在 82 个经济体中排第 42 名，说明社会职业阶层固化问题已经相当严重。职业阶层的固化，甚至大量的向下退化，可能

---

* 张弛，中国政法大学商学院副教授、硕士研究生导师，主要教学科研领域为数字经济、宏观经济学、制度经济学等；李炳念，天津财经大学金融学院副教授、硕士研究生导师，主要研究方向为货币政策、金融风险管理；解影，中国政法大学商学院本科生。

加剧社会不平等，抑制社会活力，阻碍创新。因此，研究职业代际流动的决定因素及其影响机理，对于促进共同富裕和社会公平具有重要的理论和实践意义。

既有的相关研究聚焦在经济学和社会学两大领域。前者主要通过家庭金融素养对家庭消费（臧旭恒，2023）、家庭负债杠杆率（尹志超，2017）和家庭金融资源配置产生影响（李红梅，2023），继而作用于家庭收入，促进代际间低收入阶层的流动（赵立业，2022）；后者则致力于教育投入多寡（李力行，2014）、社会资本流动（阳义南，2024）、经济和社会的外部环境变化（石磊，2022）等引发的代际间职业相对流动性的研究。然而，家庭金融风险偏好这一因素对职业代际向上流动的影响不容忽视，金融风险偏好是家庭金融素养的直观体现，是指家庭在具备一定金融知识条件下，显示出与金融行为和金融决策有关的态度、意识和心理倾向等。家庭风险偏好作为风险投资动机，与家庭人力资本投资动机一致，旨在提高家庭经济资源禀赋累积效率，均会对家庭的代际职业流动产生显著作用和影响。

本文可能的边际贡献在于：第一，与现有大多数从宏观环境、政府政策角度进行职业代际流动的研究不同，本文将教育投资视为一种风险投资，从判断家庭金融风险偏好的差异性入手，衡量其对代际职业向上流动的影响。第二，在作用机制方面，本文认为父代的遗传性特征和社会交际性特征是现实中塑造家庭教育环境的两条重要的不同路径，潜移默化且殊途同归地影响着家庭整体的金融风险偏好，并最终体现在子代的就业选择和职业地位变化等方面。第三，中国家庭追踪调查是国内社会科学界特色鲜明的微观数据之一，最新公布的CFPS2018年数据具有全国代表性，但将其运用在相关主题研究中尚不多见。同时，本文使用两种方式界定家庭金融风险偏好的概念，力求实证分析严谨客观。

二、理论机制与命题假设

与金融风险投资一样，家庭对子女的教育投入也是典型的投资活动，具备一定程度的风险。当金融市场欠发达时，子女数量和质量承担着"养儿防老"的保险产品作用（陈志武，2014），尤其是家庭资源有限的前提下，甚至会出现数量替代质量的人口繁衍选择，以便进一步降低人力资本投资活动的风险。现代社会，随着普遍发达的金融市场和金融体系的建立，家庭的风险偏好态度使不同家庭在上述两方面的投资活动中，体现出不同程度的替代性与互补性。以下从家庭的投资意愿、投资能力和家庭投资环境两方面构建本文的研究假设。

（一）家庭金融风险偏好影响职业代际流动的直接效应

一方面，家庭金融风险偏好反映了家庭投资意愿。作为家庭投资的具体形式，人力资本投资和金融投资都是增加家庭稀缺资源的必然途径。人口经济学和劳动经济学的研究表明，养育孩子需要支付巨大的经济代价和机会成本。人力资本投资作为一种典型的风险性投资，只有当家庭具有较强风险偏好时，才愿意对子代的学校教育进行长期资金投入。这种通过正规教育使子代职业地位提升的动因，取决于一个家庭面临风险抉择时的基本态度和心理倾向。另一方面，家庭金融风险偏好影响家庭风险投资能力，金融风险偏好较强的家庭，相对熟悉金融市场的运作规律，会更倾向于持有储蓄以外的金融资产，投资购买多种金融产品，在分散风险的同时获取更大的金融收益，尽可能最大化家庭财富（周广肃，2021）。随着家庭资产的跨期配置增加了金融资产收益的可能性，家庭可以在稳定收入、平滑消费的基础上，更多地增加子女教育支出，甚至承担更多的非正规教育如课外补习、素质培养、兴趣发掘等费用。家庭收入增加和财富积累促进更多人力资本和金融投资，最终由子代职业地位的向上流动表征出来。鉴于家庭金融风险偏好的主、客观影响，本文提出基本研究假设：

H1：金融风险偏好更高的家庭有利于促进子代职业地位向上流动。

（二）家庭教育环境对家庭金融风险偏好作用的异质性影响

风险偏好型家庭不仅通过家庭教育影响子代的金融风险偏好，使其具备一定代际传承的特点，而且父代的智商遗传因素和父亲的情商特点也从先天基因方面与后天习得角度，对子代包括风险偏好在内的生活理念、人生视野、事业心和抱负企图，形成直接和间接的影响。尽管有研究指出，家庭金融素养会随着年龄的增长先增后降（吴卫星，2018），但不可否认的是，金融风险偏好型家庭中的父代，在身体健康正常的条件下，其智商水平并不会随时间推移而显著衰减。相反，金融投资的实践经验还会随着年龄的增长而不断累积增加，避免了冲动型投资，或减少了非理性的金融活动的可能性。更进一步，与保守、内敛的父辈相比，性格开朗乐观的外向型父亲更可能进行高风险的金融活动，从而进一步强化了家庭的整体金融风险偏好，对金融投资效率的影响也更加显著。因此，具备上述特征的家庭中，其子代的职业地位将呈现出更强的向上流动趋势。为此，根据父代的个体特征，本文的第二个和第三个研究假设分别为：

H2：父代智商水平更高的家庭中，家庭金融风险偏好提高对其子代职业向上流动的效应更明显。

H3：父代情商水平更高的家庭中，家庭金融风险偏好提高对其子代职业

向上流动的效应更明显。

三、实证研究设计

（一）模型设定

为了识别家庭金融风险偏好对职业代际流动的影响，参考大量研究，构建如下 Logit 模型和 Probit 模型进行实证分析：

$$Pr(UPF\_ISEI=1 \mid finance_i) = h^{-1}(\alpha + \beta_1 finance_i + \beta_2 X_i + \varepsilon_i) \quad (1)$$

其中，UPF_ISEI 是被解释变量，代表子代职业向上流动，$finance_i$ 是解释变量，分别代表是否持有金融产品资产（$finance_1$）和家庭金融产品资产占比（$finance_2$）。X 代表主要控制变量，ε 是残差项。β_1 是本文所关注的核心参数，如果 β_1 显著为正，说明家庭金融风险偏好有利于提高子代职业向上流动的可能性；如果为负，则说明家庭金融风险偏好不利于代际职业流动，子代的职业固化甚至存在向下流动。

（二）数据来源与样本处理

本文主要使用北京大学中国社会科学中心（ISSS）主持的中国家庭追踪调查（CFPS）2018 年的数据，其中包括家庭经济问卷和个人自答问卷部分。样本处理过程如下：①筛选出父代和子代均报告了职业威望 ISEI Code[①] 的样本数据；②按照代际间 16 岁年龄差，确定亲代和子代的实际年龄以及家庭成员关系，确保家庭内代际匹配不出异常；③根据就业年龄限制，删除出生年份在 2002 年以后的样本，即保留子代 16 岁以上的个体；④将个人入库和家庭经济库根据家庭代码合并，获得包含个体及家庭相关指标的截面数据，共获得观测值 4 730 个。

（三）变量定义与描述性统计

本文的被解释变量为子代职业向上流动（UPF_ISEI），该被解释变量是子代相对于父代的职业地位提升状况，以 CFPS 调查中个人工作内容、行业有关的职业地位代码进行衡量。

本文的核心解释变量是家庭金融风险偏好。对于核心解释变量，根据已

[①] 国际社会经济地位指数（International Social-Economic Index, ISEI）是国际通用的评价职业分类的标准。CFPS 将其职业分类代码（Chinese Standard Classification of Occupations, CSCO）转换为国际标准职业分类代码（International Standard Classification of Occupation, ISCO-88），并依据 ISCO-88 职业分类代码建构国际标准职业社会经济指数（International Socio-Economic Index of Occupational Status, ISEI）。（参见黄国英、谢宇：《中国家庭动态跟踪调查——职业社会经济地位测量指标构建》，2012 年 2 月。）通常，职业地位评价指数得分 40 分以下的为较低职业阶层，41~67 分的为中等职业阶层，67 分以上的为较高职业阶层。

有文献的通常做法，本文从两个维度加以界定：一是家庭是否持有金融产品资产的状况（Rooij，2011）；二是根据家庭金融产品资产占家庭总资产的比重（周广肃，2021）。即：

$$finance_1 = \begin{cases} 0 & if\ financial_{product} = 0 \\ 1 & if\ financial\_product > 0 \end{cases} \quad (2)$$

$$finance_2 = financ\_product / finance_{asset} \quad (3)$$

参考纪吴卫星（2018，2021）等文献，本文的主要核心控制变量为社会资本、房屋租赁、税后奖金、户主的年龄和民族等5个。

所有具体变量及其定义见表1。

表1　变量及其定义

变量	名称	定义
$finance1$	金融风险偏好1	持有金融产品为1，否则为0
$finance2$	金融风险偏好2	家庭持有金融产品占金融总资产比例
$lnLJ$	社会资本	家庭人情支出水平对数值
$house\ r$	房屋出租	家庭有房屋出租为1，否则为0
age	户主年龄	父辈的实际年龄
SK	税收奖金	父辈获得的税后奖金水平
MZ	民族	父辈的民族成分
ZS	智商指数	父辈智商指数
QS	情商指数	父辈情商指数

表2展示了主要变量的描述性统计结果，可以看出，持有金融产品的家庭占比5.7%，家庭平均持有金融产品占整体金融资产的比率为2.1%，说明我国家庭大类资产配置中金融产品持有比例整体偏低，其他控制变量均值方差也与多数文献的结果基本一致。

表2　描述性统计表

变量	N	Mean	SD	Min	Max
$finance1$	4 730	0.057 0	0.232	0	1
$finance2$	4 689	0.021 0	0.111	0	1
$lnLJ$	4 730	7.253	2.528	0	11.92
$house\ r$	4 730	4.768	0.936	0	5
age	4 730	30.26	7.450	16	69

续　表

变量	N	Mean	SD	Min	Max
SK	4 730	813.8	2 840	0	90 000
MZ	4 730	0.075 0	0.749	0	32
ZS	4 495	4.755	1.501	−8	7
QS	4 495	3.787	1.097	−8	5

表3报告了主要变量的相关性结果。①finance1和finance2的相关性较高，两个指标设计合理；②finance1和finance2与被解释变量的相关性较高，其他指标的相关性不高，说明模型设定比较合理。

表3　变量相关性

	finance1	finance2	lnLJ	house r	age	SK	MZ	kz207	qm208
finance1	1								
finance2	0.775	1							
lnLJ	0.028 0	0.010 4	1						
house r	−0.164	−0.148	−0.072 1	1					
age	0.011 4	−0.008 40	0.091 5	−0.017 9	1				
SK	0.094 0	0.076 1	0.018 6	−0.093 1	−0.111	1			
MZ	−0.011 3	−0.007 90	0.017 4	0.015 1	−0.031 8	−0.010 7	1		
kz207	0.055 6	0.044 1	0.030 1	−0.022 7	−0.072 8	0.077 2	0.003 20	1	
qm208	0.012 3	0.015 8	0.014 6	0.003 10	0.020 0	−0.001 10	−0.013 9	0.137	1

四、实证结果

（一）基准回归

为了识别家庭金融风险偏好对职业代际向上流动的影响，避免模型操纵的可能性，首先使用Probit和Logit模型仅对被解释变量和核心解释变量进行回归。回归结果见表4。表4中列（1）和列（2）是Probit模型回归的结果，列（3）和列（4）是Logit模型回归的结果。无论核心解释变量是finance1还是finance2，回归系数β_1都在5%统计水平上显著为正，说明金融风险偏好更高的家庭有利于促进子代职业地位向上流动，即命题1得证。

该结果证实，金融风险偏好作为影响主体金融投资继而影响人力资本投资决策的直接因素，对子代职业代际提升的效果明显。

表4 基准回归结果

	（1）	（2）	（3）	（4）
	UPF_ISEI	UPF_ISEI	UPF_ISEI	UPF_ISEI
$finance1$	0.191 1**		0.319 1**	
	(2.128 8)		(2.100 2)	
$finance2$		0.468 1**		0.795 3**
		(2.335 6)		(2.266 1)
_cons	0.483 4***	0.484 6***	0.779 5***	0.781 4***
	(22.798 1)	(23.037 6)	(22.328 3)	(22.547 0)
N	4 051	4 017	4 051	4 017
$Pseudo.R^2$	0.001	0.001	0.001	0.001

注：* $p<0.1$，** $p<0.05$，*** $p<0.01$。

为了初步弱化内生性问题，这里进一步控制可能会影响家庭金融风险偏好作用的其他重要因素，包括个体和家庭两个层面。家庭层面，由于较高的工资水平、拥有自有住房且出租获利，显示家庭具备较雄厚的经济实力和多种经济资源；同时，人情礼金支出则显示相对较高的社会地位和一定程度的社会资本，对子代的职业地位都可能产生一定程度的影响，因此，本文选取了税后奖金、是否出租住房、家庭人情礼支出等控制变量。个体层面，由于本文研究对象中的亲代集中在20世纪七八十年代及以前出生的人，他们受传统观念影响较深，子代职业选择相对较少地受母亲影响，因而为简单起见，不再考虑子代的相对于母代的职业地位流动情况，仅保留大多数文献中与父代个体信息有关的年龄、民族等这些控制变量。具体结果见表5。

表5 附加控制变量的基准回归结果

	（1）	（2）	（3）	（4）
	UPF_ISEI	UPF_ISEI	UPF_ISEI	UPF_ISEI
$finance1$	0.248 3***		0.414 0***	
	(2.683 6)		(2.630 8)	
$finance2$		0.534 6***		0.919 9**
		(2.605 3)		(2.524 8)

续表

	(1)	(2)	(3)	(4)
$lnLJ$	-0.015 0*	-0.013 6	-0.024 6*	-0.022 3
	(-1.774 2)	(-1.597 4)	(-1.721 9)	(-1.548 3)
$house\_r$	0.009 4	0.007 0	0.014 5	0.009 6
	(0.409 2)	(0.298 2)	(0.380 4)	(0.246 8)
age	-0.024 6***	-0.024 5***	-0.041 3***	-0.041 1***
	(-8.280 7)	(-8.202 5)	(-8.193 4)	(-8.117 9)
SK	-0.000 0**	-0.000 0**	-0.000 1*	-0.000 1*
	(-2.303 6)	(-2.155 6)	(-1.765 9)	(-1.691 9)
MZ	-0.040 3	-0.040 4	-0.066 5	-0.066 7
	(-1.125 3)	(-1.130 1)	(-1.164 6)	(-1.169 3)
$\_cons$	1.316 1***	1.315 1***	2.186 9***	2.191 5***
	(8.306 6)	(8.153 2)	(8.117 6)	(7.993 4)
N	4 051	4 017	4 051	4 017
$Pseudo.R^2$	0.018 7	0.018 5	0.018 9	0.018 8

注：* $p<0.1$，** $p<0.05$，*** $p<0.01$。

更进一步，表6提供了两种不同家庭金融风险偏好界定下，其对子代职业代际向上流动的影响程度，即：随着家庭金融风险偏好提升一个单位，下一代职业地位向上流动的可能性增加0.086和0.185 2。

表6 边际效应分析

	平均边际效应		均值边际效应	
	dy/dx	z-value	dy/dx	z-value
$finance1$	0.086 0	2.69	0.087 3	2.68
$finance2$	0.185 2	2.61	0.188 0	2.61

（二）异质性检验

为进一步观察父代特征是否会影响到结果的显著性，以更准确地识别变量间的因果关系，参考纪斑等（2020）的研究，本文在报告家庭金融素养对职业代际流动的一般效应基础上，分别从父代的智商水平（见表7）和性格特征（见表8）两个方面进行异质性探究。表7和表8中，列（1）、列（3）是低组，列（2）、列（4）是高组，结果显示，列（3）和列（4）的系数更大。

表7　智商异质性检验

	（1）	（2）	（3）	（4）
	UPF_ISEI	UPF_ISEI	UPF_ISEI	UPF_ISEI
$finance1$	0.129 7	0.491 4***		
	(1.162 9)	(2.669 7)		
$finance2$			0.448 7*	0.834 6*
			(1.896 6)	(1.811 1)
$lnLJ$	-0.031 8***	-0.000 7	-0.028 7**	0.000 2
	(-2.661 9)	(-0.054 7)	(-2.389 9)	(0.016 9)
$house\_r$	0.004 5	0.025 7	0.011 0	0.006 8
	(0.157 8)	(0.625 9)	(0.377 6)	(0.163 6)
age	-0.023 5***	-0.028 0***	-0.023 5***	-0.028 0***
	(-5.849 7)	(-5.910 3)	(-5.817 7)	(-5.889 0)
SK	-0.000 0*	-0.000 0**	-0.000 0*	-0.000 0**
	(-1.867 3)	(-1.973 6)	(-1.763 4)	(-1.960 7)
MZ	-0.065 8	0.016 3	-0.065 7	0.021 5
	(-0.735 7)	(0.126 7)	(-0.736 5)	(0.166 6)
$\_cons$	1.435 0***	1.245 1***	1.376 4***	1.335 5***
	(6.951 5)	(4.609 6)	(6.531 4)	(4.870 2)
N	2 284	1 527	2 268	1 511
$Pseudo.R^2$	0.018 8	0.025 8	0.019 1	0.023 9

注：*$p<0.1$，**$p<0.05$，***$p<0.01$。

表8　情商水平异质性检验

	（1）	（2）	（3）	（4）
	UPF_ISEI	UPF_ISEI	UPF_ISEI	UPF_ISEI
$finance1$	0.069 0	0.284 0***		
	(0.349 7)	(2.622 1)		
$finance2$			0.007 5	0.733 6***
			(0.017 3)	(3.137 4)

续 表

	（1）	（2）	（3）	（4）
$lnLJ$	-0.026 3	-0.015 2	-0.025 5	-0.012 8
	（-1.448 8）	（-1.510 2）	（-1.376 1）	（-1.263 3）
$house\_r$	0.022 7	0.009 7	0.020 0	0.008 8
	（0.468 2）	（0.364 8）	（0.397 1）	（0.322 8）
age	-0.026 0***	-0.025 8***	-0.025 8***	-0.025 8***
	（-3.969 1）	（-7.439 3）	（-3.905 3）	（-7.399 9）
SK	-0.000 1*	-0.000 0**	-0.000 0*	-0.000 0**
	（-1.919 6）	（-2.227 4）	（-1.798 3）	（-2.045 8）
MZ	-0.081 7	-0.045 9	-0.082 6	-0.045 4
	（-0.335 2）	（-0.585 9）	（-0.338 2）	（-0.580 3）
$\_cons$	1.360 6***	1.368 1***	1.361 8***	1.353 2***
	（3.873 7）	（7.435 8）	（3.706 8）	（7.281 8）
N	915	2 895	901	2 877
$Pseudo.\ R^2$	0.018 8	0.021 5	0.018 0	0.022 0

注：* $p<0.1$，** $p<0.05$，*** $p<0.01$。

一般而言，当金融市场参与者的智商较高时，对各种金融产品的差异及盈利能力有相对更好的理解和评估，其参与金融市场交易和从事金融投资获利的可能性也会增加。智力水平也成为强化家庭金融素养的因素之一。有鉴于此，本文在不同家庭金融素养指标测度的基础上，考察了父代智商水平对子代职业流动提升是否具有显著影响。表 7 的结果证实，无论是使用 $finance$1 还是 $finance$2 指标，父代智商水平的确对子代职业威望的提升具有正向影响。

此外，父代的性格特点如果开朗、善于社交，通常表明其社会人际交往频繁，因而家庭的社会关系网络也较为发达。具备金融素养的家庭中，亲代的金融财富和社会资本积累程度在子代的职业威望提升中共同发挥出较强的作用。表 8 的结果证实，无论使用 $finance$1 还是 $finance$2，父代性格特征对子代职业向上流动均形成显著正向效果。

五、结论与政策含义

本文利用中国家庭追踪调查 2018 数据，采用多元线性回归模型验证家庭金融风险偏好对代际职业向上流动的影响。研究发现，当家庭持有金融产品，或金融产品在家庭金融资产中占有一定比例时，子代相对于父代的职业向上流动显著。异质性分析进一步证实，当父代的智商水平较高，或者父亲属于外向型性格特征时，家庭内的职业代际向上流动更为明显。

依据本文的研究结果，这里提出如下两项政策建议：

首先，持续推动我国金融市场改革的广化和深化，让越来越多的普通家庭参与金融市场交易，持有金融产品，通过金融行为和金融投资实践不断提升家庭金融知识和金融素养，强化家庭的金融风险偏好，也可视为家庭对子代进行人力资本投资的一种特殊形式，从而经过代际承递，在家庭中体现出更高阶层的就业实现和职业流动。

其次，代际间的职业流动和职业提升影响因素中，个体、家庭、社会不同层面会共同发挥作用。与通过家庭从金融市场获得资产收益并增加教育投入的传导路径相较，家庭金融素养对代际职业流动的效果属于"润物细无声"式的潜移默化。正规的学校教育仍然是打破父承子继、实现代际职业威望提升的首要因素。因此，持续加大教育投入、优化教育资源、实现高等教育普及化和全民化，有助于持续的职业代际提升。

六、研究不足及展望

本文仅在理论分析层面构建了当家庭具备金融风险偏好（通过金融投资、金融产品交易和金融资产持有等形式扩充家庭薪资收入以外的财富来源）时，可以对子代负担更多的教育支出，增加其人力资本积累，继而为其创造职业选择向上流动的更大空间和可能性。但是，尚未对其进行实证机制检验。此外，在讨论职业代际流动时，没有区分绝对流动和相对流动，这需要选取更多的反映亲代特征的细节变量以及反映影响就业的区域经济、产业结构调整等的控制变量加以进一步研究。

未来，本文将在上述方面继续进行深入探究和不断完善。

参考文献：

[1] VAN ROOIJ M, LUSARDI A, ALESSIE R. Financial literacy and stock market participation [J]. Journal of financial economics, 2011, 101(02).

[2] 谢宇, 胡静祎, 张春泥. 中国家庭追踪调查: 理念与实践[J]. 社会, 2014(02).

[3] 李立行, 周广肃. 代际传递、社会流动性及其变化趋势: 来自收入、职业、教育、政治身份的多角度分析[J]. 浙江社会科学, 2014(05).

[4] 尹志超, 张号栋. 金融知识和中国家庭财富差距: 来自CHFS数据的证据[J]. 国际金融研究, 2017(10).

[5] 单德鹏. 金融素养与城市贫困[J]. 中国工业经济, 2019(04).

[6]孟宏玮,闫新华.金融素养、家庭杠杆率与家庭消费[J].金融发展研究,2019(12).
[7]纪珽,梁琳.代际职业流动及其影响因素的性别差异[J].南开经济研究,2020(02).
[8]周广肃,李力行,孟岭生.智能化对中国劳动是市场的影响:基于就业广度和强度的分析[J].金融研究,2021(06).
[9]吴卫星,张旭阳,吴锟.金融素养与家庭储蓄率:基于理财规划与借贷约束的解释[J].金融研究,2021(08).
[10]赵立业,吴卫星.金融素养有利于家庭代际收入流动吗:基于家庭追踪调查数据的研究[J].金融经济学研究,2022(01).
[11]南永清,臧旭恒,姚健.金融素养与居民家庭消费升级:来自中国家庭微观调查的经验证据[J].南开经济研究,2023(09).
[12]李红梅,张子棋,郭金龙.金融素养、风险偏好与我国老年家庭资产配置效率关系研究[J].价格理论与实践,2023(11).
[13]阳义南,卫松."努力"与"拼爹"影响社会地位的代际流动研究[J].暨南大学学报(哲学社会科学版),2024(01).

中国主动型股票基金是否可以获得 alpha 收益？

刘婷文　兰兴平[*]

摘要：本文以 2009 年 12 月 31 日至 2019 年 12 月 31 日间的主动型股票公募基金为研究对象，基于 Fama-French 六因子模型，使用 Bootstrap 抽样和 Step-SPA（k）检验识别业绩表现优异的基金。研究结果表明：整体而言，样本基金不具有管理能力，该结果在剔除小盘股壳价值污染的影响后仍然稳健。就基金个体而言，存在大约 12% 的头部基金业绩表现优异，且这些基金具有相对规模较大和费率（管理费和托管费之和）较低的特征。

关键词：主动型股票基金；业绩评估；Bootstrap 抽样；STEP-SPA（k）检验

一、引言

随着经济水平的提高和金融体系的不断完善，公募基金逐渐成为我国金融市场的一股重要力量。截至 2019 年末，我国公募基金的总规模为 14.66 万亿，其中主动管理型基金 13.39 万亿，占比 91.29%。主动管理型基金的业绩是否表现优异，能够持续为投资者创造价值？这一直是学界和业界共同关注的问题。很多学者对此进行了研究，但未达成共识。如，廖海波（2015）的研究表明，大部分基金可以战胜市场，而唐涯、刘玉珍和杨逸（2014）指出，仅有少部分基金能够真正为投资者创造价值。冯憼和王岚（2013）对早期的相关文献进行了梳理，也指出学者们对基金绩效表现的评价不一。

在对基金业绩评估的方法中，因子模型（即使用 alpha 收益作为基金业绩

---

[*] 刘婷文，中国政法大学商学院副教授；兰兴平，中国政法大学商学院西方经济学专业硕士研究生。

或管理能力的衡量）是主流的分析方法。然而，由于估计误差（estimation error）或噪声的影响，真实的 alpha（基金真实的管理能力）在现实中是无法观察的。估计误差或噪声可以解读为运气，运气会"扭曲"基金的业绩评估。因此，对基金业绩评估的关键在于如何将管理能力和运气进行区分，以剔除运气因素对业绩评估的影响（Fama and French，2010）。

在以往的研究中，大部分学者采用的检验方法是逐一对每只基金的 alpha 估计值进行检验，即在未考虑其他假设的情况下，单独检验某一假设。然而，这种检验方法并不恰当，会产生数据窥视（data-snooping）的问题（White，2000），表现为某个假设因运气而在统计意义上显著的可能性会随着所需检验的假设数量的增加而提高。为了避免数据窥视，研究者需要使用多重假设检验（multiple hypotheses testing）——同时检验大量假设——进行校正。主要的检验方法包括（但不限于）：

（1）通过 Bootstrap 抽样进行分布比较。如 Kosowski 等（2006）、Fama 和 French（2010）通过 Bootstrap 抽样，得到基金在原假设下的 t 统计量的横截面分布，以控制运气因素的影响，并将此分布与实际回归得到的 t 统计量分布进行比较。基于这两篇文章，王珏和张新民（2013）与廖海波（2015）对我国基金市场进行了类似分析，但都存在抽样问题：前者对每只基金独立抽样，忽视了基金回报在横截面层面的关联性；后者抽样改变的仅是样本的时间节点，会出现样本不平衡和大量重复样本的问题。

（2）错误发现率估计（Barras, Scaillet, and Wermers, 2010; Storey, 2002）。错误发现率（false discovery rates, FDR）的含义是在被拒绝的原假设中错误拒绝的比例的期望值。唐涯、刘玉珍和杨逸（2014）通过计算 FDR——真实 alpha 为 0 却被拒绝的原假设——的比例，矫正了具有管理能力的基金的占比。他们发现，在 alpha 显著为正的基金中，大部分（65.8%）是源于运气而非管理能力。但是此方法会低估 alpha 显著的基金比例，存在统计检验力低的问题（Andrikogiannopoulou 和 Papakonstantinou，2019）。

（3）逐步卓越预测力 [Step-SPA（k）] 检验（Hsu，Kuan 和 Yen，2014）。与 FDR 的调整思路相反，Step-SPA（k）是通过在逐步检验的过程中持续控制"总体错误率"（family-wise error rate, FWER），以识别具有管理能力的基金（庄惠菁和管中闵，2020）。

由于本文的目的是识别具有管理能力的基金，因此，在检验方法上，首先使用 Bootstrap 抽样进行分布比较，以直观检验是否存在表现优异的基金；其次，使用 STEP-SPA（k）检验对它们进行识别。不同于 Fama 和 French（2010），我们使用 stationary-bootstrap（Politis and Romano，1994）以保留基金回报的时间序列特征，即在时间上的依存性或自我相关性。

除了未使用多重检验外，以往文献也大多存在基金数量少和时间跨度短的问题，如程建华和孙阳（2019）的研究样本为24只基金且时间跨度为一年。徐龙炳和顾力绘（2019）的研究表明，基金在逆境中的收益有助于预测其未来业绩，而顺境中的收益则不具有此特征，即"没有经历牛熊周期的基金经理不是一位真正的基金经理"。因此，对基金业绩评估的时间跨度至少应包括一个牛熊周期。基于此，我们选择至少成立三年的开放式主动管理型股票基金作为研究样本，时间跨度为2009年12月31日至2019年12月31日，总计2 065只。此外，也鲜有文献考虑幸存者偏差的问题，若未考虑幸存者偏差，会高估基金整体的管理能力（Carhart，1997），因此，本研究的样本包括了续存和已清算的基金，以避免幸存者偏差的影响。

我们使用六因子模型——Fama-French五因子模型（Fama and French，2015）加入Carhart动量因子（Carhart，1997）——作为基金业绩评估的基本模型。alpha收益对应的是净alpha收益，即基金可以为投资者带来的剔除费用后的超额收益。模型中的因子被解释为对投资者而言可选择的其他被动投资组合（Berk and van Binsbergen，2015，Fama and French，2010）。我们的研究表明，基于Fama和French（1992）、Fama和French（1995，2015）以及Carhart（1997）的方法所构建的因子（简称为"FFC因子"），沪深300等指数存在alpha收益，这说明，以FFC因子作为比较基准会使基金的业绩评估出现偏差。并且考虑到FFC因子并不是市场上可供投资者选择的投资机会，因此，在实证分析中，除了使用FFC因子外，我们也使用了指数构建相关因子以矫正偏差。此外，我们也将我国小盘股存在壳价值污染的现象纳入考量（Liu，Stambaugh，and Yuan，2019）。

研究结果表明，平均而言，基金的净alpha在统计意义上不显著，即整体不存在管理能力。就基金个体而言，当控制至少出现3个错误的FWER为5%时，Step-SPA（3）的检验结果表明，有11.67%的基金六因子-净alpha显著为正，即表现优异。并且，这些表现优异的基金具有相对规模较大和费率（管理费和托管费之和）较低的特征。

本文的边际贡献在于：第一，使用了有效方法识别具有管理能力的基金，弥补了以往文献在检验方法、样本数据量、时间跨度和未考虑幸存者偏差等方面的不足。这对基金评级、帮助投资者辨别优异基金以及构建投资组合等方面具有积极的意义。第二，本文是对我国资本市场有效性检验的文献补充。根据有效市场假说（EMH），在半强式有效市场中，如果没有内幕消息，基金是不能持续战胜市场的，即不存在表现优异的基金。第三，对因子模型中因子的选择提供了实证检验。

二、数据来源

本文的研究对象为开放式主动型股票公募基金，其投资对象主要为 A 股市场，投资类型包括普通股票型、偏股混合型、平衡混合型和灵活配置型基金。基金数据包括月度复权单位净值、管理费、托管费、规模、成立日、到期日（如果存在）和基金分类等。数据的时间跨度为 2009 年 12 月 31 日至 2019 年 12 月 31 日。

我们剔除了：①成立年限小于三年的基金，即在 2016 年 12 月 31 后成立的基金，以避免在样本中存在大量业绩记录较短的基金；②行业基金，以保证与市场基准比较的恰当性；③净值数据缺失的基金；④规模数据缺失和小于 100 万元的基金。为了避免幸存者偏差的影响，样本中包含了续存和已清算的基金，总计为 2 065 只。

市场指数包括沪深 300、中证 800 和中信标普风格系列指数（包括中信标普 100、200 和小盘指数），及其各自对应的价值和成长指数。数据为月度全收益指数。因子数据包括 Fama-French 五因子（Fama and French，2015）和 Carhart 动量因子（Carhart，1997）。

除因子数据来源于 CSMAR 数据库外，其余数据均来源于 Wind 数据库。

三、主动型股票公募基金整体业绩评估

（一）基本评估模型与因子构建

基本模型如下，它在 Fama 和 French（2015）五因子模型的基础上，加入了 Carhart（1997）动量因子：

$$R_{it} - R_{ft} = alpha_i + \beta_{i1} MKT_t + \beta_{i2} SMB_t + \beta_{i3} HML_t + \beta_{i4} UMD_t + \beta_{i5} RMW_t + \beta_{i6} CMA_t + \varepsilon_{it} \quad (1)$$

其中，$R_{i,t}$ 是基金 i 在 t 月的回报；$R_{f,t}$ 是月度无风险利率，为 3 个月存款基准利率按复利方式折算的月度收益率；MKT_t，SMB_t，HML_t，RMW_t 和 CMA_t 为 Fama 和 French（2015）中的市场溢酬因子（市场回报减无风险利率，$R_{Mt} - R_{ft}$）、规模因子、账面市值比因子、盈利因子和投资因子；UMD_t 为 Carhart（1997）中的动量因子；$alpha_i$ 为模型中未被解释的平均回报；$\varepsilon_{i,t}$ 为残差。显然，基本模型包含了 CAPM、Fama-French 三因子和五因子以及 Carhart 四因子模型，我们也会对它们的结果进行比较分析。

作为业绩评估模型，我们将式（1）中的各因子视为对投资者而言的其他可选择的被动投资组合或机会（Fama and French，2010）。在以往的文献中，大部分学者基于 Fama 和 French（1995，2015）与 Carhart（1997）构建因子

(简称为"FFC 因子")。Berk 和 van Binsbergen (2015) 指出, 恰当的业绩评估基准应使用投资者可选择的次优的投资机会进行比较, 而在现实中, 对投资者而言, 由 FFC 因子构成的组合并不是真实的可供选择的投资机会, 因此, 将 FFC 因子作为比较基准是不恰当的, 会带来比较基准的偏差; 该文作者建议使用指数基金作为基金业绩的评估基准。Cremers、Petajisto 和 Zitzewitz (2010) 发现, 某些指数, 如美国的 S&P 500 和 Russell 2000 指数, 在基于 FFC 因子的模型中存在统计意义上显著的 alpha 收益, 这说明跟踪这些指数的指数基金将存在或正或负的"管理能力", 这显然是不恰当的。依据定义, 这些基金并不具有管理能力, 其 alpha 应为 0。作者指出, 之所以指数会存在 alpha 收益, 是因为 SMB 和 HML 因子构建的权重问题, 所以, 建议使用指数替代 SMB 和 HML 因子, 或者调整 SMB 和 HML 因子构建的权重, 作者并指出, 前者在样本外的跟踪误差方面会表现得更好。

为了分析的完备性, 我们将分别使用 FFC 因子和由指数构建的因子 (指数因子模型) 进行评估。其中, FFC 因子基于 2×3 组合的划分方法, 指数使用沪深 300 (HS300)、中信标普中国风格指数构建 MKT、SMB 和 HML 因子。中信标普中国风格指数可以作为指数基金的构成基础, 包括中信 100、200 和小盘指数, 分别反映了 A 股市场大盘股、中盘股和小盘股的总体表现, 并且按照风格, 每一只指数又划分为成长和价值指数。本文用指数 (全收益) 替换了 FFC 因子中的 MKT、SMB 和 HML 因子, 具体计算方式如下:

$$MKT = HS300 - 无风险利率$$
$$SMB = 中信小盘 - 中信 100$$
$$HML = 1/3 (中信 100 价值 + 中信 200 价值 + 中信小盘价值) -$$
$$1/3 (中信 100 成长 + 中信 200 成长 + 中信小盘成长)$$

表 1 列出了 HS300、中信 100、中信 200 和中信小盘指数对 FFC 六因子的回归结果, 它表明, 在本文的样本区间内: ①大部分指数存在显著的 alpha 收益; ②使用 FFC 因子作为评估基准所得到的结果将是不稳健的; ③使用指数因子作为评估基准将会更为恰当。

表 1 指数对 FFC 因子的回归结果

	α	MKT	SMB	HML	UMD	RMW	CMA	R^2
HS300	0.0031***	1.0697***	-0.2090***	-0.0964**	-0.0821***	0.1980***	0.0674	0.979
	(3.415)	(50.609)	(-5.351)	(-2.018)	(-3.736)	(3.062)	(0.993)	
中信 100	0.0064***	1.1082***	-0.0864*	0.1147	-0.1349***	0.1149	0.1303	0.963
	(5.258)	(52.603)	(-1.766)	(1.576)	(-5.387)	(1.077)	(1.218)	

续 表

	α	MKT	SMB	HML	UMD	RMW	CMA	R^2
中信200	0.0039**	1.0496***	0.3710***	-0.1742	-0.0001	-0.0405	0.0897	0.928
	(2.006)	(25.542)	(3.392)	(-1.985)	(-0.003)	(-0.215)	(0.725)	
中信小盘	0.0045**	1.0076***	0.8435***	-0.0917	0.0432	0.0059	-0.0696	0.964
	(3.060)	(35.614)	(9.623)	(-1.437)	(1.615)	(0.038)	(-0.923)	

注：括号内为异方差自相关稳健（HAC）的 t-统计量。***、**、*分别代表1%、5%、10%的显著性水平。

（二）回归结果

1. 全样本

表 2 和表 3 分别列出了对样本基金等权和规模加权的月度回报回归结果，除了模型（1）外，还包括 CAPM、Fama-French 三因子模型（FF3）、Carhart 四因子模型（C4）、Fama-French 五因子模型（FF5），每个模型都分别列出了使用 FFC 因子和指数因子作为评估基准的结果。

SMB, HML 和 UMD 的因子暴露在 FFC 因子和指数因子模型中的方向一致，且皆在 1% 的水平下显著。其中，SMB 和 UMD 的因子暴露为正，说明平均而言，样本基金倾向于购买小盘股和追逐股票的价格趋势；HML 的因子暴露为负，表明样本基金倾向于购买成长型股票。这与我国小盘股多表现为成长股的现象相一致。

表 3 与表 2 的结论基本一致，但在各模型中，净 alpha 的数值会增大，说明规模大的基金会获得更大的收益。对于 FFC 因子，所有模型中的净 alpha 皆为正且显著，并且随着因子控制数量的增加，数值大小和显著性下降。对于指数因子，所有模型中的净 alpha 皆不显著。这说明，使用 FFC 因子所获得正 alpha 收益来源于被动指数的 alpha——基准的选择会影响我们对业绩的评估。

我们也使用了中证 1000 与中证 200 之差替代 SMB，中证 800 替代 HS300，结果稳健。总而言之，相对于比较基准，样本基金整体并不具有管理能力。

以上实证结果有别于王珏和张新民（2013）与赵胜民、闫红蕾和张凯（2016）的结论。前者指出，对我国主动型股票基金运用三因子和四因子模型的结果无显著差异，而我们的结果表明，在四因子模型中，UMD 的因子暴露显著，且四因子净 alpha 较三因子明显降低。与后者的区别在于，在五因子模型中，HML 并未成为冗余变量，其在等权组合中，RMW 的因子暴露在 10% 的水平下显著。

表 2 基金等权月度回报结果

	α	MKT FFC	MKT 指数	SMB FFC	SMB 指数	HML FFC	HML 指数	UMD	RMW	CMA	R^2
CAPM	0.003 7*	0.710 6***									0.786
	(1.837)	(15.728)									
CAPM	0.003 3		0.622 2***								0.675
	(1.341)		(8.900)								
FF3	0.002 7*	0.645 6***		0.144 2***		−0.308 2***					0.904
	(1.860)	(26.808)		(2.662)		(−3.928)					
FF3	0.000 4		0.660 1***		0.327 5***		−0.352 1***				0.944
	(0.371)		(31.040)		(7.401)		(−7.382)				
C4	0.001 7	0.662 1***		0.137 0***		−0.293 5***		0.139 2***			0.922
	(1.186)	(21.044)		(2.819)		(−4.383)		(4.267)			
C4	−0.000 2		0.671 5***		0.326 6***		−0.305 5***	0.088 1***			0.952
	(−0.131)		(32.113)		(6.933)		(−7.092)	(3.743)			
FF5	0.001 6	0.680 6***		0.292 6***		−0.238 6***			0.217 6*	−0.119 2	0.907
	(0.140)	(25.144)		(3.609)		(−2.911)			(1.848)	(−1.440)	
FF5	0.000 2		0.668 2***		0.347 5***		−0.382 2***		0.091 7	0.106 3	0.945
	(0.158)		(33.248)		(7.125)		(−7.308)		(1.545)	(1.506)	

续 表

	α	MKT FFC	MKT 指数	SMB FFC	SMB 指数	HML FFC	HML 指数	UMD	RMW	CMA	R^2
(1)	0.000 8	0.690 2***		0.265 7***		-0.208 2***		0.138 0***	0.138 7	-0.167 1**	0.924
	(0.612)	(20.551)		(3.797)		(-3.140)		(4.308)	(1.360)	(-2.132)	
(1)	-0.000 2		0.670 6***		0.323 1***		-0.315 4***	0.086 8***	0.000 4	0.021 9	0.950
	(-0.159)		(34.494)		(6.754)		(-5.965)	(3.434)	(0.007)	(0.295)	

注：括号内为异方差自相关稳健（HAC）的 t-统计量。***、**、* 分别代表 1%、5%、10%的显著性水平。

表 3　基金规模加权月度回报结果

加权		α	MKT FFC	MKT 指数	SMB FFC	SMB 指数	HML FFC	HML 指数	UMD	RMW	CMA	R^2
CAPM		0.004 7**	0.796 5***									0.786
		(2.171)	(15.625)									
CAPM		0.004 3		0.697 8***								0.675
		(1.585)		(8.435)								
FF3		0.004 4***	0.726 7***		0.047 1		-0.494 4***					0.925
		(2.916)	(35.708)		(0.864)		(-6.461)					
FF3		0.001 2		0.738 0***		0.342 0***		-0.415 9***				0.952
		(0.990)		(32.306)		(8.170)		(-7.745)				

续表

	MKT		SMB		HML				
C4	0.003 3**	0.745 2***	0.039 1		-0.477 9***	0.155 9			0.943
	(2.371)	(31.396)	(0.810)		(-7.413)	(5.216)			
C4	0.000 5	0.751 0***		0.341***		0.100 0***			0.958
	(0.415)	(42.126)		(7.840)		(4.381)			
FF5	0.003 1**	0.767 3***	0.240 4***		-0.377 0***		0.250 7**	-0.227 5***	0.934
	(2.221)	(25.103)	(3.302)		(-5.058)		(2.198)	(-2.875)	
FF5	0.001 0	0.754 2***		0.397 4***			0.109 2*	-0.060 6	0.953
	(0.887)	(31.350)		(8.586)			(1.805)	(-0.875)	
(1)	0.002 3*	0.777 8***	0.210 3***		-0.343 1***	0.153 6***	0.162 8*	-0.280 9***	0.952
	(1.824)	(31.517)	(3.426)		(-5.828)	(5.615)	(1.687)	(-3.658)	
(1)	0.000 6	0.757 2***		0.366 4***	-0.287 5***	0.110 4***	-0.007 0	-0.168 0**	0.960
	(0.540)	(39.136)		(8.459)	(-4.968)	(4.256)	(-0.112)	(-2.287)	

注：括号内为异方差自相关稳健（HAC）的 t-统计量。***、**、* 分别代表1%、5%、10%的显著性水平。

2. 剔除小盘股

由于我国 IPO 制度的限制，一些预上市企业通过反向兼并已上市企业，获得其控股权完成上市，这些被兼并的已上市企业被称为"壳"。在我国，"壳"的选择主要为小市值上市公司。因此，为了避免因子模型中的因子收益受到"壳价值"的扭曲，构建模型时应剔除这些小市值股票。基于此，本部分将尝试检验净 alpha 收益是否会受到小盘股的影响。我们使用中信 100 和中信 200 构建 SMB 和 HML，以剔除"壳"的影响。回归模型为六因子模型，结果如表 4 所示。

表 4 剔除小盘股的回归结果

α	MKT	SMB	HML	UMD	RMW	CMA	R^2
等权							
0.001 2	0.639 2***	0.336 0***	-0.261 3***	0.112 7***	-0.224 3***	-0.115 7	0.929
(0.877)	(27.808)	(3.954)	(-4.279)	(3.648)	(-2.839)	(-1.386)	
加权							
0.002 1	0.722 5***	0.381 7***	-0.251 4***	0.135 5***	-0.243 5***	-0.302 4	0.942
(1.561)	(32.369)	(4.515)	(-3.967)	(4.110)	(-2.689)	(-3.868)	

注：括号内为异方差自相关稳健（HAC）的 t-统计量。***、**、*分别代表1%、5%、10%的显著性水平。

由表 4 中可见，实证结果与表 2 和表 3 基本一致，对于等权和加权，净 alpha 在统计意义上并不显著。此外，我们也分别尝试使用中证 500 与中证 200 构建 SMB、中证 800 价值和中证 800 成长构建 HML，结果仍保持稳健。

3. 至少成立五年的基金

一般而言，基金的运营时间越长，其业绩受运气因素的影响越小，评估结果越稳健。在基金样本中，有半数以上的基金于 2015 和 2016 年成立，相对运营时间较短。因此，我们选择至少成立五年的基金——即以更严格的标准——进行业绩评估。回归模型为六因子模型，因子使用指数因子。结果如表 5 所示。相比于表 2 和表 3，净 alpha 皆有所下降，且在统计意义上不显著。

表 5 至少成立五年的基金的回归结果

α	MKT	SMB	HML	UMD	RMW	CMA	R^2
等权							
-0.000 9	0.755 7***	0.372 9***	-0.317 8***	0.107 5***	-0.047 0	-0.147 2*	0.958

续 表

α	MKT	SMB	HML	UMD	RMW	CMA	R^2
(−0.774)	(32.360)	(7.604)	(−5.485)	(3.417)	(−0.690)	(−1.948)	
α	MKT	SMB	HML	UMD	RMW	CMA	R^2
加权							
0.000 4	0.785 3***	0.382 1***	−0.284 4***	0.124 1***	−0.010 3	−0.214 4***	0.957
(0.748)	(32.209)	(8.279)	(−4.623)	(4.230)	(−0.147)	(−2.749)	

注：括号内为异方差自相关稳健（HAC）的 t-统计量。***、**、*分别代表1%、5%、10%的显著性水平。

综合以上实证分析结果，我们并未获得样本基金整体存在净 alpha 收益的证据。但是，此结论可能源于部分表现较差的基金掩盖了业绩优异的基金。接下来，我们将尝试对业绩表现优异的基金进行识别。

四、对业绩表现优异的主动型股票公募基金的识别

在本部分，我们选择至少成立五年的基金进行检验，以更严格的标准评价基金业绩，回归模型为四因子和六因子模型，因子使用指数因子。

（一）Bootstrap 抽样分布比较

我们使用 Fama 和 French（2010）中的 Bootstrap 方法，比较基金的 t（alpha）分布（样本实际分布）和在原假设下通过 10 000 次 Bootstrap 抽样的分布。其中，原假设为：

H_0：$alpha_i=0$，$i \in I$，I 为样本基金的集合。

与 Fama 和 French（2010）的不同之处在于，我们使用定态自我重抽样（stationary bootstrap）的方法获得抽样分布。定态自我重抽样以区块（block）的方式抽取样本，每个区块包含的样本数量服从参数为 q 的几何分布，$1/q$ 代表了区块的期望长度。因此，这种方法除了可以保留基金的横截面特征外，也保留了基金在时间上的依存性或自我相关性。

为了对整体分布有一个直观了解，我们分别计算了在不同百分位处的抽样分布 t（alpha）统计量的平均值、实际分布的 t（alpha）统计量，以及前者小于后者的比例，如表 6 所示。四因子与六因子模型的抽样分布相似，但由于后者自由度低于前者，所以，后者的分布较前者呈现厚尾特征。从右尾的百分位看，实际 t（alpha）统计量大于抽样 t（alpha）统计量的平均值，这说明，与基准相比，存在业绩表现优异的基金。同理，从左尾的百分位看，也存在缺乏业绩表现较差的基金。图 1 对四因子模型的实际和抽样 t（alpha）统

计量的 CDF 做了直观展示。

表6 实际 t(alpha) 估计量与抽样 t(alpha) 估计量的平均值的比较

百分位	四因子			六因子		
	抽样$\hat{t}(\alpha)$平均值	实际$\hat{t}(\alpha)$	抽样<实际(%)	抽样$\hat{t}(\alpha)$平均值	实际$\hat{t}(\alpha)$	抽样<实际(%)
1	-2.45	-3.21	8.79	-3.13	-3.13	12.58
2	-2.16	-2.96	6.98	-2.58	-2.89	9.87
3	-1.98	-2.63	10.71	-2.30	-2.51	15.53
4	-1.84	-2.39	13.59	-2.11	-2.29	18.80
5	-1.73	-2.29	12.96	-1.96	-2.15	19.90
10	-1.35	-1.78	18.33	-1.49	-1.69	23.88
20	-0.90	-1.10	32.43	-0.97	-1.13	30.43
30	-0.58	-0.68	40.26	-0.61	-0.64	44.52
40	-0.31	-0.33	48.00	-0.31	-0.31	49.18
50	-0.06	0.06	60.34	-0.03	0.03	58.64
60	0.19	0.38	67.49	0.24	0.40	68.55
70	0.45	0.74	75.42	0.53	0.72	74.11
80	0.76	1.19	84.32	0.87	1.19	83.35
85	0.95	1.44	86.89	0.98	1.41	84.72
90	1.19	1.90	94.29	1.35	1.83	91.56
95	1.54	2.70	98.95	1.77	2.63	98.63
96	1.65	2.99	99.64	1.89	2.80	98.94
97	1.77	3.12	99.59	2.05	3.00	99.21
98	1.94	3.47	99.87	2.28	3.25	99.35
99	2.20	3.86	99.91	2.70	3.67	99.62

数据来源：Wind。

(二) Step-SPA (k) 检验

本部分使用 Step-SPA (k) 检验（Hsu, Kuan 和 Yen, 2014）识别表现优异的基金，其所对应的原假设为：

$$H_0: alpha_i \leq 0, \ i \in I$$

Step-SPA (k) 中的 k 表示以"至少有 k 个错误拒绝"来定义错误率，其检验的基本思路是在逐步检验中持续控制"总体错误率"（familywise error

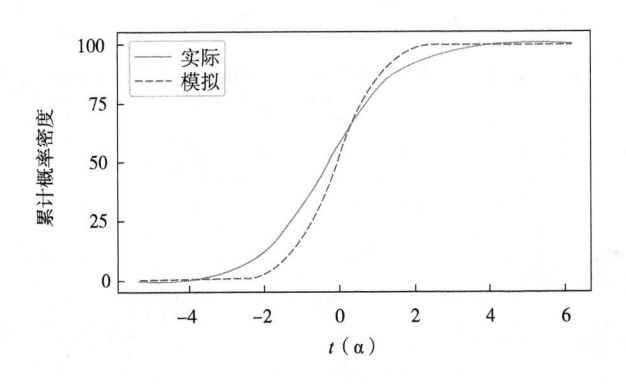

图1 至少成立五年基金的四因子模型结果

数据来源：Wind。

rate，FWER）——至少有 k 个错误拒绝原假设的概率——不超过某个显著水平。逐步（stepwise）检验表现为：若在检验的第一阶段，被拒绝的假设数量小于 k，则检验结束；反之，则对未拒绝的假设继续进行下一阶段的检验，直至不再有原假说被拒绝。基于此思路，可以将临界值定义为：

$$c(1-\alpha, k, P) := \inf\{x: P(kmax_{i \in S} t_i x) \geq 1-\alpha\}$$

其中，$k_{max}(x)$ 定义为 x 序列中第 k 大的数值；t_i 为假设 i 的检验统计量；S 为假设为真的集合，α 为显著性水平；P 为概率分布。简言之，$c(1-\alpha, k, P)$ 为在概率分布 P 下，$k_{max i \in S} t_i$ 的 $1-\alpha$ 分位数。这样设定可以控制 FWER（k）在显著性水平 α 之下。

然而，现实中，概率分布 P 和假设为真的集合是不可知的。基于 Romano 和 Wolf（2007），我们使用 Bootstrap 抽样方法估计概率分布 P。在具体操作中，将根据最不利的状态，即 $H_{0,i}: alpha_i = 0$，$i \in I_0$ 得到统计量在原假设下的分布。并且，利用所有假设的集合计算临界值，这是一种保守的做法，因为真实假设的集合是所有假设集合的子集，所以，基于前者计算的临界值不会大于后者。需要注意的是，当检验进行到第二阶段后，计算临界值的集合除了未被拒绝的假设外，还应加入被错误拒绝的假设。但是，有哪些假设被错误拒绝是不可知的，一个保守的做法是对所有可能的假设集合计算临界值，并取其中的最大值。具体而言，假设有 R 个假设被拒绝，那么，其中至多会有 $k-1$ 个假设为真，从 R 中取出 $k-1$ 个假设与未被拒绝的假设相并，则构成了一个可能的集合。所有可能的集合数量为 $\binom{R}{k-1}$，令 M 为所有可能组合的集合，则 $|M| = \binom{R}{k-1}$，第 h（$h>1$）阶段检验的临界值定义为：

$$\hat{c}_h = \max_{m \in M} \{\hat{c}_K(1-\alpha, k): K = m \cup I_h\}$$

I_h 表示在 h 检验阶段未被拒绝的假设的集合。

令 k 分别为 1 和 3，表 7 列出了四因子和六因子模型的 Step-SPA（k）检验结果。k 值增加，拒绝原假设的基金数量增加。对于四因子模型，当 $k=1$ 时，有 97 只基金的四因子-净 alpha 显著为正，占比为 12.86%；当 $k=3$ 时，可以找到 100 只基金，占比 13.26%。对于六因子模型，六因子-净 alpha 显著为正的比例分别为 10.48% 和 11.67%。

表 7　Step-SPA（k）检验结果

	拒绝原假说的基金数量	占比
四因子-净 alpha		
$k=1$	97	12.86%
$k=3$	100	13.26%
六因子-净 alpha		
$k=1$	79	10.48%
$k=3$	88	11.67%

注：样本基金数量为 754 只，检验的显著性水平（FWER）为 5%，占比为拒绝原假设的基金数量与所有基金数量的比值。

Hsu 等（2014）指出，在 Step-SPA（k）检验中被错误认定的基金通常是表现接近大盘的基金，所以，适当放宽 k 的取值，可以增加选到好基金的可能性。基于此，接下来我们以 Step-SPA（3）的结果进行分析。

在六因子和四因子模型中表现优异的基金月平均回报的均值分别为 1.29%（年化 15.57%）和 1.30%（年化 15.62%），显著高于所有样本的月平均回报 0.91%（年化 10.86%）。两者所对应的月平均回报的标准差分别为 4.84% 和 4.91%，显著低于所有样本的月平均回报的标准差 6.72%，说明表现优异的基金回报的波动性更小。

表 8 列出了表现优异的基金的规模分布，表现优异的基金相对于样本基金平均规模更大。Logit 模型的回归结果也表明了这一特征。此外，由表 9 可见，基金的业绩与总费率（管理费率与托管费率之和）之间存在显著负相关关系，与 Dellva 和 Olson（1998），Elton、Gruber 和 Blake（2003）以及江菲（2012）等的研究结果相一致。

表 8　Step-SPA（3）检验所识别基金的规模　　（单位：百万）

	均值	最小值	最大值	中位数	25%	75%	10%	90%
四因子 Step-SPA（3）	2 045.60	3.81	18 644.57	633.48	213.18	2 423.46	74.48	5 212.09
六因子 Step-SPA（3）	2 198.79	7.86	18 644.57	646.78	213.18	2 838.10	80.20	6 137.61
全样本	1 300.97	1.49	20 529.30	568.03	169.15	1 531.52	68.49	3 302.97

注：全样本共有 754 只基金。

表 9　Logit 模型回归结果

规　模	总费率
1.602 4***	-2.600 3***
(4.048)	(-5.824)

注：全样本共有 754 只基金。基于四因子 Step-SPA（3）的结果。***、**、* 分别代表 1%、5%、10%的显著性水平。

五、结论

本文以 2009 年 12 月 31 日至 2019 年 12 月 31 日期间的主动型股票公募基金为研究对象，识别业绩表现优异的基金。

首先，样本基金整体的净 alpha 与 0 无显著差异，即不存在管理能力。虽然使用 FFC 因子时存在净 alpha 显著为正的情况，但该 alpha 收益来源于被动指数本身。在使用指数因子进行调整后，基金整体并未实现显著高于比较基准的净收益。剔除小盘股"壳价值"污染的影响后，上述结论不变。该结论对成立五年以上的基金也同样稳健。

其次，就基金个体而言，当使用 Bootstrap 抽样比较样本基金在原假设下的 t（alpha）分布和实际 t（alpha）分布后，发现存在一部分头部基金表现优异。Step-SPA（k）检验表明，当控制至少出现 3 个错误的 FWER 为 5%时，有 13.26%的基金四因子-净 alpha 显著为正，有 11.67%的基金六因子-净 alpha 显著为正。这些基金具有相对规模较大和费率（管理费和托管费之和）较低的特征，可以作为投资者构建投资组合的参考。

综上所述，虽然主动型股票基金整体净 alpha 收益不显著，但是其中有大约 12%的基金表现优异。由于基金业绩还受交易成本和基金经理特质等因素的影响，而本文的绩效评估方法未考虑上述因素，故未来或可在交易策略的获利能力、基金因子模型的预测能力等课题上做更深入的研究。

参考文献：

[1] 程建华,孙阳. 证券投资基金业绩评价实证研究:DEA 法与传统指数的碰撞[J]. 铜陵学院学报,2019(18):3-8,43.

[2] 冯憨,王岚. 我国开放式基金业绩问题研究综述[J]. 经营与管理,2013(05):72-77.

[3] 江菲. 我国开放式基金的运营费用与基金业绩实证研究[J]. 华东经济管理,2012,26(2):158-160.

[4] 廖海波. 证券投资基金战胜市场的能力之实证研究:基于 Fama-French 模拟的检验[J]. 宜宾学院学报,2015(15):79-83.

[5] 林兢,陈树华. 我国开放式基金业绩持续性、经理选股和择时能力:基于 2005—2009 数据[J]. 经济管理,2011(33):132-138.

[6] 罗荣华,兰伟,杨云红. 基金的主动性管理提升了业绩吗?[J]. 金融研究,2011(10):127-139.

[7] 邱梦圆,许林,钱淑芳. 中国股票型基金经理投资业绩评价研究[J]. 金融论坛,2015(20):53-67.

[8] 申宇,吴玮. 明星基金溢价效应:"高技术"还是"好运气"?[J]. 投资研究,2011(30):116-125.

[9] 隋晓燕,王静静,张黎明. 基于因子分析的证券投资基金绩效分析[J]. 市场观察,2018(09):66-67.

[10] 唐涯,刘玉珍,杨逸. 中国基金业绩中的运气:来自 FDR 方法的证据[J]. 金融学季刊,2014(8):149-170.

[11] 王珏,张新民. 基于 bootstrap 分析方法的我国基金经理选股能力研究[J]. 中国软科学,2013(11):139-150.

[12] 徐龙炳,顾力绘. 基金经理逆境投资能力与基金业绩[J]. 财经研究,2019(45):127-139.

[13] 赵胜民,闫红蕾,张凯. Fama-French 五因子模型比三因子模型更胜一筹吗:来自中国 A 股市场的经验证据[J]. 南开经济研究,2016(02):41-59.

[14] 庄惠菁,管中闽. 共同基金卓越绩效的认定与评估:新逐步鉴定法的应用[J]. Review of securities and futures markets,2020(32):1-32.

[15] ANDRIKOGIANNOPOULOU A, PAPAKONSTANTINOU F. Reassessing false discoveries in mutual fund performance:skill, luck, or lack of power? [J]. Journal of finance (John Wiley & Sons, Inc.),2019,74 (05):2667-2688.

[16] BARRAS L, SCAILLET O, WERMERS R. False discoveries in mutual fund performance: measuring luck in estimated alphas[J]. Journal of finance (John Wiley & Sons, Inc.),2010, 65 (01):179-216.

[17] BERK J B, VAN BINSBERGEN J H. Measuring skill in the mutual fund industry[J]. Journal of financial economics,2015,118 (01):1-20.

[18] CARHART M M. On persistence in mutual fund performance [J]. Journal of finance

(Wiley-Blackwell),1997,52（01）:57-82.

[19] CREMERS M, PETAJISTO A, ZITZEWITZ E. Should benchmark indices have alpha? [D]. Cambridge: Yale School of Management's International Center for Finance:1-52.

[20] DELLVA W L, OLSON G T. The relationship between mutual fund fees and expenses and their effects on performance[J]. Financial review,1998.

[21] ELTON E J, GRUBER M J, BLAKE C R. Incentive fees and mutual funds[J]. The journal of finance,2003,58（02）:779-804.

[22] FAMA E F, FRENCH K R. A five-factor asset pricing model[J]. Journal of financial economics,2015,116（1）:1-22.

[23] FAMA E F, FRENCH K R. Luck versus skill in the cross-section of mutual fund returns [J]. The journal of finance,2010,（05）:1915-1947.

[24] FAMA E F, FRENCH K R. The cross-section of expected stock returns[J]. Journal of finance (Wiley-Blackwell),1992,47（02）:427-465.

[25] HSU Y C, KUAN C M, YEN M F. A generalized stepwise procedure with improved power for multiple inequalities testing[J]. Journal of financial econometrics,2014,12（04）:730-755.

[26] KOSOWSKI R, TIMMERMANN A, WERMERS R, et al. Can mutual fund "stars" really pick stocks? new evidence from a bootstrap analysis [J]. Journal of finance (Wiley-Blackwell),2006,61（06）:2551-2595.

[27] LIU J, STAMBAUGH R F, YUAN Y. Size and value in China[J]. Journal of financial economics,2019,134（01）:48-69.

[28] POLITIS D N, ROMANO J P. The Stationary Bootstrap[J]. Journal of the american statistical association,1994,89（428）:1303-1313.

[29] ROMANO J P, WOLF M. Control of generalized error rates in multiple testing[J]. The annals of statistics,2007,35（04）:1378-1408.

[30] STOREY J D. A direct approach to false discovery rates[J]. Journal of the royal statistical society: series B (Statistical Methodology),2002,64（03）:479.

[31] TREYNOR J L, MAZUY K K. Can mutual funds outguess the market? [J]. Harvard Business Review,1966,44（04）:131-136.

[32] WHITE H. A reality check for data snooping[J]. Econometrica,2000,68（05）:1097-1126.

职业教育对劳动者教育回报的影响

周敏丹　刘　烨*

摘要：教育回报是个人和家庭进行教育决策的重要参考因素，在国家职业教育改革的背景下，通过分析职业教育与普通教育的教育回报差异，有利于进一步探究职业教育的优劣势以及目前存在的问题，对明晰改革方向和具体方案具有重要意义。本文通过细化职业教育类型和劳动者类型，对劳动者教育回报进行定量分析后认为，受教育程度与教育回报正相关，中等职业教育相较于普通高中教育的教育回报更高，高等职业教育相较于大学本科的教育回报更低，因此，未来职业教育的改革应该关注职业教育的升学路径问题，切实提高职业技能与市场需求的匹配程度，提高职业教育作为教育选项的优势。

关键词：职业教育；普通教育；教育回报

一、引言

改革开放至今，职业教育为我国经济社会发展培养了大量人力资本，职业教育人才为国家发展和现代化建设做出了突出贡献。近年来，随着高等教育扩招、产业结构调整以及国际经济形势的变化，职业教育发展面临新的战略选择。作为技能型劳动者获取技能的主要渠道，职业教育的发展应当与经济、社会对人才的需求充分匹配和接轨。2019年，《国家职业教育改革实施方案》明确要求，要"大幅提升新时代职业教育现代化水平，为促进经济社会

---

* 周敏丹，中国政法大学商学院副教授；刘烨，中国政法大学商学院经济学专业本科生。

发展和提高国家竞争力提供优质人才资源支撑"①。"十四五"规划纲要提出：实施扩大中等收入群体行动计划，以高校和职业院校毕业生、技能型劳动者、农民工为重点，不断提高中等收入群体比重。

教育作为影响未来职业的重要因素，其改革进程将对整体教育格局产生深远影响。在我国教育改革的历程中，政府财政大幅倾向支持高等教育和普通高中教育，相比之下，中等职业教育的财政占比明显偏低。现阶段我国面临着普职比（普通高中与职业教育在校生的比例）失衡的结构性问题，该问题一方面源于高等教育的扩招对职业教育造成挤压效应，多数家庭是由于升学失败导致被迫接受职业教育，另一方面，当前的社会认知将职业教育定位为收入水平低、就业机会差的教育类型，认为教育投入的成本收益不匹配。随着经济的发展，劳动力市场对劳动者的技能水平和教育水平提出了更高的要求，产业结构转型升级使得职业教育对个人人力资本提升的影响较为有限，职业教育的文凭在劳动力市场的就业竞争中不占优势。解决职业教育的困境需要多管齐下。教育的成本收益是否相匹配，是家庭做出教育投资决策的重要考量因素，研究不同教育类型的回报差异，对明晰职业教育的未来发展方向具有重要意义，提升职业教育的质量更是将"人口红利"转向"人才红利"的关键。

二、理论基础与文献综述

按照传统经济理论，经济的发展主要依靠物质生产资料和"同质"的劳动力，决定经济增长速度的是劳动力数量而非劳动力质量，且传统经济理论尤为重视土地、自然资源、劳动力数量的作用，忽视了人力资本质量提升对于国民经济增长的贡献。20世纪60年代，美国经济学家舒尔茨和贝克尔创立了人力资本理论，该理论的核心思想包括：第一，否定古典经济学中劳动同质的观点，认为人力资本具有异质性。第二，人力资本包括量与质两个方面，量注重劳动者的劳动时间，质则更加关注劳动者的知识储备、技能素养以及创造力等方面，具有个性化特点。第三，舒尔茨将人力资本分为医疗和保健，在职人员培训，正式建立起来的初等、中等和高等教育，非企业组织为成年人举办的学习项目包括农业的技术推广项目，个人和家庭适应于变换就业机会的迁移。第四，人力资本的积累是社会经济增长的源泉。第五，教育是使个人收入的社会分配趋于平等的因素（江涛，2008）。教育、职业培训作为人力资本投资的主要方式，对教育回报具有不容忽视的重要影响（綦林溪，2022）。

人力资本理论提出后，美国经济学家明瑟构建了关于劳动者的工资收入

---

① 国务院关于印发国家职业教育改革实施方案的通知 [R]. 中华人民共和国国务院公报, 2019, 1653 (06): 9-16.

与受教育年限、工作经验等变量之间关系的数理经济模型（綦林溪，2022），估计了受教育年限和工作经验这两种不同人力资本对劳动者收入的影响，发现了工作收入的对数值与受教育水平、工作经验及其二次项等变量之间的函数关系，现已成为目前衡量教育回报差异的重要基础（Mincer，1974）。

目前，国内关于职业教育回报的研究多聚焦于不同教育类型对教育回报的影响和职业教育的教育回报率；对少数细化职业教育群体的研究，则多聚焦于农村劳动力群体。王姣娜（2016）利用第三轮中国城市劳动力调查数据，估计教育类型对于劳动力市场回报的影响，得出职业教育毕业生在初次就业方面更具优势，普通教育毕业生在就业流动中体现出更强的适应性，两者在职业生涯的前后期回报率也表现出不同优势的结论。陈技伟等（2022）基于1995—2013年城镇住户调查数据，发现高校扩招后中等职业教育毕业生的收入随世代而变化。陈钊等（2015）基于中国家庭收入调查（CFPS）的成人问卷数据，分析了职业教育回报的空间差异。祁占勇等（2021）利用中国家庭收入调查（CFPS）数据，探究了职业教育对于促进农村劳动力增收的影响。胡新等（2022）基于中国劳动力动态调查（CLDS）的成人问卷数据，分析了职业教育回报的类型差异，发现职业培训能有效帮助最高学历为高中的劳动者提高收入水平。

上述研究虽然从不同角度考察了职业教育的教育回报率，但并未涉及不同层次职业教育的回报率是否具有差异这一问题，鉴于此，本文将在考察职业教育对劳动者教育回报影响的基础上，进一步将职业教育类型和劳动者受教育类型进行细化，分别考察不同类型职业教育以及职业教育与普通教育的教育回报率差异。其中，本文将职业教育细化为中等职业教育和高等职业教育，根据既有文献所用受教育年限分类法（陆万军、张彬斌，2021），中等职业教育包括职业高中、中专以及技校，高等职业教育包括大专；根据教育层级的可比性，既有文献大多认为中等职业教育与普通高中教育具有同等学力，高等职业教育（即大专）与本科具有同等学力（李政云、欧阳河，2003；周敏丹，2021）。因此，本文首先在基准回归方程中针对不同受教育类型劳动者的教育回报率进行整体回归；并在此基础上，将接受职业教育的劳动者细化分类，分别与接受普通高中教育和本科教育的劳动者的教育回报率进行对比分析，探究不同类型教育的教育回报率的差异。

本文的创新之处在于，将劳动者样本进一步细化，根据国家统计局颁布的最新产业划分标准，将受访者按其所处行业划分为第一产业劳动者、第二产业劳动者、第三产业劳动者，进行分组回归，进一步探究中等职业教育与普通高中教育的教育回报率差异是否因为劳动者所在产业的不同而有所区别，高等职业教育与本科的教育回报差异是否因为劳动者所在产业的不同而有所区别。此外，本文还将受访者按照所处职业划分为高技能劳动者、低技能劳动者，进一步分析中等职业教育与普通高中教育的教育回报率差异，是否因为劳动者从事职业类型的不同而有所区别，高等职业教育与本科的教育回报率差异是否因为劳动者从事职业类型的不同而有所区别。

三、数据、变量与模型设定

（一）数据来源

本文的数据来源于2018年中山大学中国劳动力动态调查（CLDS）数据，该数据库自2012年起，平均每两年开展一次对中国大陆地区劳动力多方面、深层次的动态调查，采取与基数劳动力规模成比例的概率抽样方法，对所采样本进行轮换追踪，这一抽样方式能够更好地解决我国人员流动变迁较大导致的样本不稳定问题，而且追踪调查保证数据库中包含长达7年的样本动态连续统计，进一步确保了数据的连续性和稳定性。该数据库重点关注劳动力的现状及其变迁情况，其中覆盖了多个衡量维度，如教育、变迁、健康、工作等，为社会学科研究社会结构、劳动力及其家庭的变化与相互影响提供了涵盖29个省、自治区、直辖市具有全国代表性的样本数据。

本文以CLDS数据中的工资收入作为衡量教育回报的指标，以样本接受教育的年限为标准，将其划分为不同阶段的受教育类型，保留工作经验、性别、户籍、婚姻状况等多项可能会对样本收入状况产生影响的变量，设置为虚拟变量后进行明瑟方程回归，根据其结果，分析受教育程度对劳动者教育回报的影响。

（二）变量说明

1. 被解释变量

个人的工资性收入为教育回报最重要、最直观的衡量指标。借鉴已有文献（陈伟、乌尼日其其格，2016）对被调查者收入的处理方法，将被调查者的实际年收入进行平减、对数化处理后，作为职业教育回报率的衡量标准。

2. 解释变量

（1）受教育类型。根据CLDS数据库所搜集的个体信息，本文选择受访者的最高学历、从事职业等维度对调查人群进行分类。根据被调查者的最高学历将样本划分为以下四类：初中及以下（包括未上过学、小学或私塾和初中）、普通高中、职业教育（包括职业高中、技校、中专及大专）、本科及以上（包括本科、硕士及博士）（祁占勇，2021）。

（2）劳动者职业类型。本文以受访者的职业类别为区分标准，将劳动者从事的职业划分为高技能职业和低技能职业两种类型。其中，高技能职业包括国家机关党群组织、企事业单位负责人、专业技术人员、办事人员和有关人员以及行政办公管理人员，其余为低技能职业（柏培文、张云，2021）。

（3）劳动者所处产业类型。本文以劳动者所处行业类型为标准将其归入第一产业、第二产业和第三产业。

（4）控制变量。个人年总收入不仅受到上述核心变量的影响，为保证计量结果的准确性，本文还将选取年龄、性别、婚姻、户口类型、健康程度、工作经验及其平方等作为控制变量。根据明瑟方程和既有研究的处理方式，本文将工作经验视为年龄减去受教育年限减去6（未开始接受教育的幼儿年龄）。更加具体的变量说明详见表1。

表 1 指标变量一览表

变量类型	变量符号	变量名称	变量含义
被解释变量	ln_wage	总收入（元）	受访者2017年的年总收入对数化处理
核心解释变量	edu	受教育类型1	以最高学历为标准将受访者划分为不同教育类型组。初中及以下（未上过学、小学/私塾、初中）=0；普通高中教育=1；职业教育（职业高中、中专、技校、大专）=2；本科及以上（本科、硕士、博士）=3
	edu_sort	受教育类型2	将受教育类型1细化，初中及以下（未上过学、小学/私塾、初中）=0；普通高中教育=1；中等职业教育（职业高中、中专、技校）=2；高等职业教育（大专）=3；本科=4；研究生（硕士、博士）=5
	industry	产业类型	第一产业=0；第二产业=1；第三产业=2
	career_group	职业类型	根据受访者职业代码，将受访者职业划分为不同技能类型职业。低技能职业=0；高技能职业=1
控制变量	gender	性别	男性=1；女性=0
	native	本地人	本地人=0；非本地人=1
	household	户籍	农业户口=1；非农业户口=0
	health	健康状况	健康、非常健康=1；一般、比较不健康、非常不健康=0

续　表

变量类型	变量符号	变量名称	变量含义
控制变量	marriage	婚姻状况	处于婚姻状态=1；非婚姻状态=0
	agenew	年龄（岁）	受访者的年龄
	expnew	工作经验1	受访者的工作经验
	expnew2	工作经验2	受访者的工作经验的平方
	province	地区	按所处省份将受访者划分为西部地区、中部地区、东部地区。西部=0；中部=1；东部=2

本文将样本的年收入进行对数化处理，作为衡量劳动者教育回报的标准，其均值为9.94；受教育类型1和2的均值都较为居中，分别为0.54、0.69，说明样本的受教育程度平均达到类初中教育阶段。职业类型变量中，中低技能者偏多，总体上从事第二产业的人居多。55%的样本为男性，7%的样本为外地人，77%的样本拥有农业户口，89%的样本为在婚状态。健康状况均值为0.61，健康水平为总体偏上。年龄均值为47岁左右，样本在该年龄段一般具备较为丰富的职业经验。

表2　主要变量描述性统计

变量名	观测值	均值	标准差	最小值	最大值
ln_wage	9 972	9.94	1.289	1.609	14.914
edu	9 976	0.54	0.957	0	3
edu_sort	9 976	0.69	1.281	0	5
industry	9 976	0.88	0.898	0	2
career_group	9 976	0.12	0.328	0	1
gender	9 976	0.55	0.497	0	1
native	9 967	0.07	0.257	0	1
household	9 959	0.77	0.420	0	1
marriage	9 976	0.89	0.319	0	1
health	9 969	0.61	0.488	0	1
age	9 975	46.67	12.584	15	90
exp	9 975	32.09	15.076	0	80

(三) 模型设定

根据明瑟方程 (Mincer, 1974) 设定本文的计量模型如下：

$$Y = \alpha + \beta_0 edu + \sum \beta_{1i} X_i + \varepsilon + \gamma + \pi$$

上述基准方程中，被解释变量 Y 为职业教育回报率，利用消费者物价指数进行平减并经对数化处理后，得出受访者的实际年工资性收入对数，作为衡量教育回报率的指标。核心解释变量 edu 为受教育类型的分类变量，以初中及以下教育类型的劳动者为基准组，X_i 为其他控制变量，包括性别、户籍、健康状况、本地人、婚姻状况、工作经验、地区等，β_0 和 β_{1i} 为各解释变量系数，ε 为行业固定效应，γ 为地区固定效应，π 为随机误差项。

四、实证结果与分析

(一) 基准回归结果

1. 职业教育与普通高中教育的教育回报率的差异

为分析教育类型对受访者教育回报率的影响，本文将受访者按照教育类型，区分为初中及以下、普通高中、职业教育、本科及以上四类变量进行回归，回归结果见表3。表3第 (1) 列显示，在不添加控制变量和固定效应时，与初中及以下受教育程度相比，接受普通高中、职业教育、本科及以上教育类型受访者的收入依次递增，且具有显著差异。从教育年限和程度看，受访者群体接受的教育年限越长、教育程度越高，其未来可能获得的收入就越高。随着受教育程度的增加，劳动者所拥有的知识、技能储备更多，有利于其在劳动力市场中取得就业优势和竞争优势，从而获得更高的薪酬。

表3第 (2) 列中，在回归方程中加入性别、婚姻、户口、本地人、年龄等控制变量。可知，不同教育类型的收入差异系数在数值上有所减少，但不同教育类型教育回报率的比较结果并未发生变化，说明加入的控制变量确实会在一定程度上影响教育回报率，但不同教育类型的回报率差异仍旧不变，且依然显著。

表3的第 (3) 列进一步控制了样本所处的行业和职业，同时控制了地区固定效应。可知，不同教育类型的回报率系数进一步减小，但比较结果仍未发生变化且依然显著。具体来说，男性较之女性的收入水平显著更高，持有非农业户口样本的收入较之持有农业户口样本的收入水平更高，本地人的收入高于外地人，处于婚姻状态的样本较之处于非婚姻状态的样本收入水平更高。工作经验与收入水平呈现倒 U 形关系。因此，该回归结果进一步验证了接受不同教育类型的群体之间教育回报率具有显著差异，且职业教育较之普通高中的教育回报率更高这一结论。

表3 基准回归结果之一

	(1)	(2)	(3)
普通高中教育	0.583***	0.206***	0.0961***
	(0.038)	(0.037)	(0.036)
职业教育	1.079***	0.461***	0.249***
	(0.030)	(0.038)	(0.040)
本科及以上	1.477***	0.731***	0.498***
	(0.038)	(0.050)	(0.054)
性别		0.369***	0.318***
		(0.022)	(0.023)
户口		-0.431***	-0.181***
		(0.026)	(0.027)
本地人		0.478***	0.212***
		(0.034)	(0.033)
婚姻		0.304***	0.331***
		(0.037)	(0.036)
健康		0.292***	0.173***
		(0.023)	(0.023)
年龄		-0.00224	-0.00336
		(0.002)	(0.002)
工作经验		0.0190***	0.0242***
		(0.004)	(0.004)
工作经验二次方		-0.000566***	-0.000521***
		(0.000)	(0.000)
			(0.091)
行业固定效应	—	—	控制
职业固定效应	—	—	控制
地区固定效应	—	—	控制
常数项	9.657***	9.771***	9.741***
	(0.015)	(0.080)	(0.162)
观测值	9 972	9 947	9 947
R^2	0.146	0.300	0.407

注：括号中的数值表示稳健标准误；分别以 *、** 和 *** 代表10%、5%和1%的显著性水平。

此外，针对接受职业教育与普通高中教育群体收入的差异进行分析时，不仅需要关注受教育年限，还应充分考量在我国社会时代背景下产生的职业教育培养模式和培养方向。自 20 世纪 80 年代开始到 21 世纪初期，职业教育一直受到社会各界的广泛青睐，甚至出现读"大学"不如读"中专"的社会认知。将这一认识置入当时的时代背景进行分析则不难理解，20 世纪 80 年代正值改革开放方兴未艾之时，国家产业振兴尤其是制造业需要大量的技能型人才，就业方面的"包分配"政策使得接受职业教育的群体在毕业后拥有收入稳定的"金饭碗"，因此，人们更倾向于选择教育周期短、回报率高的职业教育。在这一阶段，我国的社会经济飞速发展，其中一个重要的原因就是职业教育培养了大批具有一技之长的技能劳动者，促使劳动密集型产业凭借"人口红利"的优势飞速发展，实现经济快速增长。

2. 细分职业教育类型的教育回报率差异

为更深入地探究职业教育对劳动者教育回报率的影响，本文将职业教育进一步分类，区分为中等职业教育和高等职业教育两个不同的教育层级，并将二者的教育回报率分别与普通高中、大学本科的教育回报率进行比较。回归结果见表 4。

表 4　基准回归结果之二

	ln_wage
普通高中教育	0.103 ***
	(0.036)
中等职业教育	0.146 ***
	(0.047)
高等职业教育	0.353 ***
	(0.048)
大学本科教育	0.507 ***
	(0.055)
本科以上教育	0.818 ***
	(0.110)
性别	0.319 ***
	(0.023)
户口	-0.174 ***
	(0.027)

续　表

	ln_wage
本地人	0.208***
	(0.033)
婚姻	0.327***
	(0.036)
健康	0.173***
	(0.023)
年龄	-0.00374
	(0.002)
工作经验	0.0253***
	(0.004)
工作经验二次方	-0.000530***
	(0.000)
常数项	9.772***
	(0.163)
行业固定效应	控制
职业固定效应	控制
地区固定效应	控制
观测值	9 947
R^2	0.408

注：括号中的数值表示稳健标准误；分别以 *、** 和 *** 代表10%、5%和1%的显著性水平。

由表4可知，整体上，教育回报率与受教育程度呈显著正相关的关系。与受教育程度为初中及以下的样本相比，受教育程度为普通高中的样本教育回报率高10.3%，受教育程度为中等职业教育的样本教育回报率高14.6%，接受高等职业的样本教育回报率高35.3%，受教育程度为本科的样本教育回报率高50.7%，受教育程度为研究生的样本教育回报率高81.8%。由此可知，在细化职业教育类型后，不同教育类型的受访者的教育回报率会因其教育类型、受教育程度的不同而产生显著的教育回报率差异。整体上，教育回报率随受教育程度的提高而有所提高，因此接受更高层次的教育仍然是众多家庭提高教育成本收益比的主要途径。

此外，中等职业教育与高等职业教育在与其具有相同受教育年限的普通教育进行比较时呈现出不同的结果。中等职业教育较之普通高中教育在劳动力市场中更具有竞争优势,而高等职业教育与大学本科之间的比较结果则相反。这一结论表明,在所需受教育程度不高的劳动力市场中,如一些低技能或劳动密集型行业,职业教育"专科技术培训"的培养方式更有利于劳动者掌握一些能够快速应用到岗位上的实践技能,以更快地适应岗位要求,提高收入水平。而对于一些高技能或资本、技术密集型行业,高等职业教育与本科教育相比显然没有竞争优势,其整体薪资低于本科及以上受教育水平。在高考扩招这一制度背景下,也就不难理解为何更多的家庭愿意将孩子送上"千军万马过独木桥"的人生旅途了。

(二)稳健性检验

1. 不同产业的分组回归

根据国家统计局发布的《三次产业划分规定》,这里将全部样本划分为第一产业、第二产业和第三产业,考察在不同产业中,基准回归结果的稳健性(见表5)。在表5第(1)列的第一产业子样本回归中,基准回归结果发生了较大变化。在不同类型的受教育程度中,回归结果除本科阶段受教育程度对收入水平在1%的水平上显著外,其余受教育程度对收入的影响均不显著。可能的原因是,第一产业为农林牧渔业,多为对知识和技能要求较低的劳动密集型产业,对于劳动者的受教育程度要求并不高,这也使得收入水平不会随着受教育程度的提高而逐步提高。表5第(2)列和第(3)列的回归结果与表4的结果基本一致,验证了基准回归的稳健性。

表5 不同产业的分组回归

	第一产业	第二产业	第三产业
普通高中教育	0.111	0.125*	0.136***
	(0.074)	(0.065)	(0.048)
中等职业教育	-0.107	0.195***	0.249***
	(0.194)	(0.068)	(0.057)
高等职业教育	0.432	0.581***	0.474***
	(0.349)	(0.062)	(0.056)
本科	0.551*	0.728***	0.675***
	(0.305)	(0.077)	(0.065)
硕士和博士	0	1.612***	1.034***
	(.)	(0.266)	(0.112)
常数项	9.552***	9.658***	9.699***

续 表

	第一产业	第二产业	第三产业
	(0.198)	(0.133)	(0.109)
观测值	4 693	1 773	3 481
R^2	0.122	0.228	0.200

注：括号中的数值表示稳健标准误；分别以 *、** 和 *** 代表 10%、5% 和 1% 的显著性水平。表格控制了性别、户籍、是否本地人、婚姻状况、健康状况、年龄、工作经验及其平方等变量。

2. 不同技能类型的分组回归

借鉴既有文献思路（李晓曼，2019），按照我国职业代码表，将代码为 1xxxx～3xxxx 的职业定义为高技能职业，其余为低技能职业，进行不同职业技能分组，验证基准回归结果的稳健性，结果如表 6 所示。由表 6 第（1）列可知，在低技能子样本中，不同受教育程度的教育回报率依次提升，与基准回归结果基本一致；而表 6 第（2）列的高技能子样本回归结果显示，中等职业教育的回归系数（0.186）小于普通高中教育的回归系数（0.228），高等职业教育的回归系数（0.500）小于大学本科的回归系数（0.663）。这一结果表明，在对知识和技能要求更高的高技能行业，与普通高中具有同等学力的中等职业教育回报率并不具有竞争优势，这可能是因为在高技能行业中，除了对劳动者掌握的专业技能具有较高要求外，对劳动者的知识和技能转化能力、问题解决能力和创造力等方面也都具有较高要求；而与具有通识性教育特征的普通高中相比，中等职业教育虽然具有较强的技能专业性，但在上述能力提升方面并没有太多竞争优势。此外，与大学本科教育具有同等学力的高等职业教育回报率也明显偏低，这进一步表明，高技能行业更加青睐那些接受了具有通识性特征的普通教育类型的毕业生。随着我国经济和科技的进一步发展，人工智能技术将替代大量低技能工作岗位，也将创造更多与之互补的高技能工作岗位，这就对高技能劳动者的技能类型提出了更高的要求。与之相伴的是，我国的教育体制改革需要适应劳动力市场需求的变化，大力发展具有跨学科、多元化、通识性特征的普通教育，培养更多能够适应产业结构转型升级要求的高技能、通用型人才。

表 6　不同技能类型的分组回归

	低技能职业	高技能职业
普通高中教育	0.162 ***	0.228 **
	(0.040)	(0.093)

续 表

	低技能职业	高技能职业
中等职业教育	0.258***	0.186*
	(0.055)	(0.098)
高等职业教育	0.526***	0.500***
	(0.056)	(0.090)
本科	0.666***	0.663***
	(0.072)	(0.104)
硕士和博士	1.249***	1.053***
	(0.237)	(0.141)
常数项	9.849***	9.903***
	(0.089)	(0.185)
观测值	8727	1220
R^2	0.264	0.199

注：括号中的数值表示稳健标准误；分别以 *、** 和 *** 代表10%、5%和1%的显著性水平。表格控制了性别、户籍、是否本地人、婚姻状况、健康状况、年龄、工作经验及其平方等变量。

3. 不同地区的分组回归

进一步，本文将劳动者的就业地按照省份维度划分为东部地区、西部地区以及中部地区[①]（陈钊、冯净冰，2015），检验基准回归结果的稳健性。对比西部、中部、东部地区的教育回报差异可知，随着受教育程度的提高，各地区的教育回报系数逐渐增高，与表 7 结果基本一致。值得注意的是，在同一受教育程度，对比不同地区的教育回报率系数可以发现，中部地区接受各类教育的教育回报率最低，西部地区接受普通高中、中等职业教育和高等职业教育的教育回报率最高，东部地区接受高等职业教育、本科及以上教育的教育回报率最高。上述现象可能的原因在于：西部地区具有广袤的土地和丰富的自然资源，适合发展对技能要求不高的第一产业，因而劳动者接受普通高中或职业教育足以得到较为丰厚的回报；而东部地区经济较为发达，更加适合发展技术密集型和资本密集型行业，因而接受本科及以上更高层次的教育能够获得更高的教育回报。

[①] 样本所涉及的东部省级行政区包括北京、天津、河北、辽宁、上海、江苏、浙江、福建、山东和广东，中部包括的省级行政区包括山西、吉林、黑龙江、安徽、江西、河南、湖北和湖南，西部包括的省级行政区包括广西、重庆、四川、贵州、云南、陕西和甘肃。

表7 不同地区的分组回归

	西部地区	中部地区	东部地区
普通高中教育	0.252***	0.203***	0.133***
	(0.073)	(0.078)	(0.048)
中等职业教育	0.420***	0.206*	0.222***
	(0.098)	(0.124)	(0.056)
高等职业教育	0.560***	0.510***	0.539***
	(0.089)	(0.093)	(0.056)
本科	0.699***	0.577***	0.736***
	(0.105)	(0.129)	(0.060)
硕士和博士	1.116***	0.859***	1.316***
	(0.148)	(0.149)	(0.184)
常数项	9.669***	10.09***	9.817***
	(0.156)	(0.170)	(0.105)
观测值	3 249	2 239	4 459
R^2	0.253	0.271	0.311

注：括号中的数值表示稳健标准误；分别以 *、** 和 *** 代表10%、5%和1%的显著性水平。表格控制了性别、户籍、是否本地人、婚姻状况、健康状况、年龄、工作经验及其平方等变量。

五、结论

本文利用2018年中国劳动力动态调查数据，考察了不同受教育类型对劳动者收入影响的异质性，研究结论如下：

第一，整体上受教育程度与教育回报率之间存在正相关影响，且受教育程度越高，教育回报率越高。

第二，接受中等职业教育群体的教育回报率显著高于普通高中教育的教育回报率；接受高等职业教育群体的教育回报率显著低于大学本科的教育回报率。

经稳健性检验后，上述结论仍具有稳健性。

本文的结论给我们如下启示：

第一，面对我国社会经济发展的新阶段，如何将人口红利转化为人才红利，教育体制改革具有至关重要的战略意义。

第二，在国家层面，应制定科学合理的职业教育发展规划，这也是当前职业教育改革的首要目标。

第三，政府应引导企业与职业院校加强联系，为企业培养真正能够适应我国产业结构转型升级需要的职业教育人才。

参考文献：

[1] 陈技伟,冯帅章.高校扩招如何影响中等职业教育？[J].经济学(季刊),2022,22(01)：21-44

[2] 祁占勇,谢金辰.投资职业教育能否促进农村劳动力增收:基于倾向得分匹配(PSM)的反事实估计[J].教育研究,2021,42(02):97-111

[3] 陈钊,冯净冰.应该在哪里接受职业教育:来自教育回报空间差异的证据[J].世界经济,2015,38(08):132-149

[4] 柏培文,张云.数字经济、人口红利下降与中低技能劳动者权益[J].经济研究,2021,56(05):91-108

[5] 周敏丹.人力资本供给、工作技能需求与过度教育[J].世界经济,2021,44(07):79-103

[6] 李晓曼,涂文嘉,彭诗杰.中低技能劳动者因何获得了更高收入?:基于新人力资本的视角[J].人口与经济,2019(01):110-122

[7] 李晓曼,杨婧,涂文嘉.非认知能力对中低技能劳动者就业质量的影响与政策启示[J].劳动经济评论,2019,12(01):133-148

[8] 胡新,杨燕英,迟香婷,等.推动中国职业教育发展的路径选择:来自不同职业教育类型回报差异的证据[J].宏观经济研究,2022(01):146-160

[9] 王姣娜.教育类型、职业生涯与劳动力市场回报[J].社会发展研究,2016,3(01):201-218,245-246

[10] 陈伟,乌尼日其其格.职业教育与普通高中教育收入回报之差异[J].社会,2016,36(02):167-190

[11] 陈钊,冯净冰.应该在哪里接受职业教育:来自教育回报空间差异的证据[J].世界经济,2015,38(08):132-149

[12] 陆万军,张彬斌.大学扩招、就业挤压与中等职业教育收益变迁[J].经济学动态,2021(12):72-89

[13] 李政云,欧阳河.从质疑教育类型的"四分法"说起:谈职业教育的本质[J].职教论坛,2003(07):52-54

[14] 国务院关于印发国家职业教育改革实施方案的通知[R].中华人民共和国国务院公报,2019,1653(06):9-16

[15] 江涛.舒尔茨人力资本理论的核心思想及其启示[J].扬州大学学报(人文社会科学版),2008,12(06):84-87

[16] 綦林溪.山东省家庭教育投资对教育收益的影响研究[D].济南:山东财经大学,2022.

[17] SCHOOLING M J, Experience, and earnings[J]. Human behavior & social institutions, 1974, 2(01):12-18.